W0400809

L'Almanach
de Pierre Bellemare

L'Almanach de Pierre Bellemare

Pour que chaque jour soit un bon jour

Conçu par

Pierre Bellemare

Réalisé par

Gaëtane Barben

Jérôme Equer

Jacqueline Hiegel

Jean-François Nahmias

Illustration des « drôles d'histoires » par

Clelia Colao

© Éditions Albin Michel S.A. / Pierre Bellemare Activités Artistiques, 2008
22, rue Huyghens, 75014 Paris

www.albin-michel.fr
ISBN : 978-2-226-18973-8

Nous voici, fidèle à notre rendez-vous, afin de vivre ensemble nos quatre saisons.

Il y a quarante ans, l'année 1969 allait encore être très agitée avec un *non* des Français au référendum proposé par le Général de Gaulle qui allait provoquer sa démission, et du même coup l'élection d'un nouveau Président de la République.

Vous retrouverez tout au long des jours les moments forts de notre récente histoire qui seront souvenirs pour les uns et découvertes pour les autres.

Pour nous détendre nous jouerons avec les mots de nos régions et tenterons d'en chercher le sens, vous irez à la découverte des métiers disparus, des lois absurdes inventées par de très sérieux législateurs, des comportements étranges de certains animaux, vous apprendrez de bons trucs pour mieux vivre, des histoires de plantes, de vins, et de fromages qui vous amuseront. La France mystérieuse vous surprendra et mes histoires vous feront sourire.

De nouvelles recettes faciles vont ravir l'estomac de vos proches et notre rubrique jardinage comblera les amoureux de la nature… Bref rien que de bons moments passés ensemble durant ces prochains trois cent soixante cinq jours qui ne seront que des bons jours.

Pierre Bellemare

Rubriques

les recettes de cuisine

★ faciles ★★ moins faciles

★★★ difficiles ⏱ flash

il y a quarante ans

les croyances et superstitions

l'histoire du vin et des fromages

le jardinage

l'histoire des plantes

le jeu des langues régionales

les drôles d'histoires de Pierre Bellemare

la France mystérieuse

les lois absurdes

les comportements curieux des animaux

les métiers disparus

les phrases célèbres

Printemps

CHANT POUR LA BELLE SAISON

Rien ne ressemble plus à l'inspiration
Que l'ivresse d'une matinée de printemps,
Que le désir d'une femme.
Ne plus être soi, être chacun.
Poser ses pieds sur terre avec agilité.
Savourer l'air qu'on respire.
Je chante ce soir non ce que nous devons combattre
Mais ce que nous devons défendre.
Les plaisirs de la vie.
Le vin qu'on boit avec des camarades.
L'amour.
Le feu en hiver.
La rivière fraîche en été.
La viande et le pain de chaque repas.
Le refrain que l'on chante en marchant sur la route.
Le lit où l'on dort.
Le sommeil, sans réveils en sursaut, sans angoisse du lendemain.
Le loisir.
La liberté de changer de ciel.
Le sentiment de la dignité et beaucoup d'autres choses
Dont on ose refuser la possession aux hommes.
J'aime et je chante le printemps fleuri.
J'aime et je chante l'été avec ses fruits.
J'aime et je chante la joie de vivre.
J'aime et je chante le printemps.
J'aime et je chante l'été, saison dans laquelle je suis né.

Robert Desnos

IL Y A 40 ANS, EN 1969 : À Madrid, le général Franco lève l'état d'exception instaurée le 24 janvier dernier. Coup d'envoi de l'opération de limitation de vitesse à 100 km/h sur cinq itinéraires en France. Sortie du film de Joseph Losey *Cérémonie secrète*, avec Elizabeth Taylor, Mia Farrow et Robert Mitchum.

Sainte Clémence — **SAMEDI 21 MARS** — Bélier Ier décan

Si tu as peur de la mort, n'écoute pas ton cœur battre la nuit (Paul-Jean Toulet).

Sainte Léa — **DIMANCHE 22 MARS** — Bélier Ier décan

Je suis un monarchiste, la République n'est pas le régime qu'il faut à la France (Charles de Gaulle).

La France mystérieuse

DES TAPIS SUR LE GLACIER

Le Vignemale (Hautes-Pyrénées)

Le comte Henry Russel Killough, voyageur et explorateur anglais (1838-1907), fut avant tout un amoureux passionné des Pyrénées. En 1880, lassé de parcourir le monde, il décida de s'y installer à demeure. Mais pas question pour lui d'habiter une ville ni même un chalet isolé : ce qu'il voulait, c'était vivre le plus près possible des sommets.

Il devint donc locataire de 200 hectares autour du Vignemale, point culminant des Pyrénées françaises. C'est là que, de 1881 à 1886, il fit creuser par des spécialistes des grottes artificielles. La première, qu'il baptisa « Grotte Russel », devint vite inhabitable à cause des infiltrations d'eau. Il fut alors obligé d'en construire d'autres, jusqu'à la dernière, presque au sommet, qu'il appela « Villa Bellevue ».

Il y habita plusieurs années. Il se faisait écrire à « M. le comte Russel sur le Vignemale », et son courrier lui était porté par un facteur alpiniste. Il invitait ceux de ses amis qui s'en sentaient capables à partager avec lui la vision des levers et des couchers de soleil sur les sommets. Pour leur faire honneur, il avait fait installer sur le glacier des tapis jalonnant le chemin.

L'âge venant, le comte Russel Killough ne supporta plus le froid ni l'humidité et fut obligé de redescendre dans la vallée, mais il montait régulièrement sur le Vignemale et il réalisa sa dernière ascension en 1904, âgé de soixante-six ans. Il a été enterré au cimetière de Pau.

Ses grottes ont disparu, absorbées par le glacier, mais, pour lui rendre hommage, son nom a été donné à un sommet du massif de la Maladeta, haut de 3 205 mètres.

IL Y A 40 ANS, EN 1969 : La terreur règne au Pakistan oriental où des dizaines de partisans du président Ayoud Khan sont crucifiés ou décapités. Malaise à Saigon : on redoute que le grand conseil secret américain de Californie n'aboutisse à une politique de concessions.

LUNDI 23 MARS

Saint Victorien

Bélier 1er décan

L'héroïsme, c'est comme le soufflé au fromage, ça ne supporte pas d'attendre (Marcel Pagnol).

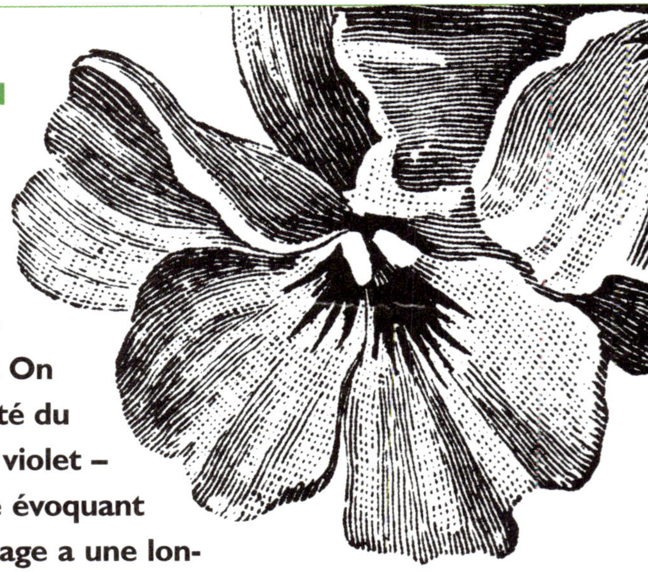

LA PENSÉE A GARDÉ SON CŒUR. Ne la confondez pas avec sa cousine la violette odorante qui a deux pétales vers le haut et trois vers le bas ! Petite fleur des champs et des lieux sablonneux, la pensée sauvage, elle, a quatre pétales vers le haut et un vers le bas. On l'appelait *Viola tricolor* ou herbe de la Trinité du fait de ses trois couleurs – jaune, blanc et violet – et de sa forme grossièrement triangulaire évoquant la représentation de Dieu. La pensée sauvage a une longue histoire en herboristerie : de tout temps, elle a été employée dans le traitement des affections de la peau, comme dépuratif et contre l'épilepsie. Dans les Alpes et les Cévennes, les paysans la récoltaient pour la vendre aux herboristes qui en composaient, avec bourrache, lavande, souci et fleur d'oranger, la tisane des cinq fleurs. Ancêtre de la pensée cultivée, cette petite fleur des champs et des moissons séduit au début du XIXe siècle une Anglaise, lady Trent, qui en agrémente son parterre ; son jardinier est à l'origine des premières hybridations faites par en 1810, suivies par de nombreuses autres qui donnent naissance à des coloris plus riches, de nouvelles formes. Les Français, en matière de croisements, instaurent en 1830 des règles strictes : régularité du masque, symétrie des macules… La taille des pensées augmente, les corolles deviennent géantes… Mais on observe depuis quelque temps le retour de la petite fleur originelle améliorée, encore plus belle qu'à l'état sauvage. Et la pensée cultivée a toujours gardé un caractère inaltérable : son centre est toujours jaune…

☆ BOUILLON AU VERT. Pour deux ou trois personnes. Préparez 1 litre de bouillon de poule en tablettes. Prélevez-en une part que vous fouettez dans un bol avec deux œufs, puis incorporez-la au bouillon avec une grosse poignée d'oseille crue hachée.

IL Y A 40 ANS, EN 1969 : Le roi Hussein de Jordanie appelle M. Abdel Moneim Al Rifai pour remplacer M. Talhouni comme Premier ministre. Quatre heures de duel d'artillerie ont eu lieu sur le canal de Suez. Mort de M. Kasavubu, premier président de la République du Congo-Kinshasa.

Si l'argent ne faisait pas le bonheur, il y a longtemps que des riches malheureux auraient rendu l'argent (J.-F. Kahn).

Sainte Catherine de Suède

Bélier 1er décan

MARDI 24 MARS

Les drôles d'histoires de Pierre Bellemare

Des écoliers méritants

Les cinq cents élèves de l'école élémentaire de Neijiang, petit village du centre de la Chine, ont bien du mérite à se rendre dans leur établissement ! Tous ces bambins âgés de quatre à huit ans doivent, en effet, franchir une rivière déchaînée sur un câble en s'accrochant à l'aide de mousquetons et de cordes et en se laissant glisser 200 mètres au-dessus des flots en furie. Pour les grands, c'est déjà périlleux, mais c'est encore plus difficile pour les plus petits. Quia, la plus jeune, quatre ans, a ainsi déclaré à des journalistes, venus faire un reportage pour la télévision : « Je dois continuer à la force des mains sur les soixante derniers mètres, car je suis trop légère et cela arrête de glisser aux deux tiers du chemin. »

Pu, une autre fillette de cinq ans, dont le mousqueton était coincé, et qui est restée vingt minutes avant de pouvoir se dégager, a déclaré, fataliste, au reporter : « Avant, je rêvais qu'ils construisent un pont, mais je sais que mon rêve est trop cher. »

Eh bien, justement pas ! L'émission télévisée a scandalisé l'opinion et ému les autorités. À l'heure où la Chine connaît une croissance sans précédent, ce n'était pas admissible. Un pont a été construit en un temps record qui permet aux élèves de Neijiang d'aller à l'école comme tous les petits enfants du monde.

IL Y A 40 ANS, EN 1969 : Saigon se déclare prêt à négocier avec le FNL. Une catastrophe ferroviaire à La Louvière, en Belgique, fait 20 morts. Le président pakistanais Ayoud Khan laisse le pouvoir au général Yahya Khan. Inauguration à Paris de l'exposition « Chefs-d'œuvre de l'art indien et esquimau ».

MERCREDI 25 MARS

Saint Humbert

Bélier 1er décan

Les hommes sont comme les vins : avec le temps, les bons s'améliorent et les mauvais s'aigrissent (Cicéron).

Après l'hiver, la pelouse a besoin d'être régénérée. Votre gazon s'est couvert de mousse. Lorsque la température avoisine 10°, épandez du sulfate de fer neige. Au bout de trois semaines, ratissez sans craindre d'appuyer sur le râteau pour arracher les mousses noircies et les brindilles sèches qui gênent la croissance de l'herbe. Le sol durcit en hiver, la pelouse se feutre, rendant la terre imperméable à l'air et à l'eau. Pour qu'elle retrouve les éléments nutritifs dont elle a besoin, griffez et incisez très légèrement la surface. Un engrais stimulera la repousse printanière du gazon.

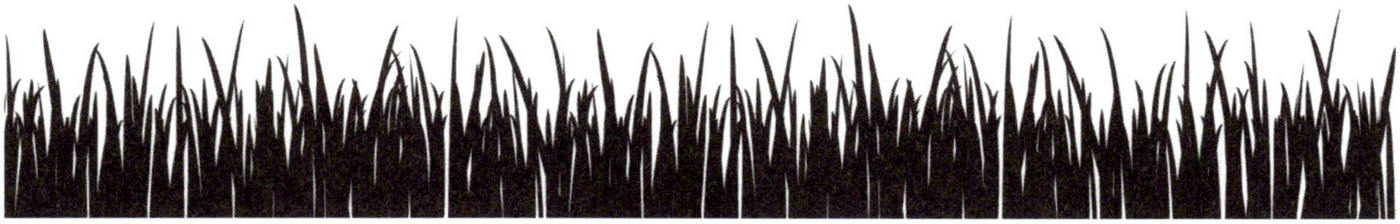

☆ POIREAUX AU LARD. Pour quatre personnes. Faites cuire huit blancs de poireaux d'une vingtaine de centimètres (deux par personne) à l'eau bouillante, égouttez-les bien, enroulez-les chacun dans une fine tranche de lard. Hachez grossièrement le vert des poireaux, et faites-les fondre doucement dans une cuillerée de beurre à la poêle, assaisonnez et ajoutez deux cuillerées à soupe de crème. Tapissez de ce légume le fond d'un plat, disposez dessus les blancs de poireaux, parsemez de gruyère et mettez à four très chaud 10 minutes.

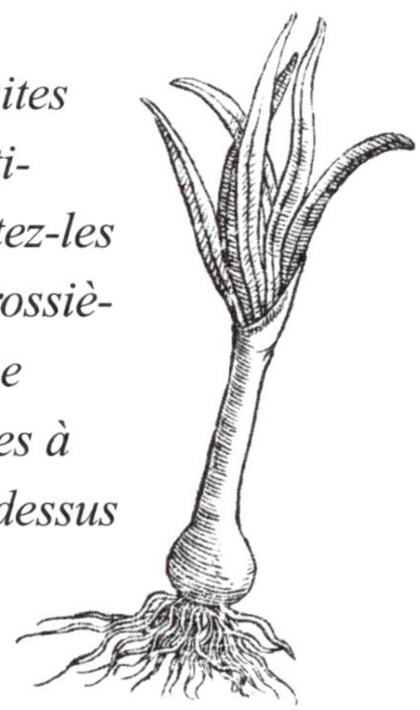

Pour l'habitant du Nord-Pas-de-Calais, un *berlot* est :

a. Un bonbon.
b. Un mauvais café.
c. Une bière-limonade.

Bonne réponse : **b.**

IL Y A 40 ANS, EN 1969 : Un nouveau raid de l'aviation israélienne en Jordanie fait 18 tués et 25 blessés civils. Première à Bobino des soixante représentations de *Mère Courage et ses enfants* de Bertolt Brecht, avec Maria Casarès. Décès de Paul Panhard, l'un des plus anciens constructeurs automobiles.

La paix n'est pas un don de Dieu
à ses créatures. C'est un don que nous faisons
les uns aux autres (Élie Wiesel).

Sainte Larissa

Bélier 1er décan

JEUDI
26
MARS

Les drôles d'histoires de Pierre Bellemare

Achète-moi un agneau !

On prétend que les Japonaises cèdent facilement aux caprices de la mode. Ainsi, quand posséder un caniche nain est devenu « tendance », les Tokyoïtes branchées se sont-elles ruées sur les chenils. La demande excédant l'offre, elles se sont vite rabattues sur un site Internet qui, moyennant 2 000 euros, proposait de leur livrer une boule de poils estampillée « caniche ». C'est Maiko Kawakami, une vedette de cinéma invitée à un talk-show télévisé, qui a levé le lièvre : « Je suis triste et inquiète, a pleurniché la star. Mon nouveau caniche refuse d'aboyer et de se nourrir de croquettes. »

Quand Maiko a montré à l'antenne une photo de son compagnon récalcitrant, les appels ont engorgé le standard téléphonique du studio : « Votre caniche est un agneau », ont affirmé des téléspectateurs surpris. Diagnostic aussitôt confirmé par un zoologiste. Comme des centaines d'autres Japonaises, Maiko a été abusée par l'offre trompeuse d'un internaute indélicat. L'explication est venue du zoologiste : « Les moutons sont quasiment inexistants dans notre pays, c'est pourquoi vous n'avez pas su distinguer un agneau d'un caniche. »

La police a retrouvé sans difficulté l'astucieux arnaqueur qui revendait ainsi ses ovins importés pour cinquante fois leur prix.

Dira-t-on que les plus snobs des Japonaises sont des moutons de Panurge ?

IL Y A 40 ANS, EN 1969 : Renouvellement du traité hispano-américain sur les bases US installées en Espagne. Sortie des films *Sous le signe du taureau* de Gilles Grangier, avec Jean Gabin, et de *Bullitt* de Peter Yates, avec Steve McQueen. Alain Penz remporte le dernier grand slalom international de la saison.

VENDREDI 27 MARS

Saint Habib

Bélier 1er décan

Pourquoi Dieu a-t-il fait l'homme jardinier ? C'est parce qu'il savait qu'au jardin la moitié du travail se fait à genoux (R. Kipling).

LE HAMSTER, PETIT COMPAGNON CRÉPUSCULAIRE

Le hamster doré, le plus couramment adopté, aime vivre seul. Ce petit compagnon très joueur et curieux est particulièrement actif après le coucher du soleil. Il se réveille toujours à la même heure. On s'est demandé pourquoi : était-ce dû aux variétés d'intensité lumineuse ? En fait, c'est une sorte d'horloge interne qui conditionne ses périodes d'activité et de sommeil. Vers 2 ou 3 heures du matin, après avoir fait sa toilette, il dormira dans son nid toute la journée. Il est très important de respecter son sommeil.

Le hamster domestiqué a aussi la particularité de réagir au froid, en se réfugiant alors dans une sorte de petite hibernation, roulé en pelote. Un peu de chaleur suffit à le sortir de cet état. Aussi, si un jour d'hiver vous découvrez votre hamster tout raide et froid, ne l'enterrez pas trop vite : placez sa cage dans un endroit un peu plus chaud. Mais surtout, respectez sa tranquillité, ne le touchez pas et pensez à renouveler sa provision de nourriture sèche, sans lui donner d'eau : il ne fait peut-être qu'hiberner !

★ SELLE D'AGNEAU AU CUMIN. Pour quatre ou cinq personnes. Enduisez 1 kilogramme de selle d'agneau d'un mélange d'huile d'olive, de jus de citron, d'ail pressé, de sel et poivre, d'une cuillerée de cumin en poudre, et répartissez sur toutes ses faces deux cuillerées de cumin en grains. Faites cuire au four (th. 8) pendant 25 minutes pour une viande rosée. Servez avec des navets.

IL Y A 40 ANS, EN 1969 : À Washington, l'ancien président des États-Unis Dwight David Eisenhower, « Ike », est mort, à 78 ans. À l'occasion du 30e anniversaire de la victoire des nationalistes espagnols, l'amnistie complète est accordée « pour tout acte commis pendant la guerre civile ».

Le premier mariage est une coupe de miel, le deuxième est une coupe de vin, et le troisième, une coupe de poison (proverbe serbe).

Certains avocats sont si fainéants qu'ils préfèrent défendre les innocents plutôt que les coupables (Philippe Bouvard).

Saint Gontran — SAMEDI 28 MARS — Bélier 1er décan

Sainte Gladys — DIMANCHE 29 MARS — Bélier 1er décan

La France mystérieuse

UN JARDIN EXTRAORDINAIRE

Hesdin (Pas-de-Calais)

Au Moyen Âge, la ville d'Hesdin possédait un vaste palais appartenant aux comtes d'Artois et ducs de Bourgogne. C'était cette résidence qui avait leur préférence et ils ne cessaient de lui apporter des embellissements. Ainsi, en 1295, Robert II d'Artois entoura la demeure d'un jardin extraordinaire où toutes sortes de machines créaient une véritable féerie.

L'archéologue Camille Enlart le décrit ainsi dans un ouvrage du début du XXe siècle : « Des automates en costume de fou bâtonnaient les visiteurs qui s'approchaient d'eux. On leur faisait ouvrir une fenêtre et l'une de ces poupées la refermait après avoir jeté de l'eau à la figure du patient. Les bascules jouaient un grand rôle : des trappes s'ouvraient sous les pas et jetaient le promeneur dans l'eau ou dans une fosse emplie de petites plumes, qui se collaient aux vêtements. Des sacs de farine ou de charbon se déversaient sur leurs têtes. Un prie-Dieu s'animait tout seul lorsqu'on venait s'y agenouiller. Se mettant aux fenêtres, on faisait partir des jets d'eau. D'autres jaillissaient du seuil de diverses portes, pour mouiller les dames, qu'on invitait courtoisement à passer les premières. »

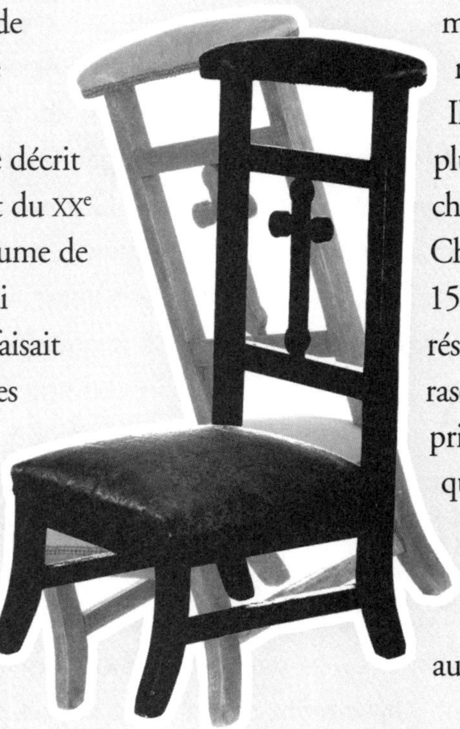

Il ne subsiste malheureusement plus rien du jardin, ni même du château, ni même de la ville. Charles Quint y mit le siège en 1533 et, exaspéré par la résistance des habitants, la fit raser entièrement après l'avoir prise. Pris de remords, il la fit quand même reconstruire l'année suivante quelques kilomètres plus loin. Mais l'ancien Hesdin n'est aujourd'hui qu'un souvenir.

IL Y A 40 ANS, EN 1969 : À Prague, les bureaux de l'Aeroflot sont saccagés après une victoire des Tchèques sur les Soviétiques aux championnats du monde de hockey sur glace. Après de violents combats le long de l'Oussouri, l'URSS propose à la Chine de régler leur conflit frontalier par la négociation.

LUNDI 30 MARS

Saint Amédée

Bélier 1er décan

Quand vous êtes dans le trou, arrêtez de creuser (proverbe anglais).

Taillez vos rosiers buissons remontants qui fleurissent au début de l'été et en automne à trois ou quatre yeux en partant de la base, toujours sur un œil extérieur. Il faut surtout aérer le centre de la touffe. Pour les rosiers grimpants remontants, supprimez les rameaux à l'écorce foncée vieux de deux ans qui deviennent inutiles, et rabattez de moitié les pousses secondaires que vous palisserez. Les rosiers grimpants non remontants se taillent après leur unique floraison en juillet-août. Éliminez simplement les bois âgés de vos rosiers arbustes en leur gardant une forme naturelle.

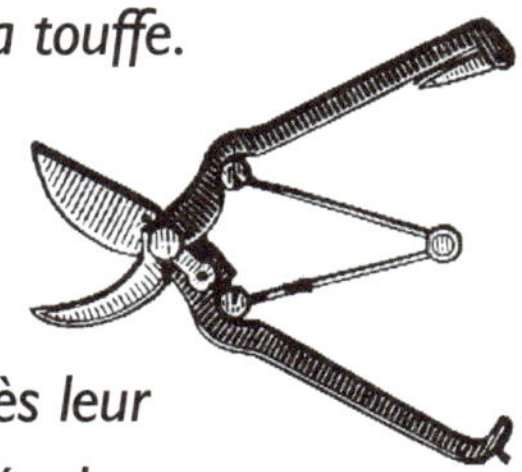

VENTE DIRECTE AU ROI

Le vignoble du Mâconnais s'étale sur une suite de petites collines le long de la rive droite de la Saône, et produit, parmi quelques crus bourguignons célèbres, le pouilly-fuissé, au pied de la roche de Solutré. Les vignes du Mâconnais sont mentionnées dès le IVe siècle par le poète romain Ausone. Mais ce sont les moines installés au Xe siècle à Cluny qui sont à l'origine du savoir-faire bourguignon. Leur réputation est d'abord locale : à Mâcon, créée par un édit royal en 1340, se tient la plus ancienne foire aux vins de France. Puis, au Grand Siècle, les vins de ce terroir se font connaître à Paris grâce, raconte-t-on, à un viticulteur de Charnay. Claude Brosse conçoit le projet audacieux d'aller prospecter à Versailles et prend la route avec son char à bœufs chargé de tonneaux de vin rouge. Le voyage dure un mois. Il sait que pour voir le roi, il lui suffit d'assister à la messe à Versailles. Claude Brosse est un véritable colosse. Pendant l'Élévation, parmi les courtisans agenouillés, sa silhouette domine toute l'assemblée et attire l'attention du roi. Louis XIV demande à voir cet homme qui a paru rester debout, lequel saisit cette chance pour faire goûter son vin… À partir de ce jour, fort appréciés, les vins de Mâcon figureront sur la table royale.

IL Y A 40 ANS, EN 1969 : Funérailles nationales d'Eisenhower à Washington où assistent de nombreux chefs d'État. Au Vietnam, la terrible bataille de la « Montagne sacrée » a été tenue secrète pendant quinze jours. Coup de grisou à Barroteran, au Mexique, dont sont victimes 168 mineurs.

Quand j'aurai les trois quarts du corps dans la tombe, je dirai ce que je pense des femmes et je rabattrai vivement la dalle sur moi ! (Léon Tolstoï).

Les drôles d'histoires de Pierre Bellemare

Puériculture à l'américaine

Sur le site Internet bulletproofbaby.net, on peut découvrir ce qui se fait de mieux outre-Atlantique en matière de protection de nourrissons. Dans un petit film, la créatrice de la société, Stella Stevenson, place son bébé (du moins, on espère que c'est le sien) dans un landau blindé de son invention, avant de tirer consciencieusement dessus à la mitraillette. Après quoi, toute souriante, elle va retirer l'enfant indemne. Elle a pris soin de se protéger les oreilles avec un casque antibruit, ce qui n'est pas le cas de l'enfant, qui a dû subir tout le vacarme de la fusillade. Prix de cette petite merveille : 599 dollars.

Dans son catalogue, on trouve aussi, en différentes tailles allant de deux mois à trois ans, des masques à gaz, des casques du même type que ceux des GI, des gilets pare-balles, des couvertures anti-bombes, et même des tenues camouflées. Grâce à tous ces articles, les mamans pourront emmener promener sans danger leur enfant sur les champs de bataille. Après quoi, elles n'auront plus qu'à le ramener à la maison pour le laisser jouer dans le parc spécial fabriqué par la société : les barreaux sont doublés par une vitre à l'épreuve des balles de mitrailleuse et des grenades. L'ensemble est clos par un couvercle et une alimentation en air comprimé permet de résister à toute attaque chimique. Le parc est garanti deux ans et proposé au prix de 499 dollars.

IL Y A 40 ANS, EN 1969 : Le neuvième congrès du Parti communiste chinois s'est ouvert à Pékin, avec plus de cinq ans de retard, pour dresser le bilan de la révolution culturelle. Le secrétaire de la Défense US annonce la réduction des raids de B. 52 et le retrait de 18 navires de guerre.

MERCREDI 1 AVRIL — **Saint Hugues**

Bélier 2e décan

Les riches d'aujourd'hui, c'est comme les fromages, trop faits, ça ne sait plus garder les distances (Marcel Aymé).

Les chanteurs des rues

Au Moyen Âge, les débiteurs de complaintes sont partout bien accueillis, du château à la ferme et à la place publique. Née de l'élégie, la complainte inspire aux badauds des sentiments pieux ou patriotiques, sur des airs faciles quoique monotones. Plus tard, depuis Paris, ces chansons parcourront toute la France par les voies du colportage.

À la fin du XVIIIe siècle et pendant tout le XIXe siècle, les chanteurs ambulants dressent au coin des rues une sorte d'éventaire surmonté d'un tableau violemment colorié représentant les événements relatifs à la chanson « vécue », qu'ils indiquent successivement à l'aide d'un bâton. Ces complaintes interminables racontent des faits divers comme l'histoire de la Bête du Gévaudan, ou celle de Fualdès, magistrat assassiné à Rodez en 1817.

Puis, la complainte cède définitivement sa place à la chanson de rue qui connaît son âge d'or à la Belle Époque. Les chanteurs « poussent la goualante », accompagnés d'un accordéon, d'un banjo, d'un violon grinçant, et tendent la soucoupe aux badauds. Ils vendent leurs rengaines imprimées pour quelques sous. Avant que la radio et la télévision les aient fait disparaître, comment oublier qu'à la porte des Lilas, résonna la voix d'une certaine Édith Gassion d'à peine seize ans, qui allait devenir la Môme Piaf…

★★★ POTÉE CAUCHOISE. Pour quatre à cinq personnes. Faites fondre deux oignons finement hachés dans l'huile chaude sans les colorer, ajoutez cinq tomates pelées épépinées coupées en morceaux, trois branches de céleri détaillées en tronçons. Remuez avec une cuiller en bois jusqu'à ce que les tomates soient cuites. Versez un demi-litre de vin blanc, laissez bouillir 10 minutes, ajoutez un demi-litre de lait, une cuillerée à café de fumet de poisson en poudre, deux feuilles de laurier, 750 grammes de joues de lotte coupées en dés roulés dans la farine, et 300 grammes de pommes de terre épluchées coupées en petits cubes. Laissez cuire à petit feu une vingtaine de minutes. Parsemez de persil ciselé et de parmesan râpé au moment de servir.

IL Y A 40 ANS, EN 1969 : En Tchécoslovaquie, des sanctions sont prises contre les organes d'information jugés responsables des manifestations antisoviétiques. Rupture des relations diplomatiques entre l'Iran et le Liban qui refuse d'extrader le général Taymour Bakhtiar, ancien Premier ministre iranien.

Ce n'est pas la volonté qui est la faculté première de l'homme, mais l'imagination (Émile Coué).

Sainte Sandrine

Bélier 2e décan

JEUDI 2 AVRIL

Les drôles d'histoires de Pierre Bellemare

Le mari infidèle, « plumé » par un témoin

La scène se déroule dans un tribunal de Buenos Aires, en Argentine. Accusé d'adultère par son épouse, Carlos Gomez Garcia comparaît devant un juge des affaires matrimoniales. Un témoin à charge se tient à la barre pour répondre aux questions du procureur.

« Avez-vous assisté à des scènes compromettantes ? lui demande ce dernier.

– Non, Carlos, pas ici, ta femme pourrait nous surprendre, roucoule le témoin. Emmène-moi à l'hôtel.

– Très bien, avez-vous autre chose à ajouter ? »

Pendant plus d'une heure, le témoin conte par le menu les exploits amoureux et extraconjugaux de Gomez Garcia, et donne même le nom de ses maîtresses quand le juge lui montre des photos de jeunes femmes affriolantes.

En dépit des efforts de l'avocat de la défense pour discréditer la déposition, le juge prononce le divorce et condamne le mari fautif à verser à son épouse bafouée une lourde indemnité. Cette dernière, satisfaite, se précipite à la barre pour complimenter affectueusement le témoin. Emportée par son élan, elle lui grattouille le menton, le perche sur son épaule, et quitte majestueusement le tribunal. Bozo, le témoin délateur, n'est autre qu'un magnifique perroquet d'Amazonie !

Fort de telles expériences, Darn Divorce, un site Internet destiné aux Américains en instance de divorce, recommande à ses membres possédant un perroquet la plus extrême prudence !

IL Y A 40 ANS, EN 1969 : Appel angoissé à la discipline, des dirigeants tchécoslovaques qui craignent l'intervention de l'URSS. La concertation des quatre Grands sur le Moyen-Orient, qui se déroule à New York, à la résidence du représentant de la France à l'ONU, est encourageante et constructive.

VENDREDI 3 AVRIL — **Saint Richard**

Bélier 2e décan

Je me demande si la mort vaut vraiment le coup d'être vécue (Frédéric Dard).

☆ *RIZ A LA CATALANE. Pour quatre personnes. Faites revenir dans l'huile d'olive un oignon haché, un poivron vert et un piment émincés, 150 grammes de chorizo coupé en dés et 250 grammes d'un mélange de trois riz (blanc, sauvage, rouge). Mouillez avec 60 décilitres d'eau salée, ajoutez trois feuilles de laurier, portez à ébullition et laissez cuire 20 minutes. Ajoutez en fin de cuisson une douzaine d'olives noires dénoyautées grossièrement hachées.*

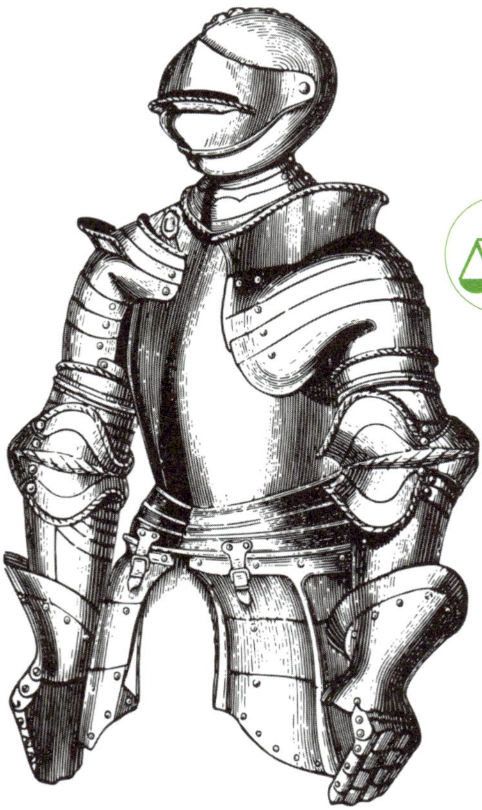

En Grande-Bretagne, il est interdit de siéger en armure au Parlement, encore plus d'y rendre son dernier souffle, sous peine d'être arrêté.

Pour le Normand, un *pas-cuit* est :

a. Un pain blanc.
b. Un rouquin.
c. Un œuf coque.

Bonne réponse : **b** (allusion à la poterie pas cuite).

La France mystérieuse

LES GRANDES MARÉES

Plestin-les-Grèves (Côtes-d'Armor)

Exception faite de la baie du Mont-Saint-Michel, c'est à Plestin-les-Grèves qu'on peut admirer les plus grandes marées de France. La plage, nommée la Lieue de Grève, parce qu'elle s'étend sur un peu plus d'une lieue, soit une distance de 4 kilomètres, relie Saint-Efflam à Saint-Michel-en-Grève. En raison de la très faible pente, lors des marées basses, la mer se retire très loin, à près de 3 kilomètres. Mais, comme au Mont-Saint-Michel, elle remonte à vive allure, ce qui peut représenter un danger mortel pour les baigneurs et les pêcheurs de coquillages. Les habitants des lieux en ont toujours été conscients. C'est pourquoi ils ont érigé, sur un rocher situé au milieu de la baie, une croix de granit. Cette dernière ne permet pas aux imprudents de s'accrocher en attendant la marée basse, car elle est largement recouverte par les flots, mais elle sert de repère depuis la côte. Tant qu'elle est visible, il n'y a pas de danger. « La croix nous voit », dit-on alors. Mais, lorsqu'elle disparaît, il faut cesser immédiatement toute activité et regagner la terre ferme au plus vite.

La Lieue de Grève est dominée par un dôme rocheux boisé, haut de 70 mètres, d'où on a une vue panoramique sur le paysage. Ses galeries souterraines constituent une réserve naturelle pour les chauves-souris. L'endroit est appelé parfois Roche du crime, mais le souvenir de ce forfait s'est depuis longtemps perdu.

IL Y A 40 ANS, EN 1969 : Six résistants arabes sont tués par une patrouille israélienne à la frontière syrienne. 25 toiles de maîtres contemporains, dont six Picasso, des Braque, Chagall, Chirico et Miro sont volées au domicile d'un célèbre expert londonien. À Paris, exceptionnelle exposition sur le Bauhaus.

LUNDI 6 AVRIL

Saint Marcellin

Bélier 2e décan

De toutes les écoles que j'ai fréquentées, c'est l'école buissonnière qui m'a paru la meilleure (Anatole France).

LES FROMAGES EN PETITS TRIANGLES

C'est en Suisse, dans un pays de montagne où sont fabriquées les pâtes pressées cuites, qu'ont lieu les premiers essais de fonte de fromage. Cette idée vient à la fin du XIXe siècle à un exportateur suisse de Thoune. Ses meules d'emmental quand elles voyageaient loin arrivaient souvent immangeables à leur destination. Après maints essais, Walter Gerber réussit en 1911 à mettre au point un procédé permettant de transformer la pâte finement granuleuse de l'emmental en une émulsion stable. Il obtient ainsi des fromages qui se conservent plusieurs mois et peut même valoriser les déchets : les « ratés » sont recyclés. Il vient d'inventer le gruyère fondu ou fromage à tartiner. Ce concept est importé en France en 1917 par la famille Graf qui ouvre sa première usine à Dôle et crée la Tartinette. Les portions sont décorées de l'image d'une fillette imprimée sur une vignette triangulaire. Mais l'un des frères Graf se fâche avec le reste de la famille, et s'en va communiquer le secret de fabrication au concurrent Bel qui a l'idée géniale de doter son fromage fondu d'une marque brevetée en 1921 avec un dessin d'une vache à l'expression hilare. Le succès de ce nouveau produit s'amplifie grâce aux premières campagnes publicitaires. Les techniques de fabrication ne cesseront dès lors d'évoluer.

Rempotez vos plantes d'appartement commençant à manquer de terre. Le diamètre du nouveau pot pour une plante verte ne doit pas être supérieur à 4 centimètres : dans un pot trop large, les plantes épuiseraient leur énergie à faire de nouvelles racines. Un tiers de tourbe, un tiers de terreau, un tiers de sable de rivière est le meilleur mélange. Pour les dépoter, renversez le pot en retenant la terre et la plante entre les doigts de la main. Pour les plantes trop imposantes, procédez à un surfaçage. Retirez la terre du dessus sur 5 centimètres et remplacez-la par le nouveau mélange.

IL Y A 40 ANS, EN 1969 : L'existence d'un plan de paix américain au Vietnam est confirmée. À Houston, un malade, après avoir vécu trois jours avec un cœur en plastique, a reçu un cœur humain : le parfait fonctionnement de la prothèse a permis au Dr Cooley cette nouvelle greffe.

Si les singes savaient s'ennuyer, ils pourraient devenir des hommes (Goethe).

Saint Jean Baptiste de la Salle

Bélier 2e décan

MARDI
7
AVRIL

Les drôles d'histoires de Pierre Bellemare

Excuses officielles

Josh Williams, un habitant de Sioux Falls, dans le Dakota du Sud, est en train de se livrer à son occupation favorite : la pêche. L'endroit où il a l'habitude de se rendre est un torrent poissonneux, au milieu d'un cadre sauvage. Brusquement, il sent une forte tension sur sa ligne et, l'instant d'après, il sort de l'eau une magnifique truite. Mais, au même moment, surgit du ciel un non moins magnifique aigle royal, qui agrippe le poisson dans ses serres. Il s'ensuit une bataille féroce pour le butin. À la fin, Josh Williams parvient à toucher d'une pierre le rapace, qui s'enfuit à tire-d'aile.

C'est alors qu'un garde forestier surgit dans le dos du pêcheur et annonce d'une voix terrible : « J'ai tout vu. Je vous dresse contravention ! » Josh William se récrie : la pêche est autorisée à cet endroit. Mais il s'entend répliquer qu'il n'a pas le droit de chasser et que l'aigle est une espèce protégée… C'est ainsi qu'il se retrouve devant le tribunal pour « mise en danger et harcèlement d'une espèce protégée ». Le juge, toutefois, a fait preuve d'indulgence. Il ne lui a pas infligé d'amende, il l'a simplement condamné à… présenter ses excuses à l'animal. Josh Williams est donc retourné pêcher. Comme il n'était pas certain de reconnaître avec certitude l'agresseur de sa truite, il a promis de s'excuser auprès de tous les aigles qu'il rencontrerait.

IL Y A 40 ANS, EN 1969 : La situation s'est brusquement aggravée au Moyen-Orient avec le bombardement du port d'Eilat par des roquettes tirées depuis la Jordanie, suivi d'un raid de représailles israélien. Le patient qui avait subi la greffe d'un cœur en plastique, à Houston, ne survit pas à sa nouvelle opération.

MERCREDI 8 AVRIL **Sainte Julie**

Bélier 2e décan

Le secret d'un gazon anglais : vous semez et vous laissez pleuvoir pendant sept siècles (André Maurois).

En France, depuis le 26 brumaire an IX, et jusqu'en décembre 2007, toute femme désirant se vêtir en homme devait se présenter à la préfecture de police pour en obtenir l'autorisation.

Si vos arbustes persistants – laurier-tin, laurier-cerise, troène, aucuba, fusain – ont tendance à se dégarnir de la base, n'hésitez pas à couper les plus grosses branches à 10 centimètres de leur base avec la scie. Mais protégez les coupes avec du mastic cicatrisant.

★★★ FRICASSÉE DE ROUGETS. Pour quatre à cinq personnes. Dans le jus de deux oranges et d'un citron, faites mariner un quart d'heure 600 grammes de filets de rougets écaillés. Puis badigeonnez-les de purée d'ail pilé, poivrez. Faites rissoler au beurre dans une sauteuse deux carottes, deux navets et un poireau émincés, puis 50 grammes de haricots verts et quatre tomates pelées épépinées coupées en morceaux. Mettez les filets de rougets au fond de la marmite, puis les légumes rissolés, et enfin 250 grammes de pommes de terre coupées en morceaux. Salez, poivrez, couvrez d'eau et faites cuire à petit frémissement 40 minutes. Écrasez hors de la marmite la moitié des pommes de terre, et remettez cette purée avec le reste. Au moment de servir, ajoutez à la potée deux oignons en rondelles rissolés dans le beurre.

IL Y A 40 ANS, EN 1969: 900 commerçants et artisans, mobilisés par MM. Mesny et Nicoud, pour protester contre les mesures des services publics à leur encontre, mettent à sac la perception de La Tour-du-Pin. Affrontements meurtriers entre ouvriers d'une manufacture et forces de l'ordre à Battipaglia, en Italie.

Quand mon verre est vide, je le plains; quand mon verre est plein, je le vide (Raoul Pouchon).

Saint Gautier

Bélier 2e décan

JEUDI 9 AVRIL

Les drôles d'histoires de Pierre Bellemare

La voix de son traître

Une Londonienne inquiète appelle son mari sur son téléphone portable. « Où es-tu, chéri? J'entends un ronflement bizarre à tes côtés.

– C'est la fraise du dentiste, explique l'homme d'une voix pâteuse. J'ai eu une rage de dents au bureau et je me fais soigner par le docteur Green. Ne m'attends pas pour le dîner, je rentrerai dès que possible. »

La semaine suivante, la voix de Littelwood est couverte par un fracas d'orage. « Jane, je suis coincé sur un chantier, à 100 kilomètres de Londres. La voiture s'est embourbée. Je vais chercher un hôtel pour y passer la nuit. »

Un mois plus tard, lorsque Jane Littelwood appelle son mari, elle est accueillie par une fanfare et des cris de joie. « Je ne vais pas pouvoir te parler longtemps, murmure-t-il à l'autre bout du fil. Mon patron m'a obligé à l'accompagner au cirque avec ses enfants. »

Doutes objectifs ou intuition féminine, Jane subtilise un jour le mobile et, après auscultation, découvre que l'appareil est doté d'un répertoire d'ambiances sonores, parmi lesquelles elle identifie une fraise de dentiste, un bruit d'orage, une animation de cirque…

Explication: pour justifier ses absences, le mari volage avait fait l'acquisition – pour 14,95 euros – du logiciel SoundCover, capable de mixer automatiquement à la voix des pistes audio tournant en boucle!

IL Y A 40 ANS, EN 1969 : Intervention à la télévision du général de Gaulle sur le référendum : « De la réponse que fera le pays va dépendre évidemment soit la continuation de mon mandat, soit aussitôt mon départ. » Trois heures de grève générale et des manifestations ont lieu dans toute l'Italie.

VENDREDI 10 AVRIL

Saint Fulbert

Bélier 3e décan

On n'a pas tort de dire que la femme est la moitié de l'homme, car un homme marié n'est plus qu'une moitié d'homme (Romain Rolland).

★ MESCLUN AU JUS DE RHUBARBE. Faites fondre trois tiges de rhubarbe épluchées et 100 grammes de fraises dans une poêle avec un peu d'eau. Passez-les au chinois. Ajoutez au jus obtenu deux cuillerées à soupe d'huile, sel, poivre. Assaisonnez de cette sauce 200 grammes de mesclun d'épinards, que vous garnissez de quelques fraises coupées en morceaux et de croûtons frits.

La magie des perles

La perle, dont la blancheur est associée à la pureté, a fait naître de nombreuses croyances poétiques sur son origine : elle serait née de l'influence de la lune sur une goutte de rosée, ou bien un éclair l'aurait façonnée, ou encore elle aurait été engendrée par les larmes des anges… C'était, chez les Grecs anciens, l'emblème de l'amour et du mariage. Elle avait le pouvoir d'inspirer des sentiments aux indifférents : Cléopâtre, pour rendre Antoine amoureux, n'a-t-elle pas fait dissoudre dans du vinaigre la plus précieuse de ses perles ?

En Europe, il est courant d'offrir une perle à un nouveau-né en gage de longévité. C'est aussi un symbole d'innocence : pour cette raison, les perles sont portées par les jeunes filles. Mais il faut éviter d'en sertir une bague de fiançailles : leur forme évoquant les larmes, elles peuvent provoquer le chagrin et empêcher le mariage.

En Angleterre, jusqu'au siècle dernier, on croyait qu'une perle glissée sous l'oreiller d'un couple était le remède infaillible pour lutter contre sa stérilité.

Pour les Américains nés au mois de juin, porter une perle assure santé et richesse.

On leur prête aussi des propriétés médicinales : l'absorption de perles réduites en poudre passait au XVIIe siècle en Europe pour un remède souverain contre toutes sortes d'affections. Francis Bacon survécut trois ans à sa maladie en buvant de cette poudre mélangée à du jus de citron… L'élixir de perle, prescrit encore de nos jours, aurait des effets bénéfiques pour les troubles de l'estomac et de l'abdomen, l'anxiété ou l'excès d'appétit.

IL Y A 40 ANS, EN 1969 : Le plan de paix du roi Hussein qui reconnaissait la souveraineté d'Israël et garantissait la liberté de navigation sur le canal de Suez est rejeté par Israël et les Palestiniens. Plusieurs milliers de commerçants bloquent la ville de Bourgoin pour protester contre l'arrestation de Gérard Nicoud.

L'ignorant affirme, le savant doute, le sage réfléchit (Aristote).

Saint Stanislas — **SAMEDI 11 AVRIL**

Bélier 3e décan

À trop chatouiller la truffe du lion, on se fait bouffer la main (proverbe kenyan).

Saint Jules — **DIMANCHE 12 AVRIL**

Bélier 3e décan

La France mystérieuse

LA CHANSON DE LA BLANCHE BICHE

Chantemerle (Deux-Sèvres)

C'est une belle et triste légende qui se raconte depuis des siècles à Chantemerle et dans les environs…

ans le château, aujourd'hui disparu, vivaient Guillaume, sa femme Isabeau et leurs enfants Madeleine et Renaud. De la croisade, Guillaume ramena une jeune esclave sarrasine, ainsi qu'un énorme diamant, dont il fit cadeau à sa femme. Un jour, le diamant disparut. Malgré ses protestations, la Sarrasine fut accusée de l'avoir volé et brûlée vive. Sur son bûcher, elle maudit ses maîtres et leur descendance, tandis qu'éclatait le ricanement d'une pie, qui tenait le joyau dans son bec.

À partir de là, les malheurs s'accumulèrent. Isabeau dépérit et fut changée en un rocher, qui se dresse encore près de la chapelle du village. Quand sa fille Madeleine eut vingt ans, elle fut, elle aussi, frappée par la malédiction de la jeune esclave. La nuit, elle se transformait en biche blanche et elle reprenait son aspect normal le jour.

Son frère Renaud, ayant appris l'existence du merveilleux animal, décida de le chasser. Il parvint à blesser la biche d'une flèche et, malgré ses pleurs, l'acheva, puis la donna à manger à ses amis, lors d'un grand festin. Un cri s'éleva alors du plat : « Renaud, je suis ta sœur ! » De douleur, Renaud s'enfuit dans la forêt où il fut métamorphosé en ours. Il terrorisa la région jusqu'à ce qu'un saint homme nommé Martin le change en statue, mettant fin au sortilège.

La légende a inspiré *La Chanson de la Blanche Biche*, une des plus célèbres mélodies médiévales.

IL Y A 40 ANS, EN 1969 : Quatre Irakiens ont été pendus à Bagdad pour espionnage au profit des États-Unis. Une commission des Communautés européennes propose de reboiser 4 millions d'hectares en Europe d'ici 1980. Walter Godefroot remporte le Paris-Roubaix devant Eddy Merckx.

LUNDI 13 AVRIL

Sainte Ida

Bélier 3e décan

Quand on ne travaillera plus le lendemain des jours de repos, la fatigue sera vaincue (Alphonse Allais).

Vous pouvez vous constituer une jolie bordure en divisant les vieilles touffes de thym, chaque éclat devant avoir une racine. Pralinez celle-ci en la trempant dans une boue composée d'or brun et de terre de jardin, et repiquez, en enfonçant jusqu'aux premières feuilles. Le thym se plaît en sol sain, dépourvu d'humidité et situé à chaude exposition. Né dans les terres pauvres, il n'a besoin ni d'engrais ni d'arrosages. Il se plaît également en pot. Ne cueillez toujours que la partie supérieure de la tige, sinon la plante s'épuise à remplacer son bois. Il se multiplie également par semis d'avril à juin.

Georges Clemenceau (1841-1929)

Entré en politique en 1871, devenu célèbre pour sa verve caustique et son éloquence cynique, il fait une longue carrière au parti radical. Tour à tour député, éditorialiste de *L'Aurore* – c'est lui qui trouve le titre « J'accuse » du fameux article de Zola en faveur du capitaine Dreyfus –, sénateur, ministre de l'Intérieur, président du Conseil jusqu'en 1908.

À partir de 1914, il va devenir le symbole du patriotisme français avec son journal *L'Homme libre* devenu *L'Homme enchaîné* après qu'il a eu affaire à la censure. En 1917, la guerre est à un tournant : la lassitude des combattants se double d'une crise du moral à l'arrière. Raymond Poincaré, qui ne l'aime pas, l'appellera pourtant à la présidence du Conseil. Il a alors 76 ans. Investi le 16 novembre, le futur Père la Victoire déclare :

« Je n'ai pas cherché le pouvoir... je ne vous ferai pas de promesses, je ferai la guerre : Voilà tout. »

IL Y A 40 ANS, EN 1969 : La campagne du référendum est officiellement ouverte. Après 48 heures d'insurrection à la prison de Turin, la révolte s'étend à Milan et à Gênes, pour dénoncer les mauvaises conditions de détention. Le 9e Congrès du PC à Pékin désigne Lin Piao comme successeur de Mao.

Le secret du bonheur en amour, ce n'est pas d'être aveugle mais de savoir fermer les yeux quand il faut (Simone Signoret).

Saint Maxime
Bélier 3e décan

MARDI
14
AVRIL

Les drôles d'histoires de Pierre Bellemare

Chauffard en herbe

John Carpenter, malgré ses six ans, n'a vraiment pas froid aux yeux ! En ce début du mois de septembre 2007, sa mère, qui doit s'absenter toute la journée pour faire des courses, l'a placé dans une garderie, le Kiddie Campus, de Cincinnati, dans l'Ohio. Mais, rapidement, le petit John ne s'y plaît pas. Ses camarades ne l'intéressent pas, il s'ennuie : bref, il décide d'aller ailleurs. Déjouant la surveillance des adultes, il parvient à se retrouver dehors. Là, tout comme les malfaiteurs en cavale, il se dit que le mieux, pour prendre le large, serait de voler une voiture. Seulement, il en faudrait une adaptée à ses mensurations. Par chance, il aperçoit un peu plus loin une petite auto à pédales en bois, rangée contre la devanture d'un marchand de jouets. Il se précipite et le voilà parti, direction l'autoroute.

Et le plus extraordinaire, c'est que non seulement il réussit à y entrer, en empruntant la bretelle d'accès, mais qu'il a le temps de faire un kilomètre avant que quelqu'un réagisse. Il s'agit d'une mère de famille, qui le force à s'arrêter et qui appelle la police avec son portable… Alors, comment se fait-il qu'aucun des très nombreux automobilistes qui l'ont doublé n'ait réagi plus tôt ? L'un d'eux a fait plus tard, aux journalistes qui ont rapporté l'affaire, cette réponse qui laisse rêveur : « J'ai cru qu'il s'agissait d'un nain handicapé, dans sa petite voiture. »

IL Y A 40 ANS, EN 1969 : Un avion-espion américain est abattu au large de la Corée du Nord. Un cyclone a ravagé Dacca, au Pakistan oriental. À Hollywood, onze Oscars pour le film *Oliver* de Carol Reed, Oscar des meilleurs interprètes pour Katherine Hepburn, Barbra Streisand et Cliff Robertson.

MERCREDI 15 AVRIL — **Saint Paterne** — **Bélier** 3e décan

Souvenez-vous que les murs des villes ne se forment que du débris des maisons des champs (J.-J. Rousseau).

Plantez vos nouveaux arbustes à petits fruits à 1 mètre de distance les uns des autres. Cassissiers et groseilliers se plaisent dans tous les sols. Les framboisiers préfèrent les sols frais et profonds à tendance acide. Palissez vos arbustes. Effectuez une taille de formation en supprimant quelques branches intérieures pour favoriser la pénétration de l'air et du soleil. Traitez préventivement vos groseilliers et cassissiers contre les pucerons. Protégez les futures récoltes des oiseaux en installant des piquets de 1 mètre coiffés de boîtes de conserve en fer brillant qui les éloignent…

★ PANÉS AUX ÉPICES. Pour quatre personnes. Faites frire cinq échalotes dans l'huile d'olive avec sel, poivre, coriandre, ajoutez un demi-piment rouge ou jaune émincé, versez dessus 3 décilitres de jus d'orange bouillant. Agrémentez de cerfeuil ciselé. Arrosez de cette sauce huit portions de poisson pané.

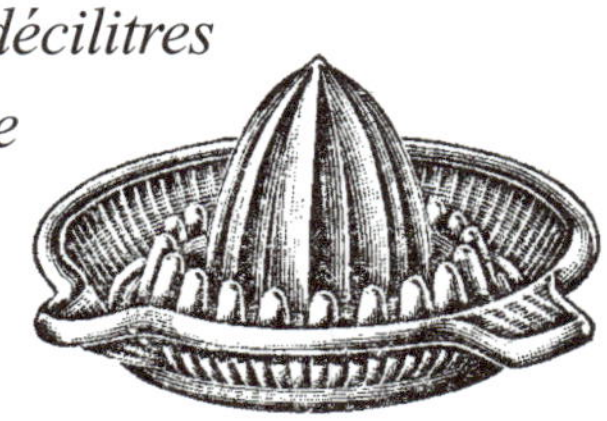

À Hawaii, c'est une infraction de s'introduire des pièces de monnaie dans les oreilles.

IL Y A 40 ANS, EN 1969 : En France, une opération « rideaux baissés » est organisée par les artisans et les commerçants mécontents des mesures fiscales. Les liaisons radio sont interrompues depuis 48 heures avec Umuahia, au Biafra, capitale des sécessionnistes. Sortie du film de Louis Malle *Calcutta*.

Le vin constitue la partie intellectuelle d'un repas, la nourriture n'étant que la partie matérielle (Alexandre Dumas).

Saints Benoît et Joseph

Bélier 3e décan

JEUDI 16 AVRIL

Les drôles d'histoires de Pierre Bellemare

La vérité tombée du ciel

Roberto Falcone, un garagiste de Turin, âgé de cinquante-neuf ans, entretient une liaison extraconjugale avec Monica, une jeunesse de vingt-cinq ans sa cadette. Lassé de leurs rendez-vous furtifs, notre don juan vieillissant décide d'offrir à sa maîtresse un week-end de rêve au bord de la mer. Pour justifier son absence auprès de son épouse, il prétexte banalement un déplacement professionnel.

Le lendemain, le couple adultérin se prélasse sur une plage, quand un hélicoptère surgit à l'horizon, survolant la côte à basse altitude. Sans doute encore grisés par une nuit fiévreuse, les amants lui adressent de grands signes exubérants. Répondant à leur appel, le pilote de l'hélicoptère passe et repasse plusieurs fois au-dessus de leurs têtes. À cet instant précis, confortablement installé devant son téléviseur, Marcello Bonatti assiste à une retransmission du Tour d'Italie. Quelle n'est pas sa stupeur de découvrir sur l'écran le sourire épanoui de son beau-frère en compagnie d'une inconnue en âge d'être sa fille, lascivement allongée à ses côtés sur une serviette de bain. Bonatti téléphone aussitôt à sa sœur pour l'informer que le Giro vient de franchir une nouvelle étape dont, de toute évidence, elle ne sortira pas vainqueur !

IL Y A 40 ANS, EN 1969 : Résultat du plénum du PC tchécoslovaque : Alexander Dubcek est remplacé par Gustáv Husák. Deux corps provenant de l'avion espion américain abattu sont retrouvés dans la mer du Japon. Robert Hirsh joue *La Résistible Ascension d'Arturo Ui* de Bertolt Brecht au TNP.

VENDREDI 17 AVRIL

Saint Anicet

Bélier 3e décan

Le malin vit de l'imbécile, et l'imbécile de son travail (proverbe d'Amérique latine).

✰ TAGLIATELLES À LA COPPA. Pour deux personnes. Faites cuire trois blancs de poireaux à l'eau après les avoir détaillés dans leur longueur, puis égouttez. Mettez deux ou trois échalotes hachées à réduire dans un verre de vin blanc jusqu'à évaporation. Faites cuire 250 grammes de tagliatelles al dente. Mélangez 40 grammes de beurre et un petit pot de crème dans la casserole avec les échalotes, quatre tranches de coppa coupées en lamelles et les poireaux. Incorporez cet assaisonnement aux pâtes.

Une femme enceinte peut uriner dans le casque d'un policier britanique.

Pour l'Angevin, un *berlandin* est :

a. Un béret.
b. Un flâneur.
c. Un sac à dos.

Bonne réponse : **b.**

IL Y A 40 ANS, EN 1969 : En Tchécoslovaquie, le colonel Emil Zátopek, triple médaillé d'or aux Jeux olympiques d'Helsinki, est dégradé et démis de ses fonctions au ministère de la Défense. Des documents fiscaux dérobés à la perception de La Tour du Pin sont restitués par les commerçants contestataires.

Quand on aime quelqu'un, c'est effrayant comme on pense peu aux autres (Marcel Pagnol).

C'est donc cela, la vie d'adulte : construire des châteaux de sable, puis sauter dessus à pieds joints (Frédéric Beigbeder).

Saint Parfait — **SAMEDI 18 AVRIL** — Bélier 3e décan

Sainte Emma — **DIMANCHE 19 AVRIL** — Bélier 3e décan

La France mystérieuse

LES DERNIERS JOURS DE CASQUE D'OR

Bagnolet (Seine-Saint-Denis)

C'est à Bagnolet qu'a terminé ses jours Amélie Hélie, qui avait connu la célébrité à la Belle Époque, sous le nom de Casque d'or. Pendant plusieurs années, le public d'alors s'était passionné pour les aventures de cette femme à la chevelure blonde flamboyante. Deux mauvais garçons de la capitale, Manda et Leca, qui étaient amoureux fous d'elle, s'étaient affrontés pour ses beaux yeux à la tête de leurs bandes d'apaches. Puis elle avait disparu de la scène. Nul n'avait plus jamais entendu parler d'elle jusqu'à la sortie, en 1952, du film *Casque d'or*, de Jacques Becker, avec Simone Signoret dans le rôle de l'héroïne. Un certain M. Nardin, ouvrier vernisseur à Bagnolet, a alors porté plainte contre les auteurs, le film retraçant, à son avis, l'histoire de Casque d'or d'une manière déformée. Il ne s'agissait pas d'un fou, mais du veuf d'Amélie Hélie, qu'il avait épousée en 1917, et c'est par lui qu'on a appris de quelle manière elle a terminé ses jours.
Le couple a vécu petitement et honnêtement du salaire du mari. Amélie améliorait l'ordinaire en allant vendre des étoffes et de la bonneterie sur les marchés des Lilas et de Montreuil. Elle était depuis longtemps oubliée et, ses cheveux étant devenus tout gris, elle avait perdu l'ornement qui avait fait sa gloire. Elle est morte le 16 avril 1933, à l'âge de cinquante-cinq ans, et elle a été enterrée au cimetière municipal de Bagnolet.

IL Y A 40 ANS, EN 1969 : Violences et incendies en Irlande du Nord, où la lutte a repris entre catholiques et protestants. L'Iran dénonce le traité frontalier irano-irakien de 1937. La 58e Foire de Paris est ouverte à la Porte de Versailles. Maria Callas est « L'invitée du dimanche » de Pierre Desgraupes.

LUNDI 20 AVRIL

Sainte Odette

Bélier 3e décan

Il y a des coups de foudre qui font des bleus au cœur (Pierre Perret).

Mettez en terre ou en jardinières sur les balcons des pieds de mini-légumes qui mesureront de 5 à 12 centimètres à maturité : concombres hérissés de pointes, courgettes portant toujours une seule fleur, choux brocolis à pommes vertes ou rouges, carottes baby, laitues mini-green et tomates cerises – charmante plante tapissante. Non seulement ces légumes lilliputiens sont savoureux, mais leur culture peut également être une manière ludique d'initier les enfants au jardinage. Il suffit d'épandre un terreau tout prêt du commerce sur un fond de billes d'argile, de semer et d'arroser.

MAROILLES, UN ÉVENTAIL AROMATIQUE

C'est la Thiérache, « petite Suisse du Nord », qui a vu naître le « craquegnon » devenu « maroilles » : une ordonnance du Xe siècle prescrivait aux manants ayant vaches de réserver les fromages fabriqués à la Saint Jean, le 24 juin, pour les livrer à la Saint Rémi, cent jours plus tard, aux moines de l'abbaye de Maroilles. Toujours de forme carrée, ce fromage à pâte molle et croûte lavée est vendu sous des formats différents : sorbais, mignon, ou quart. Le caillé est moulé, salé, ressuyé. La qualité de l'affinage lui donne une saveur prononcée. Elle est conditionnée par la flore des caves, dont le sol est pavé en terre cuite, et les maçonneries construites en briques qui pompent l'eau et favorisent le maintien d'une humidité importante. Dérivés du maroilles : le « gris » ou « vieux lille » à la saveur plus accentuée, et le « dauphin », dont la forme est un clin d'œil à l'Histoire. Lors de la visite de Louis XIV dans le Hainaut, ses hôtes préparèrent au cortège royal un fromage dont la pâte avait été malaxée au poivre, à la poudre de girofle, à l'estragon, au persil, et colorée au rocou. Le Grand Dauphin, fils de Louis XIV, l'ayant particulièrement apprécié, sa réputation fut faite sous le nom et la forme d'un dauphin ! Autre spécialité dérivée : la « boulette d'Avesnes », au goût corsé, faite de maroilles déclassés, repétris, resalés et épicés, et qui garde, malgré sa forme en cône, son nom de boulette !

IL Y A 40 ANS, EN 1969 : M. Callaghan, secrétaire au Home Office, rassure les députés sur le rôle pacifique des 3000 soldats anglais déployés à la demande du gouvernement de Belfast. Mise en service par la RATP, à la station Porte d'Orléans, de 18 appareils distributeurs de titres de transport.

Ce qu'il y a de meilleur à l'étranger,
ce sont les compatriotes qu'on y rencontre
(Paul-Jean Toulet).

Saint Anselme
Taureau 1er décan

MARDI
21
AVRIL

Les drôles d'histoires de Pierre Bellemare

Les indiscrétions d'Internet

Internet permet depuis quelque temps de découvrir la terre vue du ciel. Et ceux qui ont eu la curiosité d'explorer la ville de San Diego, en Californie, ont découvert que la caserne de l'US Navy adoptait exactement la forme d'une croix gammée ! L'US Navy a avoué être au courant du problème. Mais elle n'avait pas jugé bon d'intervenir, le survol de la base étant interdit et la chose ne pouvant se voir du sol. Considérant qu'un bâtiment militaire américain reproduisant l'emblème nazi, cela faisait tout de même désordre, le gouvernement a décidé de débloquer une somme de 600 000 dollars pour camoufler les toits compromettants.

Des lois obsolètes

L'Irlande a entrepris récemment de moderniser son code pénal, qui datait, pour certaines parties, de fort longtemps. C'est ainsi que des milliers de lois édictées entre 1100 et 1800 ont été supprimées. Par exemple, a été abrogée celle qui interdisait d'ajouter des crottes de mouton dans le café et celle, datant de 1180, défendant aux juifs de porter une armure. Les autorités ont toutefois décidé de laisser en vigueur d'autres lois anciennes, dont l'application apparaît pour le moins limitée. Il est donc toujours interdit en Irlande d'organiser des combats de tigres en public. On ne sait jamais…

IL Y A 40 ANS, EN 1969 : À Londres, première intervention aux Communes de la jeune députée de 22 ans du Mid Ulster, Bernadette Devlin. Arrivée à Falmouth de l'Anglais Robin Knox-Johnston, premier navigateur solitaire à avoir fait le tour du monde sans escale. Première greffe complète d'un œil à Houston.

MERCREDI 22 AVRIL Saint Alexandre

Taureau 1er décan

Le principal organe de la vision, c'est la pensée. On voit avec nos idées… (Boris Cyrulnik).

★★ TOURTE À LA FLORENTINE. Pour quatre ou cinq personnes. Cuisez d'une part 400 grammes de pommes de terre épluchées et coupées en tranches fines à l'eau bouillante salée 10 minutes ; d'autre part, 1 kilogramme d'épinards pendant 5 minutes. Égouttez, pressez, hachez-les. Foncez une tourtière avec 250 grammes de pâte brisée. Posez sur le fond les pommes de terre et 150 grammes de lardons fumés sautés à l'huile. Mélangez 2 décilitres de crème avec deux œufs et un jaune, sel, poivre. Versez-en la moitié sur les pommes de terre. Ajoutez les épinards et l'autre moitié de la crème. Couvrez avec une abaisse de 150 grammes de pâte feuilletée. Décorez le couvercle à l'aide d'une fourchette, dorez à l'œuf, pratiquez une cheminée au milieu, et cuisez à four moyen trois quarts d'heure.

Pour l'habitant de Haute-Bretagne, une *avouillette* est :

a. Une avoine jaunâtre.
b. Un enfant chétif.
c. Un entonnoir.

Bonne réponse : **c.**

IL Y A 40 ANS, EN 1969 : Le Caire ne se considère plus lié par le cessez-le-feu en raison de la construction par Israël de fortifications sur le canal de Suez. En Irlande du Nord, le principe de l'égalité des droits de vote est admis par les parlementaires unionistes. Le Nigeria annonce la prise d'Umuahia au Biafra.

L'ennui avec nos hommes politiques, c'est qu'on croit faire leur caricature, alors qu'on fait leur portrait (Sennep).

Saint Georges

Taureau 1er décan

JEUDI 23 AVRIL

Les drôles d'histoires de Pierre Bellemare

Les trois secrets du parchemin

Avant que les Chinois n'inventent le papier, vers l'an 100, les peuples lettrés de l'Antiquité consignaient leurs écrits sur les supports les plus variés : plaquettes de terre cuite, tablettes de cire et de buis, feuilles de papyrus ou peaux d'agneaux soigneusement tannées et cousues entre elles. Cette dernière technique, de loin la plus pratique pour la lecture et le stockage des documents, donna naissance au livre moderne. Seul inconvénient : le coût élevé de fabrication de chaque ouvrage, dont l'usage était donc réservé aux aristocrates et aux dignitaires ecclésiastiques. C'est pourquoi, pour renouveler le contenu de leur bibliothèque, quelques-uns d'entre eux confiaient aux moines copistes le soin de gratter les peaux, pour les recouvrir ensuite d'un nouveau texte. En analysant au spectrographe un livre de prières chrétien du Moyen Âge, des scientifiques du Rochester Institute of Technology ont eu l'heureuse surprise de découvrir un traité jusqu'alors inconnu du mathématicien Archimède, caché sous le texte sacré. Puis, en dessous, un discours d'Hypérides, un homme politique grec du IVe siècle av. J.-C. Poursuivant leur investigation, ils ont ensuite mis au jour un texte d'Aristote, écrit aux environs de 350 av. J.-C., que l'on ne connaissait qu'à travers une traduction latine très incomplète. « Dans un seul livre, trois chefs-d'œuvre ! » s'est extasié le chef du projet. Nos descendants ne seront-ils pas déçus en découvrant, dans quelques siècles, que nos livres ne contenaient qu'un seul texte, d'un intérêt parfois médiocre ? Heureusement le papier utilisé aujourd'hui les aura réduits en poussière depuis belle lurette !

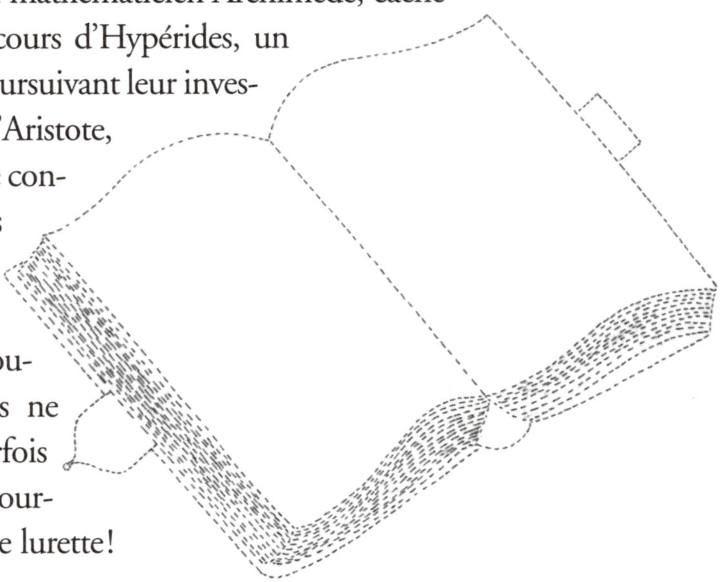

IL Y A 40 ANS, EN 1969 : Le IXe congrès du PC chinois a consacré le triomphe de la pensée de Mao. Au Liban, démission du gouvernement de M. Rachid Karamé. Un sabotage contre un collecteur prive Belfast d'eau potable. Marcel Arland est accueilli sous la Coupole de l'Académie française par Jean Mistler.

VENDREDI 24 AVRIL **Saint Fidèle**

Taureau 1er décan

Sans le gouvernement,
on ne rirait plus en France (Chamfort).

★ FRIANDISE BRÉSILIENNE. Pour deux ou trois personnes. Mélangez une boîte de lait concentré sucré, deux cuillerées à soupe de beurre, trois cuillerées à soupe de cacao non sucré. Mettez dans une casserole à feu doux et remuez jusqu'à ce que le chocolat se détache du fond de la casserole. Lorsque le chocolat est froid, beurrez-vous les mains pour rouler des petits bâtonnets, que vous trempez ensuite dans des vermicelles en chocolat. Mettez-les au frais.

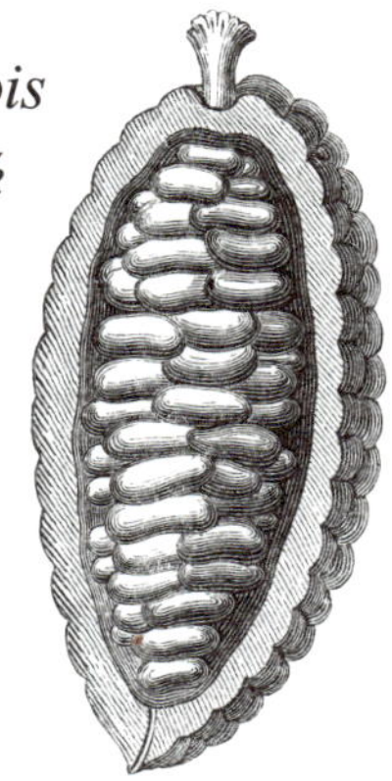

Charles-Maurice de Talleyrand-Périgord (1754-1838)

De la Révolution de 1789 à celle de 1830, aucun régime ne put ignorer ce diplomate d'envergure européenne. Napoléon Ier le fait grand chambellan en 1804, prince de Bénévent en 1806. Pourtant Talleyrand s'en détachera peu à peu. Le 2 avril 1814, il fait proclamer par le Sénat la déchéance de l'Empereur et de sa famille, et prépare le retour des Bourbons. Louis XVIII lui ayant rendu le portefeuille des Affaires étrangères, il représente la France au Congrès de Vienne, dès septembre. Il insiste pour obtenir que l'ouverture du Congrès se fasse « conformément aux principes du droit public ».
En effet, les grandes puissances s'apprêtent à se partager l'Europe. Le plénipotentiaire prussien Humboldt proteste contre cette notion : « Pourquoi dire que nous agissons selon le droit public ? Cela va sans dire. » Talleyrand répliqua magnifiquement :

« SI CELA VA SANS DIRE, CELA IRA ENCORE MIEUX EN LE DISANT. »

IL Y A 40 ANS, EN 1969 : Les Français se rendent aux urnes pour se prononcer sur le référendum. Éric Tabarly vient de pulvériser les records de la Transpacifique en ralliant les États-Unis au Japon en seulement 39 jours et 15 heures sur son *Pen-Duick V.*

Le fraudeur fiscal est un contribuable qui s'obstine à vouloir garder un peu d'argent pour son propre usage (Philippe Bouvard).

Saint Marc — SAMEDI 25 AVRIL — Taureau 1er décan

Nous sommes tous des vers... Mais je pense que je suis un ver luisant (Winston Churchill).

Sainte Alida — DIMANCHE 26 AVRIL — Taureau 1er décan

La France mystérieuse

LE PHALANSTÈRE

Condé-sur-Vesgre (Yvelines)

Le mot phalanstère, formé du mot « phalange », dans le sens de groupe d'individus, et de la terminaison « stère », qu'on retrouve dans « monastère », désigne la création du réformateur social Charles Fourier (1772-1837), un des principaux représentants du socialisme utopique.
C'est en 1832 qu'a été créé le premier phalanstère, à Condé-sur-Vesgre, non loin de Paris. Sa conception et son organisation sont bien caractéristiques de l'optimisme né des premiers progrès de la science. Dans cette communauté de quatre cents familles (environ deux mille membres), le travail et la vie sociale étaient organisés de manière rationnelle, ce qui devait engendrer une efficacité jamais atteinte. Installés sur un domaine de 400 hectares, les colons sociétaires devaient entreprendre le défrichement, la culture des terres et la construction d'habitations, selon un programme rigoureusement défini. Le phalanstère, prévu pour générer des bénéfices considérables, était constitué pour vingt ans, avec possibilité de dissolution au bout de cinq. Mais il n'a même pas atteint cette date, puisqu'il a été dissous en 1836, après seulement quatre ans d'existence, suite à l'absence de résultats et aux dissensions entre ses membres. Si la création de Fourier a été souvent tournée en ridicule pour ses aspects naïfs et extravagants, elle apparaît pourtant, avec le recul, comme novatrice à bien des égards, notamment la création de crèches et l'émancipation de la femme, grâce aux responsabilités dans le travail.

IL Y A 40 ANS, EN 1969 : Après le « Non » à la régionalisation et à la réforme du Sénat, le général de Gaulle annonce sa démission. Rentré à Prague du sommet du Comecon, M. Gustáv Husák reprend en main la presse tchécoslovaque. Le général Barrientos, président de la Bolivie, se tue dans un accident.

LUNDI 27 AVRIL

Sainte Zita

Taureau 1er décan

Les gens sobres sont la réincarnation de chameaux, alors que les alcooliques sont la réincarnation d'éponges de mer (Professeur Choron).

★ MITONNÉ SOUS CROÛTE. Pour quatre ou cinq personnes. Coupez en gros dés des restes de viande de pot-au-feu ou de rôtis divers (environ 500 grammes), mettez-les avec des restes de légumes dans un plat à four profond avec quelques cuillerées de bouillon ou de sauce, et faites chauffer. Incorporez 50 grammes de margarine à 100 grammes de farine en travaillant le tout, ajoutez un œuf, deux cuillerées à soupe de lait, persil, ciboulette. Étalez la pâte sur un plan fariné sur une épaisseur d'au moins 2 centimètres. Lorsque la viande et les légumes sont bien chauds, réglez le thermostat du four sur 220° (th. 7-8), disposez la pâte sur la préparation, mettez en haut du four sans couvercle et laissez cuire un quart d'heure pour que la croûte soit bien dorée.

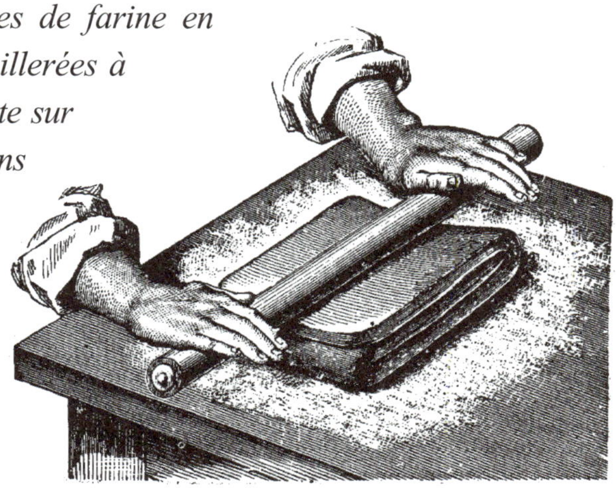

Pincez les jeunes géraniums que vous avez obtenus par bouturage de vos sujets de l'année dernière, ce qui permettra de les rendre plus trapus. Commencez à composer des paniers fleuris que vous accrocherez à l'entrée de la maison. Pour bien drainer vos pots et jardinières, remplissez le fond de gravier. Si vous apportez trop d'eau aux géraniums, ils fleuriront moins, de même en cas d'excès de fertilisation azotée.

À Natchez, dans le Mississippi, les éléphants n'ont pas le droit de boire de la bière.

IL Y A 40 ANS, EN 1969 : La démission du général de Gaulle est effective à midi. Alain Poher, président du Sénat, assume l'intérim de la présidence. Démission de M. Terence O'Neil, Premier ministre de l'Irlande du Nord. Alexandre Dubcek est élu président du Parlement fédéral tchécoslovaque.

L'homme ne demande à sa femme d'être intelligente que lorsqu'elle ne l'est pas. Quand elle l'est, il en prend une autre (Frédéric Dard).

Sainte Valérie

Taureau 1er décan

MARDI 28 AVRIL

Les drôles d'histoires de Pierre Bellemare

Un carnage évité de justesse

Tandis que les instances européennes tentent d'aplanir tant bien que mal les divergences qui opposent la plupart des vingt-sept pays de l'Union, les peuples du vieux continent parviennent-ils à faire mieux que leurs gouvernements ? On peut en douter à l'aune de la récente « guerre germano-galloise des chaises longues », que relate le *Daily Mail* de Londres.

Glyn Bowden transporte à bord de son car cinquante-cinq touristes gallois vers Viana Marina, une station balnéaire de la Riviera italienne. Dès le lendemain de leur installation, les Gallois constatent que, faisant fi des traditions qui régissent l'occupation des chaises longues, des Allemands se lèvent dès l'aube pour draper les transats d'une serviette de bain et marquer ainsi leur territoire. Ils en sont réduits à s'installer inconfortablement sur des chaises en plastique. Ils s'en plaignent à Bowden qui, le matin suivant, ramasse les serviettes et les jette dans la piscine. La tension monte d'un cran.

Le lendemain, les touristes allemands se lèvent plus tôt encore pour s'approprier les précieuses chaises longues. Bowden collecte à nouveau les serviettes et va cette fois les brûler sur la plage. La police italienne l'arrête. Cependant, soucieux de maintenir le calme, l'hôtelier renonce à porter plainte contre lui, et propose aux belligérants de ratifier un accord territorial, au terme duquel il est convenu que la moitié des chaises longues sera réservée aux Allemands et l'autre moitié aux Gallois.

L'avenir de l'Union européenne l'a échappé belle !

IL Y A 40 ANS, EN 1969 : Georges Pompidou et Gaston Defferre annoncent leur candidature à la présidence. La CGT, « pour déjouer une vaste provocation politique », annule le défilé du 1er Mai à Paris. Généralisation de la quatrième semaine de congés payés, votée par l'Assemblée nationale.

MERCREDI 29 AVRIL — **Sainte Catherine de Sienne**

Taureau 1er décan

La verge et le cœur sont des organes qui remuent d'eux-mêmes (Aristote).

⁎ EFFEUILLÉE DE MORUE. Pour quatre personnes. Faites cuire à l'eau à feu doux pendant 20 minutes 500 grammes de morue que vous avez laissée dessaler dans de l'eau fortement citronnée. Faites revenir au beurre trois échalotes et trois piments coupés en lanières, et disposez-les sur un plat avec des tranches d'avocat, poivrez, défaites les filets de morue que vous ajoutez. Arrosez de jus de citron vert et d'huile.

PASTEUR, PÈRE DE L'ŒNOLOGIE

Louis Pasteur est à l'origine de l'œnologie, science du vin, grâce aux résultats des travaux qu'il mène à partir de 1854 en sa vigne et son laboratoire d'Arbois. Observant le phénomène de la fermentation et l'action des levures qui transforment les sucres du raisin en alcool, il démontre que la théorie de la génération spontanée n'est pas valable : ce sont des germes présents dans l'atmosphère qui se multiplient pourvu qu'ils rencontrent des conditions favorables, déclenchant la fermentation alcoolique par les bonnes levures – tandis que la fermentation bactérienne est provoquée par des germes nuisibles qui se développent au contact trop prolongé du vin avec l'oxygène de l'air. Pour le prouver, Pasteur fait installer sur sa parcelle de vigne des serres vitrées hermétiquement closes à l'abri desquelles les jeunes grappes de raisin mûrissent enveloppées dans des gazes stériles. À l'automne, le jus récolté à partir de ce raisin pressé ne fermente pas : les levures qui provoquent la fermentation alcoolique sont donc bien déposées sur le raisin par l'air ambiant. Au milieu du XIXe siècle cependant, les viticulteurs ne maîtrisent pas bien la vinification, le vin tourne au vinaigre, et les maladies du vin sont nombreuses, qui nuisent au commerce. À la demande de Napoléon III, Pasteur en 1863 étudie ces maladies et apporte le remède qui consiste à chauffer le vin à une température de 60° pendant une minute : c'est la pasteurisation, technique abandonnée par la suite en viticulture.

IL Y A 40 ANS, EN 1969 : Le ralliement de Valéry Giscard d'Estaing accroît les chances de Georges Pompidou. Sortie du film *La Honte* d'Ingmar Bergman, avec Liv Ullmann et Max Von Sydow.

Le chemin du cœur passe par le ventre (Paul Bocuse).

Saint Robert

Taureau 1er décan

JEUDI 30 AVRIL

Les drôles d'histoires de Pierre Bellemare

Nettoyage à sec

Procéduriers, les Américains n'hésitent pas à porter plainte pour une vétille et à réclamer des dommages et intérêts parfois exorbitants par rapport aux préjudices subis. À Washington, Soo et Jin Chun, d'honnêtes teinturiers d'origine chinoise, viennent d'en faire la navrante expérience. Leur existence paisible bascule le jour où ils acceptent innocemment de nettoyer à sec le vieux pantalon de Roy Pearson. Ils ignorent encore que leur client est non seulement un célibataire maniaque, mais aussi, comble d'infortune, juge à la Cour suprême. Après avoir prodigué au falzar fédéral tous les soins qu'il mérite, les Chun l'égarent dans le stock, il est vrai pagailleux, des vêtements dont ils ont la charge. Incapables de le retrouver en dépit d'une recherche méticuleuse, ils proposent à Pearson de le lui rembourser sur la base de la valeur des pantalons neufs, taille 46, mélange laine et acrylique. Le juge ne l'entend pas de cette oreille et menace d'engager une action en justice. Ils lui proposent alors de lui verser une indemnité forfaitaire de 4600 dollars, soit environ cent fois la valeur de l'article perdu. Refus du juge qui réclame 500000 dollars de « préjudice moral », auxquels vient s'ajouter une astreinte de 1500 dollars par jour tant que la pièce de sa garde-robe ne lui sera pas restituée. Durant le procès, les Chun ont beau démontrer qu'un futal usagé ne vaut pas une Rolls-Royce, ils sont condamnés. Commentaire des teinturiers, proprement lessivés : « Nous bouclons nos valises et retournons en Chine. Bien sûr, chez nous les fonctionnaires sont corrompus, mais ils abusent de leurs concitoyens avec modération ! »

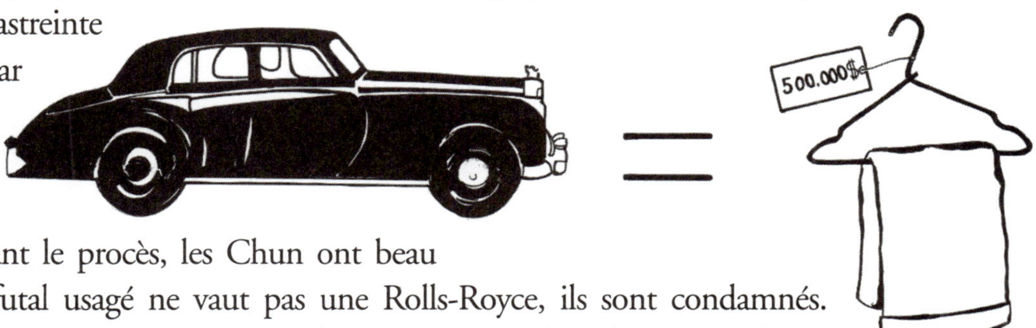

IL Y A 40 ANS, EN 1969 : Pour la première fois depuis 1945, il n'y a aucun défilé populaire, mais une manifestation conduite par des jeunes donne lieu à 400 arrestations. Journée de pénitence et de souvenir en Tchécoslovaquie. En Irlande du Nord, le major Chichester-Clark est désigné comme Premier ministre.

VENDREDI 1 MAI — **Fête du Travail**

Taureau 2e décan

Rien ne rend si aimable que de se croire aimé (Marivaux).

★ FRAÎCHEUR CRAQUANTE. Râpez 500 grammes de légumes : à parts égales carottes, céleri-rave, courgettes (avec la peau). Mélangez. Assaisonnez de quatre yaourts, trois cuillerées de vinaigre balsamique, une cuillerée à café de pastis ou d'anis liquide, de l'aneth ciselé, deux gousses d'ail pilées, ciboulette, persil, sel, poivre.

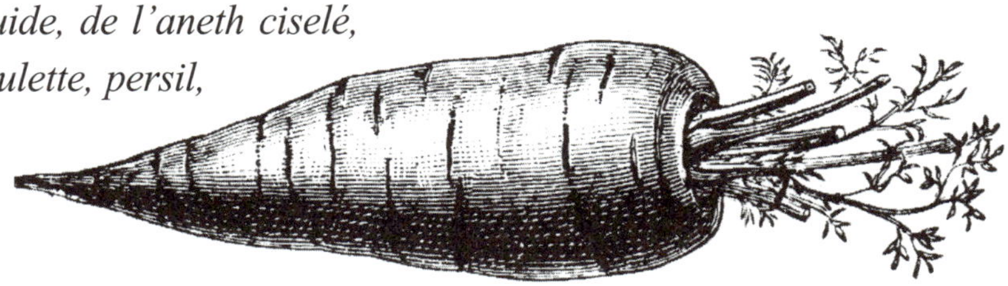

Si vous êtes amateur de fruits exotiques, plantez un pépino ou morelle de Wallis, originaire d'Amérique du Sud. Facile à cultiver en pot, ce petit arbuste vivace de la famille des solanacées est très productif moyennant un apport nutritif et un arrosage réguliers. Installez-le au soleil, dans une terre riche bien drainée. Il se couvre en mai-juin de fleurs violettes avant de donner des fruits très décoratifs ovoïdes, jaunes striés de violet au goût de melon et de poire qui peuvent atteindre 1 kilogramme – il est donc recommandé de tuteurer ses branches. Consommez-le à pleine maturité, sinon il est toxique. Mettez-le à l'abri en hiver, il craint le gel.

Pour le Provençal, une *larmeuse* est :

a. La résine du pin.
b. Une jeune femme capricieuse.
c. Un lézard gris.

Bonne réponse : c.

IL Y A 40 ANS, EN 1969 : À Londres, la révolte gronde au parti travailliste où la gauche mène la guerre contre M. Wilson. Diffusion sur la chaîne couleurs de *Renaud et Armide* de Jean Cocteau, réalisé par Marcel Cravenne, avec Jean Marais, Geneviève Casile. Décès de l'ancien chancelier du Reich, Franz von Papen.

Plus contagieuse que la peste, la peur se communique en un clin d'œil (Nicolaï Gogol).

Saint Boris — SAMEDI 2 MAI — Taureau 2e décan

Celui qui écoute aux portes la prend souvent en pleine gueule (Professeur Choron).

Saints Philippe et Jacques — DIMANCHE 3 MAI — Taureau 2e décan

La France mystérieuse

UNE MINI-RÉPUBLIQUE
Goust (Pyrénées-Atlantiques)

Le hameau de Goust est à ce point difficile d'accès qu'il a vécu pendant des siècles en circuit fermé. Pour s'y rendre, en partant de Laruns, il faut franchir le gave de Brousset sur un pont vertigineux qui porte le nom évocateur de « Pont de l'Enfer », puis, de là, après avoir dépassé la cascade qui dégringole de la gorge de Brousset, monter le sentier en zigzag accroché à la paroi. On débouche alors sur une minuscule étendue plane entourée de tous côtés par la montagne.

L'isolement du hameau a fait que, jusqu'à une époque récente, il s'est comporté comme une mini-république autonome. Sa population était gouvernée par un conseil d'anciens, qui décidait de tout ce qui concernait la communauté. Il fallait, en particulier, son autorisation pour que les filles et les garçons aillent se chercher un conjoint dans la vallée. Ses décisions étaient annoncées par le garde champêtre, qui était également une sorte d'ambassadeur avec le monde extérieur. En raison de l'escarpement, les enterrements posaient un délicat problème. Il était trop dangereux de porter les cercueils jusqu'au cimetière, situé dans la vallée, aussi une sorte de toboggan avait été aménagé dans la paroi, pour les faire glisser jusqu'en bas. Mais on vivait vieux à Goust ! En tout cas, les centenaires n'y étaient pas rares.

IL Y A 40 ANS, EN 1969 : Le parquet fédéral de Karlsruhe ouvre une procédure de haute trahison contre le commandant Kruse, passé à l'Est. La France fournira à la Tunisie une aide alimentaire. Suspension des cours au lycée Louis-le-Grand à la suite de l'explosion d'une grenade pendant une bagarre.

LUNDI 4 MAI

Saint Sylvain

Taureau 2e décan

Faire une élection, c'est raconter une histoire de telle façon que l'enfant qui sommeille en tout électeur croie que le candidat est le seul héros crédible de cette histoire (Jacques Séguéla).

★ GALETTES DE VEAU. Pour quatre personnes. Versez un demi-verre de lait bouillant sur 50 grammes de chapelure blanche et mélangez pour obtenir une pâte onctueuse, ajoutez sel, poivre, quelques pincées de muscade, le zeste râpé d'un citron, une pincée de piment d'Espélette, deux oignons blancs hachés menu. Mélangez avec 500 grammes de veau haché à la spatule puis à la main pour obtenir une masse homogène. Divisez-la en huit parts que vous aplatissez chacune pour la faire dorer et cuire à la poêle avec de l'huile à feu moyen.

LE COGNAC ET LA PART DES ANGES

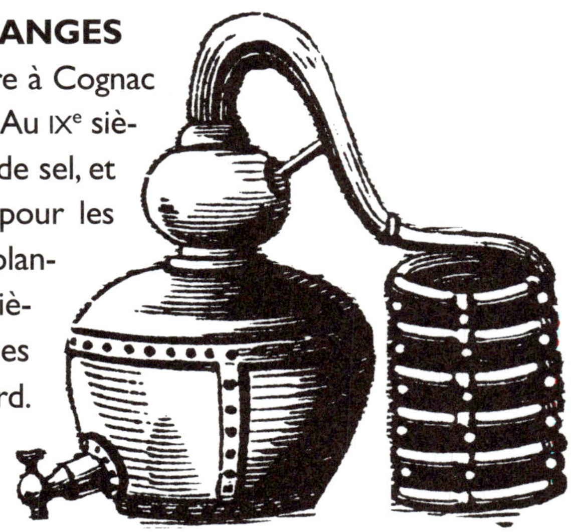

La Charente, facilement navigable, offre à Cognac un accès pratique à l'océan Atlantique. Au IXe siècle déjà, la ville abritait d'importants entrepôts de sel, et les marins scandinaves venaient s'y ravitailler pour les conserveurs de morues et de harengs. Après la plantation de la vigne autour de La Rochelle au XIIe siècle, les navires hollandais emportent avec le sel les vins frais de Charente vers tous les pays du Nord. Pour faciliter le transport en bateau et éviter que les longs voyages en mer n'altèrent la qualité de leurs vins, les marchands ont l'idée d'en réduire le volume en procédant à une première distillation. Mais l'eau-de-vie obtenue n'est pas de qualité. La légende attribue à un distillateur, le chevalier de la Croix-Marron, menacé dans un cauchemar par le diable d'être bouilli pour capter son âme, l'idée de procéder à une seconde distillation, dite la « bonne chauffe ». De la quintessence du vin naît le cognac. Le bouilleur des Charentes utilise depuis trois siècles l'alambic en cuivre de ses ancêtres, dans le respect de la tradition. Le vieillissement s'effectue dans des fûts de chêne : l'eau-de-vie se bonifie au contact du bois qui lui donne sa couleur ambrée. Durant le vieillissement, il se produit une évaporation relativement importante : c'est « la part des anges ».

IL Y A 40 ANS, EN 1969 : Les B-52 opèrent les plus intenses pilonnages, depuis le siège de Khe Sanh, sur la province de Tay Ninh où siège le comité central du FNL. Le président de la République par intérim, M. Alain Poher, s'est installé au palais de l'Élysée. Jean Josselin est redevenu champion d'Europe des welters.

Mon cœur est saturé de plaisir quand j'ai du pain et de l'eau (Épicure).

Sainte Judith — **MARDI 5 MAI**

Taureau 2e décan

Les drôles d'histoires de Pierre Bellemare

Voleurs de nuages

Nombre de futurologues affirment aujourd'hui que l'appropriation de l'eau douce sera l'un des enjeux géopolitiques majeurs du XXIe siècle. Sans attendre que cette prédiction se concrétise, des paysans de la province espagnole de Soria ont décidé de fourbir d'ores et déjà leurs armes contre les voleurs d'eau. Dans cette région très sèche, les orages sont l'été le seul espoir pour sauver les plantations assoiffées. « Mais quand la météo annonce un orage, on voit aussitôt apparaître des avions, toujours les mêmes, qui poussent les nuages vers l'Aragon, et s'évanouissent comme des fantômes », affirme avec colère José Jimérez, un agriculteur. Regroupés en association de défense, les habitants de deux cent trente villages de la province ont porté plainte plus de deux cents fois. Sans succès, le gouvernement d'Aragon affirmant que « selon la météo, 94 % des nuages d'orage qui se forment dans la province se déplacent vers le nord, poussés naturellement par les courants de haute altitude ». Las de devoir se battre contre des moulins à vent, les paysans, qui s'estiment spoliés, se sont cotisés pour acquérir deux mini-avions espions, équipés d'une caméra vidéo chargée de recueillir la preuve que leurs voisins ensemencent les masses nuageuses avec de l'iodure d'argent afin d'usurper la pluie. Depuis que les avions espions patrouillent, il semblerait que la chasse ennemie ait ajourné ses incursions. Mais sans pour autant que des effets bénéfiques se soient manifestés, la pluie choisissant toujours de fertiliser l'Aragon. Affaire à suivre !

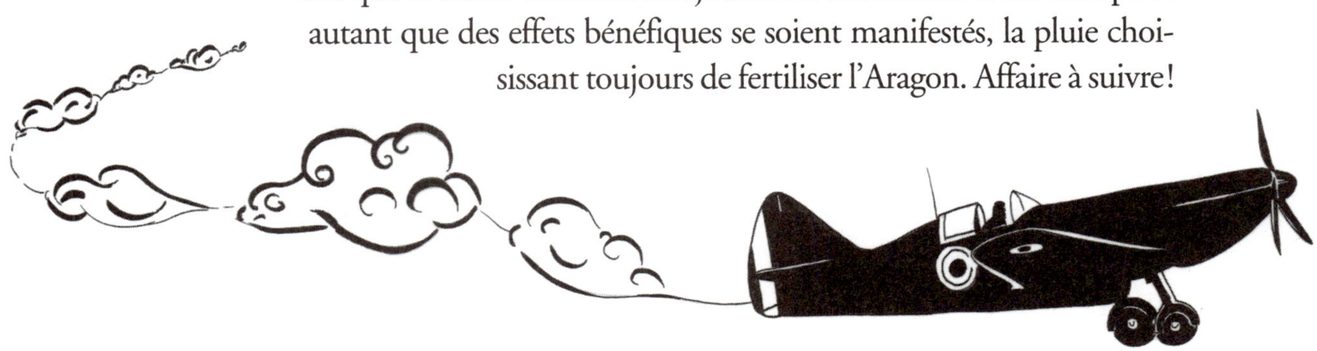

IL Y A 40 ANS, EN 1969 : Le président Nixon propose au Congrès américain un programme pour lutter contre la pauvreté de 16 millions d'Américains, essentiellement des Noirs. Première à la Comédie des Champs-Élysées d'*Un ami imprévu* de Robert Thomas, avec Simone Valère et Jean Desailly.

MERCREDI 6 MAI — **Sainte Prudence** — **Taureau** 2e décan

L'amabilité est la gentillesse des gens qui n'ont pas de cœur (Philippe Bouvard).

LES SINGES CAPUCINS ONT LE SENS DE L'ÉGALITÉ DE TRAITEMENT

Le célèbre primatologue Frans de Waal a démontré que les singes capucins ont « une aversion pour l'iniquité »: ils sont sensibles à la qualité de la récompense qu'ils reçoivent, non seulement par rapport à l'effort fourni, mais aussi par rapport à leurs congénères. Vivant dans les forêts d'Amérique centrale et du Sud, ils doivent s'entraider pour pouvoir chasser de grosses proies. Aussi ce sens de la récompense proportionnée à l'effort fourni a-t-il dû se développer dans ce contexte de coopération. Frans de Waal a observé que le singe capucin peut se mettre en colère lorsqu'en échange d'un jeton, il ne reçoit qu'une tranche de concombre alors que son voisin est récompensé d'un grain de raisin, plus apprécié, pour le même exercice. Il ira jusqu'à jeter en l'air jeton et tranche de concombre, qu'il aurait par ailleurs volontiers acceptée s'il n'avait eu l'occasion de remarquer cette différence de traitement. Dès lors, il cesse toute collaboration et entame une grève sur le tas. Il s'attend aussi à gagner plus en travaillant plus et sa réaction sera d'autant plus forte que sa propre récompense lui paraîtra dérisoire.

★★ *GRELOTS ET GRANNY EN SALADE. Pour deux ou trois personnes. Passez au mixeur une betterave cuite pelée coupée en petits dés, une cuillerée à soupe de carvi en grains que vous avez fait griller à sec dans une poêle, quatre cuillerées à soupe de vinaigre de cidre, du sel, jusqu'à obtention d'une crème. Ajoutez de l'huile de noix. Faites cuire une livre de petites pommes de terre grelots bien lavées, coupez-les en deux, mettez-les dans un saladier avec une pomme granny pelée coupée en morceaux, mélangez avec la sauce, rectifiez l'assaisonnement. Parsemez d'une poignée de cerneaux de noix.*

IL Y A 40 ANS, EN 1969 : Offensive de l'armée libanaise contre les commandos de la résistance palestinienne installés dans le sud du pays. L'intersyndicale des journalistes de l'ORTF demande que les confrères licenciés en mai 1968 soient réintégrés. Le Sénat approuve la quatrième semaine de congés payés.

L'art de gouverner consiste à prendre le plus d'argent possible à une catégorie de citoyens afin de le donner à une autre (Voltaire).

Sainte Gisèle

Taureau 2e décan

Les drôles d'histoires de Pierre Bellemare

Une prime appétissante

On sait que le football professionnel brasse des sommes astronomiques. Entre primes de transferts de joueurs, salaires princiers et contrats publicitaires, des millions d'euros s'échangent chaque année sur les pelouses des stades. Seule consolation : l'inflation en vigueur dans les grands clubs européens n'a pas encore contaminé tout le milieu sportif. Ainsi Slavo Vilovitch, le président du FC Zagora, en troisième division du championnat de football de Croatie, doit-il accomplir des prouesses pour offrir chaque année à ses joueurs chaussures et maillots neufs, seuls accessoires capables de les distinguer des amateurs maladroits qui se bousculent le week-end sur l'herbe râpée du stade municipal. Un jour, Ivica Supe, l'ailier droit de l'équipe, arrivant à l'entraînement, constate que le terrain est déjà occupé par un troupeau de moutons. « Que font-ils là ? demande avec agacement le joueur au président.
– Ces seize moutons sont à toi. C'est la prime que t'offre notre sponsor : un mouton pour chaque but que tu as marqué cette saison. »

« Nous ne sommes qu'un tout petit club, s'est justifié Vilovitch devant la presse locale. Je voulais récompenser notre meilleur élément et m'assurer de sa fidélité. Et le seul sponsor que je suis parvenu à trouver est éleveur de moutons ! »

IL Y A 40 ANS, EN 1969 : À la seizième séance des pourparlers de Paris sur le Vietnam, le FNL propose un plan de paix en dix points. Ouverture du XXe festival international du film à Cannes ; l'URSS sera absente de la compétition.

VENDREDI 8 MAI

Victoire de 1945

Taureau 2e décan

La grande cuisine, ce peut être une dinde bouillie, une langouste cuite au dernier moment, une salade cueillie dans le jardin et assaisonnée à la dernière minute (Paul Bocuse).

Si vos plantes se fanent et meurent, elles sont peut-être victimes des courtilières, ces gros insectes souterrains qui scient et déchirent toutes les racines avec leurs pattes antérieures. Pour les piéger, enterrez au ras du sol des récipients à bords lisses, ou une bouteille d'eau minérale en plastique percée à mi-hauteur des quatre côtés de trous de 3 centimètres de diamètre enfoncée verticalement dans le sol jusqu'aux trous. Les courtilières y tomberont lors de leurs déplacements nocturnes – emplis de bière, ces récipients seront également des pièges à limaces. Repérez les nids souterrains des courtilières en été, ils ont la forme d'une boule solide grosse comme le poing.

✶ CROTTINS EN AUMÔNIÈRE. Pour quatre personnes. Il vous faut huit feuilles de brick. Superposez deux feuilles de brick badigeonnées de beurre ; placez au centre un crottin de chèvre et une tomate confite coupés en petits morceaux, couvrez de tapenade verte et d'ail pilé. Refermez chaque brick en aumônière que vous liez à l'aide de brins de ciboulette ou de ficelle. Passez-les au four préchauffé (th. 7) pendant 6 minutes. Servez avec une salade verte.

Au Kansas, à White Clouds, une loi précise qu'il est illégal de s'évader de prison.

IL Y A 40 ANS, EN 1969: Un commando israélien détruit une base utilisée par des terroristes en Jordanie. La débâcle travailliste s'accentue aux municipales britanniques mettant le Premier ministre Wilson au bord du gouffre. L'équipe de football de Saint-Étienne est sacrée championne de France 1969.

Les opportunités, c'est comme les autobus, il y en a toujours une autre qui arrive (Richard Branson homme d'affaires anglais).

Il n'y a personne qui soit né sous une mauvaise étoile, il n'y a que des gens qui ne savent pas lire le ciel (Dalaï-lama).

Saint Pacôme — SAMEDI 9 MAI — Taureau 2e décan

Sainte Solange — DIMANCHE 10 MAI — Taureau 2e décan

La France mystérieuse

LES SORTILÈGES DE COMPIÈGNE

Compiègne (Oise)

Le roi Henri III adorait Compiègne. Ce fut pourtant le cadre d'une aventure qui l'impressionna durablement… Alors qu'il séjournait dans la cité, on lui amena un homme qu'on venait de découvrir dans la forêt avoisinante. Ayant visiblement été élevé par les loups, il était couvert de poils des pieds à la tête et hurlait comme eux. Lorsqu'on s'était emparé de lui, lors d'une chasse, il s'était jeté sur les chiens et les avait égorgés, avant de tenter de les dévorer. Henri III le fit raser et habiller, mais l'individu mit en pièces ses vêtements et refusa toute trace de civilisation. On dut se résoudre à le placer dans un monastère où il mourut rapidement, sans avoir abandonné son comportement sauvage.

Ce mauvais souvenir n'empêcha pas Henri III de demander à être inhumé dans l'église Saint-Corneille de Compiègne, ce qui fut fait, après son assassinat, le 2 août 1589.

Une étrange croyance se répandit alors dans la ville : celui qui voudrait déplacer son corps mourrait dans la semaine qui suivrait.

Longtemps après lui avoir succédé à la tête du pays, Henri IV se souvint de son prédécesseur, qu'il avait en grande estime. Pour l'honorer, il décida de le faire reposer à Saint-Denis, au côté des autres rois de France. On l'informa de la prédiction, mais, peu superstitieux, il n'y attacha pas d'importance. C'était le vendredi 7 mai 1610. Une semaine exactement plus tard, le 14 mai, Henri IV quittait le Louvre en carrosse pour rendre visite à son premier ministre Sully, légèrement malade. Sur son chemin l'attendait un certain Ravaillac…

IL Y A 40 ANS, EN 1969 : Les négociations libano-palestiniennes sont dans l'impasse. Reprise des cours au lycée Louis-le-Grand. Le Français Roger Pingeon remporte le Tour d'Espagne de cyclisme.

LUNDI 11 MAI

Sainte Estelle

Taureau 3e décan

L'épousaille, solution désolante de clarté. La livraison d'une femme par un notaire, quelle platitude (Victor Hugo).

Choisissez vos bulbes d'été aux couleurs éclatantes et préparez l'endroit ensoleillé pour les planter en terre. Creusez dans le sol un trou d'une profondeur d'environ deux fois la hauteur du tubercule. La distance à laisser entre chaque pied dépend de l'étalement du feuillage. Beaucoup de plantes bulbeuses ont un port plutôt érigé comme cannas et glaïeuls : il suffit de laisser entre eux une distance égale au double de leur profondeur de plantation, et de prévoir des tuteurs si le terrain est venté. Un grand dahlia, par contre, couvre à lui tout seul presque un mètre carré. L'arum, plante vraiment facile, préfère une exposition légèrement ombrée et un sol frais. Vous pouvez aussi le cultiver en pot.

LIVAROT, LE FROMAGE A GALONS

Ce fromage est connu pour son goût et sa saveur affirmés – au point qu'un fromage dont l'odeur est trop forte est qualifié de livaroté. Paul Fort, à qui l'on faisait passer sous le nez un livarot alors qu'il somnolait, s'écria : « Les pieds de Dieu ! » Ancêtre commun des fromages, il est évoqué sous le nom d'angelot dans le *Roman de la Rose* à la fin du Moyen Âge. Était-il désigné ainsi parce qu'il portait la figure d'un angelot, monnaie du règne de Saint Louis ? Ou par rapprochement avec la couleur dorée de sa croûte lavée de couleur orangée ? Les angelots se sont diversifiés en trois variétés de fromages au début du XVIIIe siècle. Tous les lundis au gros marché de Vimoutiers, on apportait déjà d'excellents fromages de Livarot. Comme les fermiers écrémaient légèrement le lait de vache pour faire du beurre, la pâte avait tendance à s'affaisser lors de la période d'affinage. Pour éviter que le fromage se déforme, il était ceinturé de cinq lanières de roseau, d'où son surnom de « colonel » en référence aux cinq galons correspondant à ce grade dans l'armée française ; aujourd'hui ses galons ne sont plus qu'accessoires de reconnaissance. Avant d'être détrôné par le camembert, le livarot a longtemps été le fromage le plus consommé par les Normands, il était baptisé au XIXe siècle viande du pauvre ou viande de l'ouvrier.

IL Y A 40 ANS, EN 1969 : Au Vietnam, les communistes pilonnent 159 installations civiles et militaires. Le Premier ministre britannique, M. Harold Wilson, promet aux syndicats de retarder son projet de loi anti-grèves. La Yougoslavie élimine la France au premier tour de la coupe Davis.

S'il n'existait qu'une seule vérité, on ne pourrait peindre des centaines de tableaux sur un même sujet (Picasso).

Saint Achille

Taureau 3e décan

MARDI 12 MAI

Les drôles d'histoires de Pierre Bellemare

Amour filial

En proie à des difficultés inextricables, nombre d'Africains tentent de gagner l'Europe dans le seul but d'assurer leur survie et celle de leurs familles. Bravant les obstacles, certains y parviennent. Et seule une poignée d'entre eux réussissent à troquer une existence misérable contre une situation privilégiée. C'est le cas de Sidonie Nguena, une ravissante Camerounaise de dix-huit ans. Avant d'affronter sa périlleuse aventure, Sidonie s'était entretenue de son projet avec son père : « Fais-moi confiance, papa, dès que je serai en Europe, je t'enverrai de l'argent et mes huit frères et sœurs pourront aller à l'école. » Au terme d'un parcours tortueux, Sidonie s'installe en Suisse, où elle thésaurise sur un compte bancaire ce que lui rapportent ses déambulations galantes. Sans oublier son vieux papa resté au village. En 2006, elle lui expédie une Mercedes et une Toyota 4 x 4 flambant neuves, le tout assorti d'un virement de 10 000 euros pour lui permettre de régler ses frais de carburant. M. Nguena se rend au port de Douala pour procéder aux formalités douanières, accompagné en grande pompe de toute sa famille. Quand enfin il se glisse au volant de la berline, laissant à son fils aîné le soin de piloter le tout-terrain, une douleur fulgurante lui broie la poitrine. Il s'effondre, terrassé par une crise cardiaque. Moralité : s'il est louable d'honorer ses parents et de respecter ses engagements à leur égard, il peut être dangereux de le faire avec ostentation !

IL Y A 40 ANS, EN 1969 : Encore un décès mystérieux de général en URSS : le treizième en cinq semaines. Notre commerce extérieur est déficitaire de 1, 36 milliard de francs. Les communes de la périphérie parisienne vont retrouver leurs commissariats et avoir 6000 gardiens de la paix supplémentaires.

MERCREDI 13 MAI — **Sainte Rolande**

Taureau 3e décan

Sans l'invention de la roue, les coureurs du Tour de France seraient condamnés à porter leur bicyclette sur le dos (Pierre Dac).

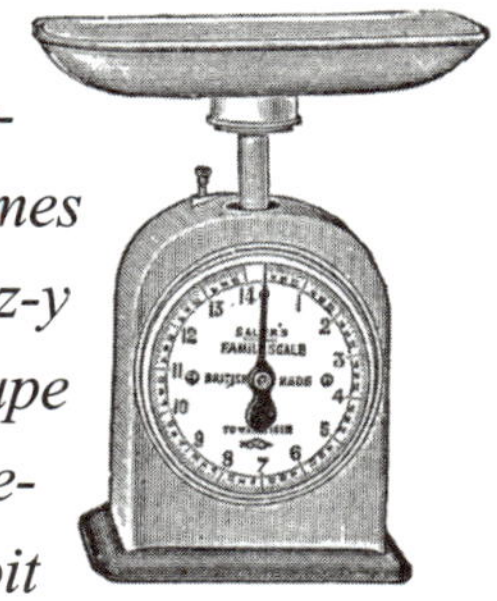

★★ GALETTES MACARONS PRALINES. Pour six personnes. Dans une terrine, faites un puits dans 300 grammes de farine, cassez-y deux œufs entiers et un jaune, mettez-y 40 grammes de sucre en poudre, une pincée de sel, deux cuillerées à soupe de crème, une cuillerée à soupe de beurre fondu. Mouillez progressivement avec un demi-litre de lait et travaillez la pâte jusqu'à ce qu'elle soit lisse et fluide. Laissez reposer 1 heure. Pilez une vingtaine de pralines et incorporez la moitié à la pâte, avec six macarons passés à la moulinette et une cuillerée à soupe de grand-marnier. Graissez légèrement la poêle et étalez dessus une petite louche de pâte. Retournez la galette dès qu'elle est dorée. Mélangez le reste des pralines pilées avec 60 grammes de beurre ramolli, un peu de sucre et un peu de grand-marnier. Tartinez de cette garniture chaque galette avant de la plier.

Une superstition qui changea le visage de Paris

Jusqu'au début du XVIIIe siècle, lorsqu'on avait perdu quelque chose dans la Seine, on avait coutume de mettre à l'eau, à la hauteur du couvent des Miramiones, à la Tournelle, une petite planchette sur laquelle étaient placés un morceau de pain bénit sous l'invocation de saint Antoine de Padoue et un cierge allumé que l'on laissait dériver au fil du courant. L'endroit où le cierge s'éteignait indiquait celui où se trouvait l'objet perdu.

Une nuit d'avril 1718, une pauvre veuve, dont le fils s'était noyé, mit toute sa foi dans cette croyance, avec l'espoir que la lumière s'arrêterait au lieu où gisait le corps de son enfant, et qu'elle aurait au moins la consolation de le faire inhumer chrétiennement. Malheureusement, les choses ne se passèrent pas ainsi : l'écuelle illuminée alla heurter une barque de foin auquel le cierge mit le feu. La barque dériva à son tour, heurta le Petit-Pont aux arcs soutenus par des échafaudages en bois qui prirent feu. Ce fut un incendie effroyable qui dura trois jours : tout le pont brûla avec les vingt-deux maisons qu'il portait. Le Petit-Pont fut reconstruit, mais avec interdiction de le surmonter de maisons, défense qui, ensuite, fut étendue aux autres ponts de la capitale.

IL Y A 40 ANS, EN 1969 : À Tokyo, manifestation des étudiants japonais qui réclament la restitution de l'île d'Okinawa confiée en gérance aux États-Unis en 1951. À Conakry, le célèbre danseur guinéen Keita Fodeba, devenu ministre de Sékou Touré, est condamné à mort pour complot.

Le temps passe. Ah, si on pouvait le regarder passer ! Mais hélas, on passe avec lui (Paul-Jean Toulet).

Les drôles d'histoires de Pierre Bellemare

La revanche des cancres

Si, après vous avoir dégoûté à vie des mathématiques, la célèbre « relation de Chasles » hante encore vos nuits, cette histoire devrait pouvoir vous offrir une vengeance tardive. Sachez que cet éminent mathématicien était aussi un insatiable collectionneur de documents autographes. En 1861, il fait la connaissance d'un certain Vrain-Lucas qui s'autoproclame expert en autographes et, pour la somme rondelette de 40 000 francs, lui propose un paquet de lettres d'Alexandre le Grand adressées à Aristote. Chasles, enthousiasmé, en réclame davantage. Une correspondance inédite entre Pascal et Newton change alors de main. Puis, comme les deux parties semblent y trouver leur compte, le rythme des transactions s'accélère, Chasles s'appropriant au prix fort des documents de plus en plus exceptionnels : correspondance entre Antoine et Cléopâtre, Jésus et Marie-Madeleine, Pythagore et Sapho. Quand il acquiert enfin un billet rageur de Caïn expédié à Abel, en collectionneur comblé, il cède à la tentation de montrer ses trésors à un collègue de l'Académie des sciences qui, parcourant les lettres, s'exclame, sarcastique : « J'ignorais que Jésus, Caïn et Antoine s'exprimaient en aussi bon français, alors que notre langue et le papier n'existaient pas il y a deux mille ans. » Dépité d'avoir été si naïf, Michel Chasles porta plainte contre le faussaire et obtint sa condamnation. Mais il n'osa plus se montrer en public, sachant que sa seule présence déclenchait immanquablement railleries et quolibets.

IL Y A 40 ANS, EN 1969 : Des attentats à la bombe sont commis à Jérusalem et à Gaza le jour du XXIe anniversaire d'Israël. État d'urgence décrété à Kuala Lumpur, en Malaisie, où Chinois et Malais s'entretuent. Le président Nixon propose un désengagement militaire au Vietnam.

VENDREDI 15 MAI — **Sainte Denise** — **Taureau** 3e décan

Notre corps physique possède une sagesse qui fait défaut à celui qui l'habite (Henry Miller).

☆ *PORC AUX BAIES ROSES. Pour quatre personnes. Poivrez quatre tranches coupées dans un rôti de porc sans os, et laissez-les deux heures dans une marinade de vinaigre de vin blanc et d'estragon. Faites-les frire 5 minutes dans l'huile des deux côtés. Déglacez avec le reste de la marinade et 125 millilitres de crème. Ajoutez deux cuillerées à soupe de baies roses, du sel, et laissez mijoter avec deux gousses d'ail pilées. Servez avec du quinoa cuit à l'eau selon indication sur le paquet.*

LES REGRATTIERS

Dès le XIIIe siècle, ils sont constitués en communauté : ils ont leurs statuts dans Le Livre des métiers. Le registre de la taille de 1292 en compte 120. Ce sont de petits marchands, approvisionnés par les cultivateurs et les couvents de la banlieue. Ils sont autorisés à vendre, au détail seulement, ce qu'ils ont déjà acheté au détail, certaines denrées d'usage courant comme le charbon, le sel, les grains, les légumes, les fruits… Ils ne doivent posséder chez eux aucun approvisionnement. Un arrêt de 1694 fixe leur nombre à Paris à trois mille. Selon un arrêt de 1709, pour s'établir, il leur faut obtenir une lettre de regrat qui leur donne le droit de débiter « à petit poids et à petite mesure ».

Sébastien Mercier, dans son *Tableau de Paris*, déplore vers 1782 que la partie indigente des habitants de la capitale « achète les denrées beaucoup plus cher, et n'a que le rebut des autres citoyens ». Il dénonce ainsi les inégalités de la société où l'homme qui a 3 millions de revenus a les comestibles à bien meilleur marché : « Ainsi le cordonnier, le maçon, le tailleur, le portefaix, le journalier, etc. paient le vin, le bois, le beurre, le charbon, les œufs, etc. à un bien plus haut prix que le duc d'Orléans et le prince de Condé. »

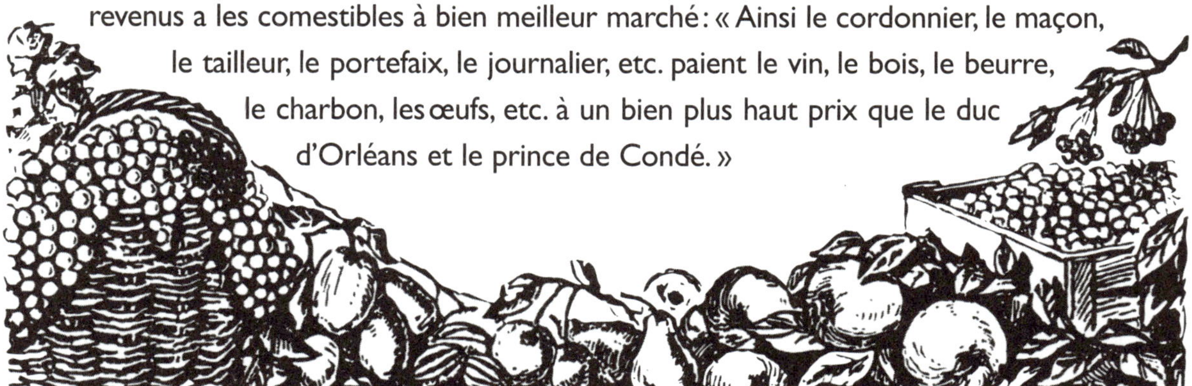

IL Y A 40 ANS, EN 1969 : Georges Pompidou, Alain Poher, Jacques Duclos, Gaston Defferre, Alain Krivine, Michel Rocard et Louis Ducatel se présentent à la présidentielle. Ludmilla Tcherina fait sa rentrée à l'Opéra avec *Le Martyre de Saint-Sébastien* de Claude Debussy et Gabriele D'Annunzio.

Qu'est-ce qu'un adulte ? un enfant gonflé d'âge (Simone de Beauvoir).

Saint Honoré — **SAMEDI 16 MAI** — Taureau 3e décan

Le jus de la vigne clarifie l'esprit et l'entendement (Rabelais).

Saint Pascal — **DIMANCHE 17 MAI** — Taureau 3e décan

La France mystérieuse

UN SAINT INCONNU

Saint-Tropez (Var)

Les érudits n'ont jamais pu établir quel saint avait donné son nom à la célèbre station balnéaire de Saint-Tropez. Pour les uns, il s'agit de Torpès, martyr sous Néron, mais d'autres penchent pour un saint Trovato, dont on ne sait pratiquement rien.

Toujours est-il qu'après une relative prospérité à l'époque romaine sous le nom d'Heraclea, la cité était tombée dans un abandon presque total. À tel point qu'en 1470, Jean Cosse, grand sénéchal de René d'Anjou, comte de Provence, décida d'installer soixante familles génoises pour repeupler les lieux. Malgré cela, ce petit port de pêcheurs replié sur lui-même continua de végéter pendant des siècles.

Les habitants avaient aussi une certaine réputation de rudesse, pour ne pas dire plus. Chaque année, ils célébraient à leur manière la fête du saint de leur cité. Après avoir entendu la messe, ils défilaient, fifres et tambourins en tête, devant le buste de saint Tropez, qu'ils embrassaient et près duquel ils déchargeaient leurs fusils. Suivaient cinq jours de réjouissances, pendant lesquels on ne cessait de tirer des coups de feu. Les Tropéziens dépensaient, dit-on, une tonne de poudre à cette occasion.

Tout changea au XXe siècle. Durant les années 1920, des artistes découvrirent le site et le rendirent du jour au lendemain célèbre. On vit se côtoyer sur les quais du port Colette, Paul Géraldy, Victor Margueritte, Dufy, Matisse, Signac ou encore le couturier Paul Poiret. Mais c'est Brigitte Bardot qui devait donner, quarante ans plus tard, sa renommée internationale à Saint-Tropez.

IL Y A 40 ANS, EN 1969 : La capsule Apollo 10, avec à son bord Thomas P. Stafford, John W. Young et Eugene A. Cernan, est lancée par la fusée Saturne 5, en direction de la Lune. L'Olympique de Marseille gagne la Coupe de France de football ; le CA Béglais est champion de France de rugby.

LUNDI 18 MAI — **Trinité** — **Taureau** 3e décan

Il n'y a pas de mal à être né dans une basse-cour lorsqu'on sort d'un œuf de cygne (H.C. Andersen).

LE FROMAGE DU DÉSERT

Pâte molle et croûte fleurie, à plus ou moins 22 % de matière grasse, c'est le fromage que vous pouvez acheter à Nouakchott en Mauritanie. Mais pour les autochtones, un fromage est du lait qui a mal tourné… Aussi est-il expédié principalement au Sénégal où il est fort apprécié. Sa particularité est d'être fait au lait de chamelle, ce qui est une nouveauté et un exploit, car ce lait coagule difficilement : il a fallu trouver une solution pour y remédier – c'est chose faite, grâce à une femme ingénieur britannique, à Nouakchott.

Moins gras, moins sucré et plus digeste que le lait de vache, le lait de chamelle est particulièrement riche en vitamine C, en fer, en acides gras non saturés et en vitamine B… conçu pour faire grandir les chamelons dans l'environnement rude des déserts et des steppes ! Ses vertus médicinales sont bien connues des peuples d'Afrique, du Moyen-Orient et d'Asie centrale, pour aider les patients convalescents atteints de diabète, de troubles cardiaques, de tuberculose et même du sida… La demande de lait de chamelle ne cesse donc de croître – même au-delà des frontières de l'Afrique. Les gardiennes de troupeaux d'Éthiopie et de Somalie n'hésitent pas à faire douze heures de train pour le vendre à Djibouti à prix d'or. Mais sa production est très saisonnière, elle bat son plein durant les mois d'hiver : il fallait trouver un moyen de transformer l'excédent en aliment de longue durée. Grâce à une enzyme spéciale, il peut désormais prendre la consistance d'un fromage : appelé tout d'abord « Caravane », celui-ci a été rebaptisé « Camelbert » !

☆ QUICHE DELPHINE. Pour quatre personnes. Mélangez un par un trois œufs à 100 grammes de farine, puis un demi-litre de lait, sel et poivre. Ajoutez 200 grammes de jambon émincé et 150 grammes de gruyère. Versez dans un moule à tarte et faites cuire au four (th. 7) 45 minutes.

Les drôles d'histoires de Pierre Bellemare

Gais, gais, marions-nous !

Le mariage est-il une institution résolument contre nature? C'est ce que laisseraient penser deux histoires récentes. En 2006, la Britannique Emma Knight s'apprête à convoler. Alors que les préparatifs battent leur plein et que la date de la cérémonie approche, Paul Fox, son fiancé, lui annonce tout de go qu'il a changé d'avis. « Je suis restée prostrée pendant quelques minutes, a raconté la malheureuse, puis je me suis dit que la meilleure façon de témoigner mon mépris à Paul était de le remplacer par Dennis, mon berger allemand bien-aimé. » Ainsi, le jour venu, Dennis, somptueusement vêtu d'un smoking coupé à ses mesures, a-t-il dignement trottiné aux côtés d'Emma dans sa robe blanche.

Aux États-Unis, Peter et Sabina Crowford, un couple de jeunes Américains, se consument d'amour après s'être passé la bague au doigt. Un matin, tandis que Peter s'affaire dans la cuisine, Sabina s'agenouille devant lui. L'effet de la gâterie qu'elle lui prodigue ne se fait pas attendre. Pris d'un plaisir intense, il déverse sur le dos de sa femme l'omelette baveuse qu'il est en train de confectionner. Sous la douleur, Sabina serre les dents. Pour la faire lâcher prise, son mari lui assène de violents coups de poêle à frire sur la tête. Conduit à l'hôpital, le couple avoue piteusement aux médecins les circonstances de l'accident. Tandis que Peter est soigné pour une morsure profonde au membre viril, Sabina est, elle, prise en charge pour des brûlures au dos, une pommette fracturée, et un léger traumatisme crânien. Malgré tout, le couple est bien décidé à rester uni. Et à mieux contrôler à l'avenir ses transports amoureux !

IL Y A 40 ANS, EN 1969 : Publication de la constitution rhodésienne qui consacre la ségrégation raciale entre les Noirs et les Blancs. Sorties en librairie au début du mois, les aventures de l'ancien bagnard évadé de Cayenne, Henri Charrière, dit « Papillon », connaissent un succès sans précédent.

MERCREDI 20 MAI **Saint Bernardin**

Taureau 3e décan

C'est terrible d'allonger la vie en prolongeant seulement la vieillesse (Professeur Choron).

☆☆ ESCALOPES BRESTOISES. Pour quatre personnes. Faites cuire huit fonds d'artichauts surgelés selon les indications et émincez-les. Mélangez deux cuillerées à soupe de concentré de tomates avec deux cuillerées à soupe de moutarde et une cuillerée d'huile d'olive. Enduisez quatre fines escalopes de dinde de ce mélange. Répartissez les fonds d'artichauts sur quatre papillotes de papier cuisson huilé, placez dessus les escalopes. Parsemez d'oignons nouveaux émincés et de feuilles de sarriette. Fermez les papillotes et mettez-les à four moyen une vingtaine de minutes.

L'énergie inattendue du charbon

Difficile de se passer d'un morceau de charbon de bois dans sa poche ou son sac à main quand on sait qu'il éloigne la malchance, absorbe les mauvaises influences, et qu'il a le pouvoir de combattre le mauvais œil et les maléfices ! En Angleterre, le bas de Noël contient traditionnellement du charbon que l'on fait brûler le 25 décembre, en formulant un vœu qui a ainsi toutes les chances de se réaliser. De même, une soucoupe contenant du charbon placée sous le lit d'un malade l'aide à se rétablir plus rapidement. Trouver du charbon par terre est de très bon augure, et pour avoir de la chance toute la journée, il suffit de joindre les talons, de ramasser le morceau de charbon de la main droite, et de le jeter par-dessus l'épaule gauche en prenant garde qu'en retombant, il ne heurte pas un arbre, un mur ou une personne. Si vous trouvez un morceau de charbon au bord de la mer, pensez à le donner à un marin anglais qui vous en sera très reconnaissant car il se sentira protégé du risque de noyade. Mais la femme de marin veillera à ne pas retourner un charbon en attisant le feu, ce qui équivaudrait à retourner le bateau de son mari parti en mer.

Enfin, pour les très courageux qui voudraient se préserver du mal de dents, faites donc comme les habitants d'Aunis et de Saintonge : ils tenaient un charbon allumé dans leur bouche pendant toute la semaine de Pâques !

IL Y A 40 ANS, EN 1969 : Apollo 10 et ses trois occupants arrivent à 21 h 35, heure française, en orbite autour de la Lune. À Los Angeles, l'assassin du sénateur Robert Kennedy, Sirhan Sirhan, est condamné à mort. Sortie du film *Yellow Submarine*, réalisé par George Dunning, avec les Beatles.

Quelle est la différence entre un taxidermiste et un percepteur ? Le taxidermiste ne prend que la peau (Mark Twain).

Les drôles d'histoires de Pierre Bellemare

Creuser sa tombe avec ses dents

Aux États-Unis, sucres et graisses, ingurgités en excès, sont responsables, on le sait, d'un taux catastrophique de personnes obèses. Désireux sans doute de combattre le mal par le mal, Joe Walker, un restaurateur de l'Arizona, a nommé son établissement The Heart Attack Grill (« Le Grill de l'attaque cardiaque »). Au menu de ce temple dédié au cholestérol, on trouve des hamburgers en quatre tailles : « simple pontage », « double pontage », « triple pontage », et, naturellement, le succulent « quadruple pontage » qui subjugue la clientèle avec ses quatre couches de viande rouge, deux de bacon, trois de fromage fondu, sans oublier les oignons et la « sauce gourmet », subtile combinaison de ketchup et de mayonnaise. Walker recommande d'accompagner ses spécialités d'un « cardiogramme plat », autrement dit d'une généreuse portion de frites baignant dans l'huile. Ainsi pour une poignée de dollars, les gastronomes de tous âges ont-ils l'opportunité de s'approprier trois mille cinq cents calories supplémentaires…

Par ailleurs, pour restaurer la santé de leurs contemporains, malmenée par des régimes alimentaires hypercaloriques, on serait en droit d'attendre des médecins américains qu'ils rédigent des ordonnances claires et rigoureuses. Or, près de cent mille décès par an résultent d'erreurs médicales provoquées par l'illisibilité des prescriptions. Du coup, pour réduire l'hécatombe, l'Institut national de médecine organise des séminaires de belle écriture à l'intention des praticiens !

IL Y A 40 ANS, EN 1969 : Cernan et Stafford effectuent une sortie avec le LEM, qui s'est détaché d'Apollo 10 et approché de la surface lunaire. Manifestation à Liège contre le retard économique de la Wallonie. Rétrospective, au musée des Arts décoratifs, à Paris, du peintre belge Paul Delvaux.

VENDREDI 22 MAI

Saint Émile

Gémeaux 1er décan

Quand on voyage sans connaître l'anglais, on a l'impression d'être sourd-muet et idiot de naissance (Philippe Bouvard).

LE CHÊNE. Les glands, fruits du chêne, furent certainement la première nourriture des hommes de la Préhistoire : enfouis dans le sol, ils attiraient le gibier. Les branches basses et robustes de l'arbre, faciles à escalader, offraient en outre une plate-forme propice à leur gîte où ils se sentaient à l'abri des prédateurs. Et les écorces levées sur le bois mort à l'aide de silex permettaient le tannage des peaux. Aussi cet arbre a-t-il toujours été vénéré. Rarement touché par la foudre, il était le dieu Tonnerre et c'est à son pied que se déroulaient les cérémonies des druides au temps des Gaulois. Au Moyen Âge il marquait souvent le rendez-vous des bandes armées, mais la tradition nous le montre aussi dans un rôle plus pacifique avec Saint Louis rendant la justice sous ses branches. Son habitat est l'hémisphère Nord où il peut atteindre 50 mètres de hauteur, 7 à 8 mètres de circonférence et vivre plusieurs centaines d'années. Celui d'Allouville, dans le pays de Caux, est né sous les Mérovingiens. Le chêne est le plus solide et le plus durable des bois européens, excellent pour la charpente, les traverses de chemin de fer, et comme bois de chauffage. Sa bonne résistance à l'eau fut mise à profit en tonnellerie, puis dans la construction navale. Jusqu'au milieu du XXe siècle, l'écorce du chêne riche en tanin antiseptique fournissait le tan qui transforme les peaux en cuir, les rendant imputrescibles. Et en période de famine, les glands retrouvent leur utilisation ancestrale dans l'alimentation : durant les deux guerres mondiales, ils étaient torréfiés et bus sous forme de café.

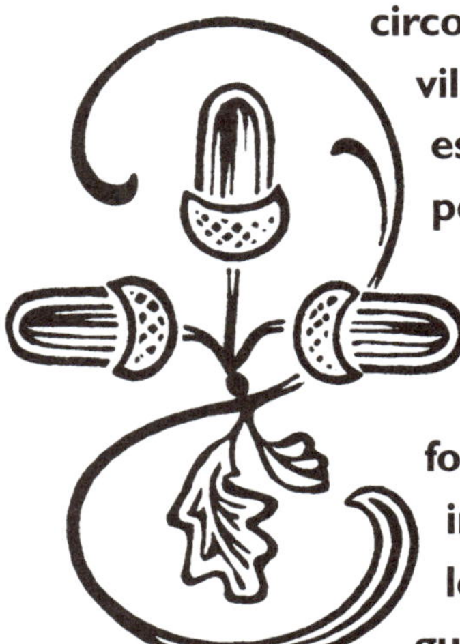

⋆ FOIE DE VEAU AUX AIRELLES. Pour deux personnes. Faites chauffer quatre cuillerées d'airelles (en boîte). Faites dorer et cuire à la poêle avec du beurre deux escalopes de foie de veau salées et poivrées, posez-les sur deux assiettes chauffées ; déglacez la poêle au vinaigre de Xérès en ajoutant une cuillerée de beurre, garnissez les escalopes des airelles, et arrosez-les de la sauce. Accompagnez de pommes de terre écrasées à l'huile d'olive.

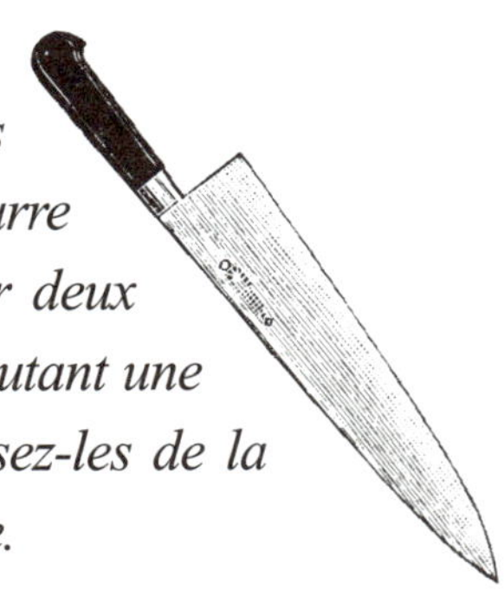

IL Y A 40 ANS, EN 1969 : Ayant réussi à rejoindre la capsule Apollo 10, le LEM est largué, et la mission entame son voyage de retour. L'ancien Premier ministre israélien Ben Gourion échappe à un attentat à Rio de Janeiro. Au Festival de Cannes, le grand prix international du film est attribué à *If* de Lindsay Anderson.

Quand on se suffit à soi-même, on arrive à posséder ce bien inestimable qu'est la liberté (Épicure).

Saint Didier — **SAMEDI 23 MAI** — Gémeaux 1er décan

Dans tous les cas, mariez-vous. Si vous tombez sur une bonne épouse, vous serez heureux, et si vous tombez sur une mauvaise, vous deviendrez philosophe, ce qui est excellent pour l'homme (Socrate).

Saint Donatien — **DIMANCHE 24 MAI** — Gémeaux 1er décan

La France mystérieuse

DES ÉLÉPHANTS EN ÎLE-DE-FRANCE

Chelles (Seine-et-Marne)

La présence de ces pachydermes en région parisienne ne date pas d'hier, ni même d'avant-hier… C'est en 1874 que la Compagnie des chemins de fer de l'Est mit au jour, sur son chantier de Chelles, des ossements d'éléphants, accompagnés de silex taillés. Ces vestiges furent présentés quatre ans plus tard, lors de l'Exposition universelle de Paris, où fut employé pour la première fois le terme de « chelléen ». Il désignait la période la plus primitive de la préhistoire, remontant à 400 000 ans. Lors de cette période apparut le premier outil façonné en pierre : un silex grossièrement taillé sur ses deux faces, qu'on a appelé communément « coup-de-poing ». C'est avec cette arme, un peu plus grande que la main, que les humains de l'époque devaient abattre leur gibier : non seulement l'éléphant, mais l'hippopotame et le rhinocéros nain, dont des ossements ont été également retrouvés sur les lieux. C'est aussi à l'aide de ce coup-de-poing qu'ils devaient se défendre des grands fauves qui leur faisaient eux-mêmes la chasse. On imagine sans difficulté la rudesse et la précarité de cette existence.

Par la suite, le terme de « chelléen » a disparu au profit du terme « abbevillien », des vestiges plus nombreux de même nature ayant été découverts près d'Abbeville. Il n'en reste pas moins que c'est à Chelles qu'a été pour la première fois retrouvé cet émouvant souvenir de nos très lointains ancêtres.

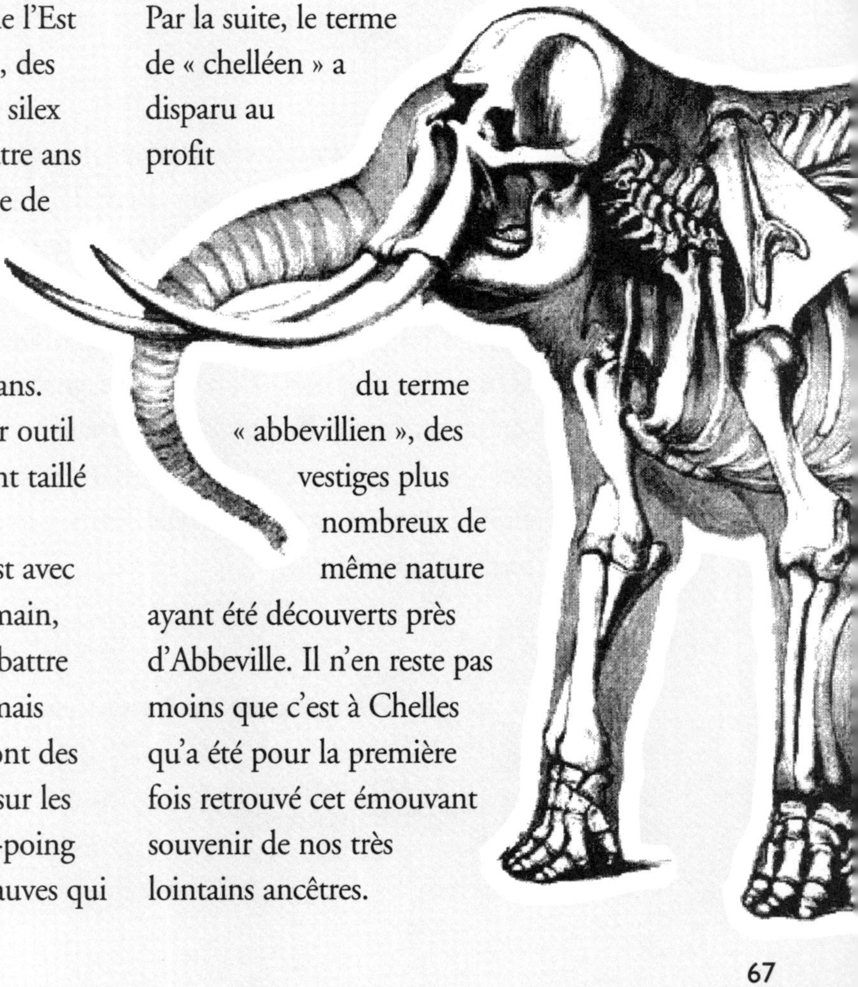

IL Y A 40 ANS, EN 1969 : Au Soudan, l'armée prend le pouvoir et proclame la république. *Râ*, radeau en papyrus commandé par le Norvégien Thor Heyerdahl, quitte le Maroc pour rejoindre les Caraïbes, dans l'intention de prouver que les Égyptiens ont pu créer les civilisations de l'Amérique latine.

LUNDI 25 MAI

Sainte Sophie

Gémeaux 1er décan

Le bonheur n'est jamais immobile ; le bonheur c'est le répit dans l'inquiétude (André Maurois).

★ GRENADIERS CRÈME DE POIREAU. Pour quatre personnes. Hachez menu trois blancs de poireau nettoyés et trois échalotes épluchées. Faites-les revenir dans 50 grammes de beurre, saupoudrez de 50 grammes de farine, mouillez avec un quart de litre de lait froid, laissez cuire 15 minutes à petits frémissements, salez, poivrez. Pendant ce temps, faites cuire à la vapeur quatre filets de grenadiers enveloppés de branches de cerfeuil et de persil. Servez le poisson débarrassé des herbes et nappé de sauce.

Si vous avez envie de quelques arbustes qui compléteraient bien votre décor de jardin, vous pouvez les acheter présentés en conteneur et les planter toute l'année. À l'arrivée, mettez-les à baigner quelques heures dans un grand bac d'eau. Il vous sera plus aisé d'extraire la motte du pot. N'hésitez pas à couper les abondantes radicelles tout autour. En sol lourd, garnissez le fond du trou de gravier ou de sable grossier, puis d'un monticule de très bonne terre avant d'installer votre plante. Complétez l'espace restant avec la terre d'origine enrichie de terreau de plantation. Formez une cuvette et mouillez l'ensemble progressivement.

Pour l'habitant du Languedoc et des Cévennes, un *badas* est :

a. Un cri.
b. Un chapeau.
c. Un paresseux.

Bonne réponse : **a.**

Les drôles d'histoires de Pierre Bellemare

Pragmatisme chinois

Une tragédie vient de frapper le zoo du Royal Jidi Ocean World, un parc aquatique de Fushun, en Chine. Deux magnifiques dauphins, les attractions de l'établissement, se sont attaqués à la bordure de leur bassin et ont avalé des débris de plastique. Pour éviter l'opération, le directeur du zoo a une idée, qui lui est suggérée par son fils de dix ans. Il fait appeler Bao Xishun, un berger du voisinage, l'homme le plus grand du monde (2,36 mètres). Une fois les mâchoires des dauphins enveloppées dans des chiffons, le géant introduit son bras, long de plus de 1 mètre, dans la gorge des animaux et retire un à un les morceaux de plastique. Quelques heures plus tard, les dauphins cabriolent dans leur bassin.

Une autre histoire animalière confirme le pragmatisme de nos amis chinois. Désireux d'élargir la variété de ses animaux, le zoo privé de Shenyang a peint des bandes noires sur un poney blanc. Ainsi transformé en « zèbre d'Afrique », l'animal se fait photographier pour quelques yuans avec des enfants sur le dos. « Personne n'est dupe, a déclaré avec humour une mère de famille. Nous savons tous qu'il ne s'agit pas d'un vrai zèbre. Surtout les jours de pluie, quand ses rayures déteignent. Mais quelle importance puisque les enfants sont heureux comme ça ! »

IL Y A 40 ANS, EN 1969 : 74,3 % des Français interrogés sont favorables au maintien de la France dans l'OTAN. Le nouvel accord commercial franco-soviétique permettra de doubler les échanges entre les deux pays. Pour la première fois, le major de l'ENA est une jeune fille, Mlle Françoise Chandernagor.

MERCREDI 27 MAI — **Saint Augustin de C.**

Gémeaux 1er décan

En général, les gens intelligents ne sont pas courageux et les gens courageux ne sont pas intelligents (Charles de Gaulle).

LE VIN DE CAHORS

Témoin de la renommée du vin de Cahors au temps des tsars, un vignoble du nom de Caorskoï continue à être cultivé en Azerbaïdjan ! Ce vin rouge typé et tannique, de couleur rubis sombre, à base d'un cépage local appelé « cot » ou « auxerrois », est le fruit d'une rencontre entre une terre propice et un climat privilégié. Au XIIe siècle, il connut un essor considérable lorsque Aliénor d'Aquitaine épousa Henri Plantagenêt, futur roi d'Angleterre, et fut coté sur le marché de Londres dès 1225. Du Quercy, il fallait rejoindre Bordeaux d'où se faisaient les exportations. Le vin voyageait sur le Lot et la Garonne à bord de bateaux à fond plat. Mais les magistrats bordelais ne facilitaient guère sa circulation, afin de protéger la production de leur vignoble girondin. Le commerce du vin de Cahors se trouva donc freiné jusqu'à l'abolition des privilèges bordelais par Louis XIV. Il avait malgré tout déjà acquis une notoriété internationale. Lorsque Jean XXII était monté sur le trône pontifical d'Avignon, en 1316, il avait décidé que son vin de messe et de table serait produit par les vignerons de Cahors dont il était originaire. Au XVIIIe siècle, le vin de Cahors, considéré comme un des meilleurs vins d'Europe, était servi à la cour de Russie : le tsar Pierre le Grand l'appréciait particulièrement car il avait constaté qu'il calmait ses brûlures d'estomac. Il est en effet médicalement prouvé que le tanin cautérise les ulcères. Détruit par le phylloxéra à la fin du XIXe siècle, il est aujourd'hui reconstitué et retrouve son prestige.

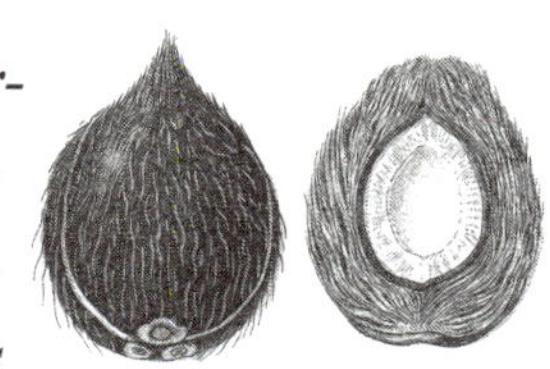

☆ FRUITS ROUGES AU COCO. Pour quatre personnes. Saupoudrez de sucre vanillé 600 grammes d'un mélange de fraises, framboises et groseilles arrosées au jus de citron. Répartissez-les dans quatre coupes. Faites dorer quatre cuillerées à soupe de noix de coco râpée dans une poêle. Mélangez à 150 grammes de yaourt, deux cuillerées à soupe de miel et une pincée de cannelle en poudre. Nappez les fruits de cette sauce.

Les drôles d'histoires de Pierre Bellemare

À corps perdu

Andrew Fischer, un informaticien du Nebraska au chômage, s'ingénie à tirer parti du seul bien que les banques ne lui ont pas saisi après la retentissante faillite de sa start-up : son propre corps. Ayant ausculté son anatomie sous toutes les coutures, Fischer constate que son large front peut avantageusement se transformer en panneau publicitaire. Quand il formule son offre sur Internet, précisant qu'il refuse tatouage indélébile ou réclame pour un produit indécent, il est submergé de propositions. Il choisit finalement d'arborer le logo de SnoreStop, un remède contre les ronflements. Contre un bail de location d'un mois renouvelable, Fischer reçoit un joli chèque de 37 375 dollars, taxes locales et TVA incluses. Seule clause prévue au contrat : l'espace publicitaire doit être ostensiblement exposé à la vue du public pendant au moins six heures par jour. Si Fischer marche aujourd'hui la tête haute, l'histoire ne dit pas s'il fait usage, la nuit, du produit dont il assure la promotion !

Virginia Garrick, une respectable grand-mère new-yorkaise, est prise de malaise alors qu'elle inflige dans un bowling de Brooklyn une cuisante raclée à des camarades de son âge. Transportée à l'hôpital, elle est admise au service de réanimation. Quand l'infirmière la déshabille, elle constate avec stupeur que « pas de réanimation » est tatoué en grosses lettres sur la poitrine de sa patiente. Redoutant sans doute faire l'objet d'un acharnement thérapeutique, Mme Garrick avait pris la précaution d'afficher par écrit ses dernières volontés !

IL Y A 40 ANS, EN 1969 : À Athènes, le gouvernement confirme l'arrestation de dix officiers supérieurs en retraite. En France, une famille sur deux est propriétaire de son logement. Chaque téléspectateur passe 90 heures par mois devant le petit écran.

VENDREDI 29 MAI — **Saint Aymard**

Gémeaux 1er décan

Le type qui a le cœur sur la main et le cul entre deux chaises ne peut que finir à l'hôpital (Pierre Perret).

✯ FRAMBOISES AUX ÉPICES. Pour quatre personnes. Faites dissoudre 250 grammes de sucre dans 250 millilitres d'eau, ajoutez six clous de girofle, un bâton de cannelle, une gousse de vanille, l'écorce d'un citron. Faites cuire 5 minutes à feu vif, puis ajoutez 10 centilitres de vinaigre de xérès. Portez à nouveau à ébullition, ajoutez 500 grammes de framboises. Au bout de 3 minutes, retirez du feu et laissez refroidir les framboises dans le sirop. Retirez l'écorce de citron.

L'ASTUCIEUSE GRENOUILLE CONGELÉE DU CANADA

La grenouille du Canada détient le record de la température interne la plus basse pendant son hibernation : si on la laisse tomber sur le sol, elle se brise !

Cette hypothermie, provoquée par une forte diminution de l'oxygène au niveau des cellules, est comportementale : la grenouille du Canada se dirige volontairement vers les zones les plus froides pour ralentir son métabolisme. Elle se sert de cette technique pour se rétablir des efforts déployés en cas de danger et pour résister aux effets de la diminution de l'oxygène. C'est une véritable héroïne de la survie en milieu sauvage. Avec une température ayant atteint presque le point de congélation, elle est pourtant capable d'effectuer de vigoureux mouvements pour fuir un prédateur qui voudrait la dévorer.

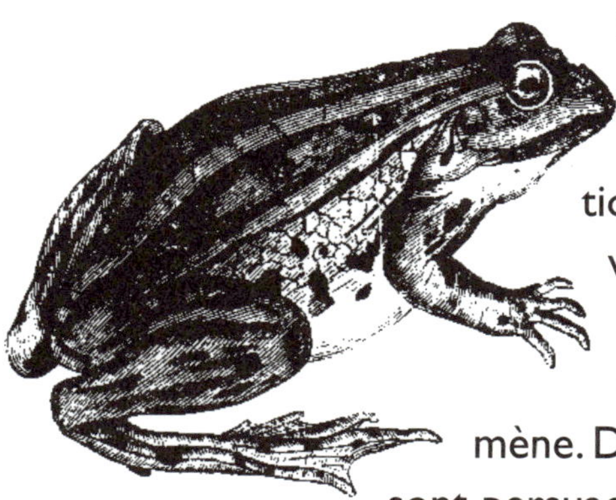

Des recherches sont faites pour comprendre quelles voies chimiques et neurologiques sont à l'origine de ce phénomène. Des chercheurs voudraient provoquer cette réaction, car ils sont persuadés de la valeur thérapeutique de l'hypothermie en chirurgie. Mais à ce jour, chaque hiver, la grenouille du Canada se rend à l'étang pour hiberner, emportant avec elle son précieux secret.

IL Y A 40 ANS, EN 1969 : Fièvre en Amérique latine : de graves incidents ensanglantent simultanément l'Argentine, l'Équateur, la Bolivie, l'Uruguay et la Colombie. Le Caire condamne le sabotage commis par les commandos palestiniens de l'oléoduc de l'Aramco. Première publique de *Hair*, avec Julien Clerc.

Saint Ferdinand — **SAMEDI 30 MAI** — Gémeaux Ier décan

La qualité de l'expression verbale est d'être claire sans être banale (Aristote).

Pentecôte — **DIMANCHE 31 MAI** — Gémeaux Ier décan

Convier quelqu'un, c'est se charger de son bonheur tout le temps qu'il est sous votre toit (Brillat-Savarin).

La France mystérieuse

L'AUTRE COLUCHE
Gastins (Seine-et-Marne)

La scène se passe dans un bivouac près de Vienne. Une sentinelle de la Grande Armée voit arriver un homme perdu dans ses pensées. Elle crie : « On ne passe pas ! »
Et comme l'autre continue d'avancer, il s'entend dire :
« Si tu fais un pas de plus, je te fous ma baïonnette dans le ventre ! »
Le marcheur distrait était Napoléon préparant le plan de sa prochaine bataille. S'étant fait reconnaître, il demande son nom à la sentinelle, qui lui répond en tremblant s'appeler Coluche et être originaire de Gastins. Mais, bien loin de le punir, l'empereur le décore de la Légion d'honneur, pour avoir monté la garde avec autant de zèle.
Coluche fera l'ensemble des campagnes de l'Empire et son histoire a pris place dans la légende napoléonienne. À tel point que, bien plus tard, Napoléon III a voulu faire sa connaissance. Nullement intimidé, Coluche lui a déclaré, en le voyant : « J'ai bien connu votre oncle. Nous avons beaucoup voyagé ensemble. »
Depuis la fin de sa carrière militaire, il s'était fixé dans son village natal de Gastins où il avait ouvert une auberge, avec pour enseigne *On ne passe pas*. C'est là qu'il est mort, en 1867, âgé de quatre-vingt-deux ans.

IL Y A 40 ANS, EN 1969 : Épuration des « libéraux » du comité central tchécoslovaque décidé par le plénum. Premier tour des élections présidentielles en France. Les géomètres experts lancent l'alarme : trop de haies ont été rasées pour remembrer les terres, entraînant le bouleversement des équilibres biologiques.

LUNDI 1 JUIN — **Saint Justin** — **Gémeaux** 1er décan

Il y a toujours deux raisons pour faire quelque chose : une bonne raison et la vraie raison ! (Dale Carnegie).

☆☆ PAPILLOTE DE SAUMON EN ROUELLES. Pour cinq ou six personnes. Découpez un filet entier de saumon, débarrassé de sa peau, en tronçons de 2 à 3 centimètres taillés en biais. Blanchissez à l'eau bouillante salée 750 grammes de courgettes coupées en rondelles et trois têtes de fenouil grossièrement hachées. Reconstituez le filet sur une grande feuille de papier cuisson huilée. Intercalez entre chaque tronçon les légumes. Recouvrez d'un filet d'huile d'olive et enveloppez le saumon dans le papier en fermant soigneusement les extrémités avec de la ficelle. Faites cuire à feu doux (th. 6) au four une demi-heure à 40 minutes selon l'épaisseur du filet. Servez avec une sauce hollandaise en brique, ajoutez trois cuillerées à soupe de raifort râpé frais ou en bocal.

Les poissons rouges n'ont pas le droit de se déplacer à cheval, à Seattle, dans l'État de Washington.

Pour le Bourguignon, une *pastenade* est
a. Un mauvais pâté
b.Une raie des mers chaudes
c. Une carotte

Bonne réponse : **c.**

IL Y A 40 ANS, EN 1969 : Un destroyer US a été coupé en deux par un porte-avions australien au cours d'un exercice en mer de Chine. Après six semaines, reprise de l'aide commerciale américaine au Sud-Vietnam. Eddy Merckx est écarté du Tour de France, à la suite d'un contrôle antidopage positif discutable.

Le vrai responsable du mensonge n'est pas celui qui le commet, mais celui auquel on le destine parce qu'on sait qu'il ne supporte pas la vérité (Philippe Bouvard).

Les drôles d'histoires de Pierre Bellemare

Sages comme des images

À Bismarck, dans le Dakota du Nord, Jennifer, David Smith et leurs enfants sont réunis pour le déjeuner dominical. « Repasse le plat à papa, veux-tu, ma chérie ? » demande Jennifer à sa fille qui s'exécute, bien que son père n'ait pas touché à son assiette ni desserré les dents depuis le début du repas. Impassible, le visage du chef de famille affiche un sourire lointain et énigmatique.

Comment pourrait-il en être autrement, puisque le lieutenant David Smith se trouve en réalité en Irak, à 15 000 kilomètres des siens ? L'homme qui trône derrière la table est un *Flat Daddy* (un papa plat), une photo cartonnée grandeur nature de l'officier en uniforme. Imaginées par des psychologues du Pentagone en 2003, ces effigies permettent aux enfants de rester en contact virtuel avec leur père et d'atténuer ainsi le stress de la séparation.

« Quand David est venu en permission après huit mois passés en Irak, mes enfants se sont précipités vers lui en hurlant "Papa !", raconte Jennifer Smith. Bien qu'âgée de quatre ans, Alec l'a immédiatement reconnu grâce à la photo. »

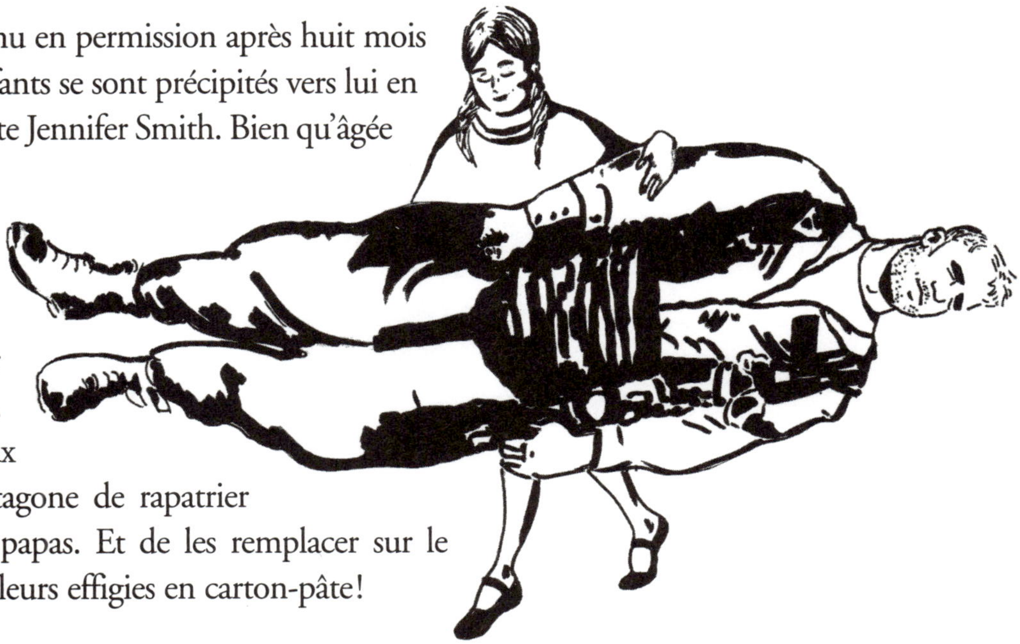

Pour parfaire leur ingénieuse invention, nous suggérerons aux psychologues du Pentagone de rapatrier au plus vite les vrais papas. Et de les remplacer sur le champ de bataille par leurs effigies en carton-pâte !

IL Y A 40 ANS, EN 1969 : Triomphe des prosoviétiques à Prague : M. Strougal est nommé premier secrétaire adjoint du PC. Deux Allemands de l'Est condamnés en France pour espionnage sont échangés contre trois Français détenus en RDA. Le siège de la société Alsthom est endommagé par une explosion.

MERCREDI 3 JUIN **Saint Kévin**

Gémeaux 2e décan

Quiconque n'est pas révolutionnaire à seize ans, n'a plus à trente ans assez d'énergie pour faire un capitaine de pompiers (André Maurois).

★★ PANACHÉ DE CRU ET CUIT. Pour quatre à cinq personnes. Désossez un quart de poulet cuit et débitez-le en lamelles. Faites cuire à la vapeur trois pommes de terre et trois carottes épluchées coupées en julienne, et 150 grammes de haricots verts équeutés coupés en deux. Coupez quatre tomates en dés, 100 grammes de champignons et une dizaine de feuilles de scarole en fines lamelles. Mélangez le tout dans un saladier avec une boîte de thon. Assaisonnez avec une sauce faite de trois yaourts, un poivron vert et un piment finement hachés, deux cuillerées à soupe de moutarde, une cuillerée à soupe d'huile, sel.

Il est illégal pour un lépreux de héler un taxi londonien.

Pour le Provençal, une *toufourasse* est :
a. Une chaleur accablante.
b. Une tourte aux olives.
c. Une brocante.

Bonne réponse : **a.**

IL Y A 40 ANS, EN 1969 : Au Congo, douze étudiants sont tués par les soldats de Joseph Mobutu, lors d'une manifestation à l'université de Kinshasa. Sortie du film *Ma nuit chez Maud* d'Éric Rohmer. Mort de Jane Sourza, l'inoubliable partenaire de Raymond Souplex dans *Sur le banc*.

Ce qui perd le lièvre, ce sont ses ruses. S'il ne faisait que courir droit devant lui, il serait immortel (Jules Renard).

Sainte Clotilde

Gémeaux 2e décan

JEUDI 4 JUIN

Les drôles d'histoires de Pierre Bellemare

Photos compromettantes

Bryan Boniface, un Anglais de vingt-cinq ans, mènerait une vie agréable si Ann, sa petite amie, ne lui reprochait pas sans arrêt son manque d'humour, menaçant de le quitter, et s'il ne se morfondait pas d'ennui dans son métier : gardien de nuit de Madame Tussaud's, le célèbre musée de cire de Londres. Afin de remédier à la situation, il décide un beau jour de faire d'une pierre deux coups : reconquérir sa belle en l'amusant, tout en se distrayant lui-même. Il fait donc l'acquisition d'un appareil photo muni d'un déclencheur à retardement et commence à mettre en scène, dans la solitude de la nuit au musée, quelques « photos amusantes ». L'une le montre assis sur les genoux de Churchill, en train de lui flatter les bajoues. Il feint, sur une autre, d'étrangler le maire de Londres, ou, sur une troisième, de passer à tabac l'ex-sélectionneur de l'équipe de football anglaise. Rapportant ses images à la maison, il n'obtient qu'une moue dubitative de sa petite amie : « T'es vraiment taré, mon pauvre Bryan », commente simplement cette dernière. Aussi Boniface décide-t-il, la nuit suivante, de passer la vitesse supérieure. Jouant son va-tout, il soulève la jupette de l'effigie en cire de Jennifer Lopez et lui inflige les derniers outrages.

Quelques jours plus tard, lorsqu'il découvre que ses photos sont publiées dans la presse populaire et qu'elles sont entre les mains du directeur du musée, Bryan a la confirmation que sa stratégie a échoué. « Comment as-tu osé me tromper avec cette garce ? » s'était insurgée Ann la veille, en examinant la photo avec horreur. Avant, par vengeance, d'en faire profiter deux millions de lecteurs !

IL Y A 40 ANS, EN 1969 : Au Kremlin, ouverture de la conférence mondiale des 75 pays communistes, où Leonid Brejnev, au cours d'un discours fleuve, attaque la Chine de Mao Tsé-toung. Durcissement du régime militaire argentin. Réception du poète Pierre Emmanuel à l'Académie française.

VENDREDI 5 JUIN Saint Igor

Gémeaux 2e décan

La table tue plus de monde que l'épée (proverbe canadien).

★ BLEU FRAIS SUR RATTES. Pour quatre personnes. Mélangez 200 grammes de fromage frais, 150 grammes de roquefort bien écrasé, une échalote et une branche de céleri finement hachées, une gousse d'ail pilée, une pincée de sel de céleri, une pincée de poivre noir moulu. Servez avec des pommes de terre rattes ou vitelottes avec la peau, cuites à la vapeur.

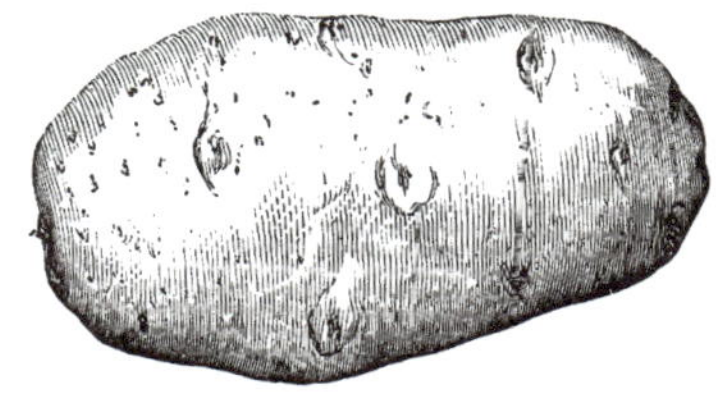

FRAGILE JASMIN AU PARFUM D'ORIENT. Fleur blanche aussi somptueuse par ses senteurs que par sa floraison, elle exhale un parfum puissant, exotique, particulièrement pénétrant le soir… Avec la rose, le jasmin est le symbole de Grasse, capitale du parfum. Au Moyen Âge, la tannerie fait la richesse de la ville, mais les peaux n'ont pas bonne odeur… D'Italie vient alors l'idée de parfumer les gants de peau. Puis, avec le déclin de la tannerie, l'artisanat de la parfumerie prend son essor au XVIIIe siècle, jusqu'à devenir une industrie. Toutes les conditions climatiques sont réunies pour développer les cultures florales alentour, dont celle du jasmin, végétal délicat qui s'épanouit de juin à septembre et se cueille en août, toujours avant l'aube. Il faut récolter à la main un million de fleurs pour faire un kilo d'essence de jasmin !

Le jasmin, né en Inde et au Moyen-Orient, est entré en Europe par l'Espagne musulmane. Outil de séduction, à l'origine, son nom se décompose en jas qui signifie désespoir et min, mensonge, évoquant les détours amoureux… Lorsque Cléopâtre allait à la rencontre de Marc Antoine, elle était précédée par les fragrances de l'huile de jasmin dont étaient imprégnées les voiles des felouques… Et à Versailles, au XVIIIe siècle, ses senteurs venues d'Orient embaumaient la résidence royale : la comtesse du Barry raffolait de cette fleur et Louis XV se laissait volontiers envoûter par ses effluves…

IL Y A 40 ANS, EN 1969 : Le dernier recensement fait état de 7 123 000 femmes actives en France. Sortie du film *Le Jour le plus long* de Darryl F. Zanuck, avec quarante-deux vedettes internationales. Aux Internationaux de tennis de Roland-Garros, l'Australien Rod Laver est bien le numéro un mondial.

La femme la plus niaise est cent fois plus rusée que l'homme le plus spirituel (A. Dumas fils).

Saint Norbert — SAMEDI 6 JUIN — Gémeaux 2e décan

Si une femme est mal habillée, on remarque sa robe, mais si elle est impeccablement vêtue, c'est elle que l'on remarque (Coco Chanel).

Saint Gilbert — DIMANCHE 7 JUIN — Gémeaux 2e décan

La France mystérieuse

HISTOIRES DE BICHES
Plœmeur (Morbihan)

Le souvenir de sainte Ninnok s'est longtemps conservé à Plœmeur et dans la région. Cette pieuse jeune fille, qui vivait au Ve siècle, y a fondé un monastère de femmes. La légende raconte que le chef breton Erek poursuivait une biche, lorsque celle-ci se réfugia dans l'église. Il voulut la tuer quand même, mais il vit ses chiens cesser brusquement d'aboyer et se coucher à ses pieds. Émerveillé par ce miracle, il couvrit sainte Ninnok et son couvent de richesses.

Selon la même légende, la biche est devenue immortelle et parcourt depuis les forêts. Mais elle s'est transformée en divinité malfaisante. Malheur à celui qui la rencontre ! Il devra mourir dans l'année et, s'il s'agit d'un jeune homme ou d'une jeune fille, il périra de mort violente le jour de ses noces. C'est, dit-on, ce qui est arrivé, au XVIe siècle, au comte Alain de La Sauderaie, qui avait vu la bête et dont on retrouva le cadavre ensanglanté dans la forêt, alors qu'on le cherchait pour la cérémonie.

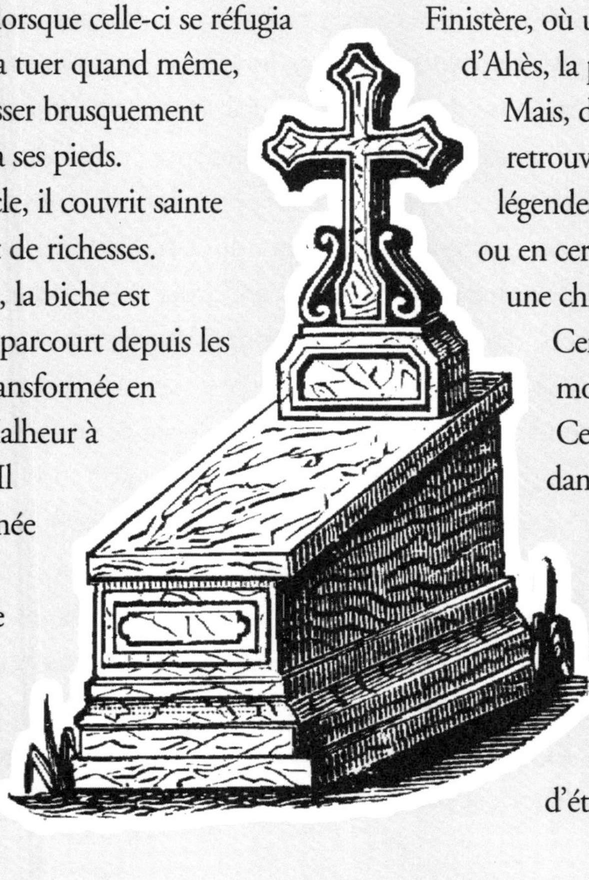

Cette croyance rappelle celle de Penmarch dans le Finistère, où une biche est la réincarnation d'Ahès, la princesse maudite armoricaine. Mais, de manière générale, on retrouve dans toute la France ces légendes de transformation en biche ou en cerf. Il faut sans nul doute y voir une christianisation du culte de Cernunnos, le dieu gaulois de la mort, figuré par un cerf.

Cette divinité, très importante dans le culte de nos ancêtres, était à la fois maléfique, car elle était liée à l'au-delà, et bénéfique, car le cerf, qui perd ses bois chaque hiver et les retrouve chaque printemps, est un symbole d'éternité.

IL Y A 40 ANS, EN 1969 : Le président Richard Nixon annonce le retrait de 25 000 soldats américains du Vietnam. Le coureur cycliste italien Felice Gimondi remporte le Giro. Mort à Santa Monica, en Californie, de l'acteur américain Robert Taylor.

LUNDI 8 JUIN

Saint Médard

Gémeaux 2e décan

Ce qui va mal, ce n'est pas le monde, c'est notre manière de le regarder (Henry Miller).

✶ PAIN CRÉTOIS. Pour quatre personnes. Coupez un pain de seigle (de préférence rassis) en deux dans le sens de la longueur, et partagez chaque moitié en deux transversalement. Posez les quatre parts sur la plaque du four (th. 3), croûte vers le dessous, faites-les sécher 20 à 30 minutes. Une fois refroidis, trempez-les rapidement dans l'eau pour les ramollir, disposez-les sur un plat et imbibez-les généreusement d'huile d'olive. Répartissez sur les quatre morceaux 250 grammes de pulpe de tomates fraîches hachées, ainsi que deux oignons rouges hachés finement. Assaisonnez de jus de citron, sel et poivre. Parsemez de 200 grammes de feta émiettée, de quelques moitiés d'olives noires grecques. Arrosez d'huile d'olive et saupoudrez de basilic.

LES CHASSE-MARÉE

Dès le XIIIe siècle, Paris fait une grande consommation de poissons de mer. Sans la pêche, l'Église n'aurait pu obtenir le respect des jeûnes, des abstinences et du carême prescrits tout au long de l'année. Les chasse-marée ramènent en moins de deux jours le poisson pêché sur les côtes les plus proches de la capitale, comme celles de Normandie et de Picardie, poussant devant eux de petits ânes chargés de paniers. Plus tard, ils conduiront un attelage de quatre à six chevaux boulonnais attelés par paires et d'une charrette aux ridelles d'osier légèrement incurvées en forme de berceau, monté sur deux roues hautes et de larges jantes, d'où leur nouveau nom : voituriers de la mer. Ils quittent le port le soir pour arriver aux Halles de Paris vers neuf heures, par le faubourg Poissonnière. Ils ont obtenu une foule de privilèges : on ne peut les arrêter en route, ni saisir leurs chevaux ; un fonds spécifique est destiné à remplacer le poisson gâté en chemin. À l'arrivée, les paniers sont livrés aux vendeurs et débités par eux à la criée. Les huîtres apportées par les chasse-marée sont dites huîtres de chasse, pour les distinguer de celles qui viennent par bateau en remontant la Seine.

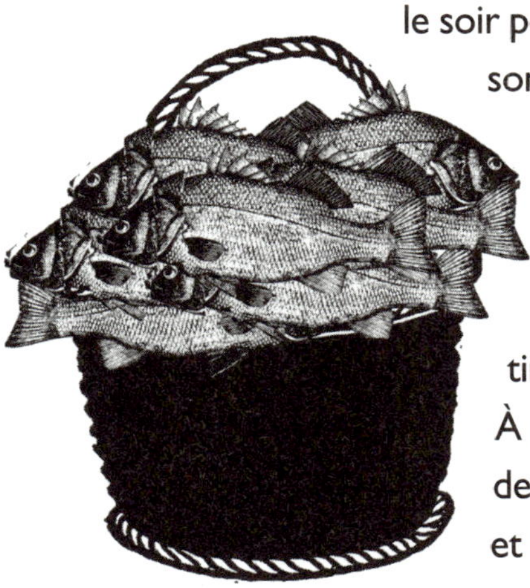

À partir de 1847, la concurrence du chemin de fer a entraîné le déclin des chasse-marée, les chevaux ne pouvant rivaliser avec les locomotives et leurs chevaux-vapeur.

IL Y A 40 ANS, EN 1969 : Arrestation à Athènes, après son évasion, d'Alekos Panagoulis, condamné à mort pour attentat contre l'ex-colonel Papadopoulos. Après le blocus de Gibraltar, il n'y aura pas de représailles, pourtant envisagées par le gouvernement Wilson, contre l'Espagne.

La hauteur nous attire, mais non les degrés qui y mènent ; les yeux fixés sur la lune, nous cheminons volontiers dans la plaine (Goethe).

Sainte Diane

Gémeaux 2e décan

MARDI 9 JUIN

Les drôles d'histoires de Pierre Bellemare

Frasques à l'anglaise

En 2006, Cherie Blair, avocate et épouse du Premier ministre britannique de l'époque, s'est vu décerner par la municipalité de Londres l'une des récompenses les plus convoitées du royaume, la Freedom of the City of London, honorant depuis 1237 des personnalités de la politique, du commerce, de la finance, de la diplomatie et de la culture. Bien que n'ayant œuvré dans aucune de ces disciplines, Mme Blair bénéficie désormais de toutes les prérogatives qui y sont liées. Ainsi peut-elle conduire un troupeau de moutons sur le pont de Londres sans risquer d'être verbalisée. Elle est également autorisée à se promener dans la City, le quartier des affaires, de la presse et de la finance, armée d'un sabre. Compte tenu de la foule qui congestionne les rues le samedi après-midi, ce privilège peut lui être d'une grande utilité pour faire voler, çà et là, les têtes des piétons qui gêneraient sa progression vers les boutiques de luxe. Autre avantage : la Freedom of the City of London accorde à ses lauréats le droit de déambuler dans la ville « saouls et débauchés » sans craindre les foudres de la maréchaussée. Nous attendons donc avec impatience d'observer l'ancienne Première Dame de Grande-Bretagne quitter night-club ou restaurant en état d'ébriété, poussant négligemment devant elle, titubante et sabre au clair, son troupeau de moutons !

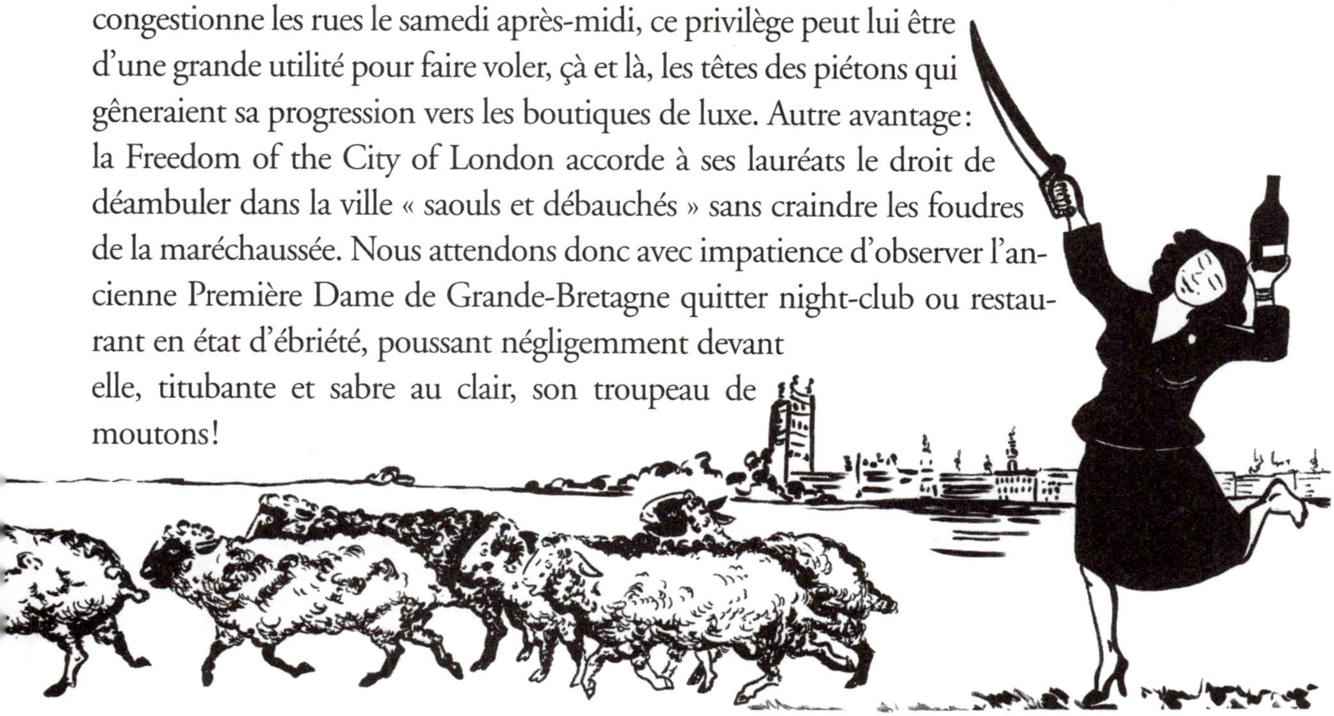

IL Y A 40 ANS, EN 1969 : Alekos Panagoulis a réintégré sa cellule de la prison militaire de Bogiati. Le pape Paul VI, en visite à Genève, lance un appel à la justice sociale et au rapprochement des Églises. La signature de l'accord aérien franco-soviétique autorise Air France à survoler la Sibérie.

MERCREDI 10 JUIN — **Saint Landry** — **Gémeaux** 3e décan

Une auto-stoppeuse est une jeune femme généralement jolie et court vêtue qui se trouve sur votre route quand vous êtes avec votre femme (Woody Allen).

VACHERIN, UNE HISTOIRE DE FRONTIÈRE

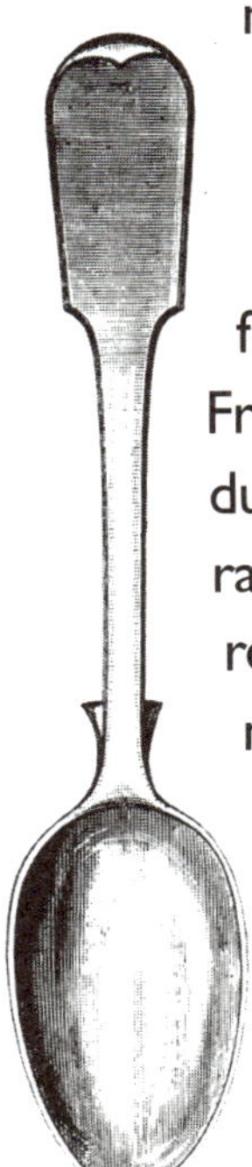

Vacherin Mont-d'Or pour les Suisses, Vacherin du Haut-Doubs pour les Français : même processus de fabrication, même saveur ! Cet original fromage crémeux, servi en boîte, se consomme à la limite du coulant, après avoir soulevé une partie de la croûte à la cuiller. Pour éviter que cette pâte molle ne s'épanche, elle doit être cerclée de sangles d'épicéa qui l'imprègnent d'arômes de résine. Son terroir d'origine se situe dans les alpages traversés par la frontière franco-suisse en bordure du Mont-d'Or, sommet de 1 075 mètres situé en France. Il est produit en Suisse dans la vallée de Joux et en France dans la vallée du Doubs. À l'origine, était-il fabriqué du côté suisse ou du côté français ? On raconte que, lors du rude hiver de 1871, alors que l'armée française battait en retraite, les soldats du général Bouraki se seraient frayé un chemin dans les montagnes jurassiennes enneigées en poussant devant eux un troupeau de vaches mené par un vacher nommé Roguin. Le vacher aurait finalement pris racine dans la région, y aurait fondé une famille et y aurait apporté une recette secrète de fromage. Mais ce n'est qu'une légende : les archives ont révélé l'existence dès 100 de l'ancêtre du vacherin qui était fabriqué avec du lait de chèvre, et s'appelait chevrotin. Par manque de lait de chèvre sans doute, il fallut passer au lait de vache… et au vacherin.

Pour affronter la chaleur, paillez le pied de vos arbres et arbustes, ainsi que le sol de vos massifs pour qu'ils restent humides le plus possible. Ils seront plus aptes à affronter la chaleur, et vous empêcherez par la même occasion l'envahissement de mauvaises herbes. Utilisez les coupes d'un gazon n'ayant pas été désherbé chimiquement, ou de la paille, de la tourbe, des écorces de pin et de chêne. En cas de période prolongée de pluie, il est recommandé de renouveler ce paillage afin d'éviter tout risque d'asphyxie du sol.

IL Y A 40 ANS, EN 1967 : À Moscou, le délégué italien M. Berlinguer, lors de la conférence mondiale des 75 pays communistes, lance un appel à la réconciliation avec la Chine de Mao. 2 900 francs par mois, c'est le revenu moyen des ménages français. À Paris, Samson François donne un récital Frédéric Chopin.

Un politicien ne peut faire carrière sans mémoire, car il doit se souvenir de toutes les promesses qu'il doit oublier (Frédéric Dard).

Saint Barnabé

Gémeaux 3e décan

JEUDI 11 JUIN

Les drôles d'histoires de Pierre Bellemare

Des radars sur le canal

La barque à moteur avance bon train. Soudain, une vedette de police la double et lui fait signe de s'arrêter. Les occupants ayant obtempéré, l'un des policiers monte sur la barque, avec un carnet à souche.

« Vous avez dépassé la vitesse autorisée. Je vous dresse contravention. Inutile de nier, le radar vous a enregistré… »

Cette scène risque de se produire très bientôt à Venise! Le maire de la ville, M. Vianello, a décidé de recourir à des mesures énergiques pour améliorer la circulation dans sa ville. Déjà, en 2007, il a installé un système baptisé Argos pour remédier aux embouteillages sur le Grand Canal, car il y en a! Mais, courant 2008, il a annoncé qu'il allait faire voter l'installation de radars sur tous les canaux. Il a déclaré, au cours d'une conférence de presse:

« Nous savons depuis longtemps que les vagues causées par les engins motorisés contribuent à saper les fondations de la ville. C'est pour cette raison que nous avons pensé aux radars. Sans compter le bruit et la pollution qu'engendre la vitesse. »

Et il a conclu:

« Le résultat sera le même que sur route ou dans une ville ordinaire. Le seul fait de savoir que les canaux seront sous surveillance suffira à faire respecter la limitation. »

IL Y A 40 ANS, EN 1969 : Le gouvernement provisoire révolutionnaire fait son entrée à la conférence de Paris sur le Vietnam. Un accrochage près de Jéricho entre Israéliens et partisans fait 11 morts. Décès d'Emmanuel d'Astier de la Vigerie, ancien ministre du général de Gaulle.

VENDREDI 12 JUIN **Saint Guy**

Gémeaux 3e décan

Il faut préférer ce qui est impossible mais vraisemblable à ce qui est possible, mais incroyable (Aristote).

★ LENTILLES EN CHAUD-FROID. Pour quatre personnes. Faites revenir dans l'huile un poireau, un oignon, une carotte émincés. Ajoutez 200 grammes de lentilles vertes et une cuillerée à café de curcuma. Mouillez d'eau et faites cuire une vingtaine de minutes. Assaisonnez de sel et poivre. Laissez refroidir. Servez avec du yaourt de chèvre bien frais.

LE LOUVETEAU EST PLUS INTÉRESSÉ QUE L'ON CROIT

Après la chasse, la louve retourne à sa tanière pour nourrir ses petits. Elle a prélevé sa part sur la proie qu'elle rapporte. À son arrivée, les petits se pressent autour d'elle pour lui lécher le museau avec insistance. Quel accueil chaleureux, penserez-vous ! Comment ne pas être touché par cette scène familiale attendrissante ?

En fait, la raison de ces retrouvailles chaleureuses est bien plus pragmatique : les canidés non domestiqués ont des réflexes de régurgitation très développés et les jeunes loups lèchent leur mère pour provoquer ces réflexes et l'obliger à recracher ce qu'elle a ingéré. La nature a bien fait les choses puisqu'il est plus pratique pour elle de transporter la viande dans son estomac plutôt que d'essayer de la traîner jusqu'à sa tanière entre les dents. La nourriture qui a subi en partie le processus de la digestion convient en outre davantage aux besoins des louveteaux.

IL Y A 40 ANS, EN 1969 : Moscou et la Chine reconnaissent le nouveau gouvernement révolutionnaire sud-vietnamien. Le divorce par consentement mutuel est adopté par la Chambre des Communes en Grande-Bretagne. Concorde 002 a survolé Londres pour le 43e anniversaire de la reine Élisabeth.

Comme la tartine, l'ivrogne tombe toujours du côté qui est complètement beurré (professeur Choron).

Saint Antoine de Padoue — SAMEDI 13 JUIN — Gémeaux 3e décan

Tous nos actes visent à écarter de nous la souffrance (Épicure).

Saint Élisée — DIMANCHE 14 JUIN — Gémeaux 3e décan

La France mystérieuse

LES GIROUETTES

Langres (Haute-Marne)

Langres, sur le plateau du même nom, qui s'avance entre la vallée de la Marne et le vallon de la Bonelle, est d'origine très ancienne, puisqu'elle fut la capitale du peuple gaulois des Lingons. Elle a, par la suite, été une ville gallo-romaine d'importance, avec un capitole, des temples, un cirque, des arcs de triomphe. Mais cette cité au climat rude a, toutefois, pour principal titre de gloire d'être la patrie de Diderot. Fils d'un maître artisan coutelier, ce dernier est né le 5 octobre 1713, au n° 6 de la place Chambeau, aujourd'hui place Diderot. Il est resté toute sa vie très attaché à ses origines et, dans une lettre à Sophie Volland, du 10 août 1759, il brosse un portrait original, à la fois élogieux et ironique, de ses concitoyens :

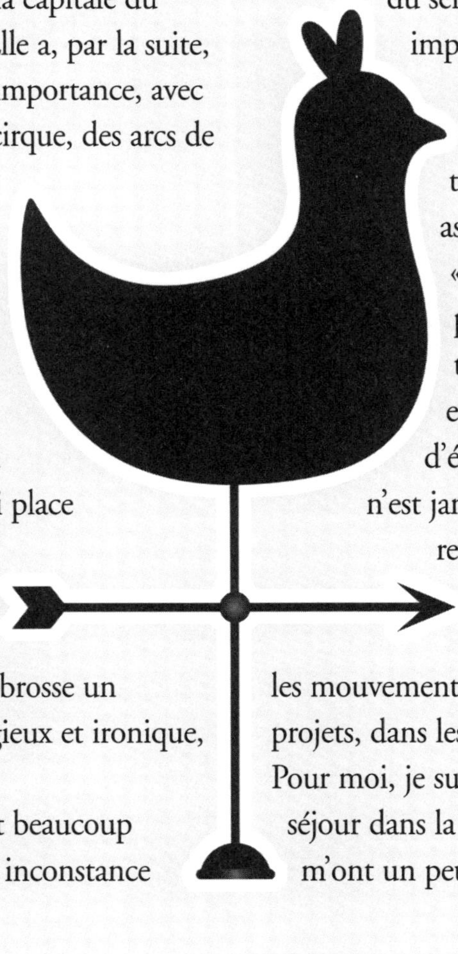

« Les habitants de ce pays ont beaucoup d'esprit, trop de vivacité, une inconstance de girouette. Cela vient, je crois, des vicissitudes de leur atmosphère, qui passe en vingt-quatre heures du froid au chaud, du calme à l'orage, du serein au pluvieux. Il est impossible que ces effets ne se fassent pas sentir sur eux et que leurs âmes soient quelque temps de suite dans la même assiette.

« Elles s'accoutument ainsi, dès la plus tendre enfance à tourner à tout vent. La tête d'un Langrois est sur ses épaules comme un coq d'église en haut d'un clocher : elle n'est jamais fixe dans un point et, si elle revient à celui qu'elle a quitté, ce n'est pas pour s'y arrêter. Avec une rapidité surprenante dans les mouvements, dans les désirs, dans les projets, dans les fantaisies, ils ont le parler lent. Pour moi, je suis de mon pays, seulement le séjour dans la capitale et l'application assidue m'ont un peu corrigé. »

IL Y A 40 ANS, EN 1969 : Georges Pompidou devient le 19e président de la République en obtenant 57, 78 % des voix contre son adversaire du second tour, Alain Poher. L'équipage Jacky Ickx-Jacky Oliver remporte sur Ford GT 40, les Vingt-Quatre Heures du Mans.

LUNDI 15 JUIN

Sainte Germaine

Gémeaux 3e décan

Les hommes, et il ne faut pas s'en étonner, paraissent concevoir le bien et le bonheur d'après la vie qu'ils mènent (Aristote).

Paul Reynaud (1878-1966)

En 1938, à nouveau ministre des Finances dans le gouvernement présidé par Édouard Daladier, il applique une politique de dépenses couvertes par l'impôt. Hélas, le 1er septembre 1939, à 4 h 45 du matin, les forces de la Wehrmacht envahissent la Pologne. Le 3 septembre, la France et l'Angleterre entrent en guerre. Le 10 septembre, Paul Reynaud déclare devant le Sénat :

«NOUS VAINCRONS PARCE QUE NOUS SOMMES LES PLUS FORTS.»

Le 14 juin suivant, les Allemands entrent dans Paris… Il faudra attendre le 8 mai 1945 pour que cette phrase se révèle juste !

★★ BŒUF AU VIN ROUGE. Pour quatre à cinq personnes. Taillez 800 grammes de viande en gros dés, et laissez mariner une nuit au réfrigérateur dans une terrine couverte avec 50 centilitres de vin rouge, trois feuilles de laurier, cinq clous de girofle, quatre badianes. Égouttez le bœuf, faites dorer les morceaux à l'huile chaude dans une cocotte. Retirez-les et mettez à leur place 500 grammes d'échalotes et cinq gousses d'ail pelées que vous faites revenir jusqu'à ce qu'elles soient translucides. Ajoutez cinq tomates pelées épépinées coupées en morceaux. Après 5 minutes de cuisson, remettez dans la cocotte la viande avec son jus et la marinade. Laissez mijoter à couvert pendant 1 heure, Ajoutez un peu d'eau et remuez régulièrement.

IL Y A 40 ANS, EN 1969 : La Fédération internationale de cyclisme professionnel lève la peine de suspension infligée à Eddy Merckx. Le taux d'escompte de la Banque de France est porté de 6 à 7 %. Mort à 77 ans du maréchal Lord Alexander, prestigieuse figure de la Seconde Guerre mondiale.

Une femme est seulement une femme, mais un bon cigare c'est tout un arôme (R. Kipling).

Saints Jean-François et Régis

Gémeaux 3e décan

MARDI 16 JUIN

Les drôles d'histoires de Pierre Bellemare

Le chaînon manquant

Au début du XXe siècle, communauté scientifique et grand public se passionnent pour la préhistoire, notamment pour la recherche du chaînon manquant, cette créature hybride mi-homme mi-singe qui authentifierait la théorie évolutionniste de Darwin. Le 18 décembre 1912, la nouvelle tant attendue éclate enfin : un crâne humain doté d'une mâchoire prognathe vient d'être exhumé à Piltdown, dans le Sussex, en Angleterre. Tandis que le trophée est exposé à la Société géologique de Londres attirant savants et curieux du monde entier, Charles Dawson, avoué de notaire, et sir Arthur Woodward, conservateur au British Museum, les découvreurs des ossements, créent une entreprise qui commercialise, pour la somme de 10 livres et 7 shillings, des moulages en plâtre du crâne fossilisé.

Il faudra attendre quarante-deux ans pour que la supercherie soit révélée. En 1953, un examen aux rayons X prouve sans ambiguïté que le crâne de l'homme de Piltdown appartient à un jeune orang-outang, auquel les faussaires ont adjoint une mandibule de gorille dont les molaires ont été limées et colorées au permanganate de potassium, afin d'imiter les effets de la fossilisation. Dawson et Woodward n'étant jamais passés aux aveux, on a soupçonné un certain sir Arthur Conan Doyle, le futur créateur de Sherlock Holmes, d'être à l'origine de la farce. Puisqu'il vivait lui aussi dans un village proche du lieu de la découverte. Élémentaire, mon cher Watson !

IL Y A 40 ANS, EN 1969 : L'assemblée de l'Union de l'Europe occidentale lance un appel à la France pour qu'elle reprenne sa place au Conseil. 66 PC sur 75 ont signé le « Livre rouge » du communisme orthodoxe au sommet de Moscou. Premiers essais de vitesse du sous-marin nucléaire *Le Redoutable*.

MERCREDI 17 JUIN **Saint Hervé**

Gémeaux 3e décan

Le monde progresse grâce aux choses impossibles qui ont été réalisées (André Maurois).

S'il vous reste une place dans un massif, le muflier, surnommé gueule-de-loup, peut encore se semer fin juin. Vous aurez ainsi une floraison généreuse au cœur de l'été de tous les coloris, sauf le bleu. Mélangez les graines qui sont très petites à du sable fin pour les semer. L'épanouissement des fleurs en grappes terminales s'échelonne successivement de bas en haut. Vous pouvez également acheter des jeunes plants à repiquer au jardin. Ces fleurs très faciles se naturalisent souvent. En terrain sain, elles peuvent même se révéler vivaces.

☆ *TORSADES TRICOLORES. Pour cinq ou six personnes. Passez sous le gril du four quatre poivrons sur toutes leurs faces : un jaune, un vert, deux rouges. Lorsque la peau est boursouflée, enfermez-les 10 minutes dans un grand saladier couvert, puis pelez-les, ouvrez-les en deux, retirez-en pédoncules et graines. Découpez leur chair en rubans de 1 centimètre. Faites cuire à l'eau bouillante salée 600 grammes de pâtes en torsades. Mélangez le tout avec deux gousses d'ail pressées, quatre cuillerées d'huile d'olive, deux cuillerées de vinaigre. Laissez refroidir. Garnissez de feuilles de basilic.*

Les drôles d'histoires de Pierre Bellemare

Nos amies les bêtes

La défense des animaux est une juste cause, mais on peut se demander si dans certains cas, elle ne va pas un peu trop loin. C'est en particulier le cas en Italie où la SPA est très active et où des lois particulièrement sévères ont été édictées. Récemment, le propriétaire d'un restaurant de Vicence spécialisé dans les crustacés, a été condamné à 688 euros d'amende pour avoir mis dans sa vitrine des homards vivants sur de la glace. Les attendus du jugement précisent que c'était « condamner les crustacés à une mort lente par suffocation ». Le restaurateur a annoncé qu'il ferait appel, mais il a peu de chances de succès étant donné l'état de la législation. C'est ainsi qu'un juge de Rome a interdit les bocaux pour poissons rouges trop exigus, tandis qu'un décret municipal de Turin punit de 500 euros d'amende les propriétaires de chiens qui ne les sortiraient pas trois fois par jour.

Les pays scandinaves font preuve de la même rigueur. Durant l'été 2007, Olaf Nilsson pêchait l'anguille en compagnie de sa femme. Une dispute ayant éclaté entre eux, il s'est emparé d'un des poissons et l'a frappée violemment, lui cassant le nez et lui causant un œil au beurre noir. Le résultat n'a pas tardé ! Arrêté, Olaf Nilsson a été jugé immédiatement, selon la procédure de flagrant délit, et condamné à 5 000 couronnes d'amende (un peu plus de 500 euros) pour… cruauté envers l'anguille.

IL Y A 40 ANS, EN 1969 : Après une retraite irlandaise, le général de Gaulle rentre à Colombey. Cri d'alarme des professeurs spécialisés : 4 millions d'enfants de 6 à 11 ans en France ne font pas d'éducation physique. Deux députés proposent la généralisation de l'alcootest pour diminuer le nombre des accidents.

VENDREDI 19 JUIN

Saint Romuald

Gémeaux 3e décan

Les mots sont comme les sacs : ils prennent la forme de ce qu'on met dedans (Alfred Capus).

SALADE PRIMEURS. Pour quatre à cinq personnes. Passez au hachoir à grosse grille une botte de carottes essuyées, une botte de navets épluchés et trois oignons nouveaux. Ajoutez une barquette de graines germées de moutarde (rayon diététique des supermarchés). Assaisonnez de vinaigre de vin blanc et huile de noisette, sel et poivre. Parsemez de graines de sésame grillées.

LE RETOUR DU BLEU D'AMIENS. Sur la façade sud de la cathédrale d'Amiens, une sculpture rend honneur aux marchands « waidiers » qui ont contribué à son édification. Les waidiers étaient ces teinturiers qui utilisaient depuis le XIIe siècle la guède, en picard *waide*, plante tinctoriale aux fleurs jaunes, qui donne pourtant des pigments bleus. Cultivée sur les limons des plateaux crayeux de la région, elle se récoltait tout l'été. L'eau, abondante dans la Somme, alimentait les moulins où étaient broyées les feuilles séchées, pétries, pressées, vendues sous forme de boules appelées coques, ou cocagnes. Cela développa une activité très lucrative dans le quartier Saint-Leu d'Amiens, autour des canaux, où l'industrie textile était prospère ; le bleu d'Amiens subtil, profond, qui offre des nuances très recherchées pour teindre les tissus, s'exportait à prix d'or vers l'Angleterre et la Hollande. Longtemps la waide cultivée dans l'Amiénois est restée le seul moyen d'obtenir une teinture bleue. Mais la guerre de Cent Ans avec l'Angleterre a eu des répercussions désastreuses sur les exportations et fait émigrer la culture vers le sud-est, nouveau « pays de cocagne ». L'arrivée de l'indigo des Antilles et de l'Amérique au XVIIIe siècle a sonné le glas du bleu d'Amiens. Seules quelques touffes de waide sauvage évoquaient encore son passé glorieux jusqu'au jour où quelques passionnés ont décidé de lui redonner une nouvelle chance.

IL Y A 40 ANS, EN 1969 : L'épuration de l'armée grecque continue : 78 officiers sont radiés des cadres et mis à la retraite. Georges Pompidou prend ses fonctions à l'Élysée et désigne Jacques Chaban-Delmas comme Premier ministre. Sortie du film *Isadora* de Karel Reisz, avec Vanessa Redgrave.

Le plus grand amour est l'amour d'une mère, vient ensuite l'amour d'un chien, puis l'amour d'un amant (proverbe polonais).

Saint Silvère
SAMEDI 20 JUIN
Cancer Ier décan

Les hommes, c'est comme les chiens, ça mord parce que ça a peur (Jean Anouilh).

Été
DIMANCHE 21 JUIN
Cancer Ier décan

La France mystérieuse

UNE SPLENDEUR INHABITABLE

Chambord (Loir-et-Cher)

Le château de Chambord est de très loin le plus grand des châteaux de la Loire. Ses proportions donnent le vertige : 156 mètres de longueur sur 127 de largeur, 365 chambres et autant de cheminées, douze grands escaliers, 800 chapiteaux sculptés ; son parc de 4500 hectares correspond à la moitié de Paris et son mur d'enceinte ne mesure pas moins de 31 kilomètres. C'est François Ier qui en a ordonné la construction en 1519. On ne connaît pas son architecte, mais il est certain que Léonard de Vinci, qui résidait alors à la cour de France, a participé à son élaboration. On lui doit probablement l'extraordinaire escalier central à double hélice, composé de deux escaliers indépendants qui tournent dans le même sens et ne se croisent jamais.

Chambord a été le plus important chantier de la Renaissance. Il a nécessité 200 000 tonnes de pierre et 1 800 ouvriers, qui ont travaillé pendant vingt-huit ans, puisqu'il ne fut achevé qu'en 1547, sous Henri II. La tâche était d'autant plus difficile qu'il a été bâti sur des marais qu'il a fallu assécher. Mais le plus extraordinaire est que cet ensemble gigantesque est inhabitable. François Ier y passa en tout quarante jours sur un règne qui dura trente-deux ans et ses successeurs n'y séjournèrent pas davantage. Alors pourquoi une telle splendeur inutile ? Certainement pour des raisons de prestige : il s'agissait d'affirmer aux yeux des autres pays la puissance de la France. En fin de compte, on ne peut que louer la politique de grandeur qui nous a légué un tel chef-d'œuvre. Les guerres sont tout aussi coûteuses et ne laissent derrière elles que des ruines.

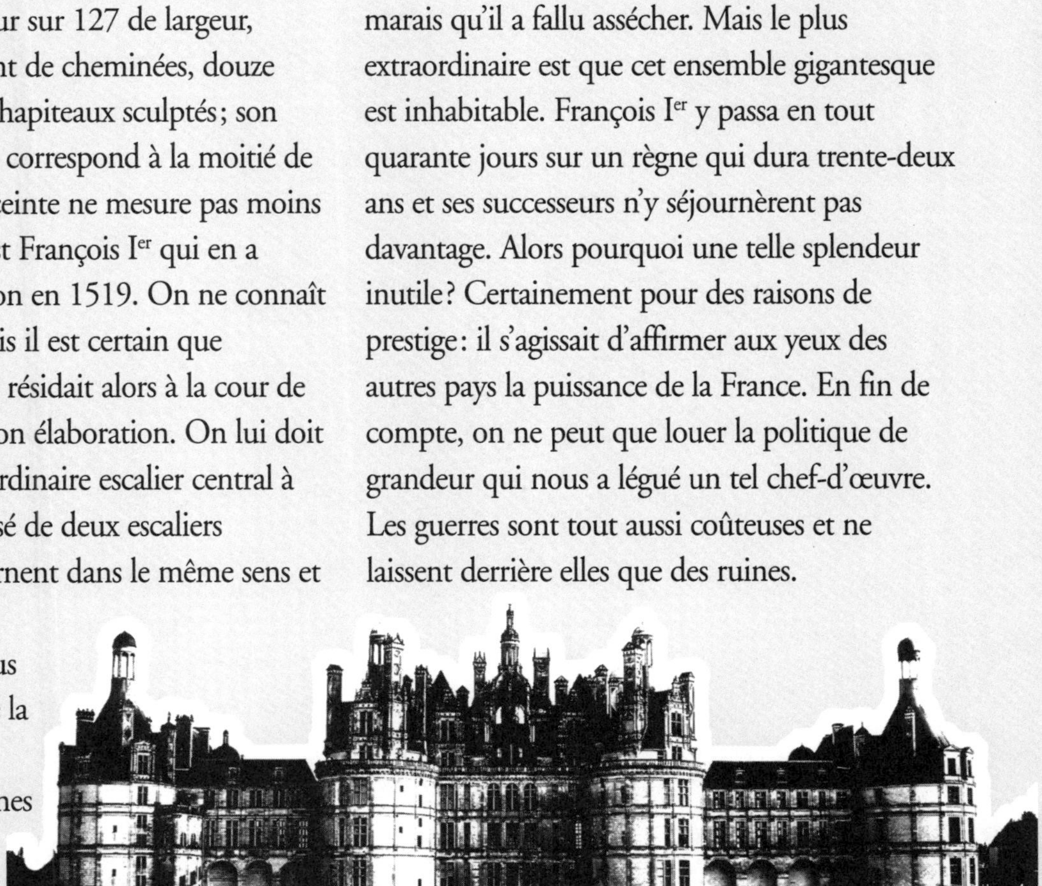

L'ÉTÉ

Environné de feux, et couvert de lumière,
Tu sors de l'Océan, Astre de l'Univers ;
Et des premiers rayons, de ta clarté première,
Tu m'échauffes l'esprit, et m'inspires ces Vers.

Tu brilles de splendeur ; tu brûles toutes choses ;
Les Vallons les plus frais en vain t'ont résisté
Tu fais languir les Lis ; tu fais mourir les Roses ;
Et la Neige est fondue aux chaleurs de l'Été.

L'air est étincelant ; la terre est desséchée ;
La Palme la plus fière a la tête penchée ;
Le Laurier le plus vert résiste vainement.

Tout fume ; tout périt ; par la céleste flamme ;
Mais la plus vive ardeur d'un tel embrasement,
M'incommode bien moins que celle de mon âme.

Georges de SCUDÉRY

IL Y A 40 ANS, EN 1969 : Jacques Chaban-Delmas forme son gouvernement avec l'objectif de concilier continuité et ouverture. Après l'arrestation de quarante étudiants, des émeutes à Ayacucho, au Pérou, font sept morts. Mort à Londres de la chanteuse et actrice américaine Judy Garland à l'âge de 47 ans.

LUNDI 22 JUIN

Saint Alban

Cancer 1er décan

On aime les filles pour ce qu'elles sont, et les fils pour ce qu'ils promettent d'être (Goethe).

LES MESSAGES DU BÂILLEMENT CHEZ LE CHIEN

Comme presque tous les mammifères, le chien bâille. C'est un réflexe ancien apparu très tôt dans l'évolution des espèces. On croyait jusqu'à des études récentes que le bâillement servait à donner au cerveau un apport supplémentaire d'oxygène permettant de rester éveillé ou de reprendre plus rapidement ses esprits au réveil. En fait, il n'en est rien. Certes, un chien qui bâille manifeste sa fatigue ou son ennui. Mais ce réflexe a également d'autres fonctions : il est notamment le fait d'un chien tendu, par exemple, au cours d'une séance de dressage alors qu'il vient d'être vigoureusement repris ou puni. Ses bâillements ont aussi la fonction particulièrement intéressante de servir de message de pacification envers un congénère agressif. C'est alors une bonne tentative d'apaisement, et non de soumission, qui amènera le chien belliqueux à de meilleurs sentiments.

★★ FEUILLETÉ D'ASPERGES. Pour quatre personnes. Découpez dans une pâte feuilletée huit rectangles de 15 centimètres sur 7. Dorez-en quatre à l'œuf battu, et faites-les cuire tous au four (th. 6) 15 minutes sur un papier de cuisson humide. Coupez 750 grammes d'asperges fines à 15 centimètres de la pointe, faites-les cuire à l'eau bouillante salée (10 minutes pour les pointes et une vingtaine de minutes pour les queues). Égouttez. Passez les queues d'asperges au mixer et mélangez à une brique de sauce hollandaise que vous faites chauffer. Répartissez les asperges sur quatre feuilletés, nappez-les de la sauce, couvrez-les des feuilletés dorés.

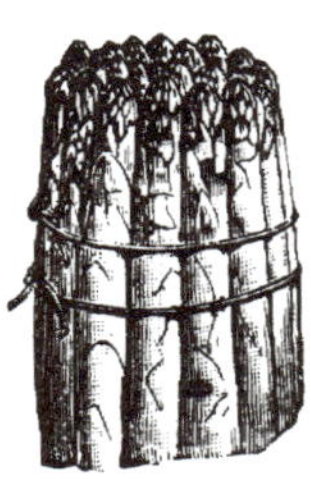

IL Y A 40 ANS, EN 1969 : Le parti socialiste tchécoslovaque s'aligne sur la politique du parti communiste. Dix mille paysans en colère se sont emparés de la ville de Huanta, au Pérou. Le secrétaire général des Nations Unies lance un cri d'alarme sur le développement incontrôlé de la science et de l'industrie.

Le premier effet de la jalousie est de rendre fidèle l'homme qui en est atteint (Jean Dutourd).

Sainte Audrey

Cancer 1er décan

MARDI 23 JUIN

Les drôles d'histoires de Pierre Bellemare

L'esprit de repartie

Gaston Doumergue, bien oublié aujourd'hui, a été président de la République de 1924 à 1931. Sa bonhomie, son accent méridional et son caractère jovial ont fait de lui un des hommes politiques les plus populaires de sa génération. Il était également doué d'un remarquable esprit de repartie, comme le prouve cette anecdote, survenue alors qu'il était encore au début de sa carrière.

En 1890, il sollicite un poste de juge de paix en Algérie. Pour ce faire, il doit passer un entretien avec un fonctionnaire du ministère de la Justice. Malheureusement, il tombe sur un individu tatillon et revêche, qui lui déclare :

« En principe, pour exercer, vous devez connaître l'arabe. Est-ce le cas ? »

Doumergue, qui n'en parle pas un traître mot, répond avec assurance :

« Je le possède couramment. »

Et, comme le fonctionnaire lui demande s'il peut le prouver, le futur président de la République lui rétorque :

« Rien de plus simple : posez-moi n'importe quelle question dans cette langue et je vous répondrai. »

Inutile de dire que l'entretien s'est arrêté là.

IL Y A 40 ANS, EN 1969 : Au lendemain de la proclamation de la République en Rhodésie, Londres rompt toute relation avec Salisbury. Une vingtaine de magistrats grecs sont réintégrés dans leurs fonctions. Le Rhin est pollué par un mystérieux poison.

MERCREDI 24 JUIN — Saint Jean-Baptiste — Cancer Ier décan

La reconnaissance est la mémoire du cœur
(H. C. Andersen).

AGNEAU À LA RHUBARBE. Pour cinq ou six personnes. Faites revenir dans l'huile 1 kilogramme d'épaule d'agneau coupé en cubes et deux oignons. Couvrez d'eau. Salez, poivrez. Ajoutez 300 millilitres de coulis de tomates, 300 grammes de tiges de rhubarbe pelées et coupées en morceaux, et laissez cuire une bonne heure. Servez avec du boulgour et des feuilles de menthe ciselées.

LE XÉRÈS, FLEURON DU VIGNOBLE ANDALOU

Le vin de Xérès fut le premier vin à faire le tour du monde : Magellan en avait acheté aux commerçants génois 417 outres et 253 tonnelets avant d'entreprendre son expédition. Il est élaboré dans la province de Cadix, dans un paysage de douces collines aux terres blanches, essentiellement à base de cépage palomina, et additionné d'alcool de vin. Son procédé d'élevage en fût et de vieillissement, appelé *solera*, est unique : les barriques sont disposées les unes sur les autres. Le vin jeune est peu à peu transvasé du haut vers le bas, mélangé régulièrement avec les vins plus âgés, ce qui permet d'offrir une large palette de secs, demi-secs, doux… La vigne fut introduite en Espagne par les commerçants phéniciens, au Xe siècle avant J.-C. Les invasions arabes, à partir du VIIIe siècle de notre ère, n'eurent pas trop de conséquences sur le vignoble, les Arabes étant friands de raisins de table. Le vizir Almanzor chante même les louanges du vin dans ses poèmes. Dès le XIIe siècle, les habitants de Jerez – Sherish en arabe – expédiaient leur vin en Angleterre où il devint le *sherry*. Henri Ier ayant proposé aux viticulteurs de Jerez d'échanger leur vin contre de la laine anglaise, les vignobles devinrent une importante source de revenus, pôle d'attraction pour les commerçants anglais, français, flamands… et les trafiquants. Pour mettre fin à de nombreuses querelles, la ville dut promulguer dès 1483 un règlement de l'appellation qui régit toutes les étapes de la vendange à l'utilisation commerciale du jerez.

IL Y A 40 ANS, EN 1969 : Net redressement du franc sur les places mondiales. À la faveur d'un orage, un jeune Allemand de l'Est réussit à passer à l'Ouest, après avoir traversé à la nage un canal dans le quartier sud-est de Berlin. En France, inadaptation accrue de la main-d'œuvre disponible aux besoins de l'industrie.

La plupart du temps, nous mourons de faiblesse, nous mourons de ne rien oser (Alain-Fournier).

Les drôles d'histoires de Pierre Bellemare

Attention médecins !

« Pour vivre en bonne santé, mieux vaut ne pas avoir affaire aux médecins » : une maxime que n'aurait pas désavouée Molière et que confirment à leur manière les deux histoires suivantes.

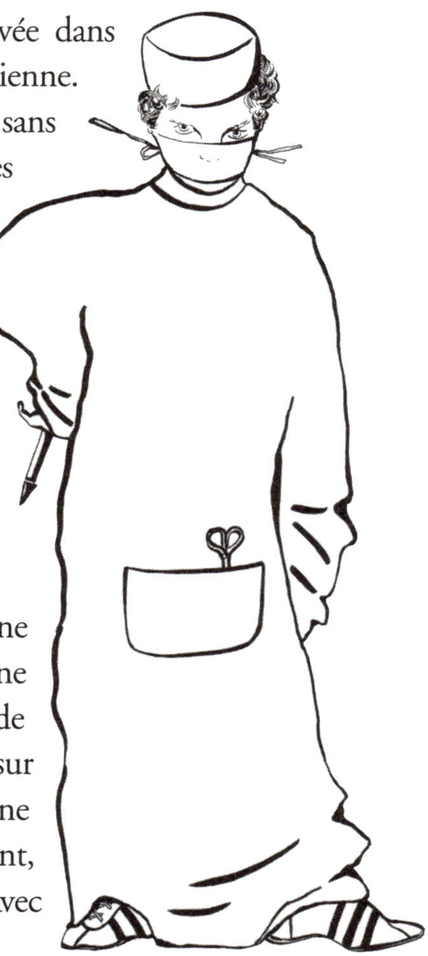

En juin 2007, une femme est admise dans une clinique privée dans l'État du Tamil Nadu, en Inde, pour y accoucher par césarienne. L'intervention, bien que chaotique et traumatisante, se déroule sans dégâts majeurs. La mère et l'enfant sont en vie. Quelques semaines plus tard, le Dr Murugesan, directeur de la clinique, projette une vidéo de l'opération à ses collègues, membres de l'Association médicale indienne. Stupeur ! Le « chirurgien » est un gamin de quinze ans qui, bien sûr, ne possède aucune qualification.

« Regardez, mon fils est le plus jeune "chirurgien" du monde et, à ce titre, il mérite d'entrer dans le livre *Guinness des records* », se rengorge Murugesan. Avant d'être radié de l'ordre des médecins et inculpé pour « mise en danger de la vie d'autrui ».

La seconde histoire se déroule à Villa Mercedes, en Argentine. Une équipe chirurgicale pratique une appendicectomie, quand une panne d'électricité paralyse l'hôpital. Les groupes électrogènes de secours étant hors service, chirurgien et infirmières se précipitent sur le parking et essaient de bricoler un éclairage de fortune avec une batterie et des phares de voiture. Le résultat n'étant pas concluant, ils retournent au bloc et terminent avec succès l'intervention. Avec pour seul éclairage la lueur de leurs… téléphones portables !

IL Y A 40 ANS, EN 1969 : Treize supermarchés d'une firme américaine ont été incendiés à Buenos Aires à la veille de l'arrivée de l'envoyé spécial du président Nixon. Le Chili nationalise des mines de cuivre américaines. Les lettres de Juliette Drouet à Victor Hugo sont mises aux enchères à l'Hôtel Drouot.

VENDREDI 26 JUIN

Saint Anthelme

Cancer 1er décan

La laideur a ceci de supérieur à la beauté qu'elle ne disparaît pas avec le temps (Serge Gainsbourg).

Jusqu'à la fin du mois de juillet, arrosez copieusement les rhododendrons et les camélias. Ils arrivent à la fin de leur période de croissance ; pour que leur jeune bois s'endurcisse avant l'hiver, limitez les apports d'eau aux seuls arrosages de survie. Mi-août, ils commencent à former les boutons floraux qui fleuriront au printemps prochain. Un peu de sécheresse leur est nécessaire sinon les bourgeons avorteraient. Contentez-vous d'un bassinage léger du feuillage en fin de journée.

Pour l'habitant du Languedoc et des Cévennes, un *luchet* est :

a. Une lucarne.

b. Un outil de dentellière.

c. Une bêche.

★★ MAGRETS AUX AGRUMES. Pour cinq ou six personnes. Parez à vif deux pamplemousses, deux oranges et deux citrons en retirant soigneusement les peaux blanches, séparez les fruits en quartiers. Faites cuire doucement deux beaux magrets de canard côté peau dans une poêle anti-adhésive environ 20 minutes. Salez et poivrez. Coupez-les en fines lamelles que vous disposez sur un grand plat de service. Laissez refroidir. Entourez-les des quartiers d'agrumes. Délayez 30 centilitres de gelée en poudre dans 30 centilitres d'eau froide, portez à ébullition et ajoutez trois cuillerées de curaçao. Lorsqu'elle est à moitié prise, coulez la gelée sur l'ensemble et faites refroidir au réfrigérateur.

Bonne réponse : **a.**

IL Y A 40 ANS, EN 1969 : Le Salvador rompt ses relations diplomatiques avec le Honduras, après l'avoir battu lors des éliminatoires de la Coupe du monde de football. Sortie du film *Easy Rider* de Dennis Hopper. Diffusion sur la chaîne couleur du *Sacre du Printemps* de Stravinsky, chorégraphié par Maurice Béjart.

Le carré est un triangle qui a réussi, ou une circonférence qui a mal tourné (Pierre Dac).

Vous ne pouvez pas prétendre comprendre quelque chose parfaitement tant que vous n'êtes pas capable de l'expliquer à votre grand-mère (Einstein).

Saint Fernand — SAMEDI 27 JUIN — Cancer 1er décan

Saint Irénée — DIMANCHE 28 JUIN — Cancer 1er décan

La France mystérieuse

LA CROIX DES VEUVES

Ploubalzanec (Côtes-d'Armor)

L'église de Ploubalzanec, de construction récente puisqu'elle date de 1906, se distingue par un panneau de bois noir, sur lequel sont écrits en lettres blanches, année par année, les noms des bateaux disparus, de 1853 à 1935. Et, partout autour, on peut découvrir, dans les cimetières ou dans des oratoires, des plaques portant les noms de matelots noyés.

C'est pourtant un peu plus loin, près de la côte, que se trouve le plus poignant témoignage sur la vie tragique des familles de marins.

Au lieu dit « La Croix des veuves », se dresse, non une croix, mais une statue de la Vierge. L'endroit est situé sur un promontoire, qui domine toute la rade de Paimpol. On a, depuis ce lieu, une vue qui s'étend jusqu'à l'horizon, ce qui explique que tous les environs aient été voués à la mort en mer.

C'était là en effet que les femmes venaient jeter un dernier regard sur la flotte de pêche partant pour l'Islande. Elles y revenaient quand son retour était annoncé. Elles comptaient alors le nombre des bateaux et, s'il en manquait un ou plus, elles s'efforçaient de reconnaître celui de leur époux.

Quand elles l'avaient vu, elles couraient, joyeuses, vers le port et il ne restait plus, auprès de la Croix des veuves, que celles qui n'avaient pas aperçu le bon navire. Il y a sans doute peu de lieux qui ont été témoins de tant de douleur.

IL Y A 40 ANS, EN 1969 : Expectative au Moyen-Orient, après les déclarations de M. Chaban-Delmas au sujet de l'éventuelle levée de l'embargo sur les armes à destination d'Israël. Depuis Cap Kennedy, lancement d'un satellite ayant à son bord le singe Bonny, qui devra faire trente tours autour de la Terre.

LUNDI 29 JUIN

Saint Pierre - Saint Paul

Cancer 1er décan

Au zoo tous les animaux se tiennent convenablement, à l'exception du singe. On sent que l'homme n'est pas loin (E. Cioran).

☆ TARTE A LA FETA. Pour quatre ou cinq personnes. Étalez une pâte brisée sur la tourtière. Coupez en dés un bloc de feta, disposez-les sur la pâte. Battez deux œufs avec 20 centilitres de crème, mélangez avec 100 grammes de parmesan râpé, deux cuillerées à café de cumin en poudre, sel, poivre, et versez sur la tarte. Faites cuire à four moyen 30 minutes.

TOUJOURS DU NOUVEAU DU CÔTÉ DU SORGHO

Cinquième céréale mondiale après le maïs, le riz, le blé et l'orge, le sorgho, d'origine africaine, présente l'avantage de consommer deux fois moins d'eau que le maïs – grâce à des racines s'enfonçant très profondément dans le sol, il résiste bien à la sécheresse – et de se passer de pesticides. Alimentation de base pour des millions de personnes en Afrique, en Chine ou en Inde, dans les pays occidentaux il est utilisé surtout comme plante fourragère. Il en existe différentes variétés. Certaines produisent du sucre, d'autres de l'alcool, fort apprécié en Chine. Avec ses fibres, on fabrique aussi bien des emballages biodégradables que des panneaux de revêtement. Mais surtout les chercheurs se penchent sur d'autres propriétés encore inexploitées. Pour la première fois, cette céréale a été plantée dans les Yvelines sur un hectare de terrain pollué par une usine de traitement de déchets. En absorbant les métaux lourds contenus dans le sous-sol, plomb, cuivre, mercure, nickel, elle peut dépolluer et rendre ce terrain à l'agriculture. Cette expérience a cependant failli échouer, car les lapins sauvages ont squatté la parcelle et dévoré avec grand appétit les jeunes pousses ! Comme le sorgho développe en une saison des bambous de 3 mètres qui sèchent vite et brûlent bien, cette production d'énergie fait envisager également la construction d'un premier centre de méthanisation qui fournirait de l'électricité. Enfin, des essais sont menés pour transformer la plante en biocarburant. Le sorgho va-t-il continuer à nous surprendre ?

IL Y A 40 ANS, EN 1969 : Déclaration de Mme Golda Meir, après le récent attentat de Tel-Aviv : « Ceux qui nous attaquent ne doivent pas s'étonner si pour un coup ils en reçoivent sept. » La Suisse n'envisage toujours pas d'entrer à l'ONU, ce qui serait incompatible avec sa politique de neutralité.

Si la vertu ne suffit pas à assurer le bonheur, la méchanceté suffit à rendre malheureux (Aristote).

Saint Martial

Cancer Ier décan

MARDI 30 JUIN

Les drôles d'histoires de Pierre Bellemare

Au sommet de l'amour

Au milieu des années 1940, dans une province reculée du sud-ouest de la Chine, Liu, dix-huit ans, tombe éperdument amoureux de la ravissante Xu. Seule ombre à ce tableau idyllique : de vingt ans son aînée, Xu est veuve et mère de deux enfants. Bravant la vindicte de sa famille, notre Roméo s'enfuit avec sa belle et tous deux trouvent refuge dans une grotte perchée au sommet d'une muraille rocheuse. Condamné à vivre en autarcie, le couple vivote en se nourrissant de baies sauvages, de racines et de petit gibier. Pour permettre à sa compagne adorée de quitter son nid d'aigle et d'aller se délasser dans la vallée, Liu entreprend de tailler à la main six mille marches dans la paroi escarpée. Au terme de vingt ans d'efforts ininterrompus, un escalier sommaire serpente enfin à flanc de falaise.

En 2006, après des années de recherche, le petit-fils de Xu parvient à retrouver sa trace. Elle lui confie, pour témoigner de ses années difficiles, la lampe à pétrole que son amant avait autrefois bricolée à partir d'une bouteille d'encre. Il s'extasie sur leur histoire hors du commun, la transcrit dans un carnet, la met en forme, et l'envoie au magazine *Chinese Women Weekly* qui organise le concours de la plus belle histoire d'amour de Chine. Remportant le premier prix, le récit, publié dans le journal, bouleverse des millions de lectrices. « Il n'est pas question que le couple quitte la grotte où il a vécu heureux, s'est exclamé Dai Rong, le député local. Pour adoucir ses vieux jours, je m'engage à relier gratuitement sa caverne au réseau électrique », a encore ajouté le notable en essuyant une larme d'émotion.

IL Y A 40 ANS, EN 1969 : Charles d'Angleterre, vingt ans, est investi prince de Galles par sa mère la reine Élisabeth. À Bonn, M. Gustav Heinemann succède à M. Heinrich Lübke à la présidence de la République fédérale. Après l'assassinat du dirigeant syndicaliste Augusto Vandor, l'état de siège est proclamé en Argentine.

MERCREDI 1 JUILLET — Saint Thierry — Cancer 1er décan

Journal : institution incapable de faire une différence entre un accident de bicyclette et l'effondrement de la civilisation (G. B. Shaw).

TERRINE SUZANNE. Pour six personnes. Faites cuire au court-bouillon 1,200 kilogramme de poissons secs variés, genre lotte, saumon ou empereur. Graissez une forme à cake de taille moyenne, émiettez bien le poisson et mettez-le dans la forme. Battez cinq ou six œufs entiers avec une boîte moyenne de concentré de tomates, deux cuillerées à café de curry, salez, poivrez, versez sur le poisson. Faites cuire au bain-marie à four moyen 40 minutes. Servez froid.

Les loueurs de parapluies et de parasols

En 1768, nous apprend le marquis Louis-Antoine Caraccioli, le Parisien vaniteux hésite à se munir d'un parasol en été ou d'un parapluie en hiver, préférant « courir les risques de se mouiller que d'être regardé comme des gens qui vont à pied ; car le parapluie est la marque sûre qu'on n'a pas d'équipage ». De là sans doute naquit l'idée, l'été suivant, de créer pendant la belle saison un service de parasols publics, contrôlé par le lieutenant général de police M. de Sartine, destiné surtout à la traversée des ponts, car l'étroitesse des rues facilitait la recherche de l'ombre. Des bureaux furent installés à chaque extrémité du Pont-Neuf : chacun de ceux qui voulaient protéger leur teint des ardeurs du soleil pouvait se servir d'une ombrelle qu'il rendait au bureau situé de l'autre côté, moyennant 2 liards. La compagnie organisa même un service de nuit pour la location de parapluies dès le 16 septembre. Plus tard, l'autorisation fut donnée pour les ponts de La Tournelle, du Carrousel, du Pont-Royal, de la place Louis XV et autres endroits où l'on croyait que cette commodité pouvait être utile. Ces parapluies étaient de taffetas vert, solides, bien conditionnés et numérotés. Ils étaient distribués aux gagne-deniers depuis le bureau de la direction. On vérifiait par sécurité l'identité de ceux qui étaient chargés d'accompagner la nuit les clients, mais aussi pour les rémunérer avec certitude. Ce métier a tout à fait disparu au début du XXe siècle.

IL Y A 40 ANS, EN 1969 : Quatre Migs égyptiens sont abattus par l'armée israélienne au cours d'un combat aérien. Sortie du film *Adalen 31*, de Bo Widerberg, grand prix spécial du jury, au Festival de Cannes. À Versailles, le somptueux lit de Marie-Antoinette est enfin reconstitué.

On ne paie jamais trop cher le privilège d'être son propre maître (R. Kipling).

Saint Martinien
Cancer 2e décan

JEUDI
2
JUILLET

Les drôles d'histoires de Pierre Bellemare

Paul, dit Tristan, Bernard

Tristan Bernard était un joueur impertinent. Il a eu un jour cette formule : « Avec mes gains au casino, je me suis acheté une casquette de yachtman, avec mes pertes, j'aurais pu me payer le bateau. »

C'est d'ailleurs au jeu qu'il doit son pseudonyme littéraire. Dans sa jeunesse, alors qu'il s'appelait encore Paul Bernard, il ne fréquentait que rarement les tapis verts, mais il laissait beaucoup d'argent sur les champs de courses. Or, un jour, il empocha une grosse somme grâce à un cheval appelé Tristan, qui franchit le premier la ligne d'arrivée alors que personne ne l'attendait. Du coup, il décida de faire du nom du vainqueur son nouveau prénom, persuadé que cela lui porterait chance.

Beaucoup plus tard, alors qu'il allait voir son médecin, parce qu'il se plaignait de rhumatismes, Tristan Bernard s'entendit dire par celui-ci :

« Votre jambe vous fait mal, mais il n'y a pas grand-chose à faire. Que voulez-vous, c'est l'âge ! »

Ce à quoi, il répliqua :

« L'âge, l'âge, c'est vite dit ! L'autre ne me fait pas mal et elle a exactement le même âge ! »

IL Y A 40 ANS, EN 1969 : En Tchécoslovaquie, les conservateurs se préparent à justifier officiellement l'intervention soviétique à Prague, mettant un terme définitif à l'ère du « socialisme à visage humain ». Le guitariste des Rolling Stones, Brian Jones, âgé de 27 ans, est retrouvé mort dans sa piscine.

VENDREDI 3 JUILLET

Saint Thomas

Cancer 2e décan

Il y a des gens qui n'ont de leur fortune que la crainte de la perdre (Rivarol).

☆ SPAGHETTIS MULTICOLORES. Pour quatre personnes. Cuisez 500 grammes de spaghettis al dente dans de l'eau assaisonnée de sel et d'une cuillerée de curcuma. Versez dans une poêle huilée 100 grammes de petits pois surgelés, un poivron rouge coupé en petits morceaux, des rondelles de chorizo, 100 grammes de dés de poulet en sachet. Mouillez avec un verre de bouillon de légumes, salez, poivrez, laissez cuire quelques minutes. Mélangez cette poêlée aux spaghettis et ajoutez 100 grammes de copeaux de parmesan.

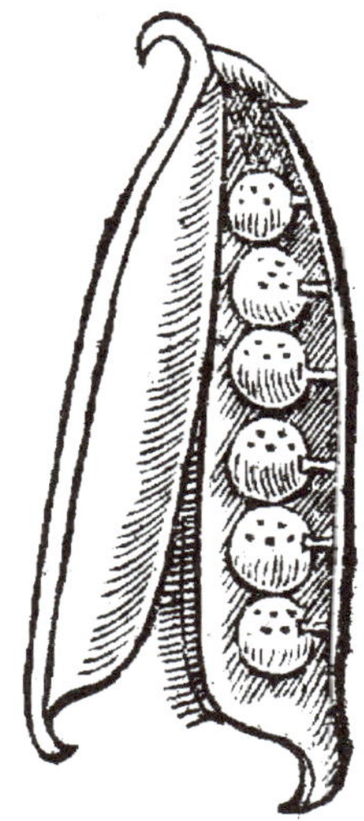

JEANNE-ANTOINETTE POISSON, MARQUISE DE POMPADOUR (1721-1764)

Favorite de Louis XV pendant cinq ans, elle sait rester son amie dévouée et sa confidente après 1750. Elle fait et défait généraux, ministres et ambassadeurs. Elle pousse au pouvoir le prince de Soubise. Il est malheureusement incapable de coordonner l'action de ses forces armées le 5 novembre 1757 à la bataille de Rossbach : Frédéric II met hors de combat ou capture 10 000 soldats, s'empare de 67 canons, de 15 étendards et de 7 drapeaux. À l'annonce de ce désastre, on se moque de l'incapable favori de la marquise. Les pamphlets vengeurs se multiplient. Le roi contrarié vient lui rendre visite. Pour le consoler, elle lui recommande :

« IL NE FAUT POINT S'AFFLIGER : VOUS TOMBERIEZ MALADE. APRÈS NOUS, LE DÉLUGE ! »

On ne prête qu'aux riches : cette déclaration est souvent attribuée au roi lui-même !

Jette le chanceux dans la rivière, il en ressortira avec un poisson dans la bouche (proverbe arabe).

L'intelligence, c'est ce qui se passe quand rien n'empêche l'intelligence de fonctionner (Jacques Bergier).

La France mystérieuse

UN PEUPLE MYSTÉRIEUX

Tende (Alpes-Maritimes)

C'est sur la commune de Tende, autour du mont Bego, que se trouve la vallée des Merveilles. Au début du XXe siècle, un historien anglais, Clarence Bicknell, décida d'explorer cette vallée difficile d'accès, pour voir ce qu'avaient de vrai les légendes locales parlant de « signes maudits ».

C'est ainsi qu'il fit la découverte d'une civilisation inconnue jusqu'alors, qui s'est manifestée par des gravures tout à fait exceptionnelles. Celles-ci, au nombre de près de 40 000, représentent les sujets les plus divers : des armes ou des outils, poignards, épées, haches, hallebardes, faux, charrues, mais aussi des animaux et des figures humaines, qui sont les plus énigmatiques et qu'on a identifiées comme des chefs, des sorciers ou des fidèles en prière. On trouve enfin des signes géométriques, le plus souvent des spirales.

Ces gravures ont été datées de l'âge du Bronze, entre 1800 et 1500 av. J.-C. Elles entourent le mont Bego et on suppose qu'il s'agissait d'un lieu sacré auxquelles elles rendaient hommage. On n'a trouvé sur les lieux aucun vestige d'habitat préhistorique, celui-ci devait être très rudimentaire et a disparu avec le temps.

Les spécialistes se perdent en conjectures sur l'identité de cette peuplade et la signification de ce culte rupestre. Peut-être des tribus locales vaincues s'étaient-elles réfugiées dans ces lieux peu hospitaliers et ont continué à y vivre en circuit fermé. Mais les débats sont loin d'être clos et de nouvelles découvertes sont toujours possibles. En attendant, la vallée des Merveilles constitue une excursion à la fois sportive et passionnante.

IL Y A 40 ANS, EN 1969 : Par un décret à effet rétroactif, le gouvernement grec limite les compétences de la justice. Après deux semaines d'accalmie sur le front sud-vietnamien, le FNL bombarde 44 objectifs civils et militaires. Nixon, un mois avant sa visite en Roumanie, nomme un nouvel ambassadeur à Bucarest.

LUNDI 6 JUILLET

Sainte Mariette

Cancer 2e décan

Depuis que nous avons la télévision à la maison, nous prenons nos repas tous du même côté de la table, comme dans la *Cène* de Léonard de Vinci (Marcel Pagnol).

Arrachez les bulbes de printemps dont les feuilles sont maintenant desséchées et conservez-les au sec dans un local frais et sombre. Laissez en terre les oignons de tulipes botaniques qui refleuriront tous les ans sans qu'il soit nécessaire de les arracher. Et prévoyez de planter à l'automne dans un sol bien drainé d'autres catégories de bulbes à naturaliser, tels que narcisses aux coloris variés, blancs, jaunes, orange, ainsi que des muscaris bleus. Saupoudrez-les de soufre pour éviter que les mulots ne les dévorent. Mettez en place les narcisses début septembre, premiers bulbes d'automne à planter si vous ne voulez pas compromettre la floraison dès la première année. Chaque oignon doit être recouvert de deux fois sa hauteur de terre, hormis les cyclamens plantés à fleur de terre.

LE CHEDDAR EST UNIVERSEL

Grâce à ce fromage anglais, issu des pâturages du Somerset et renommé depuis 1600, le site touristique de Cheddar, dont il porte le nom, n'a fait que prospérer. Dès la fin du XIXe siècle, les anglophones ont construit une véritable industrie fromagère autour de lui et de ses variantes. La recette de cette pâte pressée demi-cuite à la texture irrégulière, qui arrive à maturité à partir de dix mois à un an et qui pèse 30 à 40 kilogrammes, a fait le tour du monde. Son nom n'ayant jamais été protégé, le cheddar est fabriqué jusqu'en Nouvelle-Zélande et en Mongolie. Les imitations sont produites en différents formats. Aux États-Unis, il prend le nom de « mammouth » lorsqu'il fait 50 kilogrammes, et de « barril » lorsqu'il atteint les 300 kilogrammes pour les occasions exceptionnelles. Au Canada – où l'introduction de troupeaux de vaches laitières est due à Colbert –, l'industrie fromagère y a réussi l'exploit de présenter à l'exposition de Chicago en 1892 un spécimen monstrueux de 11 tonnes, amené par train spécial (les camions réfrigérés n'existaient pas à l'époque) ! Pour le fabriquer, le lait, fourni par une journée de traite de 10000 vaches, avait été transporté en chariots tirés par des chevaux. Et en 1995 les Canadiens ont battu leur propre record avec le plus gros cheddar du monde : 26 tonnes !

IL Y A 40 ANS, EN 1969 : Départ du Vietnam d'une flottille de la 9e division américaine, suivant le plan d'évacuation décidé par Nixon. À Montevideo, un policier est tué et six autres désarmés par les guérilleros urbains. La violente tempête qui s'est abattue sur l'Ouest de la France a fait trente morts.

Si ta gueule est de travers,
ne t'en prends pas au miroir (Nicolaï Gogol).

Saint Raoul

Cancer 2e décan

MARDI 7 JUILLET

Les drôles d'histoires de Pierre Bellemare

Singes

Les singes, ces animaux si proches de l'homme, réservent parfois des surprises lorsqu'ils sont en captivité. Témoins, deux anecdotes survenues récemment.
Les responsables du parc animalier de Port Lympne, en Angleterre, se réjouissaient de l'arrivée d'une vingtaine de babouins en provenance d'un zoo français qui n'avait plus assez de place pour les accueillir. Seulement, pendant plusieurs jours, ils ont eu le plus grand mal à les nourrir. Les nouveaux pensionnaires n'avaient aucune réaction quand on les appelait pour le repas. Jusqu'au moment où un gardien a eu l'idée de dire « déjeuner » au lieu de « lunch », ce qui les a fait accourir. Depuis, tous les gardiens emploient le mot français et la situation est rentrée dans l'ordre.
C'est à un problème plus grave qu'a dû faire face la direction du zoo de Bloemfontein, en Afrique du Sud. Charlie, un chimpanzé particulièrement dégourdi, avait pris l'habitude d'imiter de manière cocasse les gestes d'un homme en train de fumer. Du coup, bien que ce soit interdit, les visiteurs lui ont lancé des cigarettes et Charlie y a pris goût. Il ne fumait pas, bien sûr, mais il mâchait le tabac. Il se constituait des stocks de mégots, qu'il cachait quand les gardiens entraient dans sa cage.
Il a fini par présenter tous les symptômes d'une intoxication à la nicotine et il a fallu entreprendre un véritable sevrage. Une substance analogue à celle qu'on trouve dans les patchs a été incorporée à sa nourriture. Aux dernières nouvelles, c'est un succès : Charlie est le premier singe à avoir arrêté le tabac.

IL Y A 40 ANS, EN 1969 : Nouvel incident sino-soviétique dans une île du fleuve Amour, Moscou accusant Pékin de vouloir compromettre les chances d'un accord. À Saigon, le début du retrait américain a commencé officiellement à midi. Le singe Bonny mis sur orbite est mort d'une crise cardiaque.

MERCREDI 8 JUILLET Saint Thibaut

Cancer 2e décan

Il faudrait considérer ses opinions comme des costumes et en changer selon la saison, l'heure et le milieu (Paul-Jean Toulet).

★★ PETITS FRUITS ROUGES À LA MENTHE. Pour quatre personnes. Portez à ébullition 25 centilitres de vin rouge avec 50 grammes de sucre. Hors feu, faites infuser une vingtaine de feuilles de menthe et laissez refroidir, ajoutez le jus d'un demi-citron. Faites cuire dans 10 centilitres d'eau sucrée 5 minutes à feu doux des lamelles de zestes de citron. Répartissez 400 grammes de petits fruits rouges – framboises, groseilles, fraises – dans quatre coupelles avec les zestes. Arrosez-les du vin parfumé, laissez macérer une demi-heure. Émiettez six cigarettes russes, et dispersez-les sur les coupelles.

LES RATS DE GAMBIE SAUVETEURS DE VIES HUMAINES

Seize ans de guerre civile achevée en 1992 au Mozambique ont infesté les champs de cinq cent mille mines antipersonnel mettant en péril la population et, en particulier, les paysans. L'ONG belge Apopo a eu l'idée d'établir à l'Université agricole de Sokoine, en Tanzanie, un centre de recherche et d'entraînement de rats géants de Gambie pour détecter les mines. Ces alliés insolites sont formés pendant une année à repérer leurs odeurs et à les signaler aux démineurs. Ils sont suspendus par des harnais à un rail coulissant monté sur une structure en métal, que deux dresseurs font passer au-dessus de la zone suspecte. Leur flair infaillible leur permet de détecter l'odeur spécifique des explosifs et des matériaux qui les composent. Quand ils ont trouvé une mine, ils s'assoient et grattent le sol jusqu'à ce qu'ils reçoivent de la nourriture. L'engin n'a plus qu'à être détruit par le démineur. Puis, les rats, dont le seul but est d'obtenir une autre récompense, se mettent rapidement à en chercher d'autres.

Bon marché, peu sensibles aux maladies, faciles à transporter, intelligents, et surtout trop légers (environ 1,5 kilogramme) pour déclencher les détonateurs, ils donnent de bien meilleurs résultats que les chiens. Ainsi, vingt-cinq rats de Gambie, qui avaient localisé une vingtaine de mines sur un terrain de 420 mètres carrés, ont permis l'extension de la route nationale, l'élargissement du village de Macia et l'accès à l'eau.

IL Y A 40 ANS, EN 1969 : À Bucarest, M. Nicolas Ceausescu reçoit un vice-président du conseil de l'URSS, pour la première fois depuis l'annonce du voyage de Richard Nixon. Eddy Merckx, vainqueur de la 11e étape du Tour de France, a précipité la défaite de Raymond Poulidor dans le col d'Allos.

Il est indispensable d'aller au collège. C'est le seul moyen d'apprendre ce qui n'a aucune importance (Edg. Watson Howe).

Les drôles d'histoires de Pierre Bellemare

Une peur irrationnelle

Sigmund Freud a émis l'hypothèse que l'espèce humaine demeurerait hantée par le souvenir de peurs immémoriales, qui se transmettraient génétiquement de génération en génération depuis l'ère glaciaire. Selon cette théorie, tout ce qui nous serait inconnu représenterait dans notre inconscient collectif un danger potentiel, et provoquerait un phénomène de rejet.

En 2006, alors que la Hongrie a rejoint l'Union européenne depuis deux ans, l'Institut de sondage Tarkis a questionné la population pour savoir quel sentiment elle nourrissait à l'égard des Pirèzes. Le résultat a été majoritairement négatif, 59 % des personnes interrogées rejetant farouchement l'entrée de cette minorité ethnique dans le pays. « Nous haïssons les Pirèzes » ou « Nous voulons que les Pirèzes disparaissent de la surface de la Terre » ont été les réponses les plus fréquemment formulées.

L'année suivante, un second sondage portant sur le même thème a confirmé, cette fois avec 68 % d'opinions négatives, que les Hongrois sont plus que jamais opposés à accueillir ce peuple venu d'ailleurs. Assimilant les Pirèzes aux Tziganes, les chômeurs, les personnes n'ayant qu'un faible niveau d'étude et les déçus de la démocratie sont les plus hostiles.

Après avoir largement divulgué et commenté dans la presse les résultats de ce double sondage, l'Institut Tarkis a informé les Hongrois que les Pirèzes n'existaient pas. Et que par conséquent la menace que ce peuple fictif faisait planer sur eux n'était que pur fantasme. À l'heure où la planète se rêve « village global », espérons que la théorie du père de la psychanalyse sera un jour battue en brèche !

IL Y A 40 ANS, EN 1969 : Au cours de sa première conférence de presse, le président Pompidou expose son objectif de donner à la France la puissance industrielle, base de prospérité et de progrès social. À Moscou, M. Gromyko souhaite développer des relations amicales avec les États-Unis.

VENDREDI 10 JUILLET Saint Ulrich

Cancer 2e décan

En fait, l'important ne serait pas de réussir sa vie, mais de rater sa mort (Jean Yanne).

LES TROIS COUPS

Les gastronomes, dès le XVIIIe siècle, discutaient de l'origine de la coutume des « trois coups » – expression qui leur inspirait des commentaires polissons... Il s'agit en fait de trois coups à boire, et qui se pratiquent à différents moments du repas. Le *coup d'avant* est destiné à mettre le convive en appétit : on lui offre un amer, un bitter, une absinthe, ou un vermouth, en petite dose parfois prise d'une seule traite – c'est ce que nous appelons aujourd'hui l'apéritif. Les avis divergent sur le *coup d'après*. Pour certains il s'agit d'un verre de vin que l'on boit immédiatement après le potage ; il est présumé évacuer celui-ci de l'estomac. ; pour d'autres, d'un verre de vin bu aussitôt le dîner terminé : nous reconnaissons là le digestif. Usage moins courant : le *coup du milieu* qui a ses partisans et ses détracteurs. Plus communément appelée « trou normand », cette pratique est ancrée dans les habitudes normandes : il s'agit d'un verre de calvados avalé au milieu d'un repas copieux. Mais d'autres provinces ont aussi leur « trou ». Autrefois dans la région bordelaise, une belle jeune fille venait offrir après le rôti un verre d'absinthe ou de rhum de la Jamaïque ; aujourd'hui, on sert du cognac ou de l'armagnac : c'est le « trou gascon ». Ailleurs encore, on déguste un verre de marasquin, ou un punch. Les partisans prétendent que cette pratique creuse l'estomac et provoque un nouvel appétit pour mieux apprécier les plats suivants. Mais l'avis du physiologiste diffère : la digestion s'en trouve plutôt entravée.

Les haies de thuyas ou de cyprès de Leyland forment de véritables murs où la pluie pénètre difficilement. L'atmosphère chaude et sèche favorise la prolifération de parasites, tels que les araignées rouges qui sucent la sève et transmettent des maladies. Délogez-les en bassinant régulièrement l'intérieur de vos haies avec la lance d'arrosage. Au besoin traitez les conifères avec un acaricide. Il ne faut pas que la terre soit sèche pour les sujets récemment plantés, car ils n'ont pas encore développé suffisamment de radicelles leur permettant de se nourrir seuls dans le sol. Il est donc impératif d'arroser copieusement le premier été.

IL Y A 40 ANS, EN 1969: Proposant des élections libres sous contrôle international, le général Thiêu s'incline devant les exigences du président Nixon. Y. Arafat affirme que la résistance palestinienne a pour objectif de créer un État démocratique. Le conseil de Paris adopte le projet de rénovation du quartier des Halles.

Nous participons tous à la création. Nous sommes tous des rois, poètes, musiciens; il n'est que de s'ouvrir comme un lotus pour découvrir ce qui est en nous (Henry Miller).

Saint Benoît
SAMEDI 11 JUILLET
Cancer 2e décan

Le moins que l'on puisse demander à une sculpture, c'est qu'elle ne bouge pas (Salvador Dali).

Saint Olivier
DIMANCHE 12 JUILLET
Cancer 2e décan

La France mystérieuse

UN COUP CÉLÈBRE

Saint-Germain-en-Laye (Yvelines)

C'est le 10 juillet 1547 qu'eut lieu, sur l'esplanade du château de Saint-Germain, en présence du roi Henri II et de toute la cour, le duel entre François de La Châtaigneraie et Guy de Chabot, baron de Jarnac. L'origine du différend était futile. Henri II, alors dauphin, avait prétendu que Jarnac devait son élévation à la cour aux femmes. Ce dernier avait demandé réparation et le dauphin, ne pouvant se battre, avait choisi pour champion La Châtaigneraie, une des plus fines lames du royaume. Le roi François Ier, opposé aux duels, avait interdit l'affrontement, mais dès qu'il fut mort (le 31 mars 1547), Henri II devenu roi s'était empressé de l'autoriser. Entre-temps, connaissant la force de son adversaire, Jarnac avait pris des leçons avec un maître d'escrime italien, qui lui avait enseigné une botte secrète.

Le combat eut lieu « sans grâce ni merci », à l'épée à deux mains, après que les combattants eurent juré « de n'avoir recours à des charmes ou incantations susceptibles de les favoriser ». À la surprise générale, Jarnac l'emporta, mettant en application l'enseignement de l'Italien, qui consistait à couper le jarret de l'adversaire par un coup de revers: il frappa la jambe gauche de La Châtaigneraie qui s'écroula dans une mare de sang. Ivre de rage d'avoir été vaincu, celui-ci arracha ses pansements et mourut trois jours plus tard.

Quant au public, pour se remettre de ses émotions, il se régala du festin que La Châtaigneraie avait imprudemment préparé pour fêter son triomphe.

Par la suite, l'expression « coup de Jarnac » est restée dans la langue pour désigner une attaque imprévue et déloyale, mais c'est à tort: le coup était parfaitement correct.

IL Y A 40 ANS, EN 1969 : Au congrès d'Issy-les-Moulineaux, le nouveau parti socialiste, remplaçant la SFIO, se prononce pour une reprise du dialogue avec le PC. M. Saragat désigne M. Rumor pour former le gouvernement italien. Duels d'artillerie à la frontière du Honduras et du Salvador.

LUNDI 13 JUILLET

Saint Henri - Saint Joel

Cancer 3e décan

On passe souvent de l'amour à l'ambition, mais on ne revient guère de l'ambition à l'amour (La Rochefoucauld).

★ CROQUANTS AU GINGEMBRE. Pour quatre ou cinq personnes. Faites revenir un oignon émincé dans quatre cuillerées d'huile, ajoutez quatre gousses d'ail écrasées, 50 grammes de gingembre râpé, deux cuillerées à café de cardamome, et deux cuillerées de poivre noir concassé. Versez ensuite dans la poêle huit artichauts poivrades coupés en quartiers, une courgette et deux cœurs de fenouil en bâtonnets, six mini-carottes coupées en deux. Ajoutez un demi-verre d'eau et faites sauter 6 minutes ; il faut que les légumes restent croquants. Laissez refroidir, assaisonnez de vinaigre, sel et poivre.

Le lard, un remède inattendu

Dans presque toute l'Europe, le lard est abondamment utilisé par la médecine populaire. C'est un remède très répandu pour faire disparaître les verrues. Dans les Vosges, il suffit de se frotter les mains avec un morceau de lard cuit – d'un cochon mâle ou femelle selon le sexe de la personne à traiter – que l'on enterre ensuite profondément ; au fur et à mesure que la tranche de lard moisira, ces vilaines excroissances du derme tomberont et quand elle sera complètement pourrie, les verrues auront disparu. À la fin du XVIe siècle, le philosophe Francis Bacon, chancelier d'Angleterre au nom prédestiné, qui en était affligé depuis son enfance d'au moins cent (c'est lui-même qui le raconte) fut guéri par cette méthode.

Au Luxembourg, on plaçait, contre les maux de gorge, une tranche de lard frais sur la base du cou, saupoudrée de feuilles de rue (la plante médicinale), coupée finement ou réduite en poudre.

Dans le Vivarais, on guérit de la pleurésie en avalant du lard fondu mêlé à du vin poivré. Dans le Languedoc, on soulage les maux d'oreille en glissant un lardon tiède dans l'oreille atteinte. Dans le sud de la France, cette même opération combat la toux. Pour les maux de dents, on préférera y introduire de la couenne…

Que tout ceci ne vous empêche de vous régaler, par exemple, d'une bonne salade de pissenlits aux lardons !

IL Y A 40 ANS, EN 1969 : Nuit tragique à Londonderry où des coups de feu sont échangés entre manifestants catholiques et policiers. Après le refus du FNL, le président Thiêu lui demande de réfléchir encore à son offre d'élections libres. 500 000 Français protestent par écrit contre le massacre des bébés phoques.

Et si tout n'était qu'illusion et que rien n'existait ? Dans ce cas, j'aurais vraiment payé mon tapis beaucoup trop cher (Woody Allen).

Saint Camille - Fête Nationale

Cancer 3e décan

MARDI 14 JUILLET

Les drôles d'histoires de Pierre Bellemare

L'enfance de l'art

En adjugeant, pour la somme astronomique de 14,4 millions d'euros, une composition du plasticien anglais Damien Hirst, la maison d'enchères Sotheby's de Londres a battu, en juin 2007, un record pour une œuvre d'un artiste vivant. Intitulé *Lullaby Spring*, le chef-d'œuvre se présente sous la forme d'une armoire à pharmacie contenant 6 136 pilules faites et peintes à la main. Déjà célèbre pour son *Requin dans le formol*, Hirst semble de ne pas avoir attendu que sa cote grimpe pour négocier ses œuvres aux meilleurs prix. Ainsi apprend-on dans un livre qui lui a été consacré, qu'un soir, au National Theatre de Londres, Sir Trevor Nunn, un producteur de comédies musicales qui s'était discrètement glissé au côté du peintre pour lui susurrer à l'oreille : « Mon cher Damien, savez-vous qu'il y a quelques années j'ai acheté l'une de vos toiles, *La Tulipe bleue* ? », s'était entendu répondre : « J'en suis flatté, mais, dites-moi, combien l'avez-vous payée ?

– Oh, pas cher, seulement 25 000 euros. »

Hirst avait amicalement tapoté la manche du producteur. « À mon tour de vous dire un secret : ce tableau a été peint par mon fils, Connor, quand il avait deux ans. »

Nunn s'était éloigné en blêmissant. Pourtant, plusieurs années plus tard, le tableau avait trouvé acquéreur pour 70 000 euros ! Au milieu du siècle dernier, n'était-il pas courant d'entendre des mères de famille s'esclaffer devant une œuvre de Picasso : « Ça un chef-d'œuvre ! Mon fils de deux ans est capable d'en faire autant. »

IL Y A 40 ANS, EN 1969 : Les troupes du Salvador ont envahi le Honduras. Mort de l'acteur allemand Peter Van Eyck, à l'âge de 56 ans.

MERCREDI 15 JUILLET

Saint Camille

Cancer 3e décan

La femme a la passion du calcul : elle divise son âge par deux, double le prix de ses robes, triple les appointements de son mari et ajoute cinq ans à l'âge de sa meilleure amie (Marcel Achard).

* *TOMATES SICILIENNES. Pour quatre à six personnes. Faites frire légèrement 250 grammes de pain rassis émietté dans l'huile d'olive. Ajoutez une dizaine d'anchois salés hachés, une botte de persil finement ciselé, 40 grammes de câpres, poivre et macis en poudre. Coupez le dessus de huit tomates et évidez-les, placez-les sur un plat huilé, garnissez-les de la farce, remettez le chapeau, versez un peu d'huile sur chacune et faites cuire à four moyen 30 minutes.*

LE GAPERON, UNE SAVEUR AFFIRMÉE

On l'appelle familièrement « Nichon de belle-mère ». Grosse boulette hémisphérique d'environ 400 grammes, sa forme en cône arrondi aurait été inspirée par le Puy-de-Dôme. Produit dans la plaine de Limagne près des monts du Forez, son nom vient de *gape* qui signifie en patois auvergnat petit-lait, et qui reste lorsque le beurre est fabriqué. C'est en effet un fromage de récupération, relevé avec du sel, du poivre, et surtout de l'ail broyé, dont la capitale, Billom, se situait en Auvergne. Pétri et égoutté dans un grand torchon, l'ensemble était accroché à la poutre maîtresse de la cuisine près de l'âtre où il s'imprégnait d'un goût de fumé. Les paysans affinaient ensuite les gaperons dans de la paille de seigle humide pour provoquer une fermentation putride. En deux ou trois mois la pâte devenait onctueuse et la croûte naturelle rugueuse se fripait. Le gaperon, à l'odeur pourtant peu marquée, acquérait alors un goût puissant, une surprenante saveur piquante. Lorsqu'il y avait à la ferme un enfant à marier, l'importance de la dot était mise en évidence par le nombre de gaperons pendus, bien visibles de l'extérieur, aux poutrelles de la charpente de la maison. Désormais le gaperon se fait au lait, mais son goût est toujours aussi affirmé et sa saveur piquante reste en bouche un certain temps.

IL Y A 40 ANS, EN 1969 : À 14h32, heure française, la fusée Saturne V et la capsule Apollo XI ont décollé de Cap Kennedy, avec à leur bord Neil Armstrong, Edwin Aldrin et Michael Collins. Sortie du film *Les Nus et les Morts* de Raoul Walsh, avec Aldo Ray et Cliff Robertson.

Et qu'est-ce qu'une bonne éducation, sinon celle qui conduit à toutes sortes de jouissances sans péril et sans inconvénient ? (Denis Diderot).

Notre-Dame de Mont Carmel

Cancer 3e décan

JEUDI 16 JUILLET

Les drôles d'histoires de Pierre Bellemare

Univers parallèles

L'histoire de l'humanité est traversée d'étoiles filantes, d'hommes de génie qui s'éclipsent en pleine jeunesse. Tel fut le cas d'Ettore Majorana, un physicien prodige, fils incandescent de Newton et d'Einstein.

Né en Sicile le 5 août 1906, Majorana entame des études d'ingénieur à Rome à l'âge de dix-sept ans. Aussitôt remarqué par Enrico Fermi, le futur père du réacteur nucléaire, il élabore une théorie du noyau atomique constitué de protons et de neutrons. Il soutient ensuite que le neutrino, une particule électriquement neutre de masse infime, est à la fois matière et antimatière, une hypothèse visionnaire. En 1933, il se coupe du monde, se plongeant notamment dans la lecture des œuvres de Pirandello, théâtre de l'ambiguïté où fiction et réalité s'interpénètrent. À trente et un ans, dans la nuit du 27 au 28 mars 1938, il embarque à Palerme à bord d'un bateau qui doit le ramener à Naples où il a accepté d'occuper un poste de professeur à l'université. Or, nul ne le voit débarquer, et son corps n'a jamais été retrouvé. Plus de soixante-dix ans plus tard, on continue de s'interroger sur cette disparition. Fuite ? Suicide ? Enlèvement ? Assassinat ? Le génie dissous dans les limbes alimente désormais un mythe inépuisable. Aux théories jusqu'alors en vigueur vient aujourd'hui s'ajouter celle du physicien ukrainien Oleg Zaslavskii. « Majorana n'a fait que s'appliquer à lui-même les principes de sa spécialité, la mécanique quantique. Il s'est placé dans une superposition d'états, à la fois mort et vivant, mais dans des mondes différents. » Cette hypothèse a fait sourire bien des physiciens à travers le monde. On dit aussi qu'elle en a plongé d'autres dans un abîme de perplexité.

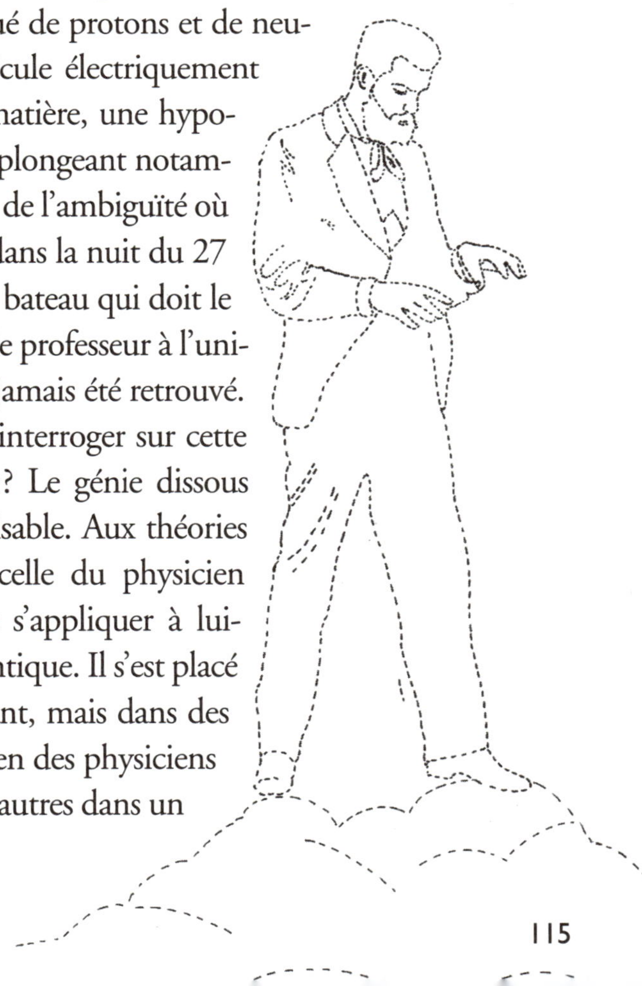

IL Y A 40 ANS, EN 1969 : À Madrid, le prince Juan Carlos de Bourbon est désigné par Franco pour lui succéder. Alain Savary est élu premier secrétaire du parti socialiste. Après 54 jours de voyage, l'équipage du *Râ*, commandé par l'explorateur Thor Heyerdahl, doit se réfugier à bord d'un escorteur américain.

VENDREDI 17 JUILLET

Sainte Charlotte

Cancer 3e décan

On ne met pas son passé dans sa poche ; il faut une maison pour l'y ranger (J.-P. Sartre).

AUBERGINES PHOCEA. Pour quatre ou cinq personnes. Coupez cinq aubergines en tranches de 1 centimètre dans le sens de la longueur. Faites-les dorer à l'huile dans une poêle. Égouttez sur un linge ou un papier absorbant. Dans un plat à four frotté à l'ail, placez alternativement une couche d'aubergines, une couche de brandade de morue (rayon frais), une couche de tomates épluchées, épépinées et coupées en petits morceaux, puis une deuxième fois les trois couches, parsemez de chapelure et arrosez de deux ou trois cuillerées d'huile. Mettez à four moyen et faites cuire doucement 45 minutes.

Coupez toutes les tiges fanées des plantes vivaces qui ont fleuri à la fin du printemps : delphiniums, lupins, scabieuses, pavots, pyrèthres, pour stimuler l'apparition des nouveaux boutons. Piquez le sol autour des touffes avec une fourche-bêche, et arrosez avec de l'engrais soluble. Vous aurez ainsi toutes les chances de profiter d'une seconde floraison à la fin du mois d'août. Rabattez les géraniums vivaces à 10 centimètres du sol. Ce traitement radical active la pousse de nouvelles feuilles qui serviront de décor en fin d'été.

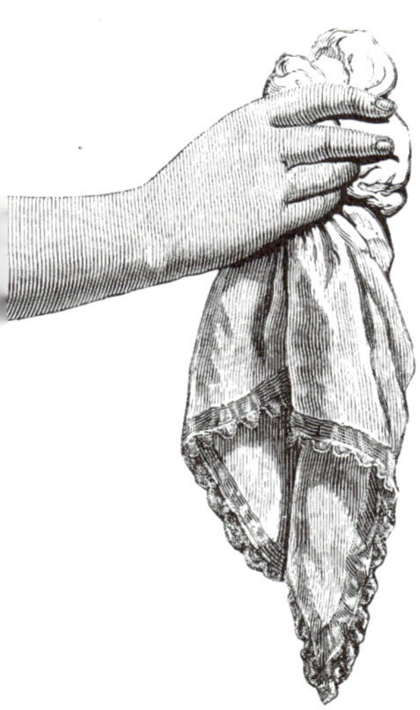

Dans le Nebraska, il est interdit d'éternuer en public.

IL Y A 40 ANS, EN 1969 : Apollo XI s'est satellisé autour de la Lune. Le sénateur américain Edward, dit Ted, Kennedy a un accident de voiture où son ancienne secrétaire Mary Jo Kopechne meurt noyée. Emportés par l'effondrement d'un bac de sable, dix-neuf enfants d'un centre aéré se noient dans la Loire.

Saint Frédéric — SAMEDI 18 JUILLET — Cancer 3e décan

Être est plus indispensable qu'avoir. Le rêve, c'est d'avoir de quoi être (Frédéric Dard).

Saint Arsen — DIMANCHE 19 JUILLET — Cancer 3e décan

L'expérience est une lanterne attachée dans votre dos, qui n'éclaire que le chemin parcouru (Confucius).

La France mystérieuse

LE VIN DE L'EMPEREUR
Gevrey-Chambertin (Côte-d'Or)

Situé au début de la côte de Nuits, le village de Gevrey-Chambertin produit des confitures, des pâtes de fruits, ainsi qu'un fromage de chèvre, le gevrey, mais c'est évidemment son vin, un des crus les plus prestigieux de Bourgogne, qui fait sa célébrité dans le monde entier.

Le chambertin était, entre autres, le vin préféré de l'empereur Napoléon. Ce dernier n'était pourtant nullement gastronome, il mangeait vite, peu et sans se soucier de la nourriture, mais il faisait une exception pour ce cru, qu'il voulait toujours avoir à sa table.

Les négociants auxquels il s'était adressé, Soupe et Pierrugues, n'avaient pas la tâche facile. Il n'y avait pas de cave aux Tuileries ni dans aucun des châteaux où séjournait la cour impériale et ils devaient s'arranger pour que les bouteilles – sans mention de provenance, avec seulement un « N » couronné sur l'étiquette – soient toujours à bonne température.

Mais leur travail était bien plus délicat en campagne, car, même à la guerre, Napoléon voulait son vin favori. Une voiture faisant office de cave, aussi protégée que possible des conditions climatiques extérieures, faisait partie du convoi des bagages et, au bivouac, venait prendre place près de la tente de l'empereur.

Mais l'illustre cru eut bien d'autres admirateurs, comme Alexandre Dumas, qui avait coutume de dire : « Rien ne fait voir l'avenir en rose comme de le contempler à travers un verre de chambertin. »

IL Y A 40 ANS, EN 1969 : Le LEM « Eagle », séparé d'Apollo XI, avec à son bord Armstrong et Aldrin, au terme d'une manœuvre parfaite, se pose sur la surface lunaire à 21 h 17. L'aviation israélienne pilonne les positions égyptiennes entre Port-Saïd et El Kantara. Eddy Merckx remporte le 56e Tour de France.

LUNDI 20 JUILLET

Sainte Marina

Cancer 3e décan

Mobilité et stabilité ne sont pas antinomiques : un cycliste n'est stable sur sa bicyclette qu'en avançant (Jacques Chirac).

UNE NOIX DE COCO TRÈS PARTICULIÈRE. Durant des siècles, les courants marins entraînèrent d'énormes graines bilobées en forme de fesses jusque sur les côtes indiennes ou africaines, mais personne ne savait quel végétal les produisait. Le fruit était en fait une noix de coco, et l'arbre un palmier dont on ignorait l'habitat jusqu'à la découverte de l'archipel des Seychelles en 1768 par une expédition française : sur une de ses îles paradisiaques, apparut aux explorateurs une extraordinaire végétation de palmiers de 35 mètres de haut aux feuilles immenses et portant des noix vertes revêtues d'une couche fibreuse qui renfermaient la fameuse graine. L'île fut baptisée Praslin en l'honneur du ministre de la Marine de Louis XV, Gabriel de Choiseul, duc de Praslin, et le coco-fesse lui fut dédié, d'où l'expression gauloise : « cucul la prasline » ! Si la graine a des formes suggestives, les grands épis provocants portés par l'arbre mâle ne le sont pas moins. Quant au germe, il émerge de la fente de la noix au milieu d'une touffe de poils… En raison de ces évocations sexuelles, de puissantes propriétés aphrodisiaques sont prêtées à ce végétal… mais ces vertus n'existent pas ! La culture du cocotier des mers en dehors de son habitat naturel est plutôt rare. Aussi, la vallée de Mai sur l'île de Praslin, avec ses 4000 arbres dont certains dépassent les 800 ans, a été classée par l'Unesco patrimoine mondial de l'humanité.

★★ NECTARINES AMANDA. Pour quatre personnes. Portez à frémissement un demi-litre d'eau avec 100 grammes de sucre et six clous de girofle. Faites-y pocher 10 minutes six nectarines coupées en deux après en avoir retiré les noyaux. Mettez les nectarines partie bombée sur un plat de service. Mélangez 50 grammes de couscous cuit encore chaud (sachet 1 minute de cuisson) à 20 grammes de beurre, 20 grammes d'amandes en poudre, arrosez de deux cuillerées à soupe de sirop de cuisson des nectarines. Garnissez chaque demi-fruit d'une portion de cette préparation. Décorez d'amandes effilées grillées à sec. Laissez refroidir.

IL Y A 40 ANS, EN 1969 : 3 h 56 : Neil Armstrong est le premier homme à marcher sur la lune, rejoint par Aldrin ! Les images sont vues par 600 millions de téléspectateurs. Ils quittent la Lune à 18 h 54, laissant un drapeau nord-américain et un message de paix gravé sur une plaque en acier inaltérable.

On aime une femme pour ce qu'elle n'est pas, on la quitte pour ce qu'elle est (Serge Gainsbourg).

Les drôles d'histoires de Pierre Bellemare

Une bonne étoile

Caroline Holt, cinquante-neuf ans, habitante de Saint Louis dans le Missouri, est au volant de sa voiture lorsqu'elle se sent soudain prise d'une violente douleur à la poitrine. Elle parvient à freiner, mais elle perd connaissance et entre en collision avec un arbre, heureusement à faible allure.

La voiture qui la suivait immédiatement s'arrête à son tour. Les deux femmes qui l'occupaient se précipitent. Elles sont infirmières et entreprennent aussitôt un massage cardiaque. Malheureusement, leurs efforts n'ont pas de succès : la victime reste toujours inanimée.

L'une des deux infirmières déclare, découragée :

« Nous n'y arriverons pas. Il faudrait un défibrillateur. »

C'est à ce moment qu'une seconde voiture s'arrête. C'est celle d'un représentant en matériel médical, qui a précisément avec lui un défibrillateur cardiaque. L'appareil est mis aussitôt en action et Caroline Holt reprend conscience. Conduite à l'hôpital et énergiquement soignée, elle se retrouve hors de danger au bout de quelques jours. Son médecin est cependant formel : compte tenu de la gravité de sa crise, si elle n'avait pas été secourue aussi rapidement, elle n'aurait sans doute pas survécu. Quant à elle, elle a déclaré :

« Il faut croire que je suis née sous une bonne étoile. »

Il est difficile de ne pas lui donner raison.

IL Y A 40 ANS, EN 1969 : Apollo XI entame son retour vers la Terre. Sous l'égide de Suez, la compagnie de Pont-à-Mousson fusionne avec Saint-Gobain. Une collection de deux cents tableaux français léguée par Ambroise Vollard à un ami, disparue pendant la guerre, est retrouvée en Yougoslavie.

MERCREDI 22 JUILLET

Saint Marie-Madeleine

Cancer 3e décan

Si le babouin pouvait voir son derrière,
lui aussi rirait (proverbe kenyan).

☆☆ *POCHADE PROVENÇALE. Pour quatre personnes. Pochez huit œufs un par un dans une eau bouillante, additionnée d'un filet de vinaigre, mais sans atteindre l'ébullition. Ramenez le blanc sur le jaune avec l'écumoire. Laissez pocher 4 minutes. Faites revenir dans une casserole contenant quatre cuillerées d'huile d'olive un oignon haché, quatre gousses d'ail écrasées, une aubergine coupée en dés, vingt graines de coriandre. Ajoutez 200 millilitres de coulis de tomates et 20 centilitres d'eau. Laissez mijoter un quart d'heure. Servez froid sur les œufs pochés, garnissez de pluches de coriandre.*

Beaucoup de bruit pour rien ?

Chacun le sait : pour chasser les esprits malveillants et les mauvaises influences, rien ne vaut les cris, les coups de feu, les pétards… On en était déjà persuadé sous l'Antiquité grecque et romaine ! Mais, au XVIe siècle, apparurent les esprits mauvais appelés par Luther *poltergeist.* Ces esprits frappeurs se manifestent dans les maisons, surtout la nuit : coups sur une porte, armoire qui grince, parquet qui craque ; ils peuvent aussi déplacer les meubles, lancer des pierres. Tous ces bruits insolites font redouter une issue funeste puisqu'il n'y a aucun moyen de conjurer le sort. Et, si ces bruits sont répétés trois fois, le malheur ou la mort est inéluctable pour les Bretons, les Écossais, les Irlandais, et les Anglais.

Certes les récits de maisons hantées font les délices de notre imagination et de notre goût du merveilleux, mais certains faits qui se sont passés en plein XXe siècle sont assez troublants. Ainsi, ces phénomènes qui ont eu lieu dans le cabinet d'un avocat de Munich, en 1968 : l'encre de la photocopieuse qui déborde sans raison, les ampoules électriques qui se dévissent toutes seules et éclatent, les tiroirs qui s'ouvrent, les téléphones qui sonnent sans interlocuteur au bout du fil… Manifestation moderne des esprits frappeurs ou supercherie, qui peut en juger ?

Les drôles d'histoires de Pierre Bellemare

Les femmes : des hommes pas comme les autres ?

Une question récurrente turlupine les savants depuis la nuit des temps : en dehors, bien sûr, de l'organe niché dans l'entrejambe, en quoi hommes et femmes se distinguent-ils réellement ? Ces dernières années de nouveaux éléments de réponse ont été apportés. Ainsi quand les phallocrates se gobergent du faible volume des cerveaux féminins – de 5 à 10 % plus légers que ceux des hommes –, les neurologues signalent qu'elles possèdent en revanche 15 % de matière grise supplémentaire. Les aires du langage sont réparties, chez les femmes, dans l'ensemble de l'encéphale, tandis qu'elles sont concentrées dans l'hémisphère gauche – celui de la logique – chez leurs compagnons : c'est ainsi qu'à l'âge de neuf ans, les filles possèdent dix-huit mois d'avance verbale sur les garçons, mais que beaucoup plus d'entre eux sont surdoués en maths. En 2004, un universitaire israélien a conçu un logiciel capable de déterminer le sexe d'un individu à partir de ce qu'il écrit. Sa méthode a mis en évidence que les femmes sont enclines à utiliser les pronoms personnels (je, tu…), alors que les hommes sont plus amateurs de chiffres et d'adverbes de quantité.

Rappelons enfin que l'homme et le singe possèdent 98 % de patrimoine génétique en commun, alors qu'il existe 5 % de différence génétique entre l'homme et la femme. Conclusion : physiologiquement un homme est plus proche d'un singe mâle que d'une femme !

IL Y A 40 ANS, EN 1969 : À 16h49 GMT, Apollo XI touche le Pacifique dans la zone prévue. Sur le canal de Suez, sept avions égyptiens sont abattus et sept avions israéliens détruits. Présentation au festival d'Avignon des *Quatre fils Aymon*, chorégraphie de Paolo Bortoluzzi, Léonide Massine et Maurice Béjart.

VENDREDI 24 JUILLET Sainte Christine

Lion 1er décan

On ne guérit pas les plaies en les léchant avec une langue de bois (V. Giscard d'Estaing).

Pour masquer un talus ingrat ou tout autre endroit dégarni de votre jardin, plantez un chèvrefeuille Lonicera japonica qui fera rapidement un couvre-sol magnifique si vous le laissez ramper par terre ; avec lui, pas de souci, il accepte pratiquement tous les sols et supporte le gel. Plongez la motte dans un seau d'eau pour l'hydrater avant de planter votre liane au soleil ou à mi-ombre. Ses fleurs rouges ou blanches dégagent un parfum délicieux en été, et en hiver si celui-ci n'est pas trop rude, il garde ses feuilles.

★★ COURGETTES AU THON. Pour quatre ou cinq personnes. Rangez dans un plat à four six courgettes rondes évidées, mettez au fond de l'ail pilé, sel et poivre. Versez de l'huile d'olive et faites cuire à four moyen 15 minutes (elles ne doivent pas se défaire). Laissez-les refroidir. Retirez à l'intérieur des courgettes le trop-plein de jus à l'aide de mie de pain. Préparez une farce avec 150 grammes de tomates confites coupées en deux (en surgelé), 200 grammes de thon en boîte et pour assaisonner mélangez un jus de citron, 2 décilitres de crème liquide, deux jaunes d'œufs durs moulinés, deux échalotes hachées, une cuillerée de moutarde, deux cuillerées à soupe de coriandre, persil, sel et poivre.

Dans le Minnesota, à Alexandria, un mari dont l'haleine est parfumée à l'ail, aux oignons ou aux sardines n'a pas le droit d'accomplir son devoir conjugal.

IL Y A 40 ANS, EN 1969 : Edward Kennedy est condamné à deux mois de prison avec sursis pour sa fuite inexpliquée après son accident. Pour le président Nixon, sa visite en Indonésie est l'étape clé de sa tournée asiatique. Mort de l'écrivain polonais Witold Gombrowicz et du peintre et dessinateur allemand Otto Dix.

En ce qui concerne les actions, qui raisonne en général raisonne dans le vide (Aristote).

Je crois que la meilleure définition de l'homme serait : créature à deux pieds et ingrate (Dostoïevski).

Saint Jacques — SAMEDI 25 JUILLET — Lion 1er décan

Sainte Anne - Saint Joachim — DIMANCHE 26 JUILLET — Lion 1er décan

La France mystérieuse

LA LANDE DU MILIEU

Lannemezan (Hautes-Pyrénées)

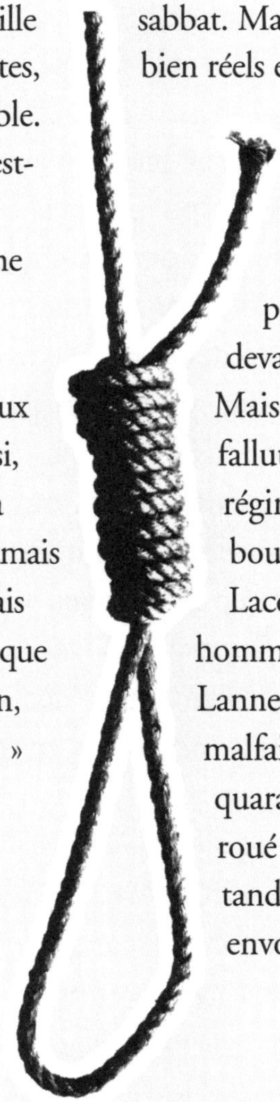

Lannemezan, aujourd'hui agréable ville de Bigorre très appréciée des touristes, n'a pas toujours eu cet aspect aimable. Son nom vient du gascon *lanne mezan*, c'est-à-dire « la lande du milieu ». Jusqu'au XIXe siècle, le village était entouré, en effet, d'une immense étendue de broussailles et de marécages.

Il ne poussait absolument rien dans ces lieux désolés. Un curé de Lannemezan écrit ainsi, au XVIIIe siècle : « Cette lande ne présente à l'œil qu'un ciel d'airain et un sol qui n'a jamais été déchiré par le sol ni par le coutre. Jamais peut-être, il n'y germa d'autres bourgeons que celui des stériles fougères, l'unique moisson, comme le seul ornement de cette solitude. »

Cette solitude était pourtant peuplée. L'imagination populaire y situait toutes sortes d'apparitions maléfiques : démons, revenants, sorcières allant faire leur sabbat. Mais surtout, c'était le refuge d'êtres bien réels et tout aussi dangereux. La lande abritait des bandits qui terrorisaient la région. Les seigneurs leur donnaient la chasse et, pour servir d'exemple, les pendaient sur des gibets dressés devant leurs châteaux.

Mais rien n'y faisait et, en 1708, il fallut demander le renfort de deux régiments de cavalerie pour venir à bout de la bande de Loubayssin, dit Lacoste, qui, avec ses deux cents hommes, multipliait les atrocités de Lannemezan à Saint-Girons. Le malfaiteur finit par être pris avec quarante de ses complices. Il termina roué sur la place de Lannemezan, tandis que les autres étaient pendus ou envoyés aux galères.

IL Y A 40 ANS, EN 1969 : Les trois cosmonautes sont mis en quarantaine absolue jusqu'au 11 août prochain. L'aviation égyptienne attaque les positions israéliennes dans le Sinaï, et un observateur suédois de l'ONU est tué sur les rives occidentales du canal de Suez par un obus israélien

LUNDI 27 JUILLET

Sainte Nathalie

Lion 1er décan

On est gouvernés par des lascars qui fixent le prix de la betterave et qui ne sauraient pas faire pousser des radis (Michel Audiard).

LE CORBEAU FAIT MENTIR JEAN DE LA FONTAINE

Une équipe de zoologues d'Oxford, en Grande-Bretagne, a voulu connaître la part d'apprentissage, face à certaines situations, d'un couple de corbeaux originaires de Nouvelle-Calédonie : ils ont installé un panier garni de petits morceaux de viande au fond d'un cylindre transparent, et à côté, bien en évidence, un bout de tige flexible de 9 centimètres de long. La femelle, plus rapide que le mâle, s'est saisie de la tige flexible, l'a coincée sous le tube, l'a repliée avec le bec et s'est confectionné un crochet. Puis, elle l'a introduit dans le tube et a pu soulever le panier par son anse. En moins de deux minutes, l'intérieur du panier avait été dégusté ! Il est intéressant de savoir que cette femelle, capturée très jeune, n'avait jamais été en contact avec d'autres oiseaux ayant pu effectuer ce geste. La réussite de la prise du panier reposait donc uniquement sur son initiative.

Dans leur environnement naturel, ces mêmes corbeaux sont capables de découper délicatement des feuilles avec leur bec pour en faire des sortes de peignes qui leur servent à attraper des insectes dans le tronc des arbres. Plus étonnant encore, ils n'abandonnent pas cet outil au pied de l'arbre après usage, il est déplacé jusqu'au prochain tronc où il servira à nouveau.

Les corbeaux japonais, dans les agglomérations, sont capables d'attendre que le feu passe au rouge pour déposer des noix sur le trajet des véhicules. Ils s'envolent dès que ceux-ci démarrent. Les voitures écrasent les noix et les corbeaux n'ont plus qu'à se servir…

☆ *DINDE À LA TAPENADE. Pour quatre personnes. Fendez et ouvrez en portefeuille quatre escalopes de dinde. Tartinez l'intérieur de tapenade verte. Fermez et faites tenir par une pique en bois. Enduisez-les d'huile d'olive, saupoudrez d'origan et posez-les sur un lit de pulpe de tomates en boîte avec de l'ail pilé. Mettez à cuire au four (th. 7) pendant 30 minutes.*

IL Y A 40 ANS, EN 1969 : Le groupe Agache-Willot prend le contrôle du Bon Marché et devient le premier groupe textile dans l'Europe des Six. 25 % des Français possèdent à la fois réfrigérateur, téléviseur, automobile et machine à laver.

Si nous donnions à une femme tout ce qu'elle désire, elle trouverait à désirer des choses que nous ne pouvons pas lui donner (Sacha Guitry).

Saint Samson
Lion 1er décan

MARDI 28 JUILLET

Les drôles d'histoires de Pierre Bellemare

Solutions d'avenir

À ceux qui pensent que les bonnes idées nous viennent forcément des États-Unis, l'histoire suivante devrait donner du grain à moudre. Car elle offre une solution à une contradiction apparemment insurmontable : comment augmenter le budget de fonctionnement d'un établissement scolaire sans ponctionner les caisses de l'État ni imputer le surcoût aux parents d'élèves ?

La solution nous est donnée par le lycée de Beverly Hills, le quartier des stars de Los Angeles. Cet établissement huppé, qui n'accueille qu'une centaine d'adolescents, possède en effet dans sa cour un… puits de pétrole ! Le derrick, d'une hauteur de 45 mètres, produit de quatre cents à cinq cents barils par jour. Ce qui permet au lycée de récolter près de 1 million de dollars de royalties chaque année. « Cette manne nous sert à financer nos programmes d'enseignement et couvre 85 % du salaire de nos professeurs », explique Dan Stepenosky, le principal du lycée. Des parents d'élèves chagrins ont toutefois porté plainte, suggérant que cette installation faisait courir des risques sanitaires à leurs enfants, en contact quotidien avec des émanations gazeuses telles que le benzène cancérigène…

Mais en France, où à défaut de pétrole nous avons des idées, pourquoi ne construirions-nous pas nos lycées en rase campagne ? Les revenus tirés des vaches laitières, qui pourraient batifoler dans les cours de récréation, accroîtraient avantageusement le budget de l'Éducation nationale !

IL Y A 40 ANS, EN 1969 : Publication de photographies montrant les pas de l'homme sur le sable lunaire. San Salvador accepte finalement de retirer ses troupes du Honduras. La sonde américaine Mariner VI, lancée le 24 février dernier, a commencé de photographier Mars.

MERCREDI 29 JUILLET — **Sainte Marthe**

Lion 1er décan

Le temps de lire, comme le temps d'aimer, dilate le temps de vivre (Daniel Pennac).

Les raccommodeurs de faïence et de porcelaine

Jusqu'au milieu du XXe siècle leurs appels retentissaient dans toutes les villes de France. C'étaient de petits artisans qui circulaient dans les rues en portant une boîte en bois contenant leurs outils et sur laquelle ils s'asseyaient pour effectuer leur travail. Ils recollaient les morceaux, d'une assiette par exemple, comme ils pouvaient, en utilisant des colles d'origine animale qui se desséchaient en jaunissant avec le temps. Ils consolidaient leur réparation avec des agrafes en fer introduites dans de petites perforations faites au burin. Les manques étaient comblés avec une sorte de mastic de vitrier. Cela défigurait la pièce, mais avait pour avantage d'en prolonger l'usage domestique. Le procédé daterait du commencement du XVIIIe siècle et aurait été inventé par un sieur Deslisle, originaire de Montjoie en Basse-Normandie. Les fabricants de faïence protestèrent : si on répare la faïence, on risque de moins en vendre. Mais les bourgeois s'unirent aux raccommodeurs en faisant valoir les avantages de l'opération pour chacun, et obtinrent un jugement qui évinça les fabricants.

Plus tard, les restaurateurs cherchèrent à rendre leur réparation invisible et la porcelaine se répara avec un mastic composé de céruse et de blanc d'œuf, puis on utilisa des colles époxydes à base de résine synthétiques. Ces nouveaux procédés eurent raison de cette petite industrie.

★ FRAMBOISES BORDELAISES. Pour six personnes. Faites bouillir 8 à 10 minutes dans une casserole 30 centilitres de vin rouge de Bordeaux, deux cuillerées à soupe de gingembre râpé, deux jus d'oranges, deux cuillerées de miel, des grains de poivre noir concassé. Réduisez le jus de cuisson à environ un verre. Ajoutez un demi-verre de coulis de framboises. Répartissez 800 grammes de framboises dans six coupes, versez dessus le sirop, laissez macérer 30 minutes au frais. Émiettez sur les coupes des macarons au moment de servir.

Les drôles d'histoires de Pierre Bellemare

Balthazar Ier, futur roi de France ?

Oyez ! Oyez, braves gens ! Que les nostalgiques de la monarchie se réjouissent : Balthazar Napoléon de Bourbon, prétendant légitime à la couronne de France, se porte à merveille et vit à Bhopal, dans le centre de l'Inde. C'est du moins ce qu'affirme le prince Michel de Grèce dans son dernier roman, *Le Rajah Bourbon.* Mais par quel hasard l'héritier se trouve-t-il dans cette ville indienne dramatiquement sinistrée, en 1984, par l'explosion d'une usine de pesticides ?

Forcé de quitter la France après avoir trucidé en duel un noble rival, son ancêtre Jean-Philippe de Bourbon Navarre est kidnappé par des pirates en Méditerranée. Vendu comme esclave en Égypte, il est contraint de servir dans l'armée éthiopienne, puis se retrouve à Goa, la première implantation portugaise en Asie. Parvenu à la cour d'Akbar en 1560, le cousin du futur Henri IV se met au service des Moghols, ses descendants administrant plus tard les domaines du maharajah de Bhopal.

Balthazar Napoléon, avocat rondouillard et jovial âgé de cinquante ans, ne parle pas plus français que son épouse d'origine italienne. Ce qui ne l'a pas empêché de visiter le château de Versailles il y a quelques années. « Quand l'ami francophone qui m'accompagnait a révélé aux gardes mon ascendance, ils m'ont aussitôt fait entrer, me disant qu'un Bourbon ne reste pas à la porte du château », raconte l'avocat avec humour.

À l'instar de ses ancêtres, parvenus à reconquérir le trône à la chute du Second Empire, Balthazar Napoléon songera-t-il à revendiquer la couronne de France quand la Cinquième République prendra fin ? Dans ce cas, préparons-nous déjà à troquer, sur nos tables dominicales, la poule au pot contre le poulet tandoori !

IL Y A 40 ANS, EN 1969 : Le chef de la Maison-Blanche est chaleureusement reçu en Inde. Ted Kennedy conserve son siège au Sénat et son poste de dirigeant adjoint. La France possède maintenant un vrai musée moderne, celui des Arts et traditions populaires à Paris.

VENDREDI 31 JUILLET — **Saint Ignace de Loyola**

Lion 1er décan

Le nationalisme est une maladie infantile. C'est la rougeole de l'humanité (Albert Einstein).

Le chlore contenu dans l'eau du robinet est néfaste aux plantes d'appartement les plus sensibles. Stockez l'eau nécessaire aux arrosages délicats dans des bouteilles plastiques transparentes laissées à la lumière ; en quelques jours le chlore qu'elle contient s'évapore en grande partie. Si vous en avez la possibilité, récoltez l'eau de pluie dans des récipients sur votre terrasse ou dans le jardin pour l'arrosage. Évitez les changements brutaux de température lorsque vous faites prendre l'air sur le balcon ou au jardin à vos plantes d'appartement. Ne les nourrissez pas à l'excès avant de partir en vacances, car les engrais brûlent les racines lorsque la terre est sèche.

ANCIENS CÉPAGES FRANÇAIS AU CHILI

En 1519, après la conquête réalisée au nom de Dieu, le vin étant indispensable pour célébrer l'eucharistie, les missionnaires colons espagnols plantèrent au Chili du muscat et un cépage nommé « pais ». Le vignoble prospéra si bien qu'il risqua très vite de concurrencer la production espagnole, mais c'est en vain que le roi d'Espagne ordonna l'arrachage des vignes. Le Chili s'étire sur plus de 4000 kilomètres le long de l'océan Pacifique : du nord aride au sud humide, différents cépages dans un environnement naturel exceptionnel et des conditions climatiques propices, continuèrent à offrir de très bons vins rouges. En 1851, Silvestre Ochagavia, propriétaire d'une hacienda et désireux d'améliorer la qualité de sa production, fit appel à des experts français en viticulture. Sur leur conseil, il importa et planta dans la vallée centrale, au nord et au sud de Santiago, les cépages français les plus appropriés au terroir chilien, cabernet sauvignon, merlot, pinot noir, malbec, sauvignon et chardonnay. Ces plants, jamais touchés par le phylloxéra dévastateur, n'ont jamais été greffés : c'est ainsi que certains de nos cépages aujourd'hui disparus ont été retrouvés au Chili, devenu conservatoire patrimonial des plants d'origine.

IL Y A 40 ANS, EN 1969 : Premier pape à venir en Afrique, Paul VI évoque devant le Parlement de Kampala, en Ouganda, la guerre du Biafra et condamne le racisme. À Bucarest, M. Ceausescu reçoit le président Nixon. Hausse de 4 % des tarifs de gaz et d'électricité à usage domestique, en France.

Saint Alphonse — SAMEDI 1 AOÛT — Lion Ier décan

Le carré est une figure qui a un angle droit dans chaque coin (Jean-Charles).

Saint Julien Eymard — DIMANCHE 2 AOÛT — Lion Ier décan

Pour réparer la perte du temps passé, il faut bien employer le présent, et ne souhaiter l'avenir que pour en faire un bon usage (chevalier de Méré).

La France mystérieuse

LA MALÉDICTION DE VÉNUS

Ille-sur-Têt (Pyrénées-Orientales)

Prosper Mérimée, inspecteur général des Monuments historiques, a parcouru la France en tous sens à la recherche de chefs-d'œuvre en péril, et il en a sauvé effectivement beaucoup. Pourtant, ce qui lui est arrivé à Ille-sur-Têt ne concerne pas le fonctionnaire, mais l'écrivain.

Des fouilles étaient en cours et quelques vestiges gallo-romains venaient d'être dégagés, dont une tête de statue qui était vraisemblablement celle d'une Vénus. On ne sait pourquoi, Mérimée fut vivement impressionné par cette image et, la nuit qui suivit, qu'il passa dans l'hôtel de la petite ville, une histoire fantastique lui vint à l'esprit.

Un certain M. de Peyrehorade, habitant Ille-sur-Têt, découvre sur ses terres une magnifique statue de Vénus en bronze. Tout de suite, l'objet d'art manifeste son caractère inquiétant en renvoyant une pierre qu'un gamin lui a lancée… Quelque temps plus tard, le fils de M. de Peyrehorade se marie. Le lendemain de la cérémonie, il se débarrasse de sa bague pour jouer à la paume et, par jeu, passe l'anneau au doigt de la statue. Mais quand il veut la récupérer, la statue a replié son doigt et il ne peut plus la retirer. Le lendemain, on le retrouve dans son lit, mort étouffé ; au pied du lit, gît son alliance.

Sa femme, devenue folle, raconte qu'elle a vu la statue arriver et étreindre son mari jusqu'à le tuer.

Le récit, paru en 1837 sous le titre de *La Vénus d'Ille*, est un des plus réussis de Mérimée. Ce dernier le considérait même comme son chef-d'œuvre.

IL Y A 40 ANS, EN 1969 : Début de heurts violents à Belfast et à Londonderry, dans la province britannique d'Irlande du Nord. Ouverture au public des archives nationales sur la guerre 1914-1918. Le pilote belge Jackie Ickx remporte le Grand Prix d'Allemagne de Formule 1 sur Brabham-Ford.

LUNDI 3 AOÛT

Sainte Lydie

Lion 1er décan

J'aime moins l'argent que vous puisque j'en dépense plus (Boris Vian).

☆☆ *ROUGETS AU BEURRE D'ESTRAGON. Pour six personnes. Préparez une marinade avec un jus de citron, 10 centilitres de vin blanc sec, un oignon émincé, un bouquet garni. Arrosez de cette marinade six rougets vidés, écaillés et entaillés sur chaque face. Laissez imprégner une demi-heure. Hachez les feuilles d'un bouquet d'estragon, mélangez à 100 grammes de beurre ramolli et une cuillerée à café de moutarde forte. Façonnez cette pâte en boudin que vous enfermez dans une feuille d'aluminium, et mettez à raffermir au réfrigérateur. Égouttez les rougets, faites-les cuire au gril ou sur les braises 8 minutes en les retournant à mi-cuisson. Servez-les avec le beurre d'estragon coupé en rondelles.*

POURQUOI LE CHAT AIME QU'ON LUI CARESSE LA TÊTE

Tous les maîtres de chat l'auront observé : ce délicat compagnon se laisse volontiers caresser la tête. D'un naturel méfiant, il se trouve ainsi dans une position confortable qui lui permet de s'échapper à tout moment si quelque chose l'inquiète ou le dérange. Par ailleurs, les chats sauvages, comme les chats domestiques, se saluent en se frottant mutuellement la tête pour déposer sur l'autre leur propre odeur : cette sorte de rite d'appropriation et d'apprivoisement les rassure. Enfin, malgré sa grande souplesse et ses dons de contorsionniste, le chat a les plus grandes difficultés à se gratter le dessus de la tête. Il est donc ravi qu'une main amie s'en charge pour lui !

Pour l'Angevin, des *picasseries* sont :

a. De la petite monnaie.
b. Des pommes tapées.
c. Des querelles.

Bonne réponse : c.

IL Y A 40 ANS, EN 1969: Le rapport annuel de la Cour des comptes dénonce le mal profond de l'administration: l'irresponsabilité à tous les échelons. On prévoit qu'un Européen sur dix devra changer de métier avant 1980.

Dieu créa l'homme et, ne le trouvant pas assez seul, il lui donna une compagne pour lui faire mieux sentir sa solitude (Paul Valéry).

Saint Jean-Marie Vianney

Lion 2e décan

MARDI 4 AOÛT

Les drôles d'histoires de Pierre Bellemare

Génie britannique

La conduite automobile à gauche, le gigot à la menthe et l'humour aigre-doux caractérisent, entre autres choses, le génie de nos amis britanniques. Ces trois histoires en donnent un léger aperçu.

On sait que pour célébrer le moindre événement, un Écossais digne de ce nom s'attife d'une jupette et épaule sa cornemuse. Or kilts et instruments font entrer dans leur confection traditionnelle des pièces en loutre et en blaireau, deux espèces protégées par la législation européenne. Pour ne pas risquer six mois de prison et une amende de 7400 euros, les Écossais ont obtenu, après d'âpres négociations avec Bruxelles, une dérogation. Mais ils devront faire leurs emplettes de peaux d'animaux dans un centre d'élevage spécial, et conserver la preuve de leurs achats dans leur sporran, la bourse qui leur sert de porte-monnaie.

Plus de cinq millions de caméras de surveillance contrôlent les rues britanniques. À tel point qu'à Londres trente-deux d'entre elles sont installées autour de la maison qu'occupait George Orwell, l'auteur de *1984*, qui annonçait, dès 1948, une société sous haute surveillance. On apprend aujourd'hui que le ministère de l'Intérieur vient de débloquer un budget de 750000 euros pour doter de caméras parlantes vingt zones urbaines sensibles. Ainsi, lorsque le personnel de contrôle surprendra quelqu'un à jeter un emballage sur le trottoir, il pourra le réprimander à distance par haut-parleur.

Enfin, pour les sujets de Sa Gracieuse Majesté les plus contemplatifs, des producteurs de cheddar ont créé un site Internet qui permet d'assister en temps réel à l'affinage d'un de leurs fromages. Ayant braqué une webcam sur une meule, ils offrent gratuitement au public, pendant un an, le fascinant spectacle de sa lente maturation. Quatre-vingt-cinq mille visiteurs s'en sont déjà virtuellement régalés!

IL Y A 40 ANS, EN 1969 : Après trois jours et trois nuits de désordre, un climat de guerre civile s'installe en Irlande du Nord. À Rome, M. Rumor est parvenu à constituer un cabinet démocrate-chrétien homogène.

MERCREDI 5 AOÛT

Saint Abel

Lion 2e décan

La différence entre l'extrême droite et la droite, c'est la différence entre une arrière-pensée et une pensée (Laurent Fabius).

CROUSTINES ITALIENNES. Pour quatre personnes. Découpez quatre doubles ronds d'environ 15 centimètres de diamètre dans des feuilles de brick badigeonnées de beurre. Mettez-les dans quatre moules à tartelettes, et faites-les cuire à four moyen 8 minutes. Retirez-les des moules. Garnissez chaque fond d'une cuillerée à soupe de fromage frais salé, poivré. Coupez 150 grammes de jambon de Bayonne et six abricots secs en fines lamelles. Répartissez-les sur les tartelettes.

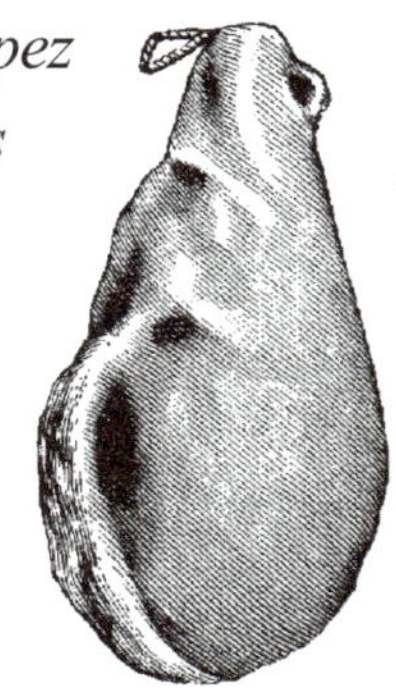

Michel Ney, prince de la Moskova (1769-1815)

Nommé maréchal dès 1804, duc d'Elchingen en 1808 et prince de la Moskova après la retraite de Russie, il est pourtant de ceux qui poussent l'empereur à abdiquer. Puis il se rallie à Louis XVIII qui le fait pair de France et, en mars 1815, le charge d'arrêter Napoléon qui vient de débarquer à Golfe-Juan. Malgré la promesse de lui ramener l'évadé de l'île d'Elbe « dans une cage de fer », il tombe dans ses bras à Auxerre. Arrêté après Waterloo, il est traduit devant la Chambre des pairs et condamné à mort le 6 décembre 1815. Le lendemain, il est conduit près de l'Observatoire. Le « Brave des Braves » refuse qu'on lui bande les yeux. Quand c'est le moment, il met la main droite sur sa poitrine et crie :

« SOLDATS, DROIT AU CŒUR ! »

Louis-Philippe, magnanime, accordera une pension à sa veuve. En 1853, une statue due au talent de Rude sera érigée presque à l'endroit où il fut fusillé.

L'ordonnance du 26 août 1943, autorisant l'émission de pièces de monnaie de 2 francs, 1 franc et 0,50 franc, avait encore cours en 2007, cinq ans après l'arrivée de l'euro.

IL Y A 40 ANS, EN 1969 : Ouverture du 10e Congrès du PC roumain dont le programme accentue la politique d'émancipation du pays. Le statut de Berlin est le sujet des entretiens du chancelier Kiesinger au siège des Nations Unies. La sonde américaine *Mariner* 7 transmet des images de la surface de Mars.

Si le sommeil ne séparait pas les couples, il y aurait deux fois plus de divorces (Philippe Bouvard).

Transfiguration

Lion 2e décan

JEUDI 6 AOÛT

Les drôles d'histoires de Pierre Bellemare

Édiles et concubines

Dans la Chine féodale, empereur, mandarins et gros propriétaires terriens évaluaient complaisamment leur richesse au nombre de leurs concubines. À l'heure où austérité communiste et libéralisme effréné coexistent tant bien que mal dans l'Empire du Milieu, il semble que cette unité de valeur soit redevenue à la mode. Ainsi la presse s'est-elle émue de constater que Pang Jiayu, soixante-trois ans, vice-président du Parti communiste de la province du Shaanxi, surnommé « Fermeture Éclair » par ses proches, entretenait pas moins de onze maîtresses, toutes placées ainsi que leurs maris respectifs à des postes importants et bien rémunérés.

Exhortant les cadres du Parti à « ne pas sombrer dans la débauche » car « entretenir des secondes épouses et leurs maris mène à la corruption », *Le Quotidien du Peuple* a invité ses lecteurs à dévoiler « les secrets personnels » des édiles. Les résultats ne se sont pas fait attendre, la palme revenant à un responsable du PCC de Jiangsu – nanti de cent quarante-six concubines ! – tandis que l'ancien numéro 2 de la région du Hubei décrochait la médaille du « labeur », car « il aimait faire l'amour avec sa secrétaire sur la grande table en acajou de la salle de réunion », et que le prix de la meilleure « gestion » était décerné au maire d'une ville de l'Anhui pour avoir nommé à un poste de cadre supérieur l'une de ses sept maîtresses, avec pour mission de gérer les six autres « selon leurs capacités érotiques ».
Portés par cette vague de pudibonderie, d'astucieux internautes offrent maintenant sur la Toile un nouveau jeu vidéo, « Combattant incorruptible ». La règle consiste à torturer virtuellement un fonctionnaire véreux et sa concubine pour accéder à un monde idyllique, chaste et intègre !

IL Y A 40 ANS, EN 1969 : John Libi, un Américain de 73 ans, organise une nouvelle expédition sur le mont Ararat à la recherche de l'arche de Noé. Mort tragique, dans le Wyoming, de l'alpiniste Gary Hemming, le « beatnik des Alpes ». Mort du célèbre compositeur des « Feuilles mortes », Joseph Kosma

VENDREDI 7 AOÛT Saint Gaetan

Lion 2e décan

Si le temps ne changeait jamais, la moitié des hommes n'auraient aucun sujet de conversation (Jules Renard).

MAÏS EN BROCHETTES. Pour six personnes. Il vous faut deux épis de maïs frais, vingt-quatre petits oignons blancs, un concombre coupé en rondelles, 200 grammes de lard en cubes, six merguez coupées en morceaux. Alternez des tronçons d'épis de maïs avec les autres ingrédients. Badigeonnez d'huile pimentée. Faites cuire sous le gril ou au barbecue.

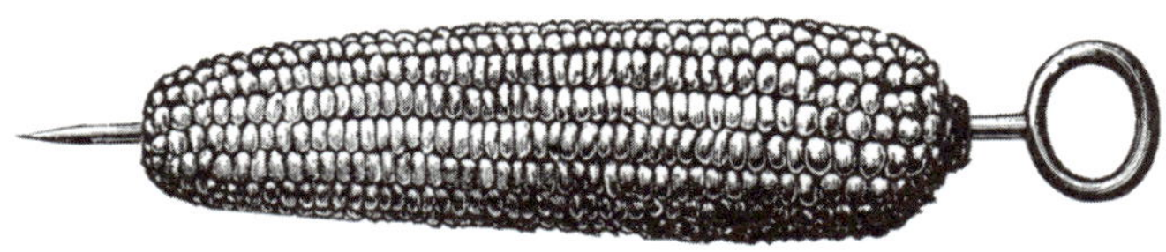

Les boisetiers

Dans le Bocage normand, les boisetiers tournaient de la vaisselle de bois à l'usage des villageois : écuelles, jattes, cuillères, poivrière, pelles à four et à marc…
Dans le Maine, quelques-uns vendaient eux-mêmes leur vaisselle au lieu de la vendre en gros. Entassée sur une hotte d'osier, ils la promenaient à dos en criant d'une voix traînante : « Boisterie ! Boisterie ! oui ! oui ! »…

Devenus vieux, les boisetiers de la Sarthe confectionnaient des paniers en osier ou fabriquaient des épingles à linge. Elles étaient faites avec des ramilles de chêne un peu plus grosses que le doigt, longues de 13 centimètres, et fendues en forme de V. Dans la région, on les appelait « jouettes » et elles étaient vendues 1 franc. Quand le boisetier allait les vendre à la ville, le ruban de son chapeau était remplacé par une couronne de pinces à linge sur une ficelle, et il lançait à la cantonade : « Épingles ! épingles ! ».

Il est autorisé de tuer un Écossais dans les murs de l'ancienne ville d'York, dans le nord de l'Angleterre, à condition de porter arc et flèches.

IL Y A 40 ANS, EN 1969 : L'épouse enceinte de Roman Polanski, Sharon Tate, est retrouvée sauvagement assassinée avec quatre personnes dans leur villa de Los Angeles. L'arrivée à Varna, en Bulgarie, d'une escadre soviétique crée des inquiétudes à Bucarest. Le gouvernement français annonce une dévaluation du franc.

Autrefois les seins des femmes servaient à nourrir les enfants, aujourd'hui ils servent à nourrir les cinéastes (Jules Romain).

Saint Dominique — SAMEDI 8 AOÛT — Lion 2e décan

Les bons souvenirs sont des bijoux perdus (Paul Valéry).

Saint Amour — DIMANCHE 9 AOÛT — Lion 2e décan

La France mystérieuse

L'ÉCOLE DES OURS

Ercé (Ariège)

Le village d'Ercé, dans la vallée du Garbet, a abrité pendant tout le XIXe siècle une « école des ours » unique en France. Vers 1850, on pouvait y voir, dans beaucoup de foyers, des oursons attachés par une chaîne. Ils constituaient le plus souvent la dot de la fille de la maison, car un ours dressé coûtait cher…
Le dressage était effectué à l'école d'Ercé, où il commençait vers la première année. L'animal quittait ses maîtres et rejoignait ses congénères pour recevoir son instruction.
Le programme était invariable : l'ours devait se mettre à danser au commandement de « Dansez, mademoiselle », puis simuler un combat avec un autre de ses semblables. À la fin de l'affrontement, il devait, sur un signe du dresseur, tomber brusquement à terre comme mort, puis, sur un autre signe, se relever et saluer gracieusement à la ronde.

Les montreurs d'ours, les *oussatès*, avaient pratiquement le monopole de ce genre de numéro. Reconnaissables à leur large béret basque de couleur bleue, ils se déplaçaient dans toute la France et même parcouraient l'Europe, spécialement l'Angleterre, qui raffolait de ces spectacles. Certains allaient même jusqu'en Amérique.

Avec la raréfaction des ours pyrénéens, les habitants d'Ercé sont allés s'approvisionner en Russie, mais la Première Guerre mondiale a mis fin à l'activité des *oussatès*.

IL Y A 40 ANS, EN 1969 : À Washington, le Fonds monétaire international approuve la dévaluation du franc. Le gouvernement de M. Mariono Rumor obtient la confiance des députés italiens. Mort d'Ernst Neichthauser, fondateur du Théâtre Guignol, à Lyon.

LUNDI 10 AOÛT

Saint Laurent

Lion 2e décan

La dernière fois que j'ai pénétré une femme, c'était en visitant la statue de la Liberté (Woody Allen).

LA TÊTE DE MOINE

Cette sorte de petit gruyère de 700 grammes à la texture assez souple, fabriqué dans le Jura suisse, doit son nom à Napoléon, son appellation d'origine protégée à sa saveur fruitée, et son succès à son accessoire !... Dès le XIIe siècle, c'est-à-dire cent ans avant les débuts de la confédération helvétique, ce fromage sert de monnaie d'échange aux moines de l'abbaye de Belleley. C'est ainsi qu'ils payent les redevances de certains biens fonciers, en acquièrent d'autres, remercient de sa protection le prince-évêque de Bâle. Les métayers dépendant de l'abbaye de Belleley sont donc astreints à verser à l'abbé une dîme en l'espèce d'un fromage par tête de moine. À la suite des troubles de la Révolution de 1789, les moines sont chassés de l'abbaye. Les soldats français découvrent alors toute une réserve de fromages décalottés au fond des grandes caves du monastère : c'est pourquoi, Napoléon, sur une boutade, baptise ce petit gruyère « tête de moine » Le fromage n'en continue pas moins à être produit sur les domaines de l'ancienne abbaye. Au milieu du XIXe siècle, plusieurs fromageries villageoises sont créées, la tête de moine obtient un prix au concours universel de Paris, et s'exporte jusqu'en Russie. Un coup d'accélérateur est encore donné en 1981 à la production, grâce à l'invention d'un accessoire jetable, la girolle. On fait tourner ce petit rabot sur un axe planté dans le centre du fromage. En raclant le dôme écroûté, on forme des copeaux, des frisures, des pétales.

Bouturez au début du mois de septembre les fuchsias et les géraniums. Choisissez les extrémités de tiges les plus fermes, bien aoûtées, et prélevez des pousses de 20 centimètres portant quelques feuilles en plus de la rosette terminale. Tranchez nettement la base juste sous un « œil » et enlevez les feuilles basses. Trempez les boutures dans une hormone de reprise et piquez-les dans des petits godets remplis de sable, de tourbe et de terre de jardin que vous maintiendrez toujours humides. Installez vos boutures à l'ombre et à l'abri du vent jusqu'à l'automne, à l'abri du gel dans un endroit clair en hiver.

Les drôles d'histoires de Pierre Bellemare

La République est hors-la-loi

Si l'on considère avec Darwin que l'évolution des espèces est liée à la nécessité de l'adaptation, on admettra qu'en détournant les objets de leur usage premier, le genre humain soit rapidement parvenu à prendre l'ascendant sur les autres. Ainsi à propos du Subutex, ce dérivé de morphine utilisé pour la désintoxication des héroïnomanes. Ne figurant pas dans la catégorie des stupéfiants, il est délivré sur simple ordonnance et intégralement remboursé aux titulaires de la CMU. Il n'est donc pas étonnant qu'on le retrouve sur le marché parallèle au prix de 1,50 euro le comprimé, soit deux fois moins cher qu'en pharmacie. Si l'on en croit Claude Frémont, ancien directeur de la Cnam à Nantes, 40 % des prescriptions de Subutex en Île-de-France seraient ainsi détournées pour alimenter un trafic à l'échelle mondiale, la Sécurité sociale se transformant malgré elle en pourvoyeuse de narcotiques. Impliquant médecins, pharmaciens et dealer, un réseau de revendeurs a récemment été démantelé, et le préjudice de l'assurance-maladie estimé au bas mot à 500 000 euros. De même, en mai 2007, un steward d'Air France est pris la main dans le sac à l'aéroport de Nouakchott, en Mauritanie. Son bagage contient plus de 50 000 pilules de Subutex, généreusement offertes par la « Sécu » française pour un montant de 1,5 million d'euros. « Le lobby des associations de défense des toxicomanes protège ce médicament qui fait moins de dégâts que l'héroïne », déplore Frémont.

Se plaignant autrefois d'être écrasées par l'impôt, les prostituées de Lyon avaient dénoncé un État proxénète. Aurions-nous aujourd'hui le mauvais goût de traiter la République de narcotrafiquante ?

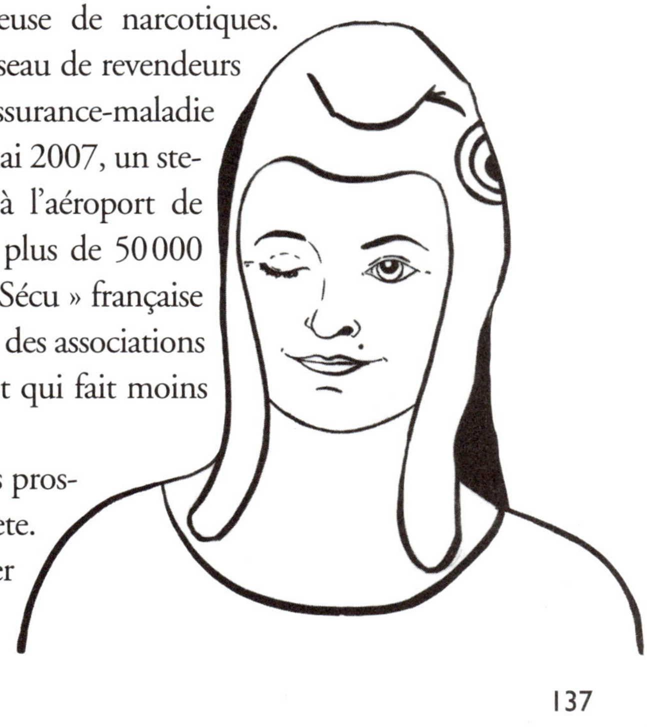

IL Y A 40 ANS, EN 1969 : De nouveaux affrontements entre catholiques et protestants à Londonderry, en Irlande du Nord, font une centaine de blessés. Saigon, Hué, cinq capitales provinciales et une centaine d'objectifs subissent une soudaine offensive vietcong.

MERCREDI 12 AOÛT

Sainte Clarisse

Lion 3e décan

Le comble pour un journaliste, c'est d'être à l'article de sa mort (Jules Renard).

LES BALAITIERS

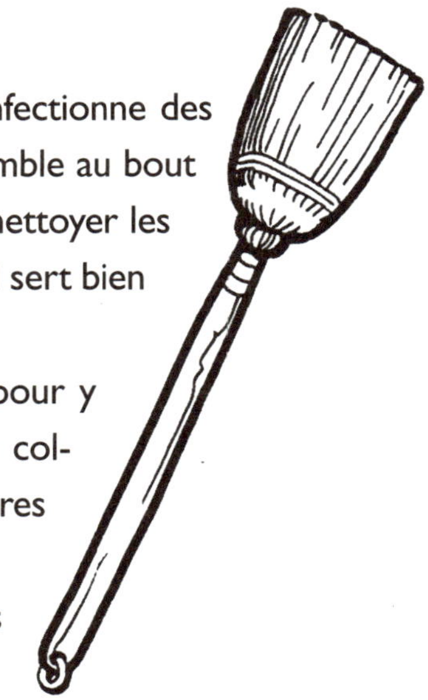

Au XVIIe siècle, Antoine Furetière explique que l'on confectionne des balais avec « de menues branches de bouleau liées ensemble au bout d'un bâton. On en fait aussi de genêt, de jonc et de plumes pour nettoyer les tableaux et les meubles. On dit qu'un valet fait le balai neuf quand il sert bien les premiers jours qu'il est dans une maison ».

Les balaitiers normands se rendaient tôt le matin dans la lande pour y arracher des touffes de bruyère et fabriquer des balais qu'ils colportaient eux-mêmes pour approvisionner toutes les ménagères de la région. Puis, ils allaient vendre l'excédent dans les villes. Ceux familiers des rues parisiennes vendaient les balais qu'ils avaient fabriqués dans les forêts voisines en criant : « Balais, balais ! Achetez mes beaux balais ! » D'autres y ajoutaient des plumeaux, des houssoirs pour la vaisselle qu'ils suspendaient à leur boutonnière, et portaient grands balais et têtes de loup sur leurs épaules. « Des balais ! eh ! L'marchand de balais ! », s'exclamaient-ils ou bien : « Faudra-t-il des balais ? »

★★ *TENDRONS AU SÉSAME. Pour quatre personnes. Faites mariner la veille, dans le citron, les feuilles de coriandre et l'huile de sésame, quatre tranches de tendrons de veau relativement maigres. Enrobez les tendrons égouttés dans une panure de 60 grammes de chapelure, 60 grammes de parmesan et deux cuillerées à soupe de graines de sésame. Poêlez à feu moyen dans un mélange d'huile de sésame et de beurre. Garnissez de pluches de coriandre.*

Une femme n'a pas le droit de danser sur une table de saloon si ses vêtements ne pèsent pas au moins 1,475 kilogramme, à Helena, dans le Montana.

IL Y A 40 ANS, EN 1969 : À la frontière du Sin-kiang, grave incident sino-soviétique. Francis Roussilhe, traducteur-interprète à l'OTAN, espion pour le compte d'un pays de l'Est, est inculpé de trahison par la Cour de sûreté de l'État. Dublin masse des troupes à sa frontière, à la hauteur de Strabane.

La légion d'honneur est comme une maladie contagieuse : seuls ceux qui l'ont déjà peuvent vous la conférer (Gilbert Cesbron).

Les drôles d'histoires de Pierre Bellemare

Machines communicantes

À l'heure où les employés de bureau préfèrent s'inonder de courriels plutôt que de pousser une porte pour se parler de vive voix, il peut être opportun de se remémorer les prémices des transmissions modernes. Alphonse Allais, l'homme qui a inventé le coton noir pour les oreilles des personnes en deuil et l'aquarium en verre dépoli pour poisson timide, relate à ce propos une anecdote prémonitoire.
Vers la fin du XIXe siècle, à Londres, deux bureaux télégraphiques se font face dans la même rue. Le premier dessert le câble Londres-Paris, via Douvres et Calais ; le second assure la liaison Londres-Bruxelles, via Ostende. Un jour, constatant qu'il a oublié sa pipe en face, Alfred Stewart adresse un message à son collègue de Douvres, le priant de le faire suivre à Paris, puis à Londres, via Bruxelles. Après avoir parcouru plus de mille kilomètres, le câble parvient finalement de l'autre côté de la rue : *Dis-moi, Fred, j'ai oublié ma pipe chez toi. Peux-tu demander à ton assistant de me la rapporter ?* Quelques minutes plus tard, Alfred Steward tire avec délectation sur sa précieuse bouffarde.

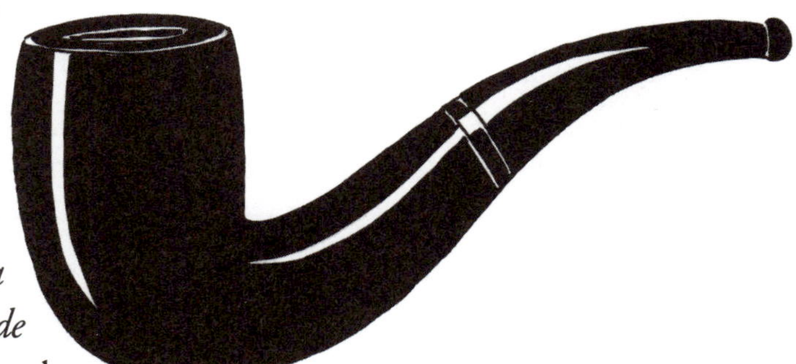

Autre histoire édifiante à méditer par les intoxiqués du téléphone portable. Dans les années 1845, le philosophe Henry David Thoreau s'étonne de voir des ouvriers planter des poteaux télégraphiques à proximité de la cabane qu'il occupe près de l'étang de Walden, dans le Massachusetts : « Nous relions par câble Boston à La Nouvelle-Orléans pour que les gens puissent se parler », lui explique un ouvrier. Thoreau réfléchit longuement puis demande : « Êtes-vous sûrs au moins que les gens de Boston ont quelque chose à dire à ceux de La Nouvelle-Orléans ? »

IL Y A 40 ANS, EN 1969 : À la demande du gouvernement d'Irlande du Nord, les autorités britanniques envoient des troupes rétablir l'ordre en Ulster, les troubles ayant fait neuf morts et six cent quarante blessés. Sortie du film *Un coin tranquille à la campagne* d'Elio Petri, avec Vanessa Redgrave et Franco Nero.

VENDREDI 14 AOÛT

Saint Evrard

Lion 3e décan

Si vous pensez avant de parler, l'autre placera son bon mot avant vous (E.W. Howe).

LE RÊVE DE LA FLEUR NOIRE. Le noir pur est une couleur qui n'existe pas dans la nature : il faut que les fleurs, organes de reproduction de la plante, se parent de couleurs vives pour attirer les insectes indispensables à la fécondation. Pourtant la fascination du noir dans le végétal ne date pas d'hier. Au XVIIe siècle déjà, un petit jardinier hollandais réussit à produire par hasard une tulipe noire – ou presque noire. Aussitôt il reçoit les offres les plus alléchantes pour révéler son secret qui n'en est pas un… et se laisse finalement convaincre de vendre son unique bulbe à la Société des tulipiers de Harlem, laquelle le détruit sous ses yeux en l'écrasant par terre du pied : celle-ci possédait déjà une tulipe noire et venait d'évincer la seule rivale. La recherche de la tulipe noire inspirera un sujet de roman à Alexandre Dumas. Il y a quelque temps encore, au prix de dizaines d'années de manipulations génétiques, un obtenteur a réussi à en créer une variété quasiment noire – à condition de ne pas la tenir face à la lumière, a objecté un de ses concurrents, sinon elle présente au mieux une couleur violet foncé !… La rose fait l'objet du même rêve, et il a fallu plus d'un demi-siècle et huit générations de croisements pour que les pépinières Meilland réussissent l'exploit : l'aventure a commencé en Allemagne dans les années 1940, avec la découverte par les botanistes d'une rose contenant un pigment de géranium qui a la propriété de concentrer les couleurs. Au bout d'un long cheminement, la « black baccara », « rouge très foncé, virant même au charbon lorsqu'elle est bien éclairée », est née. La quête du noir absolu, couleur extrême pour un végétal, se poursuit.

POISSON CHANTILLY. Pour quatre personnes. Montez en chantilly 50 centilitres de crème fleurette. Incorporez-y deux cuillerées à soupe de moutarde, un filet de jus de citron, et un hachis d'herbes aromatiques. Dressez sur quatre assiettes un filet de poisson cuit vapeur, un champignon de Paris cru émincé et citronné. Nappez de chantilly à la moutarde.

IL Y A 40 ANS, EN 1969 : Cérémonies, à Ajaccio, du bicentenaire de la naissance de Napoléon Bonaparte. Les multiples charges fiscales versées par les automobilistes français ont augmenté de 30 % en deux ans. Mort de l'écrivain et historien Leonard Woolf du groupe Bloomsbury.

Faire le bien ne peut pas rendre heureux mais faire le mal rendra à coup sûr malheureux (Léon Tolstoï).

Quand je vois tous ces couples fidèles, je me dis que tout le monde peut se tromper (Roland Bacri).

Saint Assomption — SAMEDI 15 AOÛT — Lion 3e décan

Saint Armel — DIMANCHE 16 AOÛT — Lion 3e décan

La France mystérieuse

UN SAINT PAS TRÈS SÉRIEUX

Varages (Var)

Le village de Varages, dans l'arrière-pays varois, est construit sur une colline de tuf, dans laquelle est creusé un refuge fortifié, mais sa particularité la plus remarquable est l'ancien culte qui a été pratiqué dans son église.

Jusqu'au XVIe siècle, celle-ci était consacrée à un saint répondant au nom pour le moins surprenant de Foutin… Saint Foutin était représenté par une seule partie de son anatomie, son phallus, une effigie de bois bien plus grande que nature, qui se dressait dans l'église et qui était l'objet d'un culte fervent.

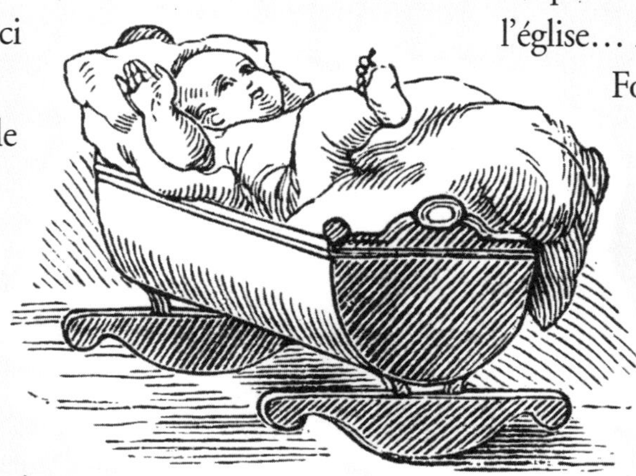

Hommes et femmes versaient sur cet emblème du vin, qu'ils recueillaient ensuite dans un vase. Le breuvage ainsi obtenu, surnommé « saint vinaigre », passait pour donner de la vigueur aux hommes, rendre les femmes fécondes et guérir les maladies honteuses. Comme pour beaucoup de dieux guérisseurs, des ex-voto de fidèles guéris étaient déposés devant son sanctuaire. En l'occurrence, il s'agissait de figurines de cire représentant des sexes féminins et masculins, qui occupaient toute une partie de l'église… Mais la dévotion à saint Foutin ne s'arrêtait pas là. Son nom était censé assurer à celui qui le portait une descendance prolifique et nombreux étaient les habitants de Varages à s'appeler Foutin ou Foutine.

Saint Foutin ne survécut malheureusement pas aux guerres de Religion. Les protestants s'emparèrent du village et détruisirent le phallus. Et, lorsqu'ils reprirent Varages, les catholiques ne rétablirent pas ce culte si particulier. Bien au contraire, ils firent disparaître le nom de Foutin pour le remplacer par celui plus décent de Pothin.

IL Y A 40 ANS, EN 1969 : Le doyen des opérés du cœur, Philip Blaiberg, est mort dix-huit mois après la transplantation effectuée par le Dr Barnard. Daniel Morelon remporte la médaille d'or de la vitesse aux championnats du monde de cyclisme. Mort du pionnier de l'architecture moderne Mies van der Rohe.

LUNDI 17 AOÛT

Saint Hyacinthe

Lion 3e décan

Pourquoi dépenser de l'argent pour faire établir votre arbre généalogique ? Faites de la politique et vos adversaires s'en chargeront (Mark Twain).

Lierre et vigne vierge ne sont pas du tout porteurs d'humidité. Bien au contraire, ils sont les meilleurs défenseurs des murs, à condition que ceux-ci soient en un état convenable. Les racines assainissent la base des murs. Surveillez leur développement car lierres et vignes poussent vigoureusement. C'est le moment de procéder à une taille de fin d'été pour toutes les grimpantes envahissantes. Empêchez-les de se glisser dans les gouttières et les chéneaux et d'atteindre le toit. Dégagez au sécateur le tour des fenêtres et l'emplacement des volets. Ne laissez pas les feuilles de la vigne vierge s'accumuler au pied des murs, elles risqueraient d'étouffer les plantes des massifs lors de leur levée.

DUO DE POIRES. Pour deux personnes. Épluchez deux poires, coupez-les en deux et retirez le trognon avec les pépins. Placez-les, la partie bombée au-dessous, sur une grande assiette. Passez-les 2 ou 3 minutes au micro-ondes (selon variété et mûrissement de la poire). Ajoutez dans chaque cavité un carré de chocolat noir et repassez au micro-ondes 30 secondes. Arrosez chaque moitié d'une cuillerée à café d'alcool de poires, flambez.

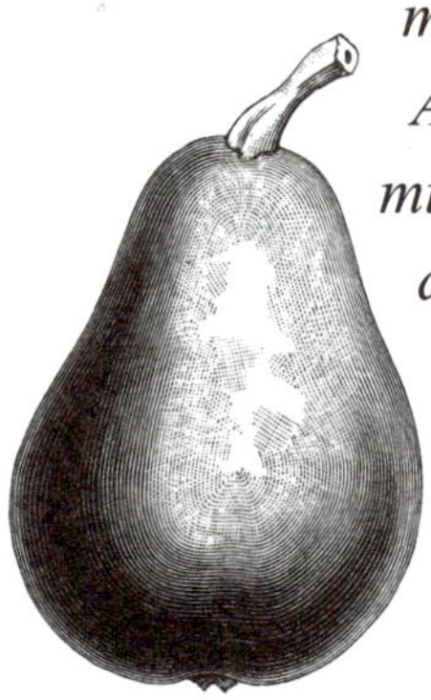

Pour le Normand, un *baricot* est :

a. Un ventre.
b. Un tonneau.
c. Un ver de terre.

Bonne réponse : **a.**

IL Y A 40 ANS, EN 1969 : Vingt-quatre personnes, dont seize enfants d'une colonie de vacances de Metz, périssent au cours du naufrage, sur le lac Léman, du bateau *La Fraidieu* trop chargé et mis en difficulté par un orage. U Thant propose à Israël et au Liban d'accueillir des Casques bleus.

Pourquoi apprendre à calculer la surface d'un losange ?
Au cours de ma vie, je n'ai jamais compté aucun losange parmi mes relations (Jacques Sternberg).

Sainte Hélène

Lion 3e décan

MARDI **18** AOÛT

Les drôles d'histoires de Pierre Bellemare

Sur un air de violon

Menuisier de son état et passionné de comédies musicales, Divesh Borse, un Indien de quarante-quatre ans, achève de confectionner des présentoirs dans une bijouterie de Bombay, quand il découvre, cachée dans le fond d'un vase, une bourse contenant des diamants d'une valeur de 800 000 euros. Un temps animé par des sentiments contradictoires : signaler la présence du magot à son propriétaire ou l'empocher sans plus de formalité, il cède finalement aux démons.

Trois semaines plus tard, il se rend dans le plus célèbre dancing de la ville et invite l'orchestre à jouer pour lui un succès de Bollywood dont il raffole. Les musiciens s'exécutent avec d'autant plus d'entrain qu'il a assorti sa demande d'une confortable liasse de grosses coupures. Tandis que les danseuses se déhanchent en cadence et que les consommateurs s'agacent, l'orchestre serine le même air jusqu'au bout de la nuit.

Le lendemain et les jours suivants, la scène se reproduit à l'identique. Moyennant de généreux pourboires, Borse exige que sa rengaine fétiche soit interprétée sans discontinuer. C'est trop. Cette fois les clients de l'établissement protestent bruyamment. Pour amadouer les contestataires, Borse passe alors de table en table, distribuant aux uns et aux autres des billets de 1 000 roupies. Cette largesse digne de celle d'un maharajah intrigue le gérant du dancing qui alerte la police. On imagine aisément la suite. Mais sait-on qu'ayant pris soin d'acheter disque et lecteur sitôt son vol commis, Borse écoute encore en boucle sa chanson préférée ? Dans la cellule de la prison où il croupit désormais.

IL Y A 40 ANS, EN 1969 : À la veille de l'anniversaire de l'entrée en Tchécoslovaquie des troupes soviétiques, Gustav Husak, premier secrétaire du PC, accuse Alexander Dubcek de mégalomanie. Troisième jour, à Woodstock, d'un festival de pop music qui rassemble plus de 400 000 personnes.

MERCREDI 19 AOÛT — **Saint Jean Eudes**

Lion 3e décan

Sais-tu qui sont les mauvais pères ? Ce sont ceux qui ont oublié les fautes de leur jeunesse (Denis Diderot).

SERVIR, DÉCANTER ET OXYGÉNER

Sous Louis XIV, le service se fait à la française : tous les plats sont présentés ensemble sur le buffet avant l'arrivée des convives qui restent debout. Les gobelets et timbales ne figurent pas sur la table, ils sont apportés à volonté. Lorsque le souverain souhaite se désaltérer, il appelle l'échanson qui lui présente un verre et deux carafes – une d'eau et une de vin – et le roi se sert lui-même. L'art de la table évoluera grâce au prince russe Kourakine, ambassadeur à Paris en 1808, qui introduit le service à la russe. Cette pratique impose un maître d'hôtel, des serveurs, des échansons, des sommeliers… les convives sont assis autour de la table, les mets se succèdent, proposés à leur gauche, et les vins leur sont servis à droite dans des verres différenciés.
Les bouteilles de vieux vins ayant souvent des dépôts, on les décantait dans une carafe devant la lueur d'une bougie qui permettait à travers le goulot de la bouteille l'arrivée du dépôt. Aujourd'hui les sommeliers utilisent divers outils pour la décantation, dont l'entonnoir à décanter ou les décanteurs à main ou à manivelle. On a en outre ajouté une manipulation particulière, destinée à adoucir les tanins. On aère le vin en le versant dans une carafe à oxygéner à l'ouverture beaucoup plus large. Cette pratique concerne les vins jeunes, rouges ou blancs, pour les brusquer.

☆ FRITURE DE LÉGUMES SAUCE POUTARDE. Pour quatre à six personnes. Passez 300 grammes de courgettes, 300 grammes de carottes coupées en bâtonnets et un cœur de céleri en tronçons dans l'œuf battu puis dans la chapelure mélangée à une cuillerée de muscade en poudre. Faites frire à l'huile chaude. Servez avec une sauce poutarde : écrasez à la fourchette 100 grammes d'œufs de poissons fumés et mélangez avec un jus de citron, 3 cuillerées d'huile d'olive, 300 grammes de fromage blanc, une cuillerée à café de paprika.

IL Y A 40 ANS, EN 1969 : Des barricades sont dressées cette nuit dans les rues de Prague et l'armée ouvre le feu pour disperser les manifestants rassemblés autour de la place Wenceslas. M. Varahagiri Venkata Giri, surnommé V.V. Giri, est élu président de la République indienne.

L'habitude commence comme un fil et devient vite un câble d'acier (proverbe espagnol).

Saint Bernard

Lion 3e décan

JEUDI 20 AOÛT

Les drôles d'histoires de Pierre Bellemare

Le Don Quichotte a trop d'enfants

Triste constatation : depuis 1980, entre les 5 % des pays les plus riches et les 5 % des pays les plus pauvres de la planète, l'écart est passé de 6 pour 1 à 200 pour 1. Face à ces disparités, associations tiers-mondistes et individus isolés se mobilisent pour rééquilibrer la distribution des ressources. Parmi ces Don Quichotte, Jürgen Hass, un Allemand de cinquante-sept ans, est sans doute celui qui a expérimenté la méthode la plus originale.

Accusé, à tort selon lui, de fraude fiscale, cet ancien assureur et conseiller municipal écope d'une amende de 100 000 euros et se retrouve, à trente-huit ans, en préretraite forcée. Il part s'installer au Paraguay. Bien décidé à se venger de l'administration qui l'a ruiné, tout en participant au développement de son pays d'accueil, il découvre une faille dans la loi allemande sur la filiation : n'importe quel homme peut reconnaître un enfant pourvu que la mère soit d'accord et que nul autre n'en revendique la paternité. Aussi, en moins de vingt ans, Hass adopte-t-il en toute légalité plus de trois cents enfants, tous issus de milieux défavorisés, chacun d'entre eux bénéficiant dès lors des prestations sociales allemandes, qui permettent de subvenir, au Paraguay, aux dépenses d'une famille de huit personnes.

« Je cesserai les adoptions le jour où ma famille comptera mille enfants », s'est vanté le justicier.

À moins que d'ici là le Bundestag ne vote une loi pour lutter contre « les abus du droit à l'adoption » !

IL Y A 40 ANS, EN 1969 : À Prague, une manifestation antisoviétique est réprimée par les blindés de l'armée tchécoslovaque. À Jérusalem, une partie de la mosquée d'Al-Aqsa est détruite par un incendie criminel. Quatre cent trente-cinq tableaux, dont une centaine d'œuvres de maîtres, ont été volés à Paris en un an.

VENDREDI 21 AOÛT Saint Christophe

Lion 3e décan

Ne rien faire n'est vraiment agréable que si l'on a beaucoup de travail en retard (Jerome K. Jerome).

★ POULET À LA SICILIENNE. Pour quatre personnes. Salez, poivrez, faites dorer dans le beurre quatre cuisses de poulet. Déglacez la poêle avec 15 centilitres de marsala, laissez réduire, ajoutez quatre cuillers à soupe de crème allégée, parsemez de pignons de pins grillés à sec, servez avec des pâtes.

Vous pouvez encore planter un nouveau carré de fraisiers. Plantez à la main plutôt qu'au plantoir à 30-40 centimètres en tous sens, en terre bien fumée, et arrosez abondamment. Pour gagner de la place, que ce soit au jardin ou sur un balcon, plantez un fraisier grimpant. Le Mount Everest, très productif et très rustique, donne des fruits tendres et très parfumés. Il peut monter jusqu'à 1,50 mètre attaché à un tuteur ou palissé. Vous pouvez également le conduire en suspension. Il fait des fruits de juin jusqu'aux gelées.

Il ne faut pas nettoyer sa baignoire quel que soit son état de crasse, à Baltimore, dans le Maryland.

IL Y A 40 ANS, EN 1969 : Retour au calme à Prague, mais de nouvelles bagarres à Brno auraient fait deux morts. La police israélienne a arrêté Michel Rohen, Australien, incendiaire de la mosquée d'Al-Aqsa à Jérusalem. Une immense nappe de mazout provoquée par un dégazage sauvage dérive dans la Manche.

Lecture : une bonne façon de s'enrichir sans voler personne (Arlette Laguiller).

Saint Fabrice — SAMEDI 22 AOÛT — Vierge Ier décan

Le bonheur, c'est d'avoir une bonne santé et une mauvaise mémoire (Ingrid Bergman).

Sainte Rose de Lima — DIMANCHE 23 AOÛT — Vierge Ier décan

La France mystérieuse
LA GROTTE DES AMANTS
Le Thor (Vaucluse)

C'est en 1900 qu'a été découverte la grotte du Thouzon, un magnifique ensemble de galeries décorées de concrétions naturelles. Du coup, on y a situé la légende qui courait dans la région, mais qu'on ne pouvait localiser jusque-là, faute de grotte connue.

Vers l'an 1207, un peu avant la croisade des Albigeois, Raymond VI, comte de Toulouse, avait une fille d'une incomparable beauté, Noëlie, que tout le monde appelait la belle No. Il voulait la marier avec un seigneur voisin, mais la jeune fille était amoureuse d'un pauvre troubadour et elle s'enfuit avec lui. Furieux, le comte envoya ses soldats à leur poursuite, avec ordre de tuer le poète et de ramener sa fille.

On ne tarda pas à les localiser en Vaucluse et plus précisément près du village du Thor. Les amoureux avaient été aperçus dans la forêt du Thouzon toute proche. On avait entrevu une silhouette féminine, on avait même entendu des notes de musique, mais malgré toutes les recherches, les amants restèrent introuvables.

Il y avait une grotte dans la forêt et les soldats du comte, pensant qu'ils y avaient trouvé refuge, l'explorèrent entièrement. Ils n'y trouvèrent personne. La croisade menée par le pape contre les cathares ayant commencé, ils furent obligés de rentrer à Toulouse. On n'entendit alors jamais plus parler de la belle No et de son troubadour, qui poursuivirent sans doute leurs amours en cachette. On suppose que la grotte possédait une entrée secrète, mais, malgré tous les efforts, elle n'a jamais été retrouvée.

IL Y A 40 ANS, EN 1969 : Le général Khiem, succédant à M. Tran Van Huong, est chargé de former le gouvernement sud-vietnamien. Inauguration, porte d'Orléans à Paris, d'un monument à la gloire du maréchal Leclerc. L'Allemand de l'Est Roland Matthes remporte le 100 mètres dos de la Coupe d'Europe de natation.

LUNDI 24 AOÛT

Saint Barthélemy

Vierge 1er décan

Nous sommes ici-bas pour rire. Nous ne le pourrons plus au purgatoire ou en enfer. Et au paradis, ce ne serait pas convenable (Jules Renard).

Les moucheurs de chandelles

C'étaient d'humbles mais indispensables fonctionnaires de théâtre. À la fin de chaque acte, on descendait les lustres, et les deux moucheurs s'avançaient sur la scène pour s'acquitter de leur emploi. L'un d'eux mouchait le devant du théâtre et l'autre le fond. Devant un parterre impatient, ils faisaient tourner les lustres doucement, amenant une à une les chandelles sous le tranchant de leur mouchette. Chaque mèche devait être mouchée d'une main sûre, près de la lumière, rapidement, d'un seul coup et proprement pour ne pas provoquer de mauvaises odeurs. Surtout les moucheurs veillaient à ce que le feu ne prenne pas aux toiles des décors. D'ailleurs, un bon nombre de seaux remplis d'eau devaient se trouver à proximité. Le public était très attentif à cette opération : si elle réussissait sans que le préposé eût manqué une seule chandelle ou eût donné un second coup de son instrument à la même mèche, il applaudissait avec enthousiasme. En cas de besoin, on donnait parfois aux moucheurs des rôles de confidents. C'était pour eux une nouvelle occasion de se faire huer ou applaudir.

On a trouvé dans les registres de la Comédie-Française, en face du titre d'une pièce, le mot « four ». La pièce ne couvrant pas les frais, on n'avait pas joué et il avait fallu éteindre les chandelles, donc rendre la salle noire comme un four. D'où l'expression du spectacle « faire un four », en cas d'insuccès.

⭑ ROCHEBARON EN CROÛTE. Pour quatre personnes.
Prenez quatre rochebarons et posez chacun sur deux tranches de lard en croix dont vous enveloppez le fromage après l'avoir un peu gratté. Posez ensuite l'ensemble au milieu d'un carré de pâte feuilletée de 25 centimètres de côté, rabattez vers le centre. Badigeonnez de jaune d'œuf, et faire cuire 15 à 20 minutes à four moyen.

IL Y A 40 ANS, EN 1969 : Quinze personnes accusées d'espionnage au profit de la CIA et d'Israël ont été pendues à Bagdad. En réponse à la récente décision du président Nixon d'ajourner le rapatriement d'un prochain contingent, le président Hô Chi Minh proclame la guerre à outrance.

L'homme est sage, intelligent et raisonnable en tout ce qui concerne les autres, mais pas en ce qui le touche lui-même (Gogol).

Saint Louis

Vierge 1er décan

MARDI 25 AOÛT

Les drôles d'histoires de Pierre Bellemare

Mariages funèbres

En Chine, une croyance persistante affirme qu'il ne suffit pas d'honorer la mémoire des défunts, encore faut-il subvenir à leurs besoins dans l'au-delà. C'est pourquoi il n'est pas rare que les familles brûlent en offrande de faux billets de banque, des voitures et des maisons en papier, et qu'elles déposent sur la tombe du disparu les mets dont il raffolait de son vivant. Dans certaines provinces reculées, ces louables attentions vont plus loin : lorsque les parents perdent un fils célibataire, ils s'enquièrent aussitôt de trouver le cadavre d'une femme jeune susceptible de jouer le rôle de son épouse post-mortem. Cette coutume rurale, pratiquée depuis la dynastie Ming et sévèrement punie par les communistes, est à l'origine de la constitution de réseaux illégaux qui se chargent de fournir aux familles des filles célibataires récemment décédées. Ainsi un certain Song Tiantang, chômeur de cinquante-deux ans, s'était-il spécialisé dans ce petit commerce. S'approvisionnant dans les cimetières de la région, il fournissait des épouses fantômes aux familles en détresse, moyennant 300 à 400 euros. Arrêté, condamné à purger une peine de deux ans de prison, notre homme, à peine libéré, décide de peaufiner sa technique. Pourquoi s'embarrasser à déterrer des cadavres alors qu'il suffit d'envoyer *ad patres* des femmes bien vivantes qui correspondent aux critères exigés par les familles, surtout que les cadavres « frais » se vendent beaucoup plus cher ? Aussitôt dit, aussitôt fait, six malheureuses se retrouvent bientôt mariées à des inconnus, six pieds sous terre. De nouveau arrêté, Song se trouve dans le couloir de la mort de sa prison. Détail troublant : en chinois, son nom, Tiantang, signifie « Paradis » !

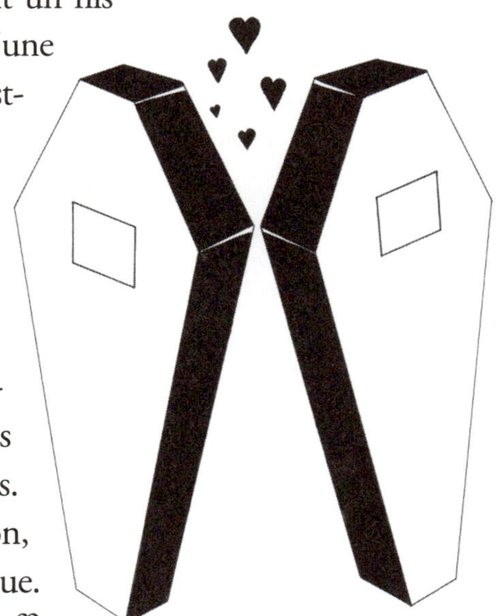

IL Y A 40 ANS, EN 1969 : Inquiétude en Israël, après l'explosion de trois roquettes tirées par des Palestiniens sur Jérusalem. Colman Losonczy, d'origine hongroise, lance des cocktails Molotov sur l'ambassade du Canada à Vienne, tuant deux personnes. Sortie du film de Sergio Leone *Il était une fois dans l'Ouest.*

MERCREDI 26 AOÛT

Sainte Natacha

Vierge 1er décan

Rien n'influence plus un individu que son environnement psychologique et particulièrement dans le cas des enfants, la vie que leurs parents auraient souhaité avoir (Jung).

En septembre, concentrez le maximum de sève dans vos tomates en supprimant les pousses à deux feuilles au-dessus du dernier bouquet et traitez avec du cuivre pour empêcher le mildiou d'apparaître. Si le mois est pluvieux ou froid, les fruits ont du mal à rougir. Vous pouvez placer vos tomates insuffisamment colorées sur le bord de la fenêtre à l'intérieur de la maison. Début octobre, si vos tomates sont encore trop petites sur plants pour être cueillies, même vertes, arrachez les pieds entiers et couchez-les dans un abri clair en recouvrant les racines de vieilles toiles. À l'abri du gel les tomates parviendront ainsi à maturité.

Philippe VI de Valois (1293-1350)

Le neveu de Philippe le Bel, Philippe de Valois, devient régent à la mort en 1328 de Charles IV le Bel. Le 8 avril, les barons le choisissent pour devenir roi. Dès le mois de juin, Louis de Nevers, comte de Flandre, demande son aide contre la révolte des bourgeois flamands qui n'hésitent pas à solliciter le roi d'Angleterre Édouard III. Le roi et ses barons passent en Flandre. Les rebelles, groupés sur le mont Cassel, narguent le « roi trouvé ». Les barons, quant à eux, trouvent trop tardif le début de la campagne. Le connétable Gautier de Châtillon essaie de les convaincre et leur lance : « Qui a bon cœur trouve toujours bon temps pour la bataille. » Philippe VI, reconnaissant et enthousiaste, s'écrie à son tour :

« Qui m'aime me suive ! »

Ce 23 août 1328, l'armée royale remporte une victoire écrasante qui ramènera pour un temps les bourgeois flamands dans le droit chemin.

IL Y A 40 ANS, EN 1969 : Le Fonds monétaire international accorde à la France près de 1 milliard de dollars, représentant le montant de ses réserves au FMI. Sortie du film *L'Homme de Rio* de Philippe de Broca, avec Jean-Paul Belmondo et Françoise Dorléac. Mort du journaliste et écrivain français Marcel Allain.

Je trouve que la télévision est très favorable à la culture. Chaque fois que quelqu'un l'allume chez moi, je vais dans une pièce à côté et je lis (Groucho Marx).

Sainte Monique
Vierge 1er décan

JEUDI 27 AOÛT

Les drôles d'histoires de Pierre Bellemare

So british !

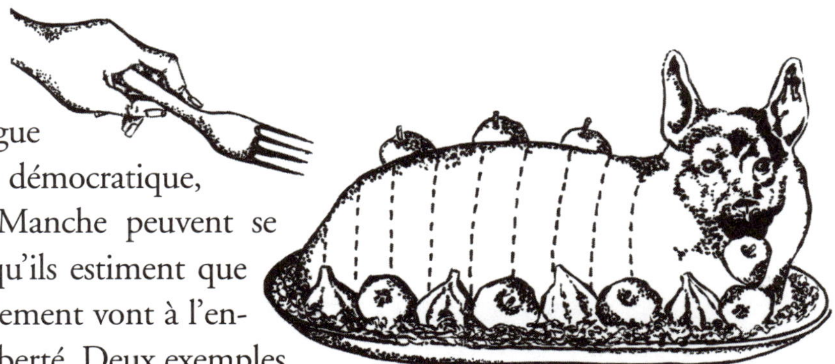

Dépositaires d'une longue et glorieuse tradition démocratique, nos voisins d'outre-Manche peuvent se montrer très chatouilleux lorsqu'ils estiment que les lois promulguées par le Parlement vont à l'encontre de la morale et de leur liberté. Deux exemples très british illustrent ce point de vue.

Pour protester contre le mauvais traitement infligé selon lui à un renard tué par balle par un groupe de chasseurs incluant l'époux de la souveraine, le prince Philip, Mark McGowan, un artiste de performances, a mangé un corgi, un chien de la race préférée de Sa Majesté. Le chien était pour la circonstance accommodé avec des pommes vertes et des oignons. Rappelons que par le passé McGowan avait déjà poussé une cacahouète avec son nez, de chez lui jusqu'à la résidence du Premier ministre, pour dénoncer sa politique des transports !

Depuis le 1er juillet 2007, il est interdit de fumer dans les lieux ouverts au public en Angleterre. Jugeant cette loi discriminatoire, Bob Beech, le patron du *Wellington Arms,* un pub de Southampton, a décidé de transformer son établissement en « ambassade royale de Redonda », du nom d'une minuscule île inhabitée des Caraïbes. Se faisant nommer ambassadeur par un ami résidant sur l'île voisine d'Antigua, et sacré pour la circonstance « roi de Redonda », Beech a ouvert dans son pub un agréable coin fumeurs. Lorsque la police est venue lui infliger une amende pour non-respect de la loi antitabac, Son Excellence s'en est indignée en ces termes : « Dehors, manants, je suis protégé par l'immunité diplomatique. » Aujourd'hui, bien qu'interdit de tabac, le *Wellington Arms* ne désemplit pas !

IL Y A 40 ANS, EN 1969 : Moscou adresse un nouvel avertissement à Pékin, au cas où la Chine s'en prendrait aux frontières soviétiques. Un commando israélien attaque un camp militaire en Égypte. Il n'y aura plus de querelle de clocher en France : les bourdons seront silencieux de 21 heures à 6 heures.

VENDREDI 28 AOÛT

Saint Augustin

Vierge 1er décan

Le rire et le sommeil sont les meilleurs remèdes du monde (proverbe irlandais).

★★★ COQUELETS EN CRAPAUDINE. Pour quatre personnes. Fendez deux coquelets sur le dos sans les couper en deux et aplatissez-les. Assaisonnez-les de sel et poivre. Faites-les revenir au beurre dans une sauteuse sans les laisser dorer avec deux échalotes hachées, et cuisez-les 10 minutes à feu doux, puis retirez-les. Ajoutez dans la sauteuse 1 décilitre de vin blanc sec et 1 décilitre de bouillon. Faites réduire. Posez les coquelets dans la chapelure, cuisez-les sur le gril 10 minutes de chaque côté. Servez avec la sauce à laquelle vous ajoutez un jus de citron et du persil haché.

LES MÉSANGES BLEUES NE FONT PAS LEUR NID AVEC N'IMPORTE QUOI

Une expérience a été menée par l'équipe du Centre d'écologie fonctionnelle et évolutive de Montpellier dans la vallée de Muro, en Corse, où on trouve plus de deux cent cinquante espèces de plantes différentes. Or les couples de mésanges bleues n'utilisent pas plus d'une dizaine de ces espèces végétales, toutes médicinales, pour faire leur nid. Les plus utilisées sont la lavande, l'immortelle, la menthe, l'achillée de Ligurie et la pulicaire odorante. Pour s'assurer que ces plantes ne sont pas choisies au hasard par la femelle, les chercheurs ont ôté un à un tous les brins de la même plante médicinale dans soixante-quatre nids. Dans la moitié d'entre eux, les herbes retirées ont été cachées dans un sachet et replacées sous le nid. Dans l'autre moitié, elles ont été purement et simplement éliminées. Le résultat se vérifie à chaque nichée : si le parfum des herbes, même cachées, continue à imprégner le nid, la femelle ne réagit pas. S'il n'y en a plus, elle s'agite et part à la recherche de nouvelles brindilles. Pas de doute : il s'agit bien là de protéger les oisillons contre les parasites, bactéries et autres champignons. Les mésanges bleues sont donc adeptes de la phytothérapie, et savent, ce que l'on a longtemps cru réservé aux seuls mammifères carnassiers, se servir de leur odorat.

IL Y A 40 ANS, EN 1969 : Détournement sur Damas par un commando palestinien d'un Boeing de la TWA reliant Los Angeles à Tel-Aviv, avec cent trois passagers. Le président du Brésil, le maréchal Da Costa E. Silva, est victime d'une thrombose cérébrale ; un triumvirat militaire est prêt à assurer sa succession.

Sainte Sabine — SAMEDI 29 AOÛT — Vierge 1er décan

Pour voir qu'il fait noir, on n'a pas besoin d'être une lumière (Ph. Geluck).

Saint Fiacre — DIMANCHE 30 AOÛT — Vierge 1er décan

Mieux vaut ne rien savoir que beaucoup savoir à moitié ! (Nietzsche).

La France mystérieuse

RUGBY BRETON
Pontivy (Morbihan)

Dans la région de Pontivy le costume traditionnel était taillé dans le drap blanc, ce qui faisait surnommer les habitants de la ville les « Moutons blancs ». C'est également dans cette région que se pratiquait la soule, une sorte de rugby, remontant sans doute à d'antiques usages religieux, datant des Gaulois ou même avant. On prétend que le ballon était à l'origine une tête humaine, toujours est-il que le jeu était particulièrement violent et que les Pontiviens ne s'y montraient pas des moutons, loin de là ! Le journaliste et écrivain breton Émile Souvestre écrit au XIXe siècle : « On appelle soule un énorme ballon rempli de son qu'on jette en l'air et que se disputent ensuite les joueurs partagés en deux camps opposés. La victoire reste au parti qui a pu s'emparer de la soule sur une autre commune que celle où le jeu a commencé. » Ce que ne dit pas Souvestre, c'est qu'il n'y avait ni règles ni arbitre et que tous les coups étaient permis. On profitait même de la soule pour vider de vieilles querelles.

Lors d'une partie jouée en 1850 entre les habitants de Kergrist et les Moutons blancs, François le Souleur, de Pontivy, fut frappé par Pierre Marker, de Kergrist, qui s'acharna sur lui et le laissa borgne, paralysé et idiot.
Pour la première fois, l'affaire se termina devant les tribunaux. Pierre Marker dit, pour sa défense, que c'était comme cela qu'on jouait à la soule. Les juges en convinrent et l'acquittèrent. En revanche, ils interdirent définitivement la soule. Celle-ci devait pourtant faire son retour en France, quelques années plus tard, sous la forme plus civilisée du rugby.

IL Y A 40 ANS, EN 1969 : Ouverture à la porte de Versailles du IVe Salon international de la Radio-Télévision. Sortie du film de Robert Bresson *Une femme douce*, avec Dominique Sanda et Guy Frangin. Mort dans un accident d'avion de l'ancien champion du monde des poids lourds, l'Américain Rocky Marciano.

LUNDI 31 AOÛT

Saint Aristide

Vierge 1er décan

On est bien fort quand on a le nombre ; invincible, quand on a la ruse (Euripide).

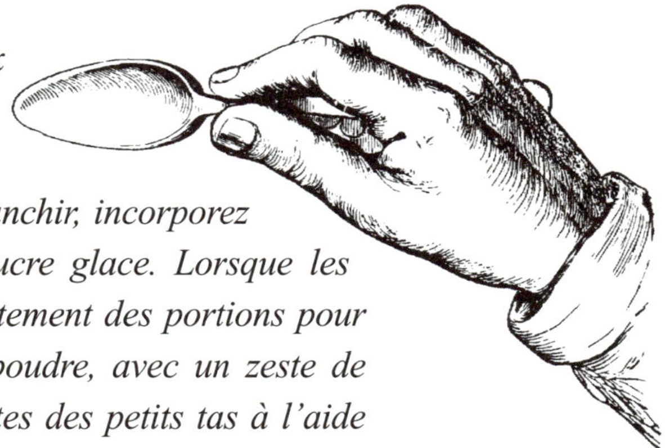

★★ *AVELINETTES. Pour six personnes. Battez au fouet trois blancs d'œufs avec une pincée de sel. Dès qu'ils commencent à blanchir, incorporez par grosses cuillerées 200 grammes de sucre glace. Lorsque les blancs sont bien fermes, soulevez-en délicatement des portions pour incorporer 300 grammes de noisettes en poudre, avec un zeste de citron râpé et un soupçon de cannelle. Faites des petits tas à l'aide d'une grosse cuiller huilée, que vous posez sur la tôle, et laissez cuire 30 minutes à feu doux.*

Le savon ne sert pas qu'à laver

L'aviez-vous remarqué ? Prendre une savonnette des mains d'un ami entraîne une dispute. Chez les Anglo-Saxons : laisser tomber du savon porte malheur et peut présager une mort. En Écosse, lorsque le savon ne mousse pas dans le bac à lessive, c'est qu'il s'y trouve le linge d'une personne qui va mourir.

De façon plus agréable, dans les Deux-Sèvres, celle qui laisse tomber le savon sur sa gauche en faisant la lessive sera conviée prochainement à un mariage, mais celle qui économise du savon risque de se transformer en lavandière de la nuit.

Pour guérir rhumatisme, arthrose et arthrite, il suffit de placer dans son lit un morceau de savon de Marseille. Dans le Languedoc, il guérit les coups de froid s'il est appliqué en cataplasme très chaud. En Bretagne, laver les verrues avec un savon neuf les fera disparaître. Dans les Alpes-Maritimes, on soulage une entorse en appliquant un savon n'ayant jamais servi avec un blanc d'œuf.

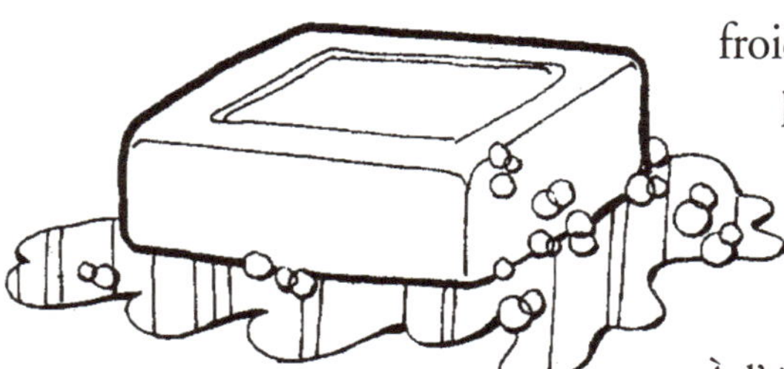

À l'époque des procès de sorcellerie, les accusés croyaient se protéger des souffrances de la torture en avalant du savon dissous dans de l'eau. Certains geôliers, par bonté d'âme, ne manquaient pas de communiquer cet artifice aux prisonniers.

IL Y A 40 ANS, EN 1969 : Coup d'État militaire du colonel Kadhafi qui prend le pouvoir en Libye. 200 000 hippies se sont réunis pendant trois jours pour assister au festival pop de l'Île de Wight. Suicide de l'enseignante Gabrielle Russier, condamnée à un an de prison pour avoir eu une liaison avec un de ses élèves.

Le rassurant de l'équilibre, c'est que rien ne bouge. Le vrai équilibre, c'est qu'il suffit d'un souffle pour tout faire bouger (Julien Gracq).

Saint Gilles

Vierge 1er décan

MARDI 1 SEPTEMBRE

Les drôles d'histoires de Pierre Bellemare

Stakhanov « au charbon »

Dans les années 1930, obéissant à la maxime « Puisqu'ils font semblant de nous payer, faisons semblant de travailler », l'*Homo sovieticus* renâcle à la tâche et met sérieusement en péril la réussite du nouveau plan quinquennal. Pour exhorter les masses laborieuses à redoubler d'ardeur, Staline crée de toutes pièces un conte de fées moderne : le stakhanovisme. Le miracle est annoncé à la une de la *Pravda* en date du 1er septembre 1935. À Irmino, dans le Donbass, dans la nuit du 30 au 31 août, le mineur Alexeï Stakhanov aurait pulvérisé le record de productivité en abattant à lui seul 105 tonnes de charbon en six heures, alors que la norme en vigueur ne dépasse pas 7 tonnes. La nouvelle ahurissante se propage comme un coup de grisou à travers les médias soviétiques. Stakhanov, devenu héros national, est élu au Soviet suprême et son portrait bienveillant accueille bientôt les ouvriers dans leurs usines et les enfants dans leurs écoles.

On ignore si l'exploit du surhomme d'Irmino a dopé ou non la production de l'Union soviétique à la veille de la Grande Guerre patriotique. Il est avéré, en revanche, que la légende a perduré dans les manuels scolaires soviétiques jusqu'en 1989, et qu'elle était encore évoquée comme un fait réel en France, dans les pages de *L'Humanité,* dix ans plus tard. Avant que les archives du Parti soient rendues publiques et que l'on découvre la supercherie. En 1935, Staline avait ordonné à une équipe de quinze mineurs de se mettre au travail dans le plus grand secret. Une fois les 105 tonnes de minerai extraites, ce qui représentait une performance très ordinaire, quatorze ouvriers s'éclipsèrent discrètement, laissant Stakhanov seul face à leur tas de charbon ! L'Histoire se fabrique les héros qu'elle mérite !

IL Y A 40 ANS, EN 1969 : Au 101e Congrès des Trade Unions britanniques, la résolution pour l'égalité de salaire pour les femmes est votée. M. Vilem Novy, membre du Comité central du PC tchécoslovaque, demande le départ d'Alexander Dubcek. En France, les rémunérations augmentent plus vite que les prix.

MERCREDI 2 SEPTEMBRE — **Sainte Ingrid** — **Vierge** 2e décan

Si haut que l'on soit placé, on n'est jamais assis que sur son cul (Montaigne).

Pratiquez la dernière tonte du gazon avant de terreauter pour l'hiver. Aérez le gazon avec une fourche-bêche en le piquant à petits coups tous les 15 centimètres. Il existe des patins à clous que vous pouvez acheter. Chaussez-les et promenez-vous sur l'herbe. Cette opération permet aux racines de mieux respirer et de se renouveler. Répandez ensuite un mélange de terre de jardin et de sable que vous brosserez à l'aide d'un balai à gazon en plastique ou un râteau à lames souples…

☆ PALERONS AU PAPRIKA. Pour six personnes. Faites revenir au beurre bien chaud dans un sautoir six tranches épaisses de paleron salées poivrées et 300 grammes d'oignons coupés en quartiers, en remuant à la cuiller en bois. Lorsque ces éléments ont blondi, saupoudrez d'une cuillerée à café de paprika, mouillez avec un verre de vinaigre de vin, une cuillerée à café de sucre en poudre, et laissez cuire 1 heure à couvert. Si nécessaire, mouillez de temps en temps avec un peu de bouillon. Présentez ces tranches de paleron nappées d'oignons et de sauce, saupoudrées de persil, avec des lasagnes.

Dans l'État du Maine, il est interdit de mettre le feu à une mule.

IL Y A 40 ANS, EN 1969 : Hô Chi Minh, président fondateur de la république démocratique du Vietnam et président du Comité central des travailleurs, est mort dans sa capitale à Hanoi. Le plan de redressement est définitivement adopté : la France veut gagner la bataille du franc. Sortie du film *Sweet Charity* de Bob Fosse.

Travailler en collaboration, cela veut dire prendre la moitié de son temps à expliquer à l'autre que ses idées sont stupides (Wolinski).

Saint Grégoire
Vierge 2e décan

JEUDI 3 SEPTEMBRE

Les drôles d'histoires de Pierre Bellemare

Une évasion pas si manquée

Un matin de septembre 2007, dans la prison de San Geminiani, au nord de l'Italie, Pietro Raimondi demande à parler de toute urgence au directeur. On ne dérange pas le directeur aussi facilement, mais, comme il ne cesse de répéter que c'est de la plus haute importance, un gardien finit par le conduire dans son bureau. Là, Pietro Raimondi lui déclare :

« Il y a un obus sous la prison. Je n'y connais rien, mais il fait bien cent kilos. Dépêchez-vous, on peut tous sauter d'un moment à l'autre ! »

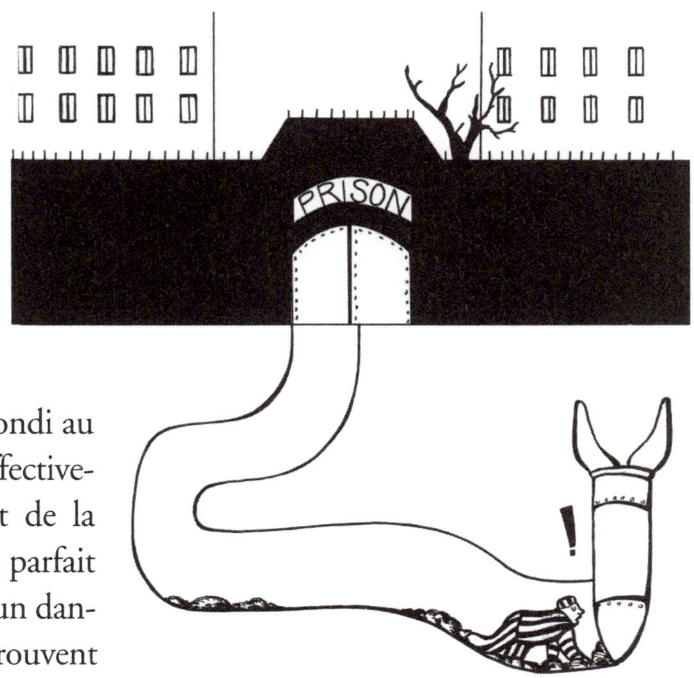

Et, comme le directeur lui demande comment il le sait, Pietro Raimondi répond, subitement gêné : « Je creusais un tunnel pour m'évader… »

Alertés, les démineurs empruntent le tunnel qui va de la cellule de Raimondi au sous-sol de la prison et découvrent, effectivement, un obus de cent kilos datant de la Première Guerre mondiale. Il est en parfait état de fonctionnement et représente un danger mortel pour tous ceux qui se trouvent dans l'établissement.

L'administration pénitentiaire a décidé de ne pas poursuivre Pietro Raimondi pour son évasion pas si manquée que cela, puisqu'elle a sauvé le personnel de la prison et les détenus, à commencer par lui-même.

IL Y A 40 ANS, EN 1969 : À Strasbourg, huit cents pédiatres dénoncent le rôle nocif du tabac chez la femme enceinte. Enlèvement de l'ambassadeur américain au Brésil par un commando révolutionnaire à Rio. Après quatorze jours d'incarcération à Prague, l'envoyé spécial de RTL Georges Penchenier est enfin libéré.

VENDREDI 4 SEPTEMBRE Sainte Rosalie

Vierge 2e décan

Les hommes créent souvent des modes aberrantes pour se venger des femmes (Roland Barthes).

★ CROQUETTES ÉPICÉES. Pour quatre à six personnes. Faites cuire à l'eau salée 150 grammes de riz rond, égouttez bien. Mélangez dans un saladier le riz avec deux œufs, une cuillerée à café de curry en poudre, 100 grammes de fromage râpé, sel, poivre. Formez des croquettes bien compactes. Roulez-les dans la farine, puis dans l'œuf, et dans la chapelure. Faites-les dorer dans une poêle et égouttez-les sur papier absorbant.

L'OLIVIER, ARBRE DU SOLEIL. Né sans doute au nord de l'Arabie méridionale six mille ans avant notre ère, l'olivier s'est lentement propagé sur toutes les rives de la Méditerranée pour pénétrer en Provence lorsque les Phocéens fondèrent Massilia en 600 avant Jésus-Christ. Providence des peuples méditerranéens, d'une vitalité prodigieuse, cet arbre peut à maturité produire 45 kilos d'olives donnant 11 litres d'huile. Cueillies vertes en octobre, noires en janvier, les olives sont des fruits à la pulpe charnue terriblement amère. Qui eut l'idée un jour de les mariner dans la saumure pour les adoucir et les conserver ? Mystère... Mais depuis les temps anciens, leur huile s'est révélée précieuse aussi bien pour la cuisine que pour l'éclairage.

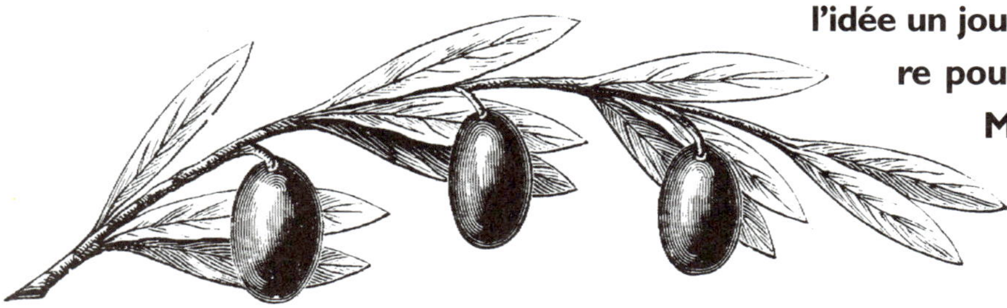

Elle servait aussi, en onguents et en parfums, à enduire les corps pour soigner et embellir les vivants et toiletter les morts. En Grèce, les athlètes s'en badigeonnaient le corps et se roulaient ensuite dans le sable pour constituer une couche destinée à absorber leur transpiration. Les feuilles de l'olivier dispensent de même quotidiennement leurs bienfaits dans les soins corporels externes et internes. Dans l'Antiquité, le demi-dieu Héraclès avait décrété que les rameaux au feuillage persistant d'un beau vert gris argenté de l'olivier couronneraient les héros du stade. De ce moment, les feuilles et l'huile ont été associées au couronnement des rois et des empereurs ainsi qu'aux pratiques liturgiques.

IL Y A 40 ANS, EN 1969: Opposition croissante en Grande-Bretagne à l'entrée de l'Angleterre dans le Marché commun. 25 000 ouvriers de la Ruhr sont en grève pour obtenir des augmentations. Inauguration à Périgueux d'un monument à la mémoire d'André Maurois. Sortie du film de Claude Chabrol *Que la bête meure*.

Qu'il faut donc aimer quelqu'un pour le préférer à son absence! (Jean Rostand).

Tous les hommes font la même erreur, de s'imaginer que bonheur veut dire que tous les vœux se réalisent (Léon Tolstoï).

Sainte Raissa — SAMEDI 5 SEPTEMBRE — Vierge 2e décan

Saint Bertrand — DIMANCHE 6 SEPTEMBRE — Vierge 2e décan

La France mystérieuse

NOTRE-DAME DE L'Ô

Questembert (Morbihan)

Dans les environs de Questembert, se dresse, au lieu dit hameau de Bréhardec, une petite chapelle. Élevée au début du XIIIe siècle par les Templiers, elle a été restaurée à la fin du XIXe. Mais elle est moins remarquable par son architecture que par son nom. Elle répond, en effet, à l'appellation déroutante de « Notre-Dame de l'O ».

Le plus étonnant est que l'origine de cette dénomination sans doute unique en son genre s'était perdue et que personne ne savait plus pourquoi la chapelle s'appelait ainsi. Ce sont les travaux entrepris en 1891 qui ont apporté la solution. Un parchemin du XIIIe siècle a été retrouvé dans un mur et donnait l'explication: « L'an 1211 cette chapelle a été bâtie Notre-Dame de l'O, en mémoire des antiennes qui se chantent ici, durant les jours précédant Noël. »

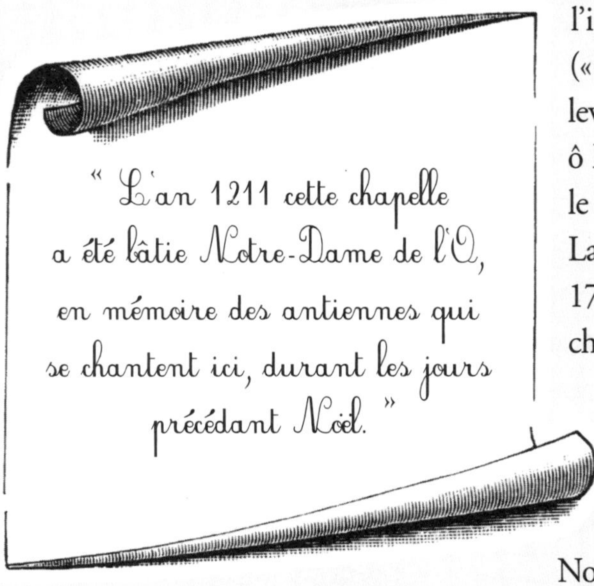

Ces antiennes, prières chantées à deux chœurs, étaient au nombre de sept. Chacune d'elles commençait par une invocation avec l'interjection Ô (« Ô sagesse, ô Soleil levant, ô roi des nations, ô Emmanuel, etc. »), d'où le nom de la chapelle.

La première se chantait le 17 décembre et les autres chaque jour jusqu'à la veille de la Nativité.

La tradition n'a pas été reprise. Mais, jusqu'au début du XXe siècle, Notre-Dame de l'O attirait quand même les habitants des environs pour la fontaine située à proximité. Elle était réputée miraculeuse. Si un puits s'asséchait, il suffisait, dit-on, d'y verser le contenu d'un seau puisé à la fontaine pour qu'il coule de nouveau.

IL Y A 40 ANS, EN 1969 : Libération, au Brésil, de l'ambassadeur américain Elbrick, en échange de quinze prisonniers politiques de gauche, et arrestation de quatre des ravisseurs. À Monza, l'Écossais Jacky Stewart est sacré champion du monde 1969 sur Matra en remportant le Grand Prix d'Italie.

LUNDI 7 SEPTEMBRE

Sainte Reine

Vierge 2e décan

Dieu n'a fait qu'ébaucher l'homme, c'est sur terre que chacun se crée (proverbe africain).

★ COURGETTES FRAÎCHEUR. Pour huit personnes. Évidez huit courgettes rondes à l'aide d'une cuiller à soupe, faites-les cuire 5 minutes à l'eau bouillante salée avec la chair récupérée. Passez à la moulinette grosse grille huit champignons de Paris nettoyés et six œufs durs. Mélangez avec la chair récupérée égouttée, une botte de cerfeuil et une demi-botte d'estragon hachées, un jus de citron, quatre cuillerées d'huile d'olive, sel, poivre noir. Remplissez les courgettes avec cette farce et servez frais.

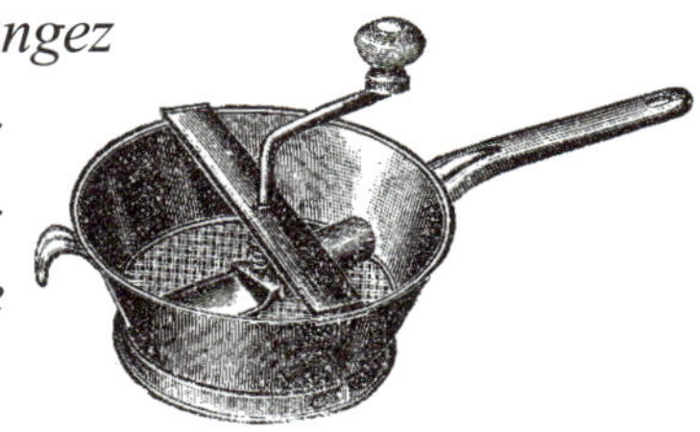

AU ROYAUME DES FOURMIS, IL NE FAIT PAS BON ÊTRE MÂLE

Il existe neuf mille cinq cents espèces de fourmis dans le monde. Elles sont un million de fois plus petites que nous, mais, toutes mises ensemble, leur poids total dépasse celui de l'humanité tout entière.

Au printemps, les princesses devenues adultes, aux ailes bien développées, s'envolent de leurs fourmilières. Elles rencontrent les mâles qui se sont aussi envolés de leur fourmilière natale. Après un bref accouplement, les reproducteurs, qui n'ont plus aucune utilité, meurent en moins de vingt-quatre heures… Les princesses, une fois fécondées, perdent leurs ailes et cherchent un nid pour s'établir. La ponte de leurs premiers œufs leur donnera le statut de reine. En attendant, elles n'ont pas besoin de se nourrir, car les muscles de leurs élytres devenus inutiles se résorbent dans leur organisme pour leur fournir les nutriments indispensables. La colonie se développe avec la naissance des premières ouvrières qui, une fois adultes, vont nourrir sans relâche les reines et les larves, les pauvres mâles mangeant rarement. Cela va permettre aux reines, qui n'ont pourtant connu qu'un seul accouplement, de pondre jusqu'à plusieurs millions d'œufs selon les espèces. C'est leur unique occupation, jusqu'à la fin de leur vie.

Les drôles d'histoires de Pierre Bellemare

Ablutions célestes

Que se passe-t-il dans ce vol d'Air China, entre Pékin et Tokyo ? Depuis près d'une demi-heure, les toilettes restent obstinément fermées. Plusieurs passagers l'ont signalé à l'hôtesse, qui frappe quelques coups discrets, mais sans la moindre réponse. Il faut faire quelque chose : il s'agit peut-être d'un malaise. L'hôtesse, d'autant plus inquiète que de l'eau coule sous la porte, se munit de son passe-partout. Elle ouvre précipitamment et se trouve devant un Chinois nu comme un ver, en train de prendre un bain, qui lui déclare placidement : « Vous n'auriez pas du savon ? »

Les autres hôtesses et le steward se précipitent. L'individu est maîtrisé, rhabillé. Il a l'air tout étonné de cette réaction et, quand on lui demande la raison de son comportement, il répond, toujours avec la même placidité : « C'est la première fois que je voyage en avion. Quand j'ai vu qu'il y avait de l'eau chaude dans les toilettes, j'ai eu l'idée de prendre un bain. Cela faisait une semaine que je ne m'étais pas lavé. »

La compagnie Air China a porté plainte, mais, à la surprise générale, celle-ci n'a pas abouti, aucun règlement aérien n'interdisant de se baigner dans les toilettes. Ce n'est tout de même pas une raison pour tenter de faire la même chose.

IL Y A 40 ANS, EN 1969 : En Égypte, la plus grande opération depuis la guerre des Six Jours, menée par les colonnes israéliennes, a fait cent morts et détruit un important matériel. À Caserte, en Italie, des scènes d'émeute ont lieu depuis deux jours à la suite du déclassement des footballeurs.

MERCREDI 9 SEPTEMBRE Saint Alain

Vierge 2e décan

Qui dépense et ne compte pas,
Mange son bien et ne le goûte pas (proverbe français).

OSSAU IRATY, UNE TRADITION PASTORALE

Depuis des temps immémoriaux, lors de la transhumance, des milliers de brebis manech à la tête noire et à l'épaisse toison de laine blanche viennent pâturer dans les prairies verdoyantes des montagnes pyrénéennes : les bergers montent avec elles y passer l'été dans leurs cabanes traditionnelles – *cayolar* en Pays basque… ou *cuyala* en Béarn. Ils y fabriquent lors de l'estive un fromage à pâte pressée non cuite, activité qu'ils reprendront de janvier à juin dans leurs bergeries de plaine lorsqu'ils auront collecté le lait après agnelage. La pâte est plutôt souple avec un goût marqué en Béarn, plus sèche en Pays basque où le format de la tomme est plus petit. Au début du XXe siècle, la qualité du lait de brebis de la région a intéressé les fabricants de Roquefort qui l'ont collecté en Béarn et Pays basque. Craignant de rentrer dans une appellation Roquefort et désireux de conserver leur fromage local, Béarnais et Basques se sont unis en 1975 pour élaborer un produit commun. Ainsi est né l'ossau iraty, tomme au parfum subtil et puissant, entourée d'une croûte qui devient grise et rugueuse en vieillissant. À l'origine, ce fromage était piquant et s'accompagnait de vins charpentés et de confitures de griottes. Il a perdu son piquant, mais la coutume de l'accompagner de confiture est restée.

Plantez un tamaris, cet arbuste de 3 à 6 mètres de haut, parfait pour un petit jardin ou une terrasse. Ses exigences sont bien faibles. Il apprécie particulièrement les sols sableux et, s'il aime le plein soleil, ne craint ni le vent ni les embruns. Selon les espèces, les branches se couvrent au printemps ou en été d'inflorescences vaporeuses d'un rose plus ou moins soutenu. La légèreté de son port et la finesse de son feuillage presque impalpable lui donnent un aspect gracieux. Pour garder celui-ci, pratiquez une taille après floraison pour le tamaris de printemps, et début mars pour le tamaris d'été.

Les drôles d'histoires de Pierre Bellemare

De l'utilité des jeux vidéo

On a dit tout le mal possible des jeux vidéo. Ils banalisent la violence, enferment dans un monde artificiel, empêchent d'avoir des relations humaines équilibrées… Ce qui s'est passé au début de l'année 2008 aurait pourtant tendance à prouver le contraire.

Ce jour-là, Paxton Galvanek, un Américain de vingt-trois ans, roule dans sa voiture en compagnie de sa petite amie. Le temps est mauvais et la route est glissante. Soudain, la voiture devant eux fait une embardée qu'elle ne peut contrôler. Elle part en tonneaux, s'immobilise sur le toit et se retrouve en flammes. Tandis que sa petite amie appelle les secours sur son portable, Paxton se précipite. Malgré le danger, il extrait les deux occupants de la voiture et les met hors de portée de l'incendie. Il prend soin de le faire aussi doucement que possible, au cas où ils auraient une fracture de la colonne vertébrale ou des commotions internes, puis il pratique les gestes de premiers secours. Lorsqu'ils arrivent, les pompiers ne peuvent que le féliciter. Il a fait exactement ce qu'il fallait. Et, comme ils lui demandent où il a appris le secourisme, Paxton Galvanek répond, un peu gêné, que c'est dans le jeu vidéo « America's army », où on apprend à soigner les soldats blessés au combat. Du coup, sa petite amie, qui lui reprochait de passer trop de temps sur sa console, a promis de ne plus rien lui dire.

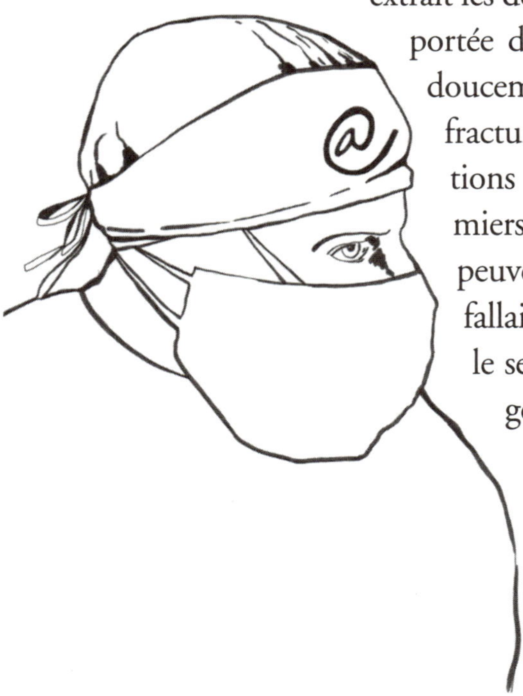

IL Y A 40 ANS, EN 1969 : L'agence Tass révèle qu'une rencontre a eu lieu à Pékin entre le Premier ministre soviétique Kossyguine et le Premier ministre chinois Chou En-lai. Inauguration du nouveau cinéma George-V, avec la sortie du film de Jean-Pierre Melville *L'Armée des ombres*.

VENDREDI 11 SEPTEMBRE

Saint Adelphe

Vierge 2e décan

En trayant sans cesse la vache à lait, on tue la poule aux œufs d'or (Henri Jeanson).

* *MAQUEREAUX DANOIS. Pour quatre personnes. Détaillez en lanières 200 grammes de filets de maquereaux fumés (rayon frais). Pelez un concombre, fendez-le dans toute sa longueur, retirez les grains avec une petite cuiller, détaillez la pulpe en petits dés. Émincez finement un cœur de céleri branche. Mélangez l'ensemble et assaisonnez de trois yaourts maigres avec deux cuillerées de vinaigre, une cuillerée à café de graines de carvi, sel, poivre. Garnissez de feuilles de cresson.*

Le cil, si léger et si riche de sens

Lorsqu'on perd un cil en présence d'un ami, celui-ci devra dire : « Fais un vœu et frappe-toi la joue. » Le vœu se réalisera si, évidemment, on se touche la joue sur laquelle se trouve le cil. Il y a d'autres façons cependant de voir se réaliser son souhait. On peut poser le cil sur le dos de sa main et le jeter par-dessus l'épaule. On peut le mettre sur le doigt ou sur le bout du nez et souffler dessus. Dans tous les cas, il faut que le cil s'envole pour que le souhait devienne réalité.

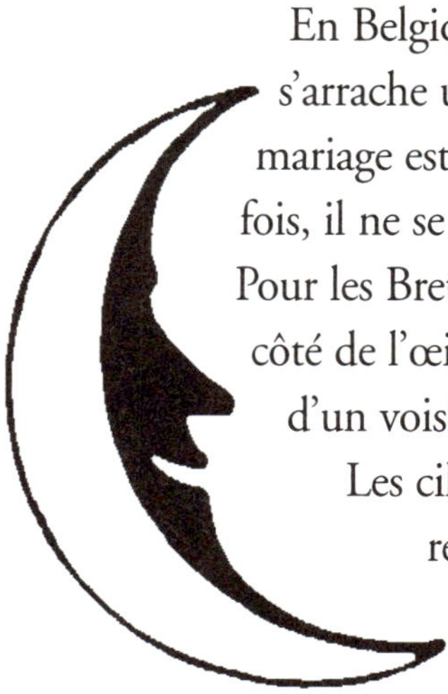

En Belgique, une jeune fiancée qui veut savoir si elle se mariera prochainement s'arrache un cil, le met dans sa main, et souffle : s'il s'envole dès le premier coup, le mariage est pour bientôt, si elle doit souffler deux fois, le mariage est incertain, trois fois, il ne se fera pas.

Pour les Bretons, mettre le cil que l'on vient de perdre dans le soulier correspondant au côté de l'œil qui l'a perdu promet une lettre rapidement. Et le glisser dans la chaussure d'un voisin le rendra jaloux.

Les cils très fins sont le signe d'un tempérament coléreux, et les cils longs et recourbés annoncent le bonheur. Des cils taillés quand la lune croît repoussent longs et beaux, mais il ne faut pas les couper quand la lune décroît sous peine de les voir tomber ou pousser de travers.

IL Y A 40 ANS, EN 1969 : Nixon ordonne la reprise des bombardements de B-52 sur le Vietnam. Grève de la faim des détenus politiques de la prison Averof à Athènes, à la suite de la mort de l'un des leurs. Sur le tronçon de voie entre Chevilly et Artenay, l'aérotrain a atteint la vitesse de 250 km/h.

Saint Apollinaire — SAMEDI 12 SEPTEMBRE — Vierge 2e décan

Si vous voulez savoir l'âge réel d'une femme, demandez-le à sa belle-sœur (E.W. Howe).

Saint Aimé — DIMANCHE 13 SEPTEMBRE — Vierge 2e décan

Le plus grand outrage que l'on puisse faire à un gourmand, c'est de l'interrompre dans l'exercice de ses mâchoires (Grimod de La Reynière).

La France mystérieuse

DEUX RENDEZ-VOUS AVEC L'HISTOIRE

Sèvres (Hauts-de-Seine)

C'est en septembre 1837 que Balzac fit l'acquisition de la propriété « Les Jardies », sur les coteaux de Sèvres, pour la somme de 169 025 francs. Le chiffre dépassait de beaucoup ses moyens, mais il avait eu le coup de foudre et il comptait rentabiliser rapidement l'affaire. Il était sûr que le terrain était incroyablement fertile et comptait se lancer dans la culture des ananas, grâce à des serres qui ne réclameraient que peu de chauffage.

Il trouva même pour les commercialiser la boutique de ses rêves à Paris, boulevard Montmartre. Il projetait de la peindre en noir et d'y inscrire en lettres d'or : « ANANAS DES JARDIES ». Théophile Gautier le convainquit quand même de ne la louer qu'après la récolte. C'était sage, car le sol se révéla incroyablement ingrat et les arbustes que l'écrivain y planta ne dépassèrent pas la hauteur de son chien.

Balzac n'eut pas plus de succès avec la maison. Il la voulait magnifique, mais il négligea tous les détails matériels. C'est ainsi qu'il la fit édifier sur de la glaise. Elle s'enfonçait chaque soir et il fallait la relever le matin avec un cabestan. De même, il oublia l'escalier et il fallut ajouter une cage sur la façade. Finalement, il la revendit à perte, ne laissant à Sèvres que des dettes.

Mais « Les Jardies », lieu décidément prédestiné, avaient un autre rendez-vous avec l'histoire. La maison, correctement rebâtie par un architecte, changea plusieurs fois d'occupant, jusqu'à devenir la propriété de Léon Gambetta. C'est là que celui-ci mourut, le 31 décembre 1882, et la villa, située aujourd'hui 14 avenue Gambetta, est devenue un musée consacré au grand homme politique.

IL Y A 40 ANS, EN 1969 : Le pape Paul VI, depuis Castelgandolfo, dénonce « l'indécence de la mode vestimentaire, l'impudence et la pornographie des illustrations d'une certaine presse et d'une certaine publicité et le caractère exhibitionniste de nombreux spectacles ».

LUNDI 14 SEPTEMBRE Sainte Croix

Vierge 3e décan

Les Gaulois n'ont pas changé. Leurs chefs détestent obéir. Mais ils adorent discuter (Charles de Gaulle).

★★ COUPELLES DE GRUYÈRE. Pour quatre personnes. Mélangez 200 grammes de gruyère râpé avec 1 cuillerée à soupe de farine. Répartissez l'ensemble en quatre galettes bien plates de 12 centimètres de diamètre sur une plaque recouverte de papier cuisson. Cuisez au four (th. 6) environ 7 minutes jusqu'à obtenir une couleur dorée. Posez aussitôt chaque portion sur un bol pour former une coupelle et laissez refroidir. Faites fondre à la poêle dans le beurre une demi-scarole hachée avec 200 grammes de champignons émincés, sel, poivre, et ajoutez une cuillerée à soupe de crème fraîche. Garnissez les coupelles de cette préparation et servez aussitôt.

CAPUCINE, CHATOYANTE ESCALADEUSE. Lorsque Christophe Colomb débarque en Amérique en 1492, il pense aborder les rivages de l'Inde. Aussi les habitants qu'il rencontre sont-ils appelés Indiens, et la petite fleur qu'ils consomment en salade prend-elle le nom de « cresson des Indes ». Celle-ci sera introduite en Europe en 1684 : feuilles et fleurs en sont mélangées à d'autres verdures, assaisonnées, et servies en garniture autour des viandes pour leur donner un goût poivré et corsé. L'espèce compte une grande fleur, baptisée *Tropaeolum majus,* qui ne fait, elle, son entrée en France qu'avec Joseph de Jussieu en 1805, et qui, rouge vif, jaune ou orange, sera cultivée plutôt pour ses qualités ornementales. Cette plante au feuillage charmant monte à l'assaut des murs, des treillages avec beaucoup de grâce, et sa longue période de floraison s'étend de mai à octobre. La forme de la fleur évoque le petit capuchon taillé en pointe vers l'arrière que portent les nonnes, d'où son surnom de capucine ! Aujourd'hui, petite ou grande, elle orne nos jardins et garnit nos salades, avec un apport important de vitamine C. Elle protège aussi les autres végétaux en attirant à elle les pucerons et autres insectes suceurs… même si elle en meurt. Quant à l'origine de la chanson « Dansons la capucine », le mystère reste entier.

IL Y A 40 ANS, EN 1969 : Manifestation nationale des commerçants et artisans contestataires. La date limite de vente aux consommateurs devra figurer sur l'emballage des laits pasteurisés. Création au Théâtre moderne de la pièce d'Harold Pinter *Le Gardien* avec Jacques Dufilho et Sacha Pitoëff.

Si les gens heureux, comme on prétend, n'ont pas d'histoire, ils feraient bien de ne pas nous la raconter (Paul-Jean Toulet).

Saint Roland

Vierge 3e décan

MARDI 15 SEPTEMBRE

Les drôles d'histoires de Pierre Bellemare

Un divorce écossais

Depuis 2005, Mark et Susan Gregory vivaient séparés d'un commun accord. Elle, enseignante, habitait à Henley-on-Thames, près d'Oxford ; lui, d'origine écossaise, s'était établi dans son pays, à Édimbourg, où il exerçait le métier de conseiller financier.

Fin 2007, Susan a eu la surprise de recevoir une lettre très tendre de son mari, alors qu'il ne manifestait plus depuis des années que la plus grande froideur. Puis, les lettres se sont multipliées, leur ton devenant de plus en plus amoureux, tandis qu'elles s'accompagnaient de fleurs et de cadeaux. Mark pressait sa femme de le rejoindre à Édimbourg, pour reprendre la vie commune. Il reconnaissait ses torts passés et promettait de redevenir le plus attentionné des époux. Tant et si bien que Susan, touchée, a fini par le rejoindre.

Dès qu'elle est arrivée, Mark est allé tout naturellement faire les démarches pour la domicilier officiellement chez lui. Mais ce que ne savait pas Susan, c'est que les conditions de divorce ne sont pas les mêmes en Écosse et en Angleterre. La loi écossaise fixe les pensions alimentaires uniquement d'après les salaires, tandis que la loi anglaise prend en compte les salaires et les primes. Or, dans son activité, Mark Gregory est principalement rémunéré sous forme de primes.

La suite n'a pas tardé. Un mois plus tard, Mark a demandé le divorce et Susan a eu beau faire, elle était justiciable de la loi écossaise et elle s'est retrouvée avec une pension ridicule. Elle est retournée en Angleterre et elle a juré que, si elle se remariait, ce ne serait pas avec un Écossais.

IL Y A 40 ANS, EN 1969: Le président Nixon confirme le rapatriement d'un prochain contingent de 35 000 soldats américains. L'agitation sociale italienne ressemble de plus en plus à un « Mai larvé ». Nombreuses perturbations dans le métro parisien en raison d'un mouvement de grève.

Un sourire coûte moins cher que l'électricité, mais il donne autant de lumière (abbé Pierre).

LAPIN À LA MOUTARDE. Pour quatre personnes. Assaisonnez et faites dorer 5 minutes dans l'huile d'olive huit filets de lapin. Couvrez et laissez cuire à feu doux 10 à 15 minutes. Retirez la viande, réservez au chaud. Enlevez le corps gras du sautoir, déglacez avec un verre de vin rouge, mélangez avec 25 centilitres de crème liquide, faites réduire de moitié. Incorporez au fouet 60 grammes de moutarde à l'ancienne. Nappez les filets de cette sauce.

MOZZARELLA, PÂTE FILÉE FRAÎCHE

La vraie, l'authentique mozzarella est fabriquée en Campanie avec du lait de bufflonne. C'est une pâte filée fraîche: le caillé est découpé, mélangé au petit-lait, chauffé, travaillé, étiré en filaments jusqu'à obtention d'un long ruban, puis coupé – *mozzato* en italien. Quand et comment les buffles d'Asie sont-ils parvenus en Italie? La question n'est toujours pas éclaircie… Mais la Campanie, couverte de pâturages marécageux, se prêtait bien à l'élevage de ces animaux dociles qui se sont parfaitement acclimatés. Les bufflonnes font un lait particulièrement pauvre en cholestérol et deux fois plus riche en graisse que le lait de vache. Contrairement à une idée reçue, la mozzarella n'est donc pas un fromage maigre! L'origine de sa fabrication est liée à la lenteur des moyens de transports; le lait devenant acide le temps du trajet jusqu'aux fromageries, il prenait une texture caillée qui se prêtait à être façonnée à la main en forme de petites boules irrégulières grosses comme un œuf, les *ovoli*. La pâte, blanche d'aspect, très malléable, se conserve une courte durée dans une légère saumure. Pour honorer sa reine, Marguerite, à la fin du XIXe siècle, Raffaele Esposito, un chef cuisinier, allait l'associer à la pizza, sorte de pain plat sans garniture destiné aux paysans, avec la tomate et le basilic pour créer un plat aux couleurs du drapeau italien. La *pizza* Margherita est depuis devenue une tradition culinaire universellement connue .

Les drôles d'histoires de Pierre Bellemare

Objectif Castro !

La démission de Fidel Castro, le 24 février 2008, a mis un terme aux tentatives de toutes sortes dirigées contre lui. D'après un rapport du Sénat américain, il y en aurait eu huit. Que la CIA ait voulu éliminer Fidel Castro, chacun s'en doutait, mais on ne soupçonnait pas l'imagination dont elle a su faire preuve…
En 1963, elle a tenté de faire parvenir au Lider Maximo une combinaison de plongée imprégnée du bacille de la tuberculose. Mais, pour une raison qui n'est pas précisée, le cadeau empoisonné n'est pas parvenu à son destinataire.

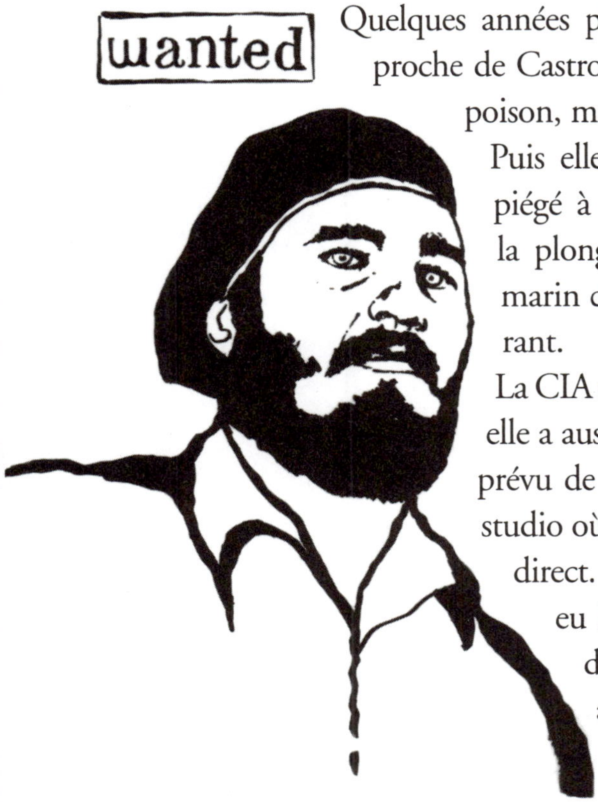

Quelques années plus tard, elle s'est assuré la complicité d'un proche de Castro qui devait le piquer avec un stylo enduit de poison, mais le courage lui a finalement manqué.
Puis elle a eu l'idée de faire exploser un coquillage piégé à l'endroit où il avait l'habitude de pratiquer la plongée sous-marine. Malheureusement, le sous-marin chargé de le déposer n'a pas eu assez de carburant.
La CIA n'a pas seulement essayé de tuer le chef cubain, elle a aussi tenté de le déstabiliser : en 1960, il avait été prévu de diffuser du LSD sous forme gazeuse dans le studio où il prononçait ses discours et le faire délirer en direct. Mais le plus beau a eu lieu ou plutôt n'a pas eu lieu l'année suivante : il s'agissait d'introduire dans ses chaussures un puissant dépilatoire, qui aurait imprégné tout son organisme et fait tomber sa barbe emblématique !

IL Y A 40 ANS, EN 1969 : Le président Nixon demande aux membres de l'ONU de faire pression sur Hanoi pour obtenir un règlement du conflit vietnamien. Aux Championnats d'Europe d'athlétisme, Nicole Duclos remporte la médaille d'or du 400 mètres, et Colette Besson la médaille d'argent.

VENDREDI 18 SEPTEMBRE Sainte Nadège

Vierge 3e décan

Tout automobiliste capable de déplier et replier une carte routière est mûr pour apprendre à jouer de l'accordéon (A. Verchuren).

CAKE PERSILLÉ. Pour six personnes. Coupez 300 grammes de pain de mie en petits morceaux et versez dessus 4 décilitres de lait. Laissez tremper une demi-heure puis écrasez à la fourchette. Mélangez avec deux bouquets de persil haché, 150 grammes de gruyère en petits dés, 150 grammes de séré et cinq œufs. Assaisonnez et faites cuire au four (th. 7) dans un moule à cake de 25 centimètres recouvert de papier cuisson, environ trois quarts d'heure. Servez chaud.

Il est important de cueillir les pommes et les poires au meilleur moment afin de pouvoir conserver votre récolte assez longtemps et en bon état. Observez leur coloris qui devient généralement plus clair : les fruits commenceront à dégager un parfum particulier et n'augmenteront plus de volume. Ils se détacheront facilement en opérant un léger mouvement de bascule. Testez un fruit en le coupant en deux : les pépins auront une couleur marron ; en croquant dedans, vous apprécierez sa qualité gustative.

Pour le Lyonnais, un *gone* est :

a. Un saucisson.
b. Un gamin.
c. Un marmiton.

Bonne réponse : b.

IL Y A 40 ANS, EN 1969 : À la tribune de l'ONU, M. Gromyko rejette les appels à la négociation sur le Vietnam lancés par les États-Unis. Bernadette Devlin est poursuivie en justice pour avoir participé aux émeutes de Londonderry. À Athènes, le Soviétique Janis Lusis est champion d'Europe de javelot.

Si la peur de la mort arrêtait les hommes, vous n'auriez ni grands soldats, ni grands sportifs (Robert Badinter).

Sainte Emilie — SAMEDI 19 SEPTEMBRE — Vierge 3e décan

L'homme a inventé la montre, mais Dieu a inventé le temps (proverbe touareg).

Saint Davy — DIMANCHE 20 SEPTEMBRE — Vierge 3e décan

La France mystérieuse

LE ZOUAVE DU PONT DE L'ALMA

Paris

Édifié en 1856, un peu en amont de l'endroit où se dresse actuellement la tour Eiffel, le pont de l'Alma porte le nom d'une bataille victorieuse de la guerre de Crimée. Tout naturellement, il était orné à l'époque de quatre statues représentant des soldats ayant participé au conflit : un zouave, un grenadier, un chasseur à pied et un artilleur.

C'est le zouave qui devint le plus populaire chez les Parisiens. Œuvre du sculpteur Georges Diebolt, il servit rapidement à mesurer les crues de la Seine. Tant qu'il avait les pieds au sec, tout allait bien, mais, quand il se mettait à barboter, on pouvait commencer à s'inquiéter. Lors de la grande inondation de 1910, il eut de l'eau jusqu'aux épaules.

En 1974, le pont de l'Alma, devenu trop étroit et donnant des signes de faiblesse, a dû être remplacé par un ouvrage moderne. Trois des statues ont été déplacées vers d'autres lieux : c'est ainsi par exemple que le chasseur à pied surplombe désormais l'autoroute A4, à la hauteur de Vincennes. Le zouave, quant à lui, fut réclamé par la municipalité de Gravelines, dans le Nord, qui voulait ainsi honorer un de ses enfants. Car, contrairement à ce qu'on pouvait penser, il ne s'agissait pas d'une œuvre d'imagination : la statue représente le zouave André-Louis Gody, né à Gravelines en 1828 et mort en 1896.

Mais la Ville de Paris a refusé de se séparer de son zouave, qui trône toujours sur l'une des piles du pont. Toutefois, il est désormais placé trop haut pour servir de mesure lors des crues de la Seine.

Automne

QUAND REVIENDRA L'AUTOMNE AVEC LES FEUILLES MORTES

Quand reviendra l'automne avec les feuilles mortes
Qui couvriront l'étang du moulin ruiné,
Quand le vent remplira le trou béant des portes
Et l'inutile espace où la meule a tourné,

Je veux aller encor m'asseoir sur cette borne,
Contre le mur tissé d'un vieux lierre vermeil,
Et regarder longtemps dans l'eau glacée et morne
S'éteindre mon image et le pâle soleil.

Jean MORÉAS

IL Y A 40 ANS, EN 1969 : Le général Medice est candidat de l'armée brésilienne à la succession du président Costa E Silva. Passionnante arrivée du marathon à Athènes où le Britannique Hill bat le Belge Gaston Roelants dans le dernier kilomètre. Sortie des films *L'Escalier* et *Le Temps des amants*.

LUNDI 21 SEPTEMBRE

Saint Matthieu

Vierge 3e décan

La France est le plus grand cimetière des lois non appliquées (Jacques Delors).

★ FRAÎCHEUR DE COURGETTES. Pour cinq personnes. Coupez 800 grammes de courgettes en gros morceaux et faites-les cuire un quart d'heure dans un bouillon de volaille. Égouttez, mixez, salez et poivrez. Faites revenir deux oignons hachés dans l'huile d'olive, sans les faire dorer, versez la purée de courgettes, puis huit gousses d'ail pilées et laissez cuire à feu doux 5 minutes. Ajoutez une vingtaine de feuilles de menthe fraîche hachée et un jus de citron. Mettez à rafraîchir.

Cardinal Jules Mazarin (1602-1661)

Il est ministre d'État par la volonté du roi Louis XIII, et prend la direction du Conseil en 1642, à la mort du cardinal de Richelieu. Quelques mois plus tard, à la mort du souverain, Mazarin reste aux commandes aux côtés de la régente, Anne d'Autriche. En 1648, la France, en guerre depuis treize ans, doit poursuivre l'offensive contre l'Espagne. Il faut donc lever de nouveaux impôts qui provoquent une explosion de fureur populaire. Ils ne sont pas non plus du goût du Parlement de Paris qui tente de limiter le pouvoir royal. Ce sera le début de la Fronde. Mazarin est confronté à une pluie de libelles haineux, les « Mazarinades ». Bien loin d'en être affecté, il laisse tomber :

« QU'ILS CHANTENT ! POURVU QU'ILS PAIENT. »

Le traité de Westphalie, signé en octobre, met fin à la guerre de Trente Ans et confirme le succès diplomatique du cardinal. Mais la Fronde, qui va durer jusqu'en 1652, oblige la cour à se réfugier à Saint-Germain-en-Laye et Mazarin à s'exiler un temps en Rhénanie. Il sortira vainqueur de cette épreuve et fera une entrée triomphale à Paris aux côtés du jeune roi Louis XIV.

IL Y A 40 ANS, EN 1969 : Le président Pompidou, au cours de sa deuxième conférence de presse, lance un appel à l'effort pour entrer dans la société moderne. *Le Babour* de Félicien Marceau est créé au théâtre de l'Atelier, avec Guy Tréjan, Pierre Dux et Jean-Pierre Marielle.

Le bonheur à deux, ça dure le temps de compter jusqu'à trois (Sacha Guitry).

Automne — Balance 1er décan

MARDI 22 SEPTEMBRE

Les drôles d'histoires de Pierre Bellemare

Déductions pyramidales

Après des siècles de conjectures fumeuses et d'hypothèses fantaisistes, un homme a-t-il enfin réussi à percer le mystère de la construction de la pyramide de Khéops ?

C'est en regardant une émission télévisée, en 1999, que Henri Houdin, un ingénieur des arts et métiers, contracte le virus de l'égyptologie qu'il transmet à Jean-Pierre, son fils architecte, féru d'informatique et spécialiste de l'imagerie en 3D. Celui-ci va jusqu'à vendre son appartement pour financer plans et calculs. Sachant que les ingénieurs de Pharaon ignoraient l'usage de la roue et de la poulie, les Houdin imaginent l'emploi de deux rampes en spirale pour hisser les énormes pierres jusqu'au sommet de la pyramide. L'une à l'extérieur, l'autre à l'intérieur du bâtiment. « Les quatre mille ouvriers ont érigé les deux tiers du volume via la rampe extérieure, suppute Jean-Pierre Houdin. Après quatorze ans d'effort, une fois parvenus à une altitude de 43 mètres, ils ont bâti la chambre du roi et ont utilisé ensuite, pendant six années supplémentaires, la rampe intérieure, mise en place dès le début des travaux. » Le principe de cette double rampe hélicoïdale permettait non seulement de hisser et d'ajuster les blocs, mais aussi de consolider au fur et à mesure les parois intérieures.

« Oui, c'est une bonne théorie ! » a laissé tomber Zahi Hawass, le directeur des antiquités égyptiennes. Quand on saura que celui-ci dénigre systématiquement toutes les hypothèses sur la construction des pyramides, traitant leurs auteurs de « pyramidiots », on comprendra que ce commentaire, bien que laconique, a valeur de satisfecit.

IL Y A 40 ANS, EN 1969 : Le président Nixon donne le feu vert à l'avion de transport supersonique américain que réaliseront Boeing et General Electric. Madeleine Renaud et Jean-Louis Barrault vont jouer au Royal Court Theatre de Londres *L'Amante anglaise* de Marguerite Duras.

MERCREDI 23 SEPTEMBRE

Saint Constant

Balance 1er décan

Ce n'est pas parce que les choses sont difficiles que nous n'osons pas, c'est parce que nous n'osons pas qu'elles sont difficiles (Sénèque).

★ FÈVES AUX FOIES DE LAPIN. Pour quatre à cinq personnes. Faites cuire 750 grammes de jeunes fèves surgelées. Mettez-les dans un saladier et assaisonnez avec trois cuillerées d'huile d'olive, deux gousses d'ail haché, deux ou trois pincées de paprika et une cuillerée à café de cumin en poudre. Salez, poivrez. Dans une poêle, faites revenir au beurre 2 minutes de chaque côté 350 grammes de foies de lapins escalopés finement. Déglacez au vinaigre de Xérès, que vous mélangez avec les foies à la salade. Servez tiède.

L'oxalis deppéi est une plante vivace très décorative de port touffu, qui ressemble à un trèfle à quatre feuilles. Ses nombreuses petites fleurs roses estivales s'ouvrent le jour et se ferment la nuit, et les feuilles en forme de cœur ont le pouvoir de se replier. Plante de culture facile, vous pouvez placer les petits bulbes ronds en septembre par groupes de quatre ou de six dans des pots de bonne largeur. Recouvrez de 4 à 5 centimètres de compost. Arrosez modérément et conservez une température de 12 à 14° pendant toute la culture jusqu'au dépérissement du feuillage. Plantez-les en mars dans le jardin, ou gardez les oxalis en potées à l'extérieur.

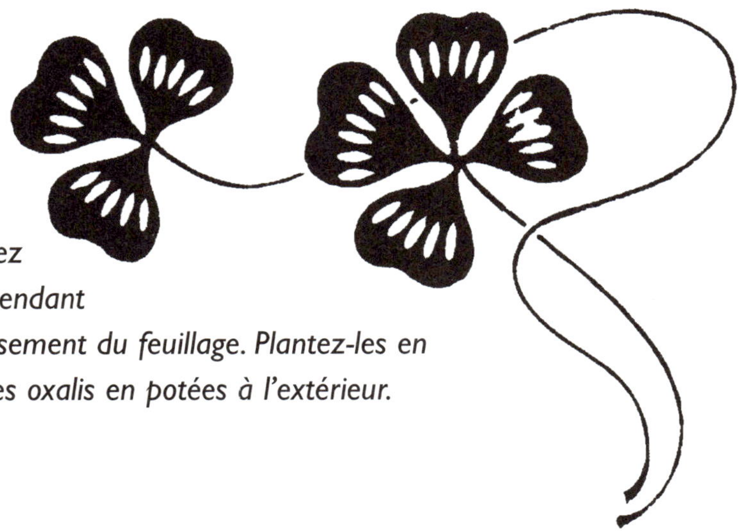

Coller un timbre à l'effigie d'un monarque la tête en bas est considéré comme un acte de trahison devant la loi britannique.

IL Y A 40 ANS, EN 1969 : M. Ton Duc Thang, 81 ans, devient le président de la République démocratique du Vietnam. À Rabat, le sommet islamique affirme unanimement son appui au peuple palestinien. Sortie du film *L'Américain* de Marcel Bozzuffi, avec Jean-Louis Trintignant, et Simone Signoret.

Privilège de l'enfance… la beauté, le luxe, le bonheur sont des choses qui se mangent (Simone de Beauvoir).

Sainte Thècle — Balance 1er décan — **JEUDI 24 SEPTEMBRE**

Les drôles d'histoires de Pierre Bellemare

Sous le regard des hyènes

Outre la maîtrise de la cuisson des spaghettis, la drague des filles sur les plages de Rimini et le design des belles voitures, nos amis transalpins ont élevé les trafics en tout genre au niveau d'œuvres d'art. Ainsi apprend-on que, n'ayant aucune existence légale, 13 % des travailleurs italiens ne paient pas d'impôt, et que l'économie parallèle ampute de 16 % les ressources de la République !

Pour mettre un frein au travail au noir généralisé, et inciter les citoyens à faire montre de conscience civique, le ministère des Finances a lancé une virulente campagne contre la fraude fiscale. C'était sans compter sur « Le Iene » (Les hyènes), les enquêteurs d'un célèbre programme télévisé qui se fait fort de pointer les dysfonctionnements qui paralysent les services publics. Ainsi, muni d'une fausse carte d'identité et d'une caméra cachée, un journaliste de l'émission s'est-il rendu dans la boutique dans laquelle les fonctionnaires du ministère concerné effectuent leurs achats, bénéficiant de tarifs préférentiels.

Après avoir fait pour 216 euros d'emplettes parfaitement inutiles, le reporter a constaté l'absence de caisse enregistreuse dans le magasin, comme de la délivrance de reçu justifiant ses dépenses. Pratique paraît-il courante en Italie pour faire obstacle aux inspecteurs du fisc.

Une fois le reportage diffusé à travers le pays, le ministre des Finances, devenu l'objet de la risée publique, « a pris acte des allégations contre sa boutique », assurant les contribuables « qu'il prendra les mesures nécessaires pour mettre fin à de telles pratiques ». Fais ce que je dis, mais n'imite pas ce que je fais !

IL Y A 40 ANS, EN 1969 : 20 000 ouvriers métallurgistes défilent dans les rues de Turin. Chaleureuse réception de Mme Golda Meir à Washington. Ouverture au CNIT du XXe salon international de l'équipement de bureau et de l'informatique.

VENDREDI 25 SEPTEMBRE — **Saint Hermann** — **Balance** 1er décan

Le clou souffre autant que le trou (proverbe hollandais).

MADAME DAUPHIN PEUT CHASSER AVEC UNE ÉPONGE AU BOUT DE SON NEZ

Des scientifiques de Shark Bay, en Australie, ont observé un groupe de dauphins souffleurs. Un petit nombre, tous femelles, utilisent des éponges marines pour se protéger le museau lorsqu'elles cherchent de la nourriture. Elles transportent les éponges pour déloger de leur cachette les poissons-pierres, l'équivalent de nos vives, extrêmement vénéneux. Grâce à cette protection, le groupe de dauphins peut chasser sans se faire piquer et visualise les poissons avant de juger s'il peut ou non les attraper.

En pratiquant des analyses génétiques, les chercheurs sont arrivés à la conclusion qu'il s'agissait d'une méthode transmise dans une même famille, de mère à fille. Ce genre de comportement correspond à une culture de groupe que l'on croyait exclusivement réservée aux humains. Mais ils ne savent pas expliquer pourquoi les mâles sont nettement moins nombreux à se servir d'une éponge !

★ HARICOTS BLANCS BOUCHÈRE. Pour quatre personnes. Faites cuire une heure à l'eau non salée 400 grammes de haricots blancs frais. Faites une compotée de légumes avec quatre tomates, deux poivrons épépinés émincés et deux oignons hachés que vous faites cuire dans l'huile. Faites revenir dans une poêle huilée 50 grammes de lard gras en dés et 200 grammes de bœuf haché. Mélangez le tout, salez, poivrez, ajoutez deux gousses d'ail pilé et du cerfeuil ciselé.

IL Y A 40 ANS, EN 1969 : Après le mandat d'arrêt lancé contre lui, Gérard Nicoud reste introuvable. De graves inondations en Tunisie font 240 morts et 50000 sans-abri. Pierre Desgraupes est nommé responsable de l'information pour la chaîne I et Jacqueline Baudrier pour la chaîne II.

Saint Côme - saint Damien — SAMEDI 26 SEPTEMBRE — Balance 1er décan

Oublier de respirer reste
la seule distraction fatale (Pierre Perret).

Saint Vincent de Paul — DIMANCHE 27 SEPTEMBRE — Balance 1er décan

Combien fécond le plus petit domaine,
quand on sait bien le cultiver (Goethe).

La France mystérieuse

MORT D'UNE PIE

Saint-Brieuc (Côtes-d'Armor)

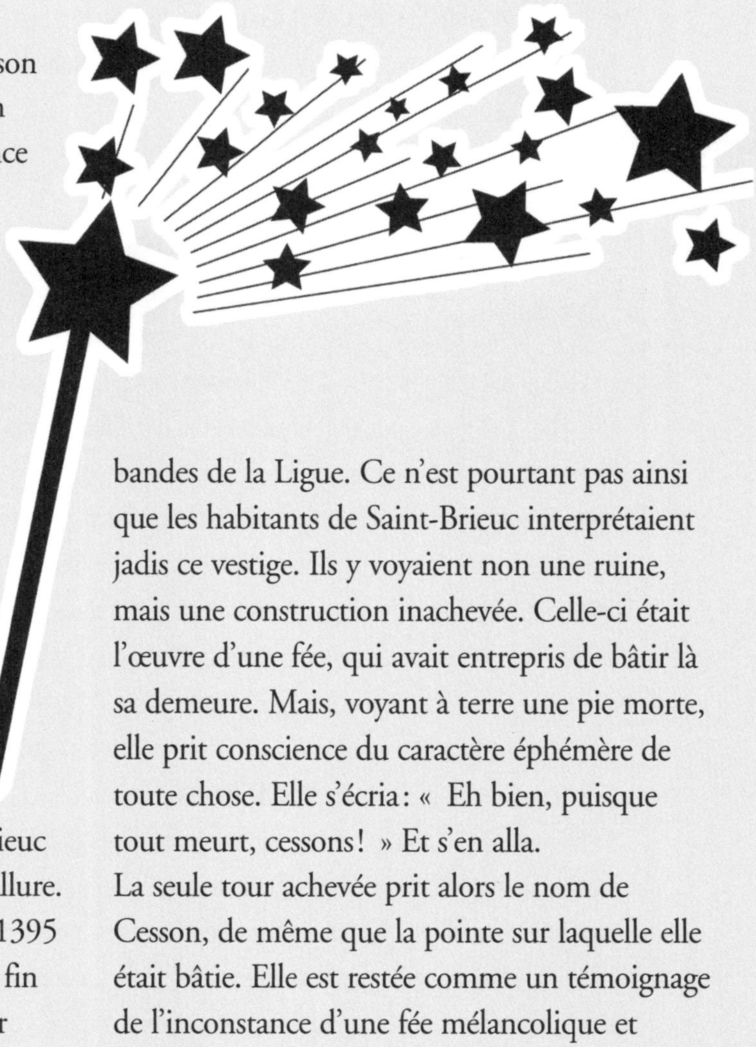

Saint-Brieuc tire tout naturellement son nom de Brieuc (Brieg ou Berioec en breton), qui s'y installa en provenance de Grande-Bretagne, aux alentours de 580. Il y créa un monastère, devint son premier évêque et fut inhumé à l'endroit où s'élève la cathédrale. C'est l'un des fondateurs de la Bretagne, qu'on honorait au XIIIe siècle lors du pèlerinage du Tro Breizh.

Le chef-lieu des Côtes-d'Armor ne manque pas de curiosités en tout genre, mais l'une des plus étonnantes est la tour de Cesson, non tant pour elle-même que pour la légende qui s'y rattache.

Sur la pointe de Cesson, qui commandait autrefois l'entrée de Saint-Brieuc par la mer, s'élève une ruine d'assez belle allure. C'est le vestige d'un château construit en 1395 par le duc Jean IV et en partie détruit à la fin du XVIe siècle sur l'ordre de Henri IV, pour avoir servi de repaire aux bandes de la Ligue. Ce n'est pourtant pas ainsi que les habitants de Saint-Brieuc interprétaient jadis ce vestige. Ils y voyaient non une ruine, mais une construction inachevée. Celle-ci était l'œuvre d'une fée, qui avait entrepris de bâtir là sa demeure. Mais, voyant à terre une pie morte, elle prit conscience du caractère éphémère de toute chose. Elle s'écria : « Eh bien, puisque tout meurt, cessons ! » Et s'en alla.

La seule tour achevée prit alors le nom de Cesson, de même que la pointe sur laquelle elle était bâtie. Elle est restée comme un témoignage de l'inconstance d'une fée mélancolique et pessimiste.

IL Y A 40 ANS, EN 1969 : En RFA, victoire des chrétiens démocrates sur les socialistes aux élections législatives. Purges massives à Prague. Inauguration par Jacques Chaban-Delmas d'un Mémorial Jean Moulin à Salon-de-Provence. Le cycliste belge Herman Van Spingel remporte le Paris-Tours.

LUNDI 28 SEPTEMBRE

Saint Venceslas

Balance 1er décan

L'amour ne meurt jamais de besoin,
mais souvent d'indigestion (Ninon de Lenclos).

☆☆ FEUILLES DE VIGNE FARCIES. Pour quatre personnes. Blanchissez 3 ou 4 secondes 250 grammes de feuilles de vigne à l'eau bouillante salée. Égouttez et étalez-les à plat. Mélangez 100 grammes de riz, 250 grammes d'agneau haché, un oignon haché fin, sel, poivre, une cuillerée à café de curry en poudre. Garnissez le fond d'une cocotte de couennes et de fines

tranches de lard. Posez sur chaque lit de deux ou trois feuilles une cuillerée de farce, refermez les feuilles, faites-les tenir avec une pique en bois et rangez-les dans la cocotte avec de l'eau bouillante salée à mi-hauteur. Couvrez et cuisez à feu moyen environ trois quarts d'heure. Servez froid.

UN CHAMPENOIS INVENTIF ET AUDACIEUX

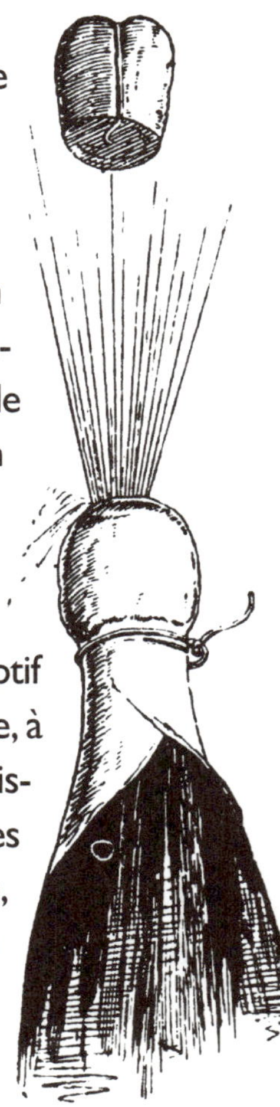

Lorsque Eugène Mercier s'éteint en 1904, une belle histoire s'achève. Ce jeune homme, parti de rien, a fondé sa première maison de négoce en 1858, à vingt ans. Il se révèle un génie de la publicité. En 1871, il fait creuser des caves de 18 kilomètres de longueur, communiquant avec la ligne de chemin de fer Paris-Strasbourg, qui se visitent en calèche sous un éclairage électrique avant-gardiste. Sur sa lancée, il entreprend la construction du plus grand foudre du monde, d'une capacité de 200 000 bouteilles. Pour l'amener à l'Exposition universelle de Paris, en 1889, tracté par un attelage de 24 bœufs blancs, il faut consolider des ponts et démolir les maisons gênantes dans les virages ! Eugène Mercier fait projeter à la même occasion le premier film publicitaire sur son vin, réalisé par les frères Lumière. En 1900, il installe au Champ-de-Mars un ballon captif et invite les curieux à boire avec lui une flûte de champagne dans la nacelle, à 300 mètres. Sous l'effet d'un vent violent, le câble se rompt et l'aéronef disparaît dans le ciel. On croit ses passagers perdus. Ils atterrissent seize heures plus tard sur une cime vosgienne. L'Alsace étant alors province allemande, les douaniers leur infligent une amende de 20 marks pour importation frauduleuse de six bouteilles de champagne. Quel beau coup de publicité !

IL Y A 40 ANS, EN 1969 : La Chine fait exploser dans l'atmosphère un engin nucléaire. L'essence augmente de 1 ou 2 centimes par litre en France. Inauguration par le ministre des PTT, à Pleumeur-Bodou, d'une deuxième antenne géante. Exposition du peintre Botéro à la galerie Claude Bernard à Paris.

Bien des hommes acceptent d'être cocus s'il doit leur pousser des cornes d'abondance (Gilbert Cesbron).

Les drôles d'histoires de Pierre Bellemare

Monet et Degas, peintres abstraits ?

Claude Monet, le père de l'Impressionnisme, et Edgar Degas se sont-ils tardivement convertis à la peinture abstraite ? « Non, affirme péremptoire Michael Marmor, professeur d'ophtalmologie au Centre médical de l'université de Stanford, aux États-Unis. Après avoir magnifiquement contribué à moderniser la peinture de leur temps, Monet et Degas n'avaient nullement l'intention de se rallier aux pionniers de l'art non figuratif. Souffrant l'un et l'autre de maladies des yeux à un âge avancé, leur touche s'était tout simplement épaissie jusqu'à devenir proche de l'abstraction. » Selon le professeur, qui a recréé par ordinateur, grâce à un système de filtres, les images que captaient les deux peintres vers la fin de leur vie, la vision de Monet était altérée par une cataracte des deux yeux, et celle de Degas par une dégénérescence du nerf optique. Vers 1880, ce dernier, dès lors incapable de distinguer détails, couleurs et contrastes, peignait de manière de plus en plus fruste. Quant à Monet, qui voyait flou, il surchargeait involontairement ses toiles de couleurs jaunes et sombres, qui débordaient largement le dessin initial. « Les contemporains des deux artistes avaient bien observé que leurs œuvres avaient perdu en finesse, et que certaines formes étaient devenues à peine reconnaissables, mais ils n'avaient pas attribué cette étrange évolution à leur handicap », a conclu Marmor dans *Les Archives de l'ophtalmologie*. Notons toutefois que Degas et Monet, devenus malades et maladroits, ont encouragé à leur insu les jeunes peintres du début du XXe siècle à persévérer dans l'art abstrait. En dépit du tollé que soulevait encore à l'époque cette nouvelle expression.

IL Y A 40 ANS, EN 1969 : Violent tremblement de terre sur la côte méridionale d'Afrique du Sud. M. Constantin Caramanlis, ancien Premier ministre en exil, se déclare disposé à contribuer au retour de la démocratie en Grèce. *Le Misanthrope* est créé au Théâtre de la Ville, mis en scène par Marcel Bluwal.

MERCREDI 30 OCTOBRE — **Saint Jérôme** — **Balance** 1er décan

Quand on se voit milliardaire, on se voit toujours en train de dépenser le milliard, jamais de le gagner (Boris Vian).

★★ QUETSCHES EN COUPES. Pour quatre ou cinq personnes. Il vous faut 800 grammes de quetsches. Avant de les recouvrir de 75 centilitres d'eau bouillante dans un plat, piquez chacune de quelques coups d'aiguille. Laissez tiédir. Réservez l'eau et mettez les quetsches à sécher 20 minutes dans un four préchauffé (th. 3). Mélangez l'eau de macération avec deux étoiles de badiane, une cuillerée à café de cannelle et 180 grammes de sucre. Portez à ébullition avec le zeste d'un citron et faites réduire d'un quart ce sirop. Laissez refroidir. Répartissez les fruits et le sirop dans des coupelles avec une boule de glace à la vanille.

MORTELLE MÉDICINALE : LA CIGUË

Carottes, persil, fenouil, angélique, cerfeuil font partie de la famille des ombellifères et, si vous aimez cueillir les plantes sauvages, vous en trouverez au bord des chemins. Mais la prudence est recommandée, car cette famille de végétaux comporte également des plantes vénéneuses d'apparence similaire, comme la grande ou la petite ciguë, aussi toxiques l'une que l'autre, et les risques de confusion sont importants. La grande ciguë fait 1 à 2 mètres de hauteur, sa tige creuse et lisse est entachée de rouge à la base. Pour ceux dont l'odorat est développé, la plante froissée entre les doigts dégage une odeur fétide d'urine de chat… Reconnue toxique depuis l'Antiquité, elle paralyse les fonctions motrices sans toucher toutefois l'esprit qui reste entièrement clair : la respiration devient de plus en plus difficile, entraînant la mort par asphyxie. La ciguë a aussi des qualités médicinales, notamment anesthésiques, et, au Moyen Âge, elle était cultivée dans les jardins des monastères car elle offrait un intérêt particulier : appliquée en cataplasmes, elle inhibait les désirs de la chair… Elle est aujourd'hui de plus en plus rare : méfiez-vous tout de même !

Les drôles d'histoires de Pierre Bellemare

Un ténébreux naufrage

En octobre 2005, cinq hommes embarquent sur une barcasse de 9 mètres et quittent le port de San Blas, sur la côte pacifique du Mexique. Leur campagne de pêche ne devant pas se prolonger au-delà de deux ou trois jours, ils n'emportent qu'une faible quantité d'eau et de vivres. Deux cent quatre-vingt-trois jours plus tard, un thonier taïwanais, le *Koos 127*, repère au large des îles Marshall l'embarcation à la dérive, à 8000 kilomètres de son port d'attache, et y recueille trois marins survivants. Comment les naufragés se sont-ils retrouvés si loin et ont-ils survécu neuf mois sans eau ni nourriture ?

Les rescapés affirment s'être nourris de poissons crus, de mouettes et de canards, récoltant l'eau de pluie et puisant leur courage dans la lecture de la Bible. Mais ce récit intrigue les policiers mexicains : les mouettes et les canards ne s'aventurent pas en haute mer et les miraculés ne présentent pas les stigmates des épreuves physiques qu'ils ont dû endurer. Les survivants auraient-ils tué leurs deux compagnons pour les dévorer ? Ou bien une vedette de narcotrafiquants les aurait-elle approvisionnés, après avoir récupéré de la marchandise illicite, la zone de pêche étant également une plaque tournante du trafic de drogue vers les États-Unis ?

Les trois hommes ont été contactés par des producteurs pour réaliser un film sur leur aventure. Comme on imagine mal les scénaristes limiter l'intrigue à des parties de chasse au canard, on attend avec impatience de découvrir ce qui s'est réellement passé à bord du bateau fantôme !

IL Y A 40 ANS, EN 1969 : À Stockholm, M. Olaf Palme est élu chef du parti socialiste suédois. Ouverture de la Foire à la Ferraille sur le plateau Beaubourg, à Paris. Création à la Comédie des Champs-Élysées de *Cher Antoine* de Jean Anouilh, avec Françoise Rosay.

VENDREDI 2 OCTOBRE — **Saint Léger** — **Balance** 1er décan

Le vin est le prof du goût et, en nous formant à la pratique de l'attention intérieure, il est le libérateur de l'esprit et l'illuminateur de l'intelligence (Paul Claudel).

LE CHIFFONNIER ET LE SAUVEUR D'ÂMES

Dès l'aurore, le chiffonnier, équipé d'une hotte et d'un crochet, quitte son taudis pour effectuer dans les poubelles des grandes villes sa moisson quotidienne de chiffons, de déchets domestiques, mais aussi de toutes sortes de vieux objets… Il utilise toujours la même technique : il tend un drap sur le trottoir, sur lequel il vide les ordures. Muni de son crochet, il repère les « bons objets » qui, une fois classés, triés, nettoyés ou raccommodés, sont susceptibles d'être vendus. Il met de côté dans sa hotte ce qu'il aura trouvé à manger. Il lui arrive d'approvisionner l'obscure échoppe d'un drôle de cordonnier pour miséreux, surnommé le « sauveur d'âmes », chez qui sont entassés toutes sortes de vieux souliers. Celui-ci a pour spécialité d'en récupérer la partie essentielle, nommée âme, qu'il lavera, séchera et introduira dans une nouvelle chaussure pour lui faire connaître une autre vie.

En 1884, l'arrêté du préfet de la Seine Eugène Poubelle, en imposant le ramassage des ordures ménagères, a mis fin au métier de chiffonnier qui n'avait pas bonne réputation.

★★ PINTADE NORMANDE. Pour quatre ou cinq personnes. Faites dorer au beurre en cocotte une pintade coupée en deux, puis flambez au calvados, et réservez. Faites sauter au beurre rapidement 1 kilogramme de pommes grises du Canada épluchées, coupées en quartiers, et faites également flamber au calvados. Disposez les pommes au fond d'une cocotte. Posez les deux moitiés de pintade dessus. Mouillez avec un verre de cidre. Fermez la cocotte et faites cuire 40 minutes (th. 7).

IL Y A 40 ANS, EN 1969 : M. G. Pompidou inaugure à la porte de Versailles le 56e Salon de l'automobile. Sortie du film d'Yves Robert *Clérambard*, d'après l'œuvre de Marcel Aymé, avec Philippe Noiret. Diffusion sur la première chaîne du premier épisode de « Jacquou le Croquant » de Stellio Lorenzi.

Saint Gérard — **SAMEDI 3 OCTOBRE** — Balance 1er décan

Saint François d'Assise — **DIMANCHE 4 OCTOBRE** — Balance 2e décan

Quand on sait que les soldats de la garde royale britannique portent des chapeaux à poils, on est soulagé de constater que la reine porte des chapeaux à plumes (Ph. Geluck).

Devenir adulte, c'est reconnaître, sans trop souffrir, que le père Noël n'existe pas (Hubert Reeves).

La France mystérieuse

NOTRE-DAME DE LA HAINE

Tréguier (Côtes-d'Armor)

Au XIXe siècle, s'élevait sur la rive droite du Jaudy, en face de Tréguier, un petit sanctuaire dédié à la Vierge, qui n'était vraiment pas comme les autres : les habitants des environs venaient y demander la mort de leurs ennemis !

Un chroniqueur écrit, en 1830 : « Un oratoire dédié à Notre-Dame de la Haine existe près de Tréguier. Parfois, vers le soir, on voit des ombres honteuses se glisser furtivement vers ce triste édifice, placé en haut d'un coteau sans verdure. Ce sont de jeunes pupilles lassés de la surveillance de leurs tuteurs, des épouses maltraitées par leur mari. Trois *Ave* dévotement répétés amènent irrévocablement la mort dans l'année. »

Mais le plus souvent, c'étaient des femmes âgées qu'on apercevait près de Notre-Dame de la Haine. Celle-ci était, en effet, à l'origine d'une activité très particulière : de vieilles femmes de Tréguier, qui se prétendaient spécialistes de ce genre de prières, proposaient, moyennant finances, d'aller les réciter devant l'oratoire à la place des intéressés.

En 1879, un curé de Tréguier, l'abbé Kerleau, décida de mettre fin à ces pratiques bien peu catholiques. Il fit détruire le sanctuaire et enfermer la statue de la Vierge dans la sacristie de son église. Il est mort dans l'année et beaucoup, à Tréguier, y ont vu la vengeance de Notre-Dame de la Haine, qui accomplit là son dernier maléfice.

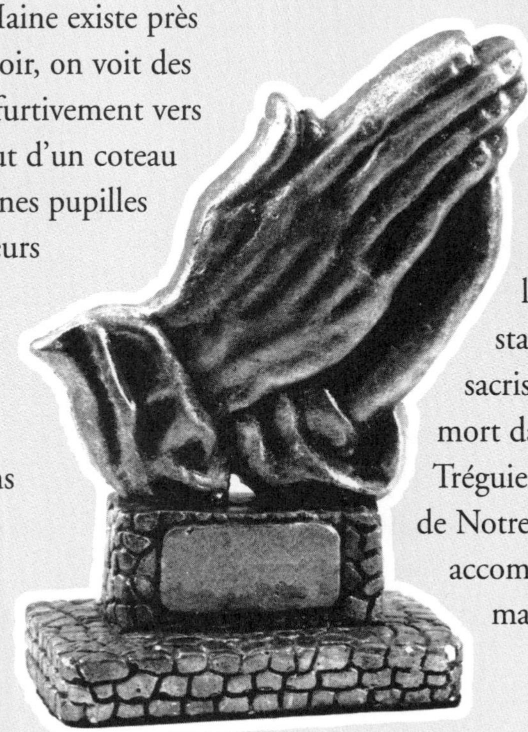

IL Y A 40 ANS, EN 1969 : À Lisbonne, 5 000 personnes manifestent contre le régime de Salazar qui, frappé d'une congestion cérébrale en septembre 1968, a dû laisser le pouvoir à Marcello Caetano. Jacques Anquetil fait ses adieux au public parisien à la Cipale, le vélodrome du Bois de Vincennes.

LUNDI 5 OCTOBRE

Sainte Fleur

Balance 2e décan

On ne peut apprendre au crabe à marcher droit (Aristophane).

Certaines plantes hautes ou grimpantes nécessitent des supports. Plantez votre tuteur avant d'installer la plante pour ne pas blesser les racines. Les tuteurs en bambou conviennent pour les sujets de moyen développement, mais ceux en plastique, souvent verts, se confondent avec la végétation et sont plus solides. Vous pouvez également prélever des branches d'arbres ou d'arbustes, telles que celles du noisetier qui sont bien droites, mais enfoncez-les à l'envers ; si le bois est vert, elles risquent de s'enraciner.

★★ SALADE SPUMANTE. Pour quatre personnes. Émincez deux poivrons verts, coupez en petits dés un grand concombre et la pulpe de deux citrons. Ajoutez 100 grammes de dés de saumon fumé. Assaisonnez de jus de citron, d'huile d'olive, sel et poivre. Répartissez la salade dans quatre coupelles. Peu avant de servir, montez 2 décilitres de crème liquide en chantilly, incorporez 100 grammes d'œufs de saumon et garnissez-en chaque coupelle.

Pour le Lyonnais et le Dauphinois, un *cabelot* est :

a. Un estaminet.

b. Une variété de cépage cabernet.

c. Un petit escabeau.

Bonne réponse : c.

Les drôles d'histoires de Pierre Bellemare

Justice expéditive

Depuis l'élection de Miguel Grima à la tête de la mairie, une pluie d'interdictions et de pénalités s'est abattue sur le village de Fago, en Espagne, aucun administré n'étant désormais à l'abri des foudres de l'édile. Ainsi la circulation des vaches dans les rues est-elle maintenant limitée aux jours impairs, les contrevenants se voyant infliger une amende de 50 euros par tête de bétail en infraction. Les impôts locaux du propriétaire du bar-tabac ont doublé au prétexte que ce dernier a eu l'audace d'installer quelques tables sur le trottoir, devant son établissement. Quant au couple désireux de créer une maison d'hôtes, il a été radié derechef des listes électorales. Explication : le maire possède l'unique auberge du village et craint la concurrence. Les jeunes ne sont pas épargnés par cette déferlante de sanctions. Le pot d'échappement mal réglé d'une mobylette ou le short jugé indécent d'une collégienne se transforment en délits passibles d'une lourde contravention.

L'enfer a pris fin le jour où le maire tyrannique a été retrouvé dans un chemin vicinal, la poitrine criblée de plombs de chevrotine. En enquêtant, la police criminelle a découvert que, tous détenteurs d'une arme de chasse correspondant à celle du meurtre, les habitants de Fago étaient tous des suspects potentiels. « Nous avons tué notre maire parce qu'il nous pourrissait la vie, ont-ils déclaré aux policiers. Mettez-nous en prison et brûlez Fago ! »

La police hésite pour l'instant à torturer un à un les habitants du village afin d'obtenir le nom du coupable !

IL Y A 40 ANS, EN 1969 : Le général Garrastazu Medici succède au maréchal Costa E Silva à la présidence du Brésil. Libération à Prague de l'étudiant français arrêté en août, en Slovaquie alors qu'il photographiait des objectifs militaires. Mort à Antibes de Claude Renoir, 68 ans, céramiste, fils du peintre.

MERCREDI 7 OCTOBRE — **Saint Serge** — **Balance** 2e décan

Les petits faits inexpliqués contiennent toujours de quoi renverser toutes les explications des grands faits (Paul Valéry).

EMMENTAL, LE FROMAGE À TROUS

Avec ses gros trous, cette pâte pressée cuite est aisément reconnaissable. Le pays d'origine de l'emmental est la Suisse. Au XVIe siècle déjà, il était fabriqué par les vachers sur les plateaux bernois, région de collines verdoyantes. Denrée non périssable, il s'exportait dans toute l'Europe dès le XVIIIe siècle. Puis, après ses fromages, la Suisse s'est mise à exporter ses fromagers. Jusqu'aux États-Unis où leurs descendants continuent aujourd'hui de perpétuer leur savoir-faire, même si pour cela ils se sont adaptés aux habitudes des consommateurs américains – une recommandation y préconise que la dimension des trous de fromages suisses soit réduite de moitié pour faciliter la coupe en tranches carrées ou rectangulaires préemballées ! On trouve donc de l'emmental partout dans le monde, car la Suisse n'a pas su protéger à temps l'appellation, et il faut parfois faire preuve d'imagination pour trouver dans les productions étrangères des similitudes avec les originaux européens. En 2006 cependant, au plus important concours de fromages qui s'est déroulé dans le Wisconsin, l'emmental de Suisse a été sacré champion du monde. Belle revanche pour le fromage le plus copié au monde !

★ SAVOYARD AUX CROQUANTS DE CHAMPIGNONS. Faites cuire comme indiqué sur le paquet 400 grammes de crozets à l'eau salée. Passez au mixeur 100 grammes de cerneaux de noix, avec 2 décilitres de crème liquide, 50 grammes d'emmental râpé, 50 grammes de beurre mou, sel, poivre, une cuillerée à café de girofle en poudre. Mélangez la crème obtenue aux crozets et versez dans un plat creux tenu au chaud. Faites frire à la poêle dans un fond d'huile bouillante 100 grammes de champignons de Paris finement émincés. Posez-les croustillants sur le plat.

IL Y A 40 ANS, EN 1969 : Sanglantes manifestations et scènes de pillage à l'occasion d'une grève de la police et des pompiers à Montréal. Budget de sévérité adopté par le gouvernement pour l'année 1970. Paris réserve un accueil enthousiaste aux trois astronautes Armstrong, Collins et Aldrin.

Quand tout homme est pourvu du nécessaire, du vrai nécessaire, du pain et du livre, que nous importe la répartition du luxe ? (Charles Péguy).

Sainte Pélagie
Balance 2e décan

JEUDI 8 OCTOBRE

Les drôles d'histoires de Pierre Bellemare

Une virtuose du piratage

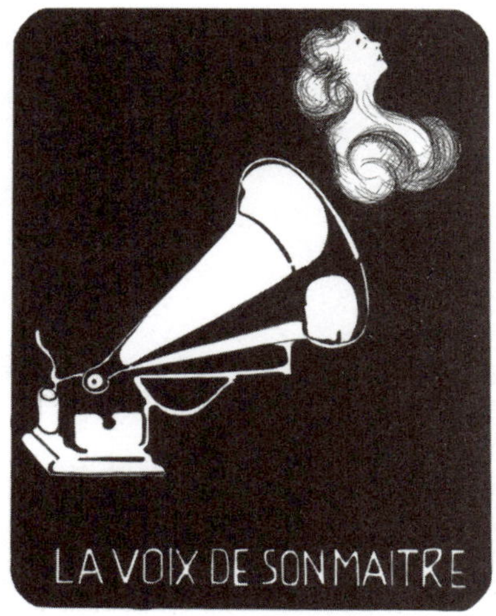

Véritable légende vivante, Joyce Hatto fut considérée durant les vingt dernières années de sa vie comme la plus talentueuse pianiste de Grande-Bretagne. Mais alors qu'une centaine de disques, sortis sous le label de son mari, lui assuraient gloire et fortune, aucun de ses fans n'eut la chance de l'applaudir en concert. Car, atteinte d'un cancer en 1980, la virtuose estimait « inconvenant de se montrer en public et d'exhiber sa maladie ». Après son décès, en 2006, à l'âge de soixante-dix-sept ans, les critiques musicaux lui ont rendu unanimement hommage. Avant de s'interroger sur son étrange carrière : comment, en effet, une modeste instrumentiste des années 1950-1960 avait-elle pu se transformer en interprète de génie, tout en étant clouée au lit par la maladie ? Plus perspicace que ses confrères, Andrew Rose, chroniqueur au magazine *Gramophone,* glissa un jour un CD de Joyce Hatto dans son ordinateur et l'écouta attentivement. Quelle ne fut pas sa surprise de découvrir que le logiciel iTunes qu'il utilisait identifiait comme interprète un autre pianiste. Répétant l'expérience avec d'autres enregistrements et obtenant les mêmes résultats, Rose demanda son avis à un spécialiste en analyse acoustique. Rendu public, le verdict de l'expert fit l'effet d'une bombe : les CD de Joyce Hatto n'étaient que d'habiles mixages d'enregistrements anciens. Une fois le scandale révélé, le critique musical du *Daily Telegraph* a enfoncé le clou : « Comment se fait-il que personne ne se soit étonné que Joyce Hatto ait pu enregistrer une centaine de disques dans le minuscule studio de son mari, une pièce à peine capable d'accueillir un quatuor, alors que la musique qui était censée y être enregistrée était celle d'un orchestre symphonique ! »

IL Y A 40 ANS, EN 1969 : En dépit de l'approche des négociations sino-soviétiques, Pékin poursuit ses accusations sur les visées expansionnistes de Moscou. L'écrivain tchécoslovaque Ludvik Vaculik qui avait rédigé le célèbre *Manifeste des 2 000 mots* est exclu du parti communiste.

VENDREDI 9 OCTOBRE **Saint Denis**

Balance 2e décan

Dans la vie il faut savoir compter…
mais pas sur les autres (Paul-Louis Toulet).

TARTE RACHEL. Pour cinq ou six personnes. Préparez la pâte en mélangeant 300 grammes de farine, 130 grammes de beurre ramolli, 30 grammes de saindoux, une cuillerée à soupe d'huile, 1 décilitre d'eau, une pincée de sel, un demi-sachet de levure et une cuillerée à café de carvi en grains. Couvrez et laissez reposer 20 minutes, puis étalez dans un moule de 28 centimètres de diamètre. Mélangez un œuf, 150 centilitres de crème épaisse, 100 grammes de mimolette râpée et une cuillerée de carvi. Poivrez, versez la préparation sur la pâte. Répartissez dessus 150 grammes de lamelles de ventrèche fumée. Cuisez à four préchauffé (th. 6) une demi-heure.

LA CHARTREUSE, UN ROMAN D'AVENTURES

Quatre siècles de mésaventures… et pourtant quatre siècles que la recette de chartreuse est bien gardée, bien qu'elle ne fasse l'objet d'aucun brevet: seuls trois moines en ont le secret. En 1605, les religieux de la Chartreuse à Paris reçoivent un document sur lequel figure la formule d'un mystérieux breuvage. Il faut à partir de là plus d'un siècle aux apothicaires de la communauté pour mettre au point « l'élixir de longue vie » produit au monastère de la Grande Chartreuse près de Grenoble, commercialisé sous le nom de « liqueur de santé » en 1764. Cent trente plantes le composent, parmi lesquelles on reconnaît la saveur de l'hysope. La Révolution chasse les moines hors de France. Mais la précieuse formule est miraculeusement préservée jusqu'à leur retour, en 1860, à Saint-Laurent-du-Pont. La politique anticléricale engagée en 1903 amène de nouveau leur expulsion et la confiscation de leurs biens. La marque est vendue à des liquoristes qui ne réussissent pas à percer le mystère de la formule. Les hommes d'affaires de la région se mobilisent pour racheter les actions et les rendre aux religieux. Enfin, en 1935, la fabrique est détruite par un éboulement de terrain, et il faut la reconstruire à Voiron, seul lieu de distillation depuis 1989 !

IL Y A 40 ANS, EN 1969 : Le maréchal Tito se prononce en faveur de la conférence européenne proposée par la Finlande. À Mexico, soixante pays proposent onze résolutions pour faire échec aux faux-monnayeurs. Sortie du film de Pier Paolo Pasolini *Porcherie*.

Les gendarmes ont grand tort de malmener les criminels : sans eux, ils n'existeraient pas (Alphonse Allais).

Le courage est la première des qualités humaines car elle garantit toutes les autres (Aristote).

Saint Ghislain — **SAMEDI 10 OCTOBRE** — Balance 2e décan

Saint Firmin — **DIMANCHE 11 OCTOBRE** — Balance 2e décan

La France mystérieuse

L'ÎLE MYSTÉRIEUSE
Sein (Finistère)

L'île de Sein, cette terre de 56 hectares au large de la pointe du Raz, qui culmine à 8 mètres seulement, est assurément un des lieux les plus énigmatiques de Bretagne. Son nom même pose problème. Les spécialistes divergent sur son origine, mais sont d'accord sur un point : il n'a rien à voir avec le sein de la femme. Cela n'empêche pourtant pas les lieux d'avoir été dès l'origine voués à la féminité. L'historien latin Mela écrit au Ier siècle de notre ère : « Sena est célèbre par ses prêtresses. On dit qu'elles sont au nombre de neuf. Les Gaulois les nomment Sènes. Ils pensent qu'elles peuvent, par leurs incantations, déchaîner les tempêtes et se métamorphoser selon leur caprice en toutes sortes d'espèces d'animaux. » Par la suite, malgré la christianisation, cette tradition s'est maintenue. Au XVIe siècle, un religieux venu prêcher dans l'île déplore que les habitants continuent à s'adonner aux rites païens. « C'est une coutume reçue dans l'île de Sein, écrit-il, de se mettre à genoux devant la nouvelle lune et de réciter en son honneur l'oraison dominicale. Trois femmes héritières des druidesses antiques y enseignent encore le culte du soleil considéré comme Dieu le Père. Elles trônent sur des pierres très anciennes, les Pierres de Kador, ce qui, en langue bretonne, signifie siège. »

À l'époque moderne, c'est pourtant grâce à sa population masculine que Sein s'est illustrée. En 1940, après avoir entendu l'appel du général de Gaulle, tous les hommes sans exception ont gagné la Grande-Bretagne sur leurs bateaux. Leur geste a valu à l'île la croix de la Libération.

IL Y A 40 ANS, EN 1969 : À Belfast, des émeutes entre forces de l'ordre et protestants font trois morts et 66 blessés, l'armée anglaise, pour la première fois, ayant reçu l'ordre de tirer. Une enquête de l'INSEE révèle que les logis des jeunes ménages sont toujours trop exigus et les loyers trop chers.

LUNDI 12 OCTOBRE

Saint Wilfried

Balance 2e décan

Avant de choisir le prénom d'un garçon, pensez toujours à la femme qui aura à le murmurer plus tard (Barbey d'Aurevilly).

★★★ POTÉE ESPAGNOLE. Pour six à huit personnes. Faites cuire une demi-heure dans une grande marmite d'eau salée 500 grammes d'échine de porc, une demi-poule, 300 grammes de jambon cru, 500 grammes de veau. Ajoutez au fur et à mesure de la cuisson et dans l'ordre indiqué : un petit chou blanc coupé en quartiers, cinq navets et 200 grammes de citrouille coupés en morceaux, cinq tomates coupées en deux, 150 grammes de haricots coco et terminez par 300 grammes de pois chiches en boîte. Continuez la cuisson pendant 1 heure. Pilez cinq gousses d'ail épluchées et un piment avec deux cuillerées à café de cumin en poudre et de la coriandre, et versez dans cette potée.

Henri IV, roi de France (1553-1610)

Après l'assassinat d'Henri III, le 1er août 1589, et la défaite morale de la Ligue, Henri de Navarre devient le successeur désigné au trône de France. Il n'obtient pas la reconnaissance des catholiques fanatiques. Malgré son habileté politique, il doit se battre pour devenir le roi des Français. Le 14 mars 1590, à Ivry-la-Bataille dans l'Eure, il affronte les troupes de la Ligue bien supérieures en nombre. Hardiment, le Béarnais va en-traîner sa cavalerie dans une charge décisive après avoir lancé cette phrase restée célèbre :

« MES COMPAGNONS ! DIEU EST POUR NOUS, VOICI SES ENNEMIS ET LES NOSTRES, VOICI VOSTRE ROI ! À EUX ! SI VOS CORNETTES VOUS MANQUENT, RALLIEZ-VOUS À MON PANACHE BLANC, VOUS LE TROUVEREZ AU CHEMIN DE LA VICTOIRE ET DE L'HONNEUR. »

Cependant, il lui faudra attendre le 22 mars 1594, un mois après avoir été sacré à Chartres, pour que s'ouvrent enfin devant lui les portes de Paris.

Les drôles d'histoires de Pierre Bellemare

Le cœur sur le tapis

Quand Jack Barlich, un Californien âgé d'une soixantaine d'années, retourne la carte que vient de lui attribuer un croupier du MGM Grand, un casino de Las Vegas, il comprend aussitôt qu'étant dorénavant en possession d'une « suite à la couleur par un as », il vient de prendre une solide option sur les 25 000 dollars qui se sont accumulés sur la table du jeu de poker. Sa jubilation est éphémère. Son cœur s'affole puis cesse de battre. À peine s'est-il écroulé que l'alerte est donnée par le système de télésurveillance et qu'une équipe de secouristes surgit avec un défibrillateur portable. Au bout de cinq électrochocs, le cœur de Barlich repart. « Je remercie le ciel d'être joueur. Je suis en vie. Et riche de surcroît ! » s'est exclamé le malade dans l'ambulance qui le transportait vers l'hôpital le plus proche.

« Aux États-Unis, l'endroit le plus sûr pour faire un arrêt cardiaque est un casino, confirme Bryan Bledsoe, médecin urgentiste à l'université George Washington. En neuf ans, les vigiles des établissements de jeu ont, en effet, réanimé 1 800 joueurs et employés, soit 53 % des victimes d'un infarctus du myocarde, alors que le taux moyen de survie aux États-Unis est inférieur à 10 %. » S'appuyant sur ces statistiques, l'Association cardiaque américaine vient de se prononcer en faveur de l'utilisation étendue des défibrillateurs par des non-professionnels. Une décision amèrement contestée par David Robertson, membre du conseil d'administration de la Coalition nationale contre le jeu légalisé. « Les casinos sauvent la vie des joueurs pour qu'ils puissent continuer de s'y ruiner ! » a-t-il bougonné.

IL Y A 40 ANS, EN 1969: La normalisation continue en Tchécoslovaquie: MM. Dubcek et Smrkovsky sont remplacés par des prosoviétiques. L'informatique entre à Rungis: pour la première fois, un marché de grossistes est géré par ordinateur.

MERCREDI 14 OCTOBRE — **Saint Juste** — **Balance** 3e décan

En vieillissant on apprend à troquer ses terreurs contre des ricanements (E.Cioran).

Il ne vaut mieux pas perdre son ombre

Pour les païens, l'ombre d'un être humain n'appartient ni à son corps ni à son âme. C'est elle qui descend aux enfers, dans le royaume des ombres. Cette croyance, dans l'Antiquité, procédait de la foi à la survivance à demi matérielle de l'âme: à Rome, les ombres sont réunies aux Enfers où elles reçoivent récompense ou châtiment. Cette superstition donnera naissance à la croyance aux fantômes et aux rituels de l'évocation des morts. Puisqu'elle est la manifestation visible de l'âme, il est évident que l'homme qui n'a plus d'ombre a vendu son âme au diable. En signant ce pacte, il s'expose aux pires ennuis, et doit, sans tarder, renoncer aux avantages pécuniaires obtenus. Certains étaient persuadés que les vampires pouvaient être tentés de la voler. Pour l'éviter, il fallait planter un clou sur la surface où elle se trouvait, au niveau de la tête. D'autres croyaient qu'il suffisait de marcher sur l'ombre de quelqu'un pour le blesser.

Au Pays de Galles, en Italie, en Allemagne, en Autriche, la famille réunie autour de la cheminée le soir de Noël se livrait à un curieux jeu en observant sur les murs les ombres portées de chacun: celui dont l'ombre était incomplète ou n'avait pas de tête mourrait dans l'année. Il en était de même pendant la nuit du nouvel an juif; de plus, si elle était dépourvue de main droite, cela concernerait le fils de la famille, la main gauche, la fille, et si un doigt manquait, c'était la perte d'un ami…

⁎ ESCALOPES DE CÉLERI-RAVE. Pour quatre personnes. Pelez un gros céleri, faites-le cuire à l'eau salée, coupez-le en tranches de 1 centimètre que vous passez dans la farine, un œuf battu, de la chapelure mélangée à des flocons de céréales et des noix de cajou hachées. Faites frire chaque tranche à la poêle dans un mélange de beurre et d'huile des deux côtés. Accompagnez d'un coulis de tomates aillé chaud.

IL Y A 40 ANS, EN 1969 : Les Américains manifestent leur opposition à la guerre du Vietnam, sous le signe du deuil et de la prière. Le président de la République de Somalie, M. Ali Shermake, est assassiné. Un million de grévistes manifestent à Milan pour une réforme radicale de la politique du logement.

Toutes les familles heureuses le sont de la même manière, les familles malheureuses le sont chacune à leur façon (Léon Tolstoï).

Sainte Thérèse d'Avila

Balance 3e décan

JEUDI 15 OCTOBRE

Les drôles d'histoires de Pierre Bellemare

Les bourdes du Pentagone

Avec un budget annuel de 645 milliards de dollars, l'armée américaine est la plus puissante et la plus dépensière du monde. Ce qui ne l'empêche pas, le cas échéant, de se couvrir de ridicule.

Ainsi, en 2006, le QG de la défense spatiale, basé dans le Colorado, a testé une nouvelle fréquence radio destinée aux communications prioritaires en cas de menace terroriste. Conséquence de cette expérience ultra-secrète : des milliers de résidents de Colorado Springs, la ville la plus proche du centre de recherche, ont vu leurs portes de garage télécommandées paralysées. Face à l'avalanche des protestations, l'US Air Force a dû avouer être à l'origine de cette épidémie de pannes, tout en rappelant que sa fréquence confidentielle, par ailleurs déjà utilisée à travers tout le pays, était l'exclusivité des militaires. « J'ignorais que ma porte de garage était classée secret défense », a commenté perfidement une habitante de la zone sinistrée.

Autre exemple, moins souriant celui-là, des défaillances du Pentagone. En 2007, à la veille du nouvel an, des officiers recruteurs réalisent un mailing à l'aide des puissants ordinateurs du ministère de la Défense. Cinq mille lettres sont envoyées à des officiers qui ont récemment quitté l'armée pour les inciter à reprendre du service. Parmi les destinataires, soixante-quinze ont été tués en Afghanistan et en Irak, et deux cents ont été blessés au combat. Face au tollé des familles des victimes, un général s'est courageusement défaussé de ses responsabilités en accusant l'ordinateur d'avoir « perdu la tête ». Et en promettant qu'un officier se rendra en personne chez les destinataires des lettres envoyées par erreur pour présenter des excuses officielles.

IL Y A 40 ANS, EN 1969 : Le Canada interdit la chasse aux bébés phoques au Groenland. Trois chercheurs américains reçoivent le prix Nobel de médecine pour leurs travaux sur la biologie moléculaire. Soyouz 6 se pose avec succès dans la steppe du Kazakhstan, rejoint le lendemain par Soyouz 7.

VENDREDI 16 OCTOBRE — **Sainte Edwige**

♎ **Balance** 3e décan

Les hommes recouvrent leur diable
du plus bel ange qu'ils peuvent trouver
(Marguerite d'Angoulême).

★ SOUPE CHINOISE MINUTE. Pour quatre personnes. Faites tremper un sachet de champignons noirs 10 minutes dans l'eau tiède. Portez à ébullition 2 litres de bouillon de poule ou de bœuf (cubes). Versez un sachet de vermicelles chinois, les champignons, 200 grammes de bœuf émincé, quelques légumes dont vous disposez, coupés en petits dés (carottes, navets, etc., à volonté). Laissez cuire 10 minutes. Assaisonnez de deux cuillerées à soupe de sauce soja. Servez avec des oignons blancs émincés avec 5 centimètres de leurs tiges et de la menthe fraîche.

Il est important de cueillir les pommes et les poires au meilleur moment afin de conserver votre récolte assez longtemps et en bon état. Observez leur coloris qui devient généralement plus clair, les fruits commenceront à dégager un parfum particulier et n'augmenteront plus de volume. Ils se détacheront facilement en opérant un léger mouvement de bascule de la main. Testez un fruit en le coupant en deux : les pépins doivent avoir une couleur marron, et en croquant dedans, vous apprécierez sa qualité gustative. Ne laissez jamais les fruits rabougris accrochés aux branches des arbres, ils sont porteurs de mille maladies. Faites-les tomber et brûlez-les.

Pour le Breton celtique, un *frigoden* est :
a. Un ragoût de viande fricassée.
b. Une personne qui se baigne toute l'année.
c. Un hareng demi-cuit et mariné.

Bonne réponse : b.

IL Y A 40 ANS, EN 1969 : Le père Boulogne, doyen mondial des greffés du cœur, décède brusquement 17 mois après son opération. Sortie du film *Macadam Cowboy* de John Schlesinger avec Dustin Hoffman et Jon Voight. Charles Aznavour donne son premier des cinq galas exceptionnels à l'Olympia.

Saint Baudouin — **SAMEDI 17 OCTOBRE** — Balance 3e décan

Mourir en bonne santé, c'est le vœu le plus cher de tout bon vivant bien-portant (Pierre Dac).

Saint Luc — **DIMANCHE 18 OCTOBRE** — Balance 3e décan

Tant que l'homme sera mortel, il ne sera jamais décontracté (Woody Allen).

La France mystérieuse

LES COURTINES

Saint-Jean-de-Boiseau (Loire-Atlantique)

Les habitants de Saint-Jean-de-Boiseau, au bord de la Loire, à 15 kilomètres en aval de Nantes, avaient, au XIXe siècle, le monopole de fabrication des courtines. Ces nattes de roseau servaient à tapisser les murs des maisons et, sur les voiliers, à emballer les marchandises ou confectionner de grossières couchettes.

La récolte avait lieu à l'automne et se révélait particulièrement pénible. Les habitants de Saint-Jean devaient passer une partie de la journée dans l'eau et dans la boue jusqu'aux genoux, parfois jusqu'à la ceinture. Ils cueillaient les roseaux à l'aide d'une faucille spéciale et les réunissaient en bottes.

La confection des courtines se faisait en famille, à la veillée. La première opération consistait à couper des tiges d'égale longueur et à les nettoyer de leur écorce. Puis, avait lieu l'ouverture du roseau, effectuée avec une courte lame fixée sur un manche de bois ; on tranchait ainsi la tige sur toute sa longueur. La troisième opération était la spécialité des enfants, qui dansaient sur les tiges avec leurs sabots, pour les écraser et les assouplir. Enfin, la dernière opération, qui s'appelait « courtiner », était réservée aux femmes. Il s'agissait, en réunissant les roseaux quatre par quatre et en les entrelaçant, de tisser la natte proprement dite.

Malheureusement pour Saint-Jean la fabrique des courtines ne résista pas à la concurrence des textiles modernes et disparut après la guerre de 14.

IL Y A 40 ANS, EN 1969 : Deux jeunes Allemands de l'Est passent à l'Ouest en détournant un avion de ligne polonais. La nouvelle Constitution brésilienne rétablit la peine de mort. En France, premier tour des élections législatives partielles. Raymond Poulidor termine 2e du Grand Prix cycliste des Nations.

LUNDI 19 OCTOBRE — **Saint René** — **Balance** 3e décan

Chacun est prisonnier de sa famille, de son milieu, de son métier, de son temps (Jean d'Ormesson).

☆ SOUPE D'AUTOMNE. Pour quatre ou cinq personnes. Faites dorer dans une poêle antiadhésive, avec 30 grammes de beurre, un oignon émincé et trois pommes du type Granny ou Canada épluchées et émincées. Faites cuire dans 2 litres d'eau bouillante salée 250 grammes de fèves et 250 grammes de haricots verts avec quelques branches d'origan. Faites un roux blanc dans une casserole avec 40 grammes de beurre et deux cuillerées à soupe de farine. Versez progressivement un litre et demi du jus de cuisson des légumes, puis ajoutez ceux-ci et laissez cuire encore 10 minutes.

SAINT-MARCELLIN, DÉLICE DU VERCORS

Il y a plusieurs siècles, il y avait d'importants troupeaux de chèvres dans le Dauphiné, et les fermiers fabriquaient un fromage en forme de petit palet à fine croûte fleurie. À l'époque, on trouvait encore des ours dans la région. Lors d'une partie de chasse mouvementée dans le Vercors, en 1455, le futur Louis XI se trouve face à l'un d'eux. Il est sauvé de ses griffes par deux bûcherons qui, pour le remettre de ses émotions, lui font goûter le fromage du pays. Enthousiasmé par ce petit palet délicieusement crémeux, le dauphin devenu roi anoblit ses sauveteurs, et fait servir régulièrement ce fromage à la table royale. À partir de 1730, sous l'effet du reboisement des campagnes, les biquettes disparaissent peu à peu et les fermières ajoutent du lait de vache à la recette : aujourd'hui, il n'y a plus de lait de chèvre dans la fabrication. À pied, puis plus tard avec leurs voitures à cheval, jusqu'à la création d'une gare à Saint-Marcellin en 1864 – ce qui provoqua une grande effervescence –, les *ramasseurs* collectaient les fromages dans les fermes, et les entassaient dans des corbeilles rectangulaires en osier tressé, parfois pliés soigneusement dans des feuilles de platane et de vigne. Lorsqu'ils deviennent crémeux et pâteux, ils sont maintenant présentés dans une coupelle. Sacha Guitry ne gardait le silence qu'en dégustant ce palet à la saveur si douce.

Les drôles d'histoires de Pierre Bellemare

Zéro pointé

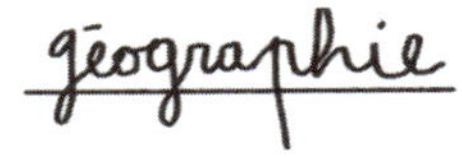

Qui a dit que nos compatriotes ignorent tout de la géographie ? En 1955, en proie à une crise ouverte avec le Maroc, la France est contrainte de déposer Ben Arafa, le sultan fantoche qu'elle a nommé en remplacement du roi Mohammed V, exilé par ses soins à Madagascar. Des pourparlers s'engagent entre les deux parties pour trouver une solution au conflit qui a déjà fait des centaines de victimes, du nord au sud du Protectorat. Antoine Pinay, ministre français des Affaires étrangères, négocie âprement le retour du souverain chérifien. Pour sauver la face et rétablir la paix, il consent à des concessions importantes mais se montre inflexible sur un point : il ne signera aucun compromis si le bail emphytéotique assurant à la marine française la libre disposition de la base de Bizerte n'est pas reconduit. Les Marocains tergiversent, font monter les enchères, obtiennent des avantages dont ils n'avaient pas rêvé, puis acceptent finalement cette clause au nom du pragmatisme diplomatique. Mohammed V rentrera au Maroc mais, en contrepartie, la France conservera pendant 99 ans sa base militaire de l'autre côté de la Méditerranée.

Pour ne pas froisser la susceptibilité de leur ministre, les négociateurs français n'avaient pas osé l'informer que, comme le savent la plupart des écoliers, le port de Bizerte se trouve en Tunisie, à 3000 kilomètres des côtes marocaines. Et qu'à cause de cette bévue, ils avaient dû signer un traité désavantageux pour la République.

IL Y A 40 ANS, EN 1969 : Willy Brandt, social-démocrate, devient chancelier fédéral à la tête d'un gouvernement de coalition. Quelques heures après l'inhumation du président Ali Shermake, coup d'État de l'armée en Somalie. Diffusion sur la première chaîne du *Curé de village*, avec Alice Sapritch.

MERCREDI 21 OCTOBRE — Sainte Céline — Balance 3e décan

Le cercle n'est qu'une ligne droite revenue à son point de départ (San Antonio).

CRUMBLE DE SAUMON. Pour quatre personnes. Coupez quatre pavés de saumon en dés. Disposez-les dans une tourtière beurrée avec 20 centilitres de crème, un zeste de citron râpé, une trentaine de feuilles de menthe ciselées, sel et poivre. Étalez dessus une pâte spéciale pour crumble (rayon frais), badigeonnez-la de beurre fondu, parsemez de deux cuillerées à soupe d'amandes effilées et passez au four 25 minutes (th. 6).

C'est le bon moment pour la plantation des fleurs à bulbes ou à rhizomes. Choisissez une terre meuble et engraissée à l'engrais complet. N'utilisez pas de plantoir à bout pointu, qui laisse un espace vide en dessous et forme une poche d'humidité préjudiciable au développement des tulipes, jacinthes, glaïeuls… Servez-vous d'une petite pelle qu'on appelle transplantoir, qui présente l'avantage d'ouvrir des trous à fond plat. De ce fait, la base des bulbes est bien en contact avec la terre.

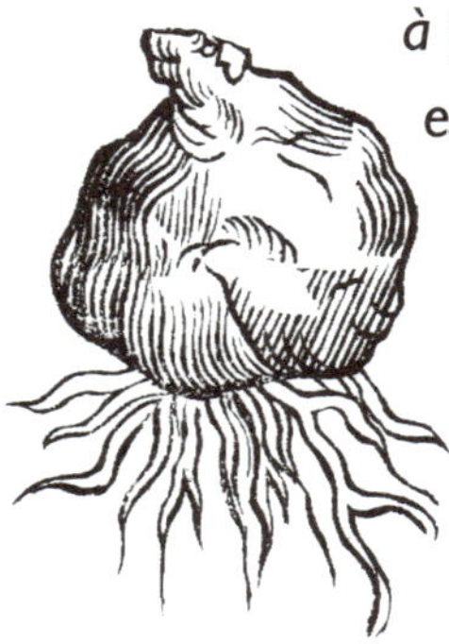

Au Nevada, il est défendu de conduire des chameaux sur les autoroutes.

IL Y A 40 ANS, EN 1969 : Violentes attaques des capitales arabes contre Beyrouth, accusée de trahison contre les Palestiniens, après les opérations de l'armée libanaise contre les bases des commandos. En Italie, la situation politique et sociale s'aggrave. Sortie du film *La Mouette*, de Sidney Lumet.

J'ai fini par acquérir durablement
le sentiment de l'éphémère (Jean Rostand).

Les drôles d'histoires de Pierre Bellemare

Grigris et griots

En 1987, les programmes de la télévision zaïroise sont brusquement interrompus par un speaker qui annonce qu'une « nouvelle de nature à bouleverser l'Afrique et le monde » va être révélée. Les rumeurs les plus folles enfièvrent aussitôt les rues de Kinshasa. Selon les unes, Mobutu Sese Seko s'autoproclamerait roi du Zaïre. Selon les autres, le dictateur vieillissant s'apprêterait, au contraire, à quitter la présidence. À 18 heures, deux hommes se présentent sous le crépitement des flashs au Centre de conférences internationales. Le premier est un obscur scientifique zaïrois, le professeur Lurhuma. Le second, un médecin égyptien, le docteur Shawflik. « Nous venons de mettre au point un traitement contre le sida, qui va être rapidement mis sur le marché », annonce Lurhuma. Bien que la nouvelle soit accueillie avec suspicion par la communauté scientifique, des milliers de malades désespérés affluent aussitôt vers Kinshasa pour se procurer le remède miracle. Quelques semaines plus tard, tandis qu'il s'avère que le médicament n'est rien d'autre qu'une décoction d'herbes aromatiques, on retrouve la trace de l'énigmatique professeur Lurhuma coulant des jours paisibles dans la luxueuse villa que Mobutu lui a offerte en récompense de sa « géniale » découverte.

Au cours des années suivantes, bien d'autres expérimentateurs ont proclamé à leur tour avoir vaincu le virus. Signalons pour mémoire le « missile antisida », une arme concoctée par une équipe de sorciers, d'astrologues et d'anciens militaires, dont les effets se sont limités à vider les comptes en banque d'une centaine de naïfs !

IL Y A 40 ANS, EN 1969 : Gérard Nicoud est condamné par défaut à dix mois de prison. Le prix Nobel de la littérature est décerné à Samuel Beckett. Diffusion sur la seconde chaîne de *La Robe mauve de Valentine* de Françoise Sagan. 300 œuvres de Giacometti sont exposées à l'Orangerie, à Paris.

VENDREDI 23 OCTOBRE **Saint Jean de Capistran**

Balance 3e décan

La connerie, c'est la décontraction de l'intelligence (Serge Gainsbourg).

★★ ROULADES DE BACON EN TERRINE. Pour quatre personnes. Faites cuire 5 minutes à l'eau bouillante salée 750 grammes de pommes de terre épluchées émincées, et égouttez. Mélangez deux œufs avec 400 grammes de viande hachée – moitié veau moitié porc –, 50 grammes de chapelure, poivre. Divisez le mélange en huit et roulez chaque part en saucisse que vous enveloppez chacune d'une tranche de bacon. Étalez les pommes de terre dans un plat à four huilé, mélangez avec des échalotes, sel, poivre, et deux cuillerées à soupe d'huile. Placez les rouleaux de bacon dessus. Couvrez d'un papier alu et faites cuire au four (th. 6) pendant 25 minutes.

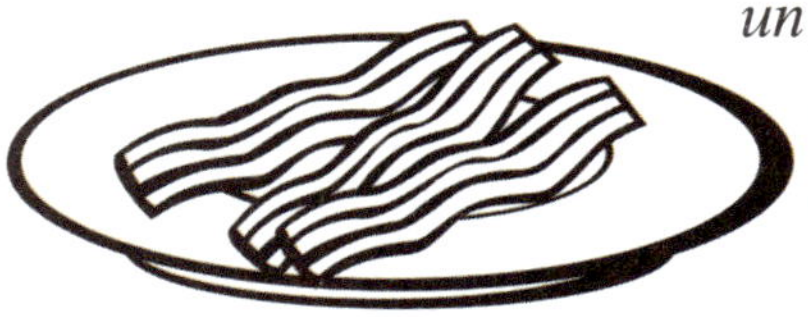

Les géants en procession

Les géants apparaissent dans les Flandres, aux Pays-Bas, en Sicile, en Catalogne et en Navarre au cours des processions religieuses médiévales, glorifiant chaque année un moment capital de l'histoire de la cité. Peu à peu, ils s'imposent dans les cortèges tout en se laïcisant. Plusieurs cités du nord de la France, dès le XVIe siècle, ajoutent à leurs parades ces effigies colossales, constituées d'une charpente d'osier de plusieurs mètres de haut, surmontée d'une tête en bois. Plus tard, la tête sera en carton-pâte ou moulée en résine. Les géants doivent être portés à dos d'homme, mais certains trop lourds sont montés sur des roulettes ou sur un char. Ils offrent l'image rassurante de bons époux ou de bons parents et incarnent des valeurs de fraternité et de courage. Dunkerque, depuis 1550, célèbre le géant Reuze Allowyn, accompagné de Reuze papa, de son épouse Reuze maman, dame Gentille, et de ses quatre enfants, Pietje, Mietje, Boutje et Meisje. À Douai, la tradition de Gayant, haut de 7,50 mètres, Marie, Cagenon, Jacquot, Fillon et Binbin, est aussi très ancienne. À Cambrai, les jaquemarts Martin et Martine coiffés d'un turban sont vêtus en Maures dans le style vénitien. À Calais sont représentés Constance de Portugal et Jehan de Calais. Lydéric et Phynaert sont les fondateurs de la cité de Lille. Hélas, impossible de les citer tous : la seule région Nord-Pas-de-Calais en compte plus de trois cents !

IL Y A 40 ANS, EN 1969 : Le Mark est réévalué sur une décision du gouvernement Brandt. La firme automobile Lancia est rachetée par Fiat. Emil Zatopek est exclu du PC tchécoslovaque. À l'Élysée-Montmartre, la compagnie Renaud-Barrault fait sa rentrée avec le spectacle *Rabelais*.

L'espérance est le songe d'un homme éveillé (Aristote).

Il n'y a qu'une seule chose à faire pour un homme dont la femme adore dépenser de l'argent, c'est d'adorer en gagner (E.W. Howe).

Saint Florentin — **SAMEDI 24 OCTOBRE**
Scorpion 1er décan

Saint Enguerran — **DIMANCHE 25 OCTOBRE**
Scorpion 1er décan

La France mystérieuse

NAISSANCE D'UN CANUT

Lyon (Rhône)

Au XIXe siècle, la condition des canuts, les ouvriers de la soie lyonnais, s'est brusquement dégradée, au point de provoquer en 1831 la première révolte ouvrière française. Touché, comme tant d'autres, par le chômage, Laurent Mourguet (1769-1844) s'est mis à faire un peu tous les métiers : marchand ambulant, arracheur de dents, puis montreur de marionnettes. C'est alors qu'il eut l'idée de remplacer Polichinelle par un personnage vraiment lyonnais.

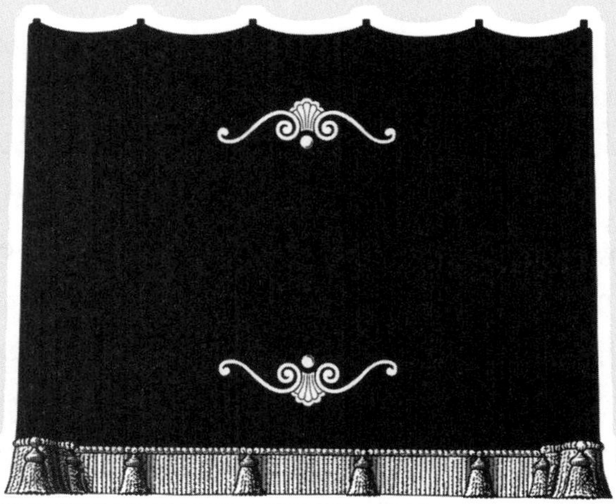

C'est ainsi qu'est né Guignol, un canut portant le costume des ouvriers de la soie au XVIIIe siècle, un chapeau noir, et exprimant avec une gouaille toute populaire le mécontentement des petites gens. Guignol, éternel et sympathique râleur, part en guerre contre les injustices, se moque des bourgeois et ridiculise l'autorité, incarnée par le gendarme. Il est accompagné de Gnafron, bon vivant un peu ivrogne, « regrolleur » de son état, c'est-à-dire cordonnier, un haut-de-forme cabossé sur la tête et une bouteille de beaujolais à portée de main. Le héros est également assisté de son épouse Madelon, une femme au tempérament passablement acariâtre, mais finalement très fière des exploits de son mari. La création de Guignol a été une réussite immédiate. Typiquement lyonnais au départ, le personnage n'a pas tardé à conquérir la France entière. En même temps, il a évolué. Au début, spectacle contestataire proche des chansonniers (tradition reprise par « Les Guignols de l'info »), il est devenu un divertissement pour enfants.

IL Y A 40 ANS, EN 1969 : Aux législatives, dans la 4e circonscription des Yvelines, M. Couve de Murville est battu par Michel Rocard. Aux élections législatives au Portugal, le parti gouvernemental obtient 88 % des voix et tous les sièges. Ouverture à la Porte de Versailles du 22e Salon de l'Enfance.

LUNDI 26 OCTOBRE

Saint Dimitri

Scorpion 1er décan

Que celui qui n'a pas traversé ne se moque pas de celui qui s'est noyé (proverbe africain).

★ *PUDDING TROPICAL. Pour quatre ou cinq personnes. Préchauffez le four (th. 7). Préparez un caramel (ou utilisez-en un tout prêt en flacon) et nappez-en le fond d'un moule. Mélangez six œufs avec 250 grammes de sucre, ajoutez une cuillerée à soupe de beurre, deux cuillerées à soupe de farine et deux de maïzena, une boîte d'ananas en morceaux avec le jus et 125 grammes de noix de coco en copeaux. Garnissez le moule avec le mélange et faites cuire au four au bain-marie 50 minutes. Servez froid.*

LE BONSAÏ, SCULPTURE VIVANTE. Actuellement en France, 90 % des bonsaïs d'intérieur achetés sont voués à une mort rapide. Il faut de la patience et la passion des plantes pour accompagner au fil de leurs cycles de végétation ces arbres miniaturisés, œuvres vivantes en constante transformation qui se sculptent avec le temps. Le bonsaï réclame des soins incessants, ainsi qu'un travail minutieux de tailles et de rempotages. L'objectif est de réussir la reproduction exacte de ce qui existe dans la nature sans que l'on puisse y déceler un travail humain. L'art du bonsaï se situe à la convergence de plusieurs disciplines comme l'art, la botanique et la philosophie. Il y a douze siècles, quand les Chinois se mirent à cultiver des plantes en pot miniaturisées, c'étaient des arbres sauvages naturellement nanifiés par les rudes conditions climatiques de leur habitat originel, prélevés et replantés dans des pots décorés. On raconte qu'un empereur de la dynastie Tsin, trois cents ans avant notre ère, s'était fait aménager dans un patio des représentations de paysages de son empire, qui donnaient une impression grandiose tant elles étaient fidèles au modèle. Ainsi il pouvait voir par la fenêtre le monde à ses pieds ! Vers l'an 800, avec l'arrivée des moines bouddhistes, le bonsaï a gagné le Japon où son art a été codifié, et a pris une dimension philosophique. C'est au XIXe siècle qu'il est apparu en Europe grâce aux grands voyageurs qui ont mis l'art oriental à la mode.

IL Y A 40 ANS, EN 1969 : Un tremblement de terre en Yougoslavie raye de la carte la ville de Banja Luka et fait 20 morts et 400 blessés. À Dubrovnik, l'Union européenne des comités olympiques nationaux est née. Un étudiant sur cinq est boursier, un sur sept est logé en résidence universitaire.

Il ne faut jamais faire que les sottises qui vous plaisent (P. Mérimée).

Sainte Émeline

Scorpion 1er décan

MARDI 27 OCTOBRE

Les drôles d'histoires de Pierre Bellemare

Au bout du rouleau

Chaque pays doit s'accommoder des lacunes de son système administratif et admettre les initiatives parfois malheureuses de ses fonctionnaires. La Suède pas plus qu'un autre État n'est à l'abri des dérapages.

En 1986, Lars Torssen, un employé de police d'Hagfors, une petite ville suédoise, est chargé de renouveler le stock de papier toilette du commissariat. Prenant sa mission par-dessus la jambe, il torche son bon de commande et coche distraitement la case « palettes » au lieu de la case « paquets ». Résultat : une semaine plus tard, un camion semi-remorque déverse sur le trottoir, devant le poste de police, des dizaines de milliers de rouleaux de papier hygiénique. « Affolé, j'ai bien demandé au chauffeur de repartir avec son chargement, a raconté l'écervelé, mais il m'a expliqué que cela coûterait une fortune. Fortune que j'aurais été bien en peine de justifier auprès de mes supérieurs. » Pour dissuader les sauvageons de la ville de ponctionner les biens du royaume, des employés du commissariat montent la garde jour et nuit devant la montagne de palettes. Pendant ce temps, Torssen s'échine à réquisitionner des dizaines de garages pour y entreposer la précieuse marchandise. « Pendant des années, pour écouler nos stocks, dès que des collègues des villes voisines passaient nous rendre visite, nous bourrions leurs coffres de voitures de rouleaux de papier », a avoué le chef de la police. Enfin, en janvier 2006, après vingt ans de persévérance, les policiers d'Hagfors ont pu inviter les édiles locaux à lever leur verre d'aquavit pour fêter en grande pompe l'utilisation par le maire de la ville… du dernier rouleau de papier toilette !

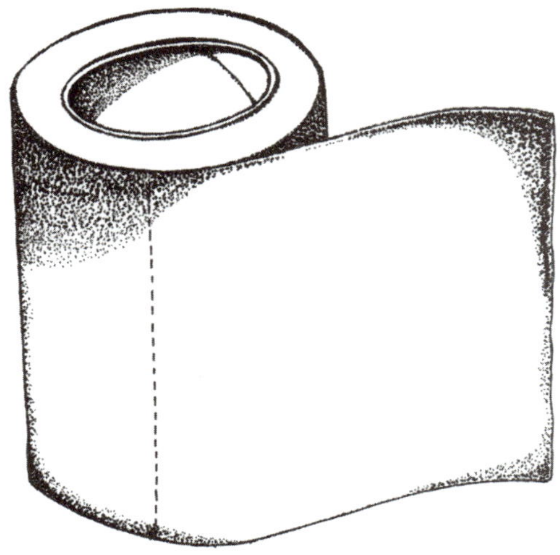

IL Y A 40 ANS, EN 1969 : La Croix-Rouge lance un cri d'alarme : c'est l'existence d'une génération qui est en péril au Biafra. Mariage religieux à Paris de Karim Aga Khan IV, chef spirituel de 15 millions de fidèles, et de Sarah Crichton Stuart qui portera désormais le nom de Bégum Salima.

MERCREDI 28 OCTOBRE

Saint Simon - saint Jude

Scorpion 1er décan

Si l'administration militaire était bien faite, il n'y aurait pas de soldat inconnu (Louis Jouvet).

★★ CHILI POTAGER. Pour cinq ou six personnes. Dans une grande cocotte anti-adhésive, chauffez deux cuillerées à soupe d'huile d'olive, faites rissoler pendant 15 minutes deux oignons, deux branches de céleri et deux poivrons verts coupés en morceaux, ainsi que quatre gousses d'ail hachées. Ajoutez une grosse boîte de haricots rouges (850 grammes) et une grosse boîte de tomates entières pelées avec leur jus (850 grammes), une petite boîte de concentré de tomates, une cuillerée à soupe de poudre de chili, une cuillerée à soupe de poudre de cacao, deux cuillerées à café de cumin, une cuillerée à café de sucre, quelques gouttes de tabasco. Mélangez doucement, couvrez et laissez mijoter une demi-heure. Ajustez l'assaisonnement en fin de cuisson.

Louis-Philippe Ier, roi de France (1773-1850)

À Paris, la manifestation du 22 février 1848 se transforme en émeute. Le 23, le roi congédie son premier ministre Guizot, mais c'est trop tard, la Révolution de 1848 est en marche. L'émeute parisienne, qui l'a porté au pouvoir dix-huit ans auparavant, le chasse sans regret. Le 24 février, la IIe République est proclamée.

Les députés, hostiles à toute intervention de l'État dans le secteur social, font fermer les Ateliers nationaux qui avaient le mérite de faire travailler 100 000 chômeurs parisiens. Les ouvriers se soulèvent le 23 juin. La révolte est durement réprimée par le général Cavaignac : 4 000 victimes chez les insurgés, 1 500 fusillés. Apprenant cela dans sa résidence de Claremont en Angleterre, le roi sort de son mutisme et lâche ce commentaire ironique :

« LA RÉPUBLIQUE A BIEN DE LA CHANCE... ELLE PEUT TIRER SUR LE PEUPLE. »

De ce fait, la IIe République, après cette tragédie, ne saura jamais obtenir l'indispensable soutien du peuple.

IL Y A 40 ANS, EN 1969 : Le Liban réclame des garanties du monde arabe en prévision des inévitables ripostes israéliennes qu'entraînera sa nouvelle politique. Le général Franco annonce un profond remaniement ministériel. Jean-Jacques Servan-Schreiber est élu secrétaire général du Parti radical.

On est bien forcé de croire au doigt de Dieu, quand on voit comment il se l'est mis dans l'œil (Jean Richepin).

Saint Narcisse

Scorpion 1er décan

JEUDI 29 OCTOBRE

Les drôles d'histoires de Pierre Bellemare

Le prix de la pierre

Si vos tentatives pour acquérir un logement se sont jusqu'à présent soldées par des échecs, tant le prix de l'immobilier a atteint des sommets, sachez qu'un « appartement » de 7 mètres carrés a été mis en vente à Chelsea, à Londres, pour la bagatelle de 258 000 euros ! Cet ancien placard à produits d'entretien de 3,35 mètres sur 2,13 mètres, dont la cuisine et la salle de bain sont entièrement à rénover, est éclairé par un vasistas. « C'est le gourbi le plus déprimant que j'aie jamais vu », a sobrement commenté l'agent immobilier chargé de le faire visiter. Autre exemple : la villa construite, en 1947, par le magnat de la presse William Randolph Hearst à Beverly Hills, le quartier ultrachic de Los Angeles. Coût hors frais de notaire : 121 millions d'euros. Il est vrai que la bicoque, construite sur 3 hectares arborés, compte vingt-neuf chambres, trois piscines et une salle de cinéma, et que John et Jackie Kennedy y avaient passé leur lune de miel en 1953.

Mais pourquoi ne pas orienter vos recherches vers les demeures ayant abrité des scènes de crime ? Leur prix est beaucoup plus abordable. Ainsi la maison où la jeune Autrichienne Natascha Kampusch avait été séquestrée pendant huit ans et demi n'a-t-elle toujours pas trouvé acquéreur, même à la moitié de sa valeur marchande. Et au Kansas, le pavillon Holcomb, dans lequel les quatre membres de la famille Clutter avaient été atrocement assassinés, est, lui aussi, toujours disponible…

IL Y A 40 ANS, EN 1969 : La nouvelle centrale atomique de Saint-Laurent-des-Eaux est en panne depuis quinze jours. Le prix Nobel de physique est décerné à l'Américain Murray Gell-Mann, celui de chimie au Britannique Derek Barton et au Norvégien Odd Hassel.

VENDREDI 30 OCTOBRE — Sainte Bienvenue — Scorpion 1er décan

Avec les femmes, c'est toujours la même chose ; d'abord au bras, puis dans les bras, puis sur les bras. Avec elles, on va à chaque fois des petits mots aux grands mots et enfin, aux gros mots (Paul Valéry).

HORTENSIA, LA ROSE DE L'OMBRE. Au Japon, près du Fuji, tous les ans au mois de juin, un chemin de fer spécial prend du service sur les voies bordées de haies de milliers d'hortensias, éclairés la nuit. La rose du Japon est connue sous ce nom en Europe dès 1711 grâce aux descriptions d'un médecin naturaliste allemand. Ses représentations figuraient sur certaines soieries et les papiers chinois parvenus en Europe. Le botaniste Philibert de Commerson la découvre avec émerveillement aux îles Mascareignes et en fait parvenir en France quelques échantillons secs. Il la baptise « hortensia » en 1772 et meurt l'année suivante, emportant avec lui le mystère de cette appellation dont l'origine va susciter des polémiques. Certains assurent qu'il s'était inspiré tout simplement du jardin, *hortus* en latin. D'autres du nom de son amie Nicole-Reine, femme de l'horloger Lepautre, qui se faisait appeler dans l'intimité Hortense… Baptisée en latin *Hydrangea* par les botanistes, la fleur est pourpre, blanche ou rose, bleue seulement lorsque le sol est acide. Elle sera cultivée par Joséphine de Beauharnais dans son jardin de la Malmaison en l'honneur de sa fille Hortense. La rose de l'ombre a donc cette particularité : Hortensia, ce n'est pas un nom de fleur donné à une femme, mais un nom de femme donné à une fleur.

★★ GÂTEAU DE HALLOWEEN. Pour six personnes. Épluchez et coupez en dés un potiron de 1,500 kilogramme, faites-le cuire à l'eau bouillante légèrement salée, puis égouttez. Réduisez en purée en ajoutant un peu de lait ou de crème, trois œufs entiers battus en omelette l'un après l'autre, quatre macarons écrasés, un doigt d'arôme d'amande amère, 200 grammes de sucre, 1 décilitre de rhum, une pincée de sel. Beurrez un moule rond, mettez-y la préparation et cuisez à four moyen environ 40 minutes.

La France mystérieuse

L'ARBRE AUX POMMES

Plougastel-Daoulas (Finistère)

Chaque Toussaint, avait lieu à Plougastel-Daoulas et, sous une forme un peu différente, dans beaucoup d'autres régions de Bretagne, la fête de l'arbre aux pommes. Bien loin d'être joyeuse, c'était une cérémonie funèbre unissant les vivants dans le souvenir des morts.

Elle se pratiquait par groupes de familles apparentées. On se réunissait dans la ferme de l'une d'entre elles. D'abord, les jeunes filles circulaient entre les participants, vendant des nèfles et des pommes. Ensuite, les hommes âgés distribuaient un pain spécialement préparé par le boulanger et bénit par le curé, le pain des morts.

Venait ensuite la mise aux enchères de l'arbre aux pommes. Il ne s'agissait pas d'un pommier, mais d'un arbuste dénudé sur lequel étaient fichées une trentaine de pommes. Les enchères étaient purement conventionnelles ; l'acheteur était désigné d'avance, chaque famille devant acquérir l'arbre à tour de rôle. Le reste de la journée était alors consacré à une veillée funèbre, au cours de laquelle on évoquait le souvenir des défunts. Ensuite, chacun rentrait chez soi et le possesseur de l'arbre aux pommes le gardait jusqu'à l'année suivante.

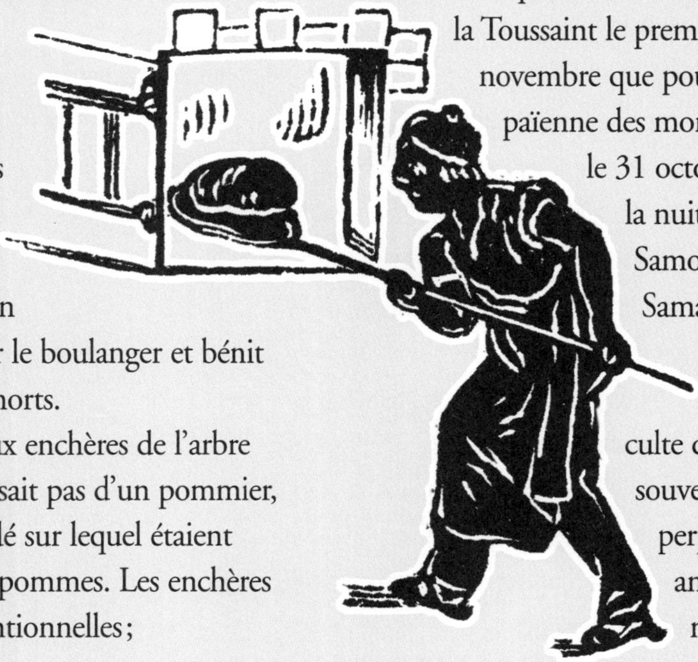

Il s'agit là de rites immémoriaux, bien plus anciens que le christianisme, qui n'a placé la Toussaint le premier jour de novembre que pour masquer la fête païenne des morts. C'était la veille, le 31 octobre, qu'avait lieu la nuit gauloise de Samonios, appelée Samain en Irlande, qui célébrait l'arrivée de l'hiver et le culte des disparus. Le souvenir s'en est perpétué dans les pays anglo-saxons sous le nom de Halloween.

IL Y A 40 ANS, EN 1969 : Habib Bourguiba est réélu pour la troisième fois président de la République tunisienne avec 99,76 % des voix. À l'issue de leur face-à-face du Caire, le général Boustani et Yasser Arafat parviennent à un accord qui sauvegarde le Liban.

LUNDI 2 NOVEMBRE

Saint Hubert

Scorpion 1er décan

Beaucoup d'hommes naissent aveugles, et ils ne s'en aperçoivent que le jour où une bonne vérité leur crève les yeux (Jean Cocteau).

★★ BON MANGER DE NOVEMBRE. Pour quatre ou cinq personnes. Mettez 600 grammes de lard dans une marmite que vous remplissez d'eau froide ; portez à ébullition et faites cuire une demi-heure avant d'ajouter cinq pommes de terre épluchées coupées en morceau et deux têtes d'ail entières non épluchées. Une demi-heure plus tard ajoutez quatre petites bottes de brocolis pour 25 minutes encore de cuisson. Tenez au chaud dans un plat le lard coupé en morceaux, les brocolis et les pommes de terre que vous servirez après le potage. Retirez les têtes d'ail, écrasez les gousses du revers d'un couteau pour en extraire la pulpe que vous délayez dans un bol avec trois cuillerées à soupe de crème, et une petite louche de bouillon avant d'incorporer le tout au potage. Garnissez le fond de la soupière de tranches de pain rassis que vous laissez gonfler avant de servir.

Les Canuts et les Canuses

En 1800, Joseph-Marie Jacquard perfectionna le métier à tisser de Vaucanson. À un attirail de cordages et de pédales nécessitant le concours de plusieurs ouvriers, il substitua un mécanisme simple et ingénieux qui permettait à un seul ouvrier d'exécuter des étoffes de soie aux dessins compliqués aussi facilement qu'un tissu uni. De retour à Lyon, capitale de l'industrie de la soie, il passa toute sa vie à faire accepter son invention par les « canuts », car elle provoqua la suppression de milliers d'emplois.

En 1831, les ateliers employaient encore 40000 canuts. Mais au malheur du chômage vint s'ajouter la concurrence de nombreuses fabriques de soieries établies en Suisse, en Italie, en Allemagne et en Angleterre. Au temps de la prospérité, les canuts de la Croix-Rousse gagnaient à la journée 4 à 5 francs, mais le salaire descendit à 25 sous, pour un travail quotidien de 17 à 18 heures. Trois jours de révoltes sanglantes éclatèrent en novembre 1831. Les canuts furent désarmés. Beaucoup durent abandonner le métier et chercher péniblement un autre emploi.

IL Y A 40 ANS, EN 1969 : À Paris, premier congrès national des femmes-patrons. Le roi Baudouin de Belgique reçoit le président congolais Mobutu pour normaliser les relations entre les deux pays. Jacques Dufilho reçoit le premier trophée Dussane, remis à la Comédie-Française.

Une femme qui n'a jamais vu son mari pêcher à la ligne ne sait pas quel homme patient elle a épousé (E.W. Howe).

Les drôles d'histoires de Pierre Bellemare

Attelages mixtes

On se souvient que les « lancers de nains », originaires d'Australie et popularisés par la trilogie du *Seigneur des anneaux*, ont suscité en France une sérieuse polémique. Interdites par le Conseil d'État, ces compétitions ont été soutenues par un certain nombre de personnes de petite taille, notamment par Passe-Partout, le nain de l'émission « Fort Boyard », car, selon lui, elles procuraient des ressources non négligeables aux participants jouant le rôle de projectiles.

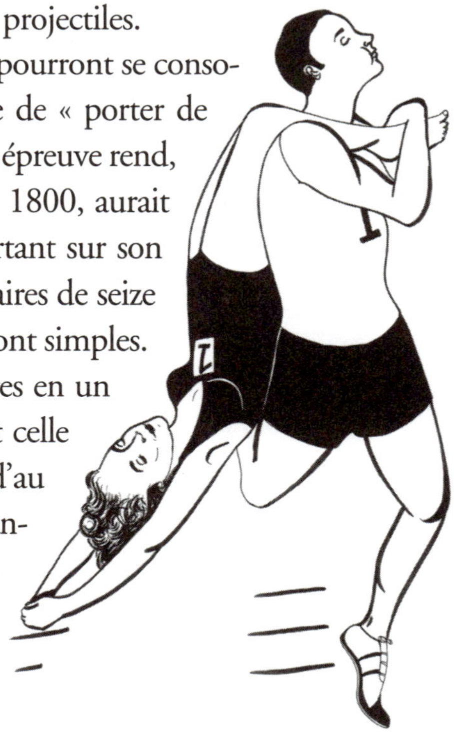

Fort heureusement les nostalgiques de ces exploits sportifs pourront se consoler en assistant, en Finlande, au championnat du monde de « porter de femme ». Créée en 1992 dans le village de Sonkajärvi, cette épreuve rend, semble-t-il, hommage à un célèbre brigand local qui, vers 1800, aurait kidnappé une femme dans un hameau voisin, en l'emportant sur son dos. L'édition 2007 a réuni cinquante-cinq couples originaires de seize pays, dont l'Afrique du Sud, l'Italie et le Japon. Les règles sont simples. Les hommes doivent parcourir une distance de 253 mètres en un temps record, en portant leur épouse légitime ou à défaut celle d'un proche voisin. Les coéquipières doivent être âgées d'au moins dix-sept ans et peser plus de 48 kilos. Bien que les tandems puissent choisir librement leur style, la technique la plus en vogue consiste pour la femme à se suspendre dans le dos de son compagnon, la tête en bas et les jambes enroulées autour de son cou. Les nombreux passages d'obstacles – fosses pleines de boue et bosquets d'épineux – déclenchent l'hilarité des trois mille spectateurs. Les champions 2007, des Estoniens, ont reçu en cannettes de bière l'équivalent du poids de la cavalière. *Skol!*

IL Y A 40 ANS, EN 1969 : La France et la Belgique commencent la construction de la centrale nucléaire de Tihange sur la Meuse. Carlos Marighela, dirigeant du Parti révolutionnaire brésilien et cerveau de l'enlèvement de l'ambassadeur américain Elbrick à Rio, est abattu par la police à São Paulo.

MERCREDI 4 NOVEMBRE Saint Charles

Scorpion 2e décan

Il est toujours mieux de dire la vérité – à moins bien sûr que vous ne soyez un menteur exceptionnel (J.K. Jerome).

BRUNOST, LE FORMAGE À PÂTE BRUNE

En France vous trouverez difficilement le Brunost, ce produit indissociable du petit déjeuner norvégien. Formé en rond ou en rectangle, sa fabrication à l'ancienne commence dans une ferme d'élevage de montagne par la traite des chèvres ; le lait est chauffé dans une grande marmite à 30 degrés et emprésuré pour le faire cailler. La presque totalité du petit-lait qui en est extrait est mise à bouillir et enrichie de lait et de crème. Il faut remuer sans cesse pendant trois heures le mélange qui se transforme en pâte brune, et continuer hors feu jusqu'à évaporation totale de l'humidité. L'originalité du Brunost consiste en ce qu'il est élaboré à base de petit-lait, et non de caséine du lait, ce qui lui confère un petit goût sucré et caramélisé. Pas besoin d'affinage ! Aussitôt refroidi, pétri et moulé en cubes compacts sans croûte, il est comestible. Le roi de Norvège a remis en 1933 la médaille du mérite à la très vieille dame, Anna Haav, qui en 1863 a eu l'idée d'ajouter de la crème au petit-lait avant de le faire bouillir. Aujourd'hui, différentes variantes existent, plus ou moins grasses, certaines à base de lait de vache. Dans les hôtels de Norvège, on déguste cette spécialité au petit déjeuner avec du pain complet frais ou des gaufres, couronné de l'incontournable *ostehovel,* instrument inventé par un charpentier de Lillehammer. Par une chaude journée d'été, en 1927, n'arrivant pas à couper en tranches assez fines la masse dure et compacte du Brunost avec son couteau. Thor Bjorklund essaya la scie, puis le rabot. Dans la nuit, il eut un éclair de génie et fabriqua un rabot miniature en acier : la trancheuse à fromage !

Pour le Normand, *toupiner* est :

a. Plier et replier la pâte à feuilleter avec le rouleau.
b. Ressasser sans cesse quelque chose.
c. Mêler les cartes à jouer.

Bonne réponse : b.

IL Y A 40 ANS, EN 1969: Le conseil des ministres prend la décision de réformer le SMIG qui sera indexé désormais non seulement sur les prix mais aussi sur la progression de l'économie. John Lindsay est réélu maire de New York. Alexandre Soljenitsyne est interdit de publication et d'édition en URSS.

Qui te craint en ta présence,
te nuit en ton absence (proverbe italien).

Sainte Sylvie

Scorpion 2e décan

JEUDI 5 NOVEMBRE

Les drôles d'histoires de Pierre Bellemare

De bons petits diables

Si nos amis américains n'existaient pas, la vie perdrait sans doute un peu de sa saveur. Par exemple, plaçant leurs enfants au centre de la vie sociale, ils peuvent avoir à leur égard des réactions paradoxales, mais le plus souvent extravagantes.

Ainsi, en Californie, la bonne vieille fessée, administrée sur des enfants de moins de trois ans, pourrait-elle devenir un délit passible de trois ans d'emprisonnement et de 1 000 dollars d'amende. Arnold Schwarzenegger, le gouverneur de l'État, refuse pour l'instant d'entériner ce projet de loi. « Dans mon enfance, j'ai été frappé à tout propos. Ce qui ne m'a pas empêché de devenir ce que je suis », a déclaré la vedette.

Les autorités se montrent tout aussi inflexibles concernant les sévices commis par des enfants. À Bellmead, une bourgade du Texas, le directeur d'une crèche a suspendu un élève de quatre ans pour « comportement physique inapproprié considéré comme harcèlement sexuel ». Le crime du bambin ? Il a serré dans ses bras une puéricultrice, le visage blotti entre ses seins !

À Miami, en Floride, la police est mise en alerte par des riverains qui signalent une voiture roulant à tombeau ouvert. Une patrouille se lance à sa poursuite. Après avoir dépassé les 160 kilomètres-heure, le fuyard percute une voiture en stationnement. Les policiers encerclent le véhicule, l'arme au poing, et découvrent que le chauffard est… une fillette de onze ans, ivre morte de surcroît ! Malgré son jeune âge, la gamine a été inculpée de vol de voiture, excès de vitesse, conduite sans permis et en état d'ivresse, et délit de fuite.

IL Y A 40 ANS, EN 1969 : Selon un sondage SOFRES, 51 % des Français regrettent le départ du général de Gaulle, mais 62 % ne souhaitent pas son retour au pouvoir. Le président égyptien Nasser demande solennellement à tous les pays arabes de se préparer à la guerre contre Israël.

VENDREDI 6 NOVEMBRE — Saint Léonard — Scorpion 2e décan

S'aimer soi-même est le début d'une vie de passion amoureuse (Oscar Wilde).

LES ÉLÉPHANTS SAVENT ÉCOUTER AVEC LEURS PIEDS

La capacité des éléphants à communiquer entre eux à plusieurs kilomètres de distance en émettant des sons de basse fréquence était déjà connue. Une équipe de chercheurs dirigée par Caitlin O'Connell-Rodwell de l'université de Stanford en Californie a découvert récemment que les vibrations générées dans le sol lors des déplacements des pachydermes permettent à leurs congénères de capter des signaux avec leurs pieds particulièrement sensibles. Les chercheurs ont eu l'idée d'enregistrer des appels lancés par des éléphants pour alerter leurs congénères sur la présence de lions dans les parages en Namibie et au Kenya. Ils ont ensuite isolé les signaux émis par les vibrations au sol provenant de ces appels pour les retransmettre à des hardes d'éléphants rassemblés autour de points d'eau en Namibie. Les éléphants ont réagi de façon spectaculaire, d'abord en se figeant sur place puis en se rapprochant en groupe compact et en plaçant les petits au milieu. Plus les éléphants se trouvaient loin de l'appel lancé, moins ils réagissaient.

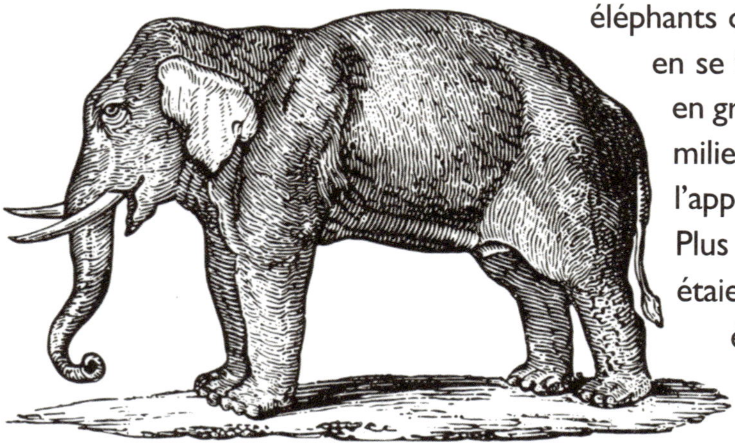

Plus curieusement, les éléphants de Namibie étaient beaucoup moins réactifs aux alertes émises par des hardes du Kenya, apparemment parce qu'ils étaient peu familiers de ces dernières.

⋆ SALADE DE FROMAGE ET POIRE. Pour quatre personnes. Coupez les fromages en lamelles ou en petits dés selon l'espèce : 50 grammes de comté, 100 grammes de sainte-maure de Touraine, 100 grammes d'emmental, 50 grammes de morbier. Arrosez de jus de citron trois poires Conférence pelées et coupées en quartiers. Préparez une sauce avec deux cuillerées à soupe de miel, deux de vinaigre de Xérès et quatre cuillerées d'huile de pépins de raisins. Mélangez aux poires et aux fromages en remuant délicatement. Disposez sur un lit de mâche. Parsemez de serpolet haché.

IL Y A 40 ANS, EN 1969 : Première attaque vietcong contre Saigon depuis le « Têt » de 1968. La marine égyptienne bombarde des positions israéliennes au nord du Sinaï. Première au Théâtre Marigny de la comédie musicale *Un violon sur le toit* avec Yvan Rebrof, sur une mise en scène de Jérôme Robbins.

Rien n'est plus facile à apprendre que la géométrie pour peu qu'on en ait besoin ! (Sacha Guitry).

Les avares amassent comme s'ils devaient vivre toujours ; les prodigues dissipent comme s'ils allaient mourir (Aristote).

Sainte Carine — **SAMEDI 7 NOVEMBRE**
Scorpion 2e décan

Saint Geoffroy — **DIMANCHE 8 NOVEMBRE**
Scorpion 2e décan

La France mystérieuse

LA PETITE ET LA GRANDE FATIGUE

Toulon (Var)

On a du mal à imaginer aujourd'hui l'importance qu'avait le bagne dans la ville de Toulon. Ouvert en 1748, année où il a remplacé les galères, il pouvait accueillir plus de quatre mille prisonniers et il a fonctionné jusqu'en 1873. Il a été le plus important établissement de ce type et celui qui est resté le plus longtemps en exercice.

Les bagnards étaient vêtus d'une chemise rouge et d'un pantalon jaune, ils portaient également un bonnet, rouge pour les condamnés à temps, vert pour ceux à perpétuité. Ils étaient enchaînés deux par deux et couchaient, serrés les uns contre les autres, dans de grandes salles de quatre cents places.

Selon leur conduite, les travaux qu'ils avaient à effectuer s'appelaient la « grande fatigue » ou la « petite fatigue ». La première consistait à travailler au port, activité épuisante et souvent dangereuse ; la seconde s'effectuait à l'hôpital, à la cuisine, voire, si le forçat savait lire et écrire, dans les bureaux du bagne. La discipline était impitoyable. La mort sanctionnait la rébellion, le meurtre d'un autre détenu ou les coups donnés à un gardien. Le cachot ou la bastonnade étaient appliqués pour les fautes moins graves.

Parmi les dizaines de milliers d'hommes qui passèrent entre ces murs, on peut citer François Vidocq, qui après s'être évadé deviendra chef de la police. Mais le plus illustre bagnard de Toulon n'a, paradoxalement, jamais existé : il est sorti de l'imagination de Victor Hugo. Jean Valjean, le héros des *Misérables*, incarne pour toujours la victime de ce système injuste heureusement disparu.

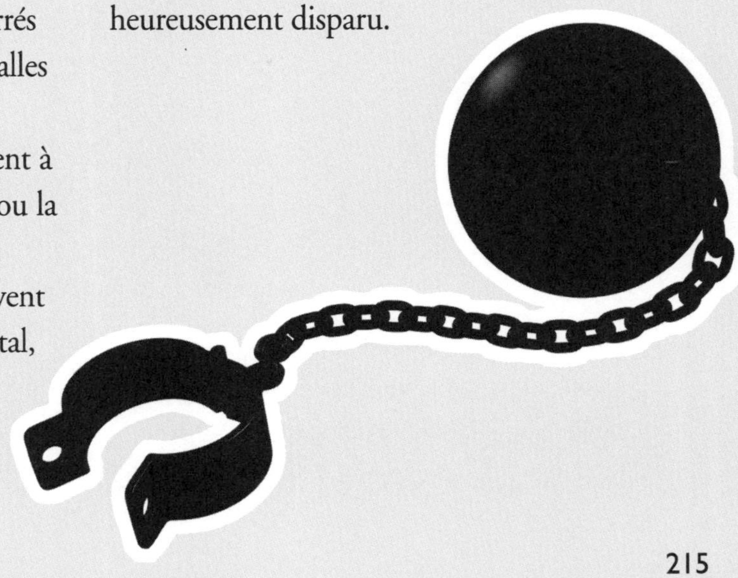

IL Y A 40 ANS, EN 1969 : André Malraux, François Mauriac et Jean-Paul Sartre demandent au président bolivien de reconsidérer le cas de Régis Debray détenu depuis trois ans à Camiri. À Bucarest, victoire du XV de France sur la Roumanie.

LUNDI 9 NOVEMBRE

Saint Théodore

Scorpion 2e décan

L'oubli de ses propres fautes est la plus sûre des absolutions (Konrad Adenauer).

Pour profiter de votre persil tout l'hiver, prélevez-en au jardin deux ou trois touffes et placez-les dans des pots de bonne terre de jardin que vous rentrerez à la cuisine en novembre. Le succès sera assuré si vous choisissez des touffes bien vigoureuses largement entourées de leur motte. Placez-les à un emplacement bien éclairé, aéré et ne dépassant pas 12°. Au printemps, vous garderez votre persil en pots et le placerez à l'extérieur.

VELOUTÉ DE CERFEUIL. Pour quatre ou cinq personnes. Faites bouillir 1,5 litre de bouillon de poule (en cubes). Versez-y les feuilles grossièrement hachées de deux bottes de cerfeuil. Plongez le mixer dans la soupe bouillante dont vous prélevez une tasse pour faire dans un bol une liaison avec deux jaunes d'œufs et quatre cuillerées à soupe de crème épaisse. Incorporez au fouet les deux blancs d'œufs de façon à ce qu'ils coagulent en filaments, puis la liaison.

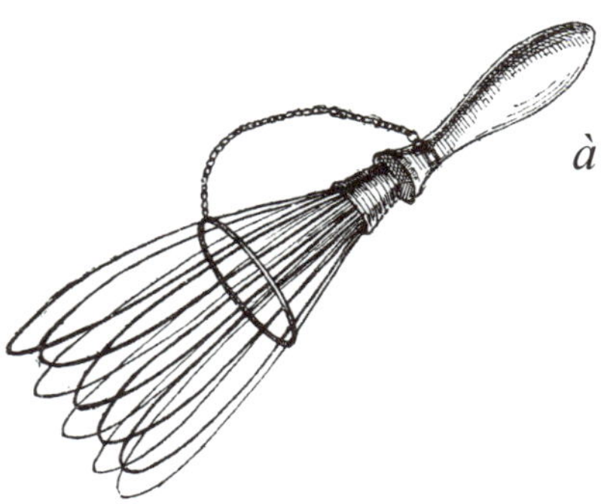

Pour le Berrichon, *chabroter* est :

a. Remuer pour chercher quelque chose.

b. Verser du vin rouge dans son bouillon et le boire.

c. Jouer de la musette.

Bonne réponse : **a.**

Les drôles d'histoires de Pierre Bellemare

Animaux artistes ou prisonniers ?

Assise sur un tabouret au milieu d'un carrefour, à Villard-de-Lans, en Isère, Kenya, une fringante Africaine de vingt-deux ans, observe d'un œil pétillant la quarantaine de gendarmes qui se déploient autour d'elle. Face à cette démonstration de force, d'autres sans-papiers prendraient la fuite. Mais Kenya n'éprouve aucune appréhension. Sans doute parce que son physique joue en sa faveur. Elle mesure 2,40 mètres et pèse 2,5 tonnes. Kenya est l'éléphante vedette du cirque Zavatta Fils. À la demande de l'Association de défense des animaux, les gendarmes sont venus la saisir pour l'expédier dans un zoo. Le directeur du cirque, Renato-Arsène Cagniac, refuse de la laisser partir.

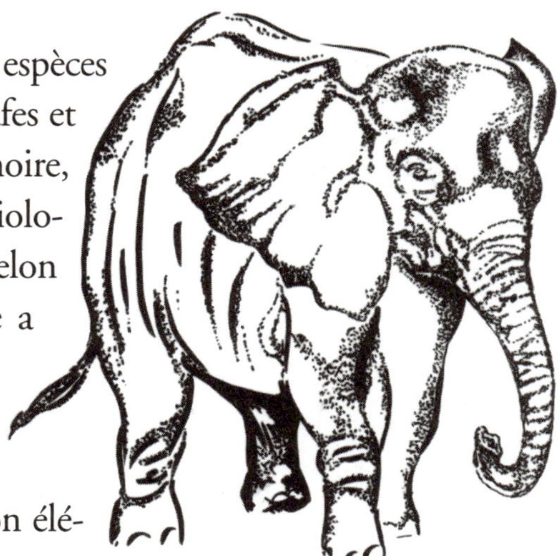

Les ennuis de Cagniac ont commencé quand plusieurs espèces ont été interdites de cirque : les hippopotames, les girafes et les rhinocéros. Quand Kenya est apparue sur la liste noire, les choses se sont compliquées. À la « détresse physiologique » et aux « mauvais traitements » qu'elle subirait selon l'Association de défense des animaux, un vétérinaire a répliqué que « recevant 300 litres d'eau par jour, disposant d'une zone de boue, de fourrage à volonté et de soins médicaux, elle ne présentait aucun stigmate témoignant de maltraitance ». Cagniac, qui appelle son éléphante « sa fille » et qui la chouchoute depuis vingt ans, est, quant à lui, persuadé que l'expédier dans un zoo reviendrait à la condamner à mort. Faut-il préférer les animaux captifs, se morfondant derrière des barreaux, aux animaux artistes de cirque, dont les numéros, faits d'adresse et d'intelligence, nous émerveillent ?

IL Y A 40 ANS, EN 1969 : Les Philippins ont élu leur président de la République, M. Ferdinand Marcos, pour un deuxième mandat. Après la marée noire provoquée par le *Torrey Canyon* la France est dédommagée de 20,8 millions de francs.

MERCREDI 11 NOVEMBRE — Armistice 1918

Scorpion 2e décan

Hâtons-nous de succomber à la tentation avant qu'elle ne s'éloigne (Épicure).

★★★ THON AU LARD. Pour quatre personnes. Lavez une quinzaine de filets d'anchois au sel pour les dessaler. Piquez une darne de thon de 800 grammes de petits morceaux d'anchois. Remplacez la peau du poisson par dix tranches fines de lard fumé et ficelez. Préparez un hachis de deux carottes, quatre oignons, six gousses d'ail, 100 grammes d'oseille, deux poireaux avec le vert, six tomates pelées épépinées coupées en morceaux. Dans une cocotte faites chauffer deux cuillerées à soupe d'huile d'olive, mettez-y la moitié des légumes dans l'ordre précité. Posez sur ces éléments le thon et recouvrez du reste des légumes. Ajoutez un bouquet garni, 2 décilitres de vin blanc, poivre et très peu de sel. Couvrez. Mettez à feu très doux pour 1 h 30 sans remuer.

UN MYTHE, LE TOKAÏ HONGROIS

Ce vin exceptionnel et renommé est né au nord-est de la Hongrie, dans une région de châteaux en ruine et de paysages romantiques sur le contrefort des Carpates. Le *furmint*, son cépage dominant, a été apporté par les viticulteurs italiens au XIIIe siècle. Le « vin mythique » aurait été découvert par hasard : à la fin de l'été 1650, une invasion turque menaçant le pays, les vendanges sont reportées à la fin de l'hiver ; la pourriture noble couvre alors les raisins ratatinés par le gel. Ainsi serait née la méthode de vinification du *tokaï aszu* qui consiste à laisser macérer les grains très riches en sucre dans un moût à l'abri d'un vaste réseau de caves creusées dans la roche, à une température et une hygrométrie constantes. Sur les bouteilles figure la mention 3, 4, 5 ou même 6, qui correspond au nombre de hottes de raisins atteints de pourriture noble ajoutées au vin contenu dans les fûts, ce qui détermine sa qualité. Puissant et aromatique, le plus magique des vins liquoreux était très recherché par l'aristocratie européenne. Le roi Louis XIV fut émerveillé par le précieux breuvage et le proclama « vin des rois, roi des vins ».

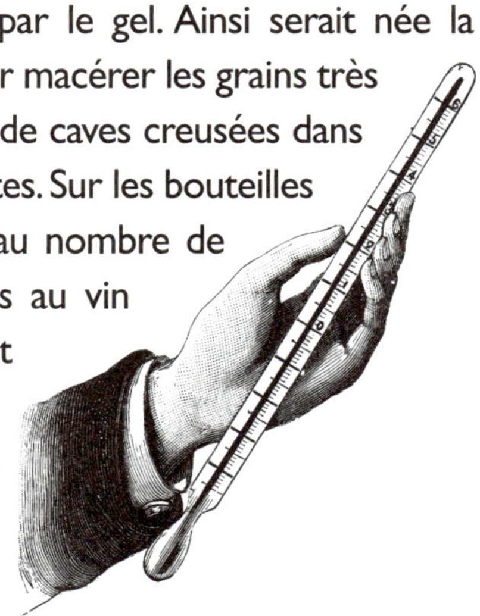

IL Y A 40 ANS, EN 1969 : À New York, trois bandits arrêtent un fourgon blindé et réussissent à s'enfuir avec un butin de 1,4 million de dollars. Présentation à Stockholm du trentième film d'Ingmar Bergman, *Une passion.*

Pour gagner de l'argent, il faut un don,
mais pour le dépenser, il faut une culture (Alberto Moravia).

Les drôles d'histoires de Pierre Bellemare

Réhabilitations à l'anglaise

Intransigeants défenseurs de leurs traditions, mais animés de compassion et d'ouverture d'esprit, nos amis britanniques viennent de procéder à deux réhabilitations spectaculaires.

La première concerne Helen Duncan, la dernière condamnée en sorcellerie en Angleterre, décédée il y a cinquante ans. En 1941, lors d'une séance de spiritisme, Helen avait affirmé être entrée en contact avec le fantôme d'un marin du croiseur *HMS Barham*, qui lui avait révélé que son navire venait de couler corps et biens. Déjà informé du désastre, le ministère de la Marine avait préféré garder le secret pour ne pas décourager la population. Du coup, Duncan fut condamnée à neuf mois de prison pour « trahison et sorcellerie », épreuve dont elle était sortie brisée à jamais.

Le soldat de première classe William Windsor a bénéficié de la seconde réhabilitation. Il avait été rétrogradé, en juin 2006, pour avoir refusé de marcher dans le rang lors des festivités du quatre-vingtième anniversaire de la reine Elizabeth II. C'est le capitaine Crispin Coates, porte-parole des forces britanniques basées à Chypre, qui a annoncé la bonne nouvelle. « Le soldat Windsor a retrouvé son galon pour s'être distingué lors d'une parade commémorant la victoire de son régiment au cours de la guerre de Crimée, en 1854. À cette occasion, il a défilé fièrement et la tête haute », a précisé l'officier.

Le soldat William Windsor, dit Billy, matricule 25232301, est un magnifique bouc de six ans, originaire des Highlands.

IL Y A 40 ANS, EN 1969 : À la conférence de Paris, Hanoi refuse les prisonniers pour la plupart infirmes ou amputés que Saigon offrait de libérer. Deux cents familles arabes désirent quitter la Jordanie en raison de la politique israélienne de « représailles par zone ».

VENDREDI 13 NOVEMBRE — **Saint Brice** — **Scorpion** 3e décan

Un baiser est un tour délicieux conçu par la nature pour couper la parole quand les mots deviennent superflus (Ingrid Bergman).

SANCERRE ET CHAVIGNOL, UN MARIAGE HEUREUX

Chavignol est un petit hameau pittoresque, voisin de la jolie commune de Sancerre avec son château typique, sur les bords sud de la Loire. L'élevage des chèvres était traditionnel dans la région dès le XVIe siècle comme en témoignent les documents relatifs au siège de la ville de Sancerre en 1573, au cours duquel les protestants insurgés, bloqués dans la ville, mangeaient les chèvres. Les fermes étaient de petite taille dans ces zones viticoles pauvres, et les chèvres, présentes mais peu nombreuses dans toutes les exploitations, permettaient aux familles paysannes de survivre. L'histoire du chavignol est inséparable de celle de la vigne. Car l'élevage caprin prit son essor vers la fin du XIXe siècle, lorsque l'attaque du phylloxéra sur le vignoble livra des parcelles au pacage des biquettes.

Sancerre produisait alors un vin rouge réputé issu principalement du pinot noir. Après la destruction du vignoble, le cépage sauvignon apparut particulièrement bien adapté au terroir. Le Sancerre AOC, avec ses notes florales et fruitées et ses arômes de minéraux, est désormais un des plus fameux vins blancs de France. Et il accompagne à merveille le chavignol, ce petit fromage trapu et rustique à la texture serrée.

Pour forcer un bulbe de jacinthe à fleurir très tôt et embaumer la maison au moment des fêtes de fin d'année, choisissez un gros bulbe de 17-18 centimètres, plantez-le dans un pot deux fois plus profond que la hauteur du bulbe avec un mélange de sable, tourbe et terre de jardin, en laissant la pointe découverte à la hauteur du pot. Bassinez le pot et laissez-le pendant un mois et demi dans un endroit frais et obscur à l'abri du gel (maxi 10°) en maintenant la terre légèrement humide. Augmentez ensuite progressivement la lumière, la température et l'arrosage sans toutefois laisser d'eau dans la soucoupe, puis placez la jacinthe dans le salon avec une température de 18°. Vous obtiendrez une fleur parfumée au bout de trois semaines.

IL Y A 40 ANS, EN 1969 : 250 000 Américains opposés à la poursuite de la guerre au Vietnam sont rassemblés depuis deux jours à Washington, pour « une marche contre la mort ». Depuis Cap Kennedy, lancement par la NASA de la fusée Saturne 5, et d'Apollo 12.

Il ne faut jamais juger les gens sur leurs fréquentations : Judas, par exemple, avait des amis irréprochables (Paul Verlaine).

Si l'on donnait du café aux vaches, on trairait du café au lait (Pierre Dac).

Saint Sidoine — SAMEDI 14 NOVEMBRE — Scorpion 3e décan

Saint Albert — DIMANCHE 15 NOVEMBRE — Scorpion 3e décan

La France mystérieuse

LES DERNIERS DOMINOS

Méru (Oise)

La petite ville de Méru, non loin de Beauvais, a longtemps été remarquable par son artisanat tabletier. La tabletterie consiste en la fabrication d'objets divers (usuels, religieux, jeux, boîtes), au moyen de matières premières telles que le bois, l'os, la corne, l'ivoire, l'écaille ou la nacre. Elle fut d'abord pratiquée par les paysans pour augmenter leurs ressources durant les mois d'hiver.

Au XIXe siècle, cette activité s'industrialisa et la production s'intensifia. La profession s'organisa en différentes spécialités : confection de boutons, de chapelets, d'éventails, etc. Le travail de la nacre, en particulier, prit une telle importance que Méru fut alors surnommée « capitale mondiale de la nacre ». La qualité du travail était appréciée bien au-delà des frontières, jusqu'en Russie et aux États-Unis.

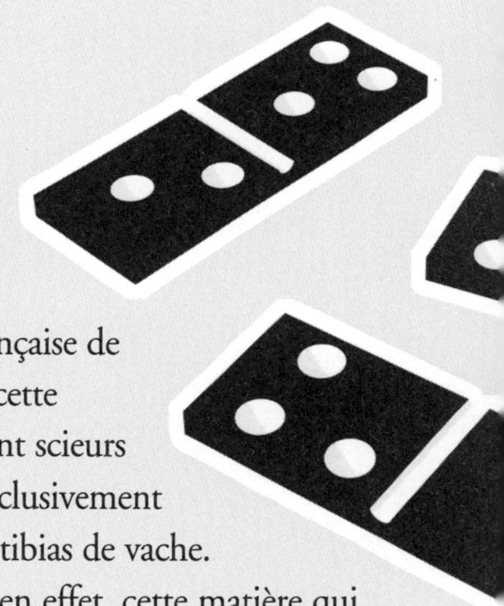

Mais Méru doit être également signalé pour avoir abrité la dernière fabrique française de dominos. En 1914, cette activité employait cent scieurs d'os, travaillant exclusivement sur des tibias de vache.

C'est, en effet, cette matière qui fournissait la partie blanche des pièces, le noir provenant d'ébène importé d'Afrique. Trois tibias étaient nécessaires pour un jeu de dimensions normales, il fallait donc trois vaches pour quatre jeux de vingt-huit dominos. Au début, tout se faisait à la main ; des machines à vapeur ont été installées peu après 1900, puis des machines électriques, en 1935. Cette activité n'a toutefois pas résisté à la concurrence des pays en voie de développement et elle a cessé en 1980.

IL Y A 40 ANS, EN 1969 : Le prix au détail du lait augmente de 2 centimes par litre. Selon le conseil national du patronat français, les entreprises privées créent 75 % de la richesse nationale. Duke Ellington et son orchestre donnent un concert de musique sacrée en l'église Saint-Sulpice à Paris.

LUNDI 16 NOVEMBRE

Sainte Marguerite

Scorpion 3e décan

Ne te lasse pas de crier ta joie d'être en vie et tu n'entendras plus d'autres cris (proverbe touareg).

★ *FLAN AUX MARRONS. Pour quatre personnes. Battez trois œufs en omelette avec 100 grammes de sucre en poudre, une pincée de sel, parfumez avec une cuillerée à soupe de rhum. Ajoutez 200 grammes de marrons épluchés nature (en bocal) que vous concassez grossièrement, mélangez. Faites caraméliser un moule à flan avec 60 grammes de sucre et versez-y la préparation. Faites cuire environ 45 minutes au bain-marie dans le four (th. 7). Démoulez tiède sur un plat de service.*

LE VIN DES POILUS

En 1914, dans un conflit qui s'installe, et en raison des conditions pénibles de la vie des tranchées, il devient vite indispensable de soutenir le moral des troupes… et le vin prend une place de plus en plus importante. Les rations journalières sont portées par l'état-major de 25 centilitres à un demi-litre, pour atteindre trois quarts de litre en 1918. Une formidable organisation se met en place pour fournir quotidiennement aux armées de pareilles quantités de vin. En 1917, 12 millions d'hectolitres seront acheminés vers le front, 16 millions en 1918. Français, Anglais, Canadiens, Américains, tous se mettent au vin rouge rebaptisé « pinard » – mot formé au XVIIe siècle à partir du nom du cépage « pinot ». Il aide les poilus à tenir bon, donne le courage pour l'assaut, et apporte un peu d'oubli quand un copain est tombé… L'abondance des récoltes permet d'en réquisitionner le tiers, qui reste stocké chez les producteurs en attendant que l'armée en prenne livraison au fur et à mesure des besoins. Le chargement est acheminé dans des entrepôts régionaux où les vins sont traités, coupés, mélangés, uniformisés pour arriver aux neuf degrés réglementaires pour l'armée. Ce breuvage trafiqué des plus médiocres, aux arômes de « purin », est attendu avec impatience dans les tranchées. Chansons et revues célèbrent le « Père Pinard », l'un des plus grands acteurs de la victoire…

Les drôles d'histoires de Pierre Bellemare

Des fortunes solidement bâties

À l'heure où une infime variation du cours de certaines monnaies peut déséquilibrer les échanges internationaux, nos économistes feraient peut-être bien de s'inspirer du système en vigueur sur l'île de Yap. Sur cet archipel de onze mille âmes, situé à 7000 kilomètres au sud-ouest de Hawaii, la monnaie traditionnelle se présente sous la forme de gigantesques pierres polies percées d'un trou. D'un diamètre d'environ 3 mètres, pesant une tonne, les *rai* bordent les routes, sont accolés aux maisons, ou dispersés à travers champs. D'une valeur parfois supérieure à 15 000 euros, ces disques en aragonite permettent d'acheter des terres, de régler des services, ou de rembourser une dette. Sans avoir à être déplacés, ils font l'objet d'une transaction verbale devant témoin, le nom du nouvel acquéreur étant colporté de bouche à oreille à travers l'archipel. Fabriqués il y a plusieurs siècles sur l'île de Palau à l'aide d'outils en coquillages, puis périlleusement transportés en canoë sur une distance de 400 miles, les *rai* sont demeurés longtemps l'un des pivots de la vie culturelle et économique de Yap.

Le dollar américain s'étant progressivement substitué aux *rai* comme monnaie d'échange, la Banque des États fédérés de Micronésie vient cependant de cesser d'accorder des prêts garantis sur les pierres dressées. « C'est trop compliqué de fixer un taux de change international sur des blocs d'aragonite, polis il y a trois siècles à l'aide de coquillages », a estimé avec regret le directeur de l'agence locale.

IL Y A 40 ANS, EN 1969 : *Apollo 12* est mis en orbite autour de la Lune. Le *New York Times* et *Newsweek* révèlent le massacre de 450 à 576 victimes civiles perpétré par les soldats américains le 16 mars 1968, dans le village sud-vietnamien de My Lai. Mort de Joseph Kennedy, le patriarche du clan.

MERCREDI 18 NOVEMBRE — Sainte Aude — Scorpion 3e décan

Il ne faut jamais oublier que la télévision n'est qu'un appareil électroménager (Bruno Crémer).

LAPIN AU SAFRAN. Pour quatre personnes. Arrosez 800 grammes de râble de lapin en morceaux du jus d'un citron pressé, puis d'huile d'olive. Saupoudrez de thym et de paprika, ajoutez des baies roses écrasées. Laissez mariner une demi-journée. Égouttez le lapin, jetez les morceaux dans un sautoir dès que l'huile est bien chaude, faites dorer, ajoutez trois oignons émincés, laissez fondre 10 minutes. Versez de l'eau bouillante dans la cocotte à mi-hauteur de la viande, laissez cuire à feu doux 20 minutes, puis ajoutez deux capsules de safran. Servez avec une purée.

Les singes n'ont pas le droit de prendre l'autobus à San Antonio, dans le Texas.

Napoléon Bonaparte (1769-1821)

L'ordre royal de Saint-Louis ne récompensait que les seuls militaires. Bonaparte veut mettre en place un nouvel ordre qui réunisse à la fois civils et militaires. Le 8 mai 1802, au Conseil d'État, lors de la discussion visant à créer l'ordre de la Légion d'honneur, il est accusé de vouloir distribuer des hochets. Il rétorque avec fougue :

« JE DÉFIE QU'ON ME MONTRE UNE RÉPUBLIQUE DANS LAQUELLE IL N'Y A PAS DE DISTINCTIONS. VOUS APPELEZ CELA DES HOCHETS ? EH BIEN, MESSIEURS, C'EST AVEC DES HOCHETS QUE L'ON MÈNE LES HOMMES. »

L'ordre national de la Légion d'honneur sera institué par la loi consulaire du 29 floréal de l'an X (19 mai 1802).

IL Y A 40 ANS, EN 1969 : Le LEM Intrepid, libéré de la capsule *Apollo 12*, se pose à 7 h 54, heure française, dans l'océan des Tempêtes comme prévu ; Conrad et Bean séjourneront 4 heures sur le sol lunaire. L'Italie, paralysée par une grève générale, est endeuillée par un mort et plus de 60 blessés.

La vie est un rêve, c'est le réveil qui nous tue (Virginia Woolf).

Saint Tanguy
Scorpion 3e décan

JEUDI 19 NOVEMBRE

Les drôles d'histoires de Pierre Bellemare

Attentat au bon sens !

Le 25 juillet 2005, au lendemain des attentats qui ensanglantent Londres, Katia Joubert, chef d'une agence postale parisienne, reçoit un appel de Jean-Paul Bailly, son PDG : « La DGSE vient de m'avertir que des terroristes menaçaient Paris. Selon elle, l'un d'entre eux va effectuer un retrait important dans votre agence. Un agent des services secrets vous contactera pour contrecarrer l'attentat. Suivez scrupuleusement ses instructions. »

Une heure plus tard, un certain « Maurice » se manifeste au téléphone : « Je suis votre agent traitant. Votre nom de code est "Martine". Branchez-vous sur votre ordinateur et donnez-moi les noms des cinq plus gros clients de votre agence. »

Au troisième nom cité, l'agent s'exclame : « C'est le commanditaire de l'attentat ! Combien possède-t-il sur son compte ?

– Trois cent cinquante mille euros, bafouille Katia.

– Mettez cet argent dans une valise, sautez dans un taxi avec votre téléphone portable et ne parlez à personne. Je vous guiderai par téléphone. »

Au terme d'un périple qui lui fait parcourir la moitié de la ville, « Martine » se retrouve dans une brasserie face à « Maurice ».

« Mes hommes contrôlent le quartier. Descendez vous enfermer dans les toilettes. Dans dix minutes, un de mes agents cognera trois fois contre la porte. Remettez-lui la valise et venez me rejoindre. »

Quand, après s'être délestée de son magot, « Martine » trouve le siège de « Maurice » vide, elle comprend enfin qu'elle a été victime d'une escroquerie rocambolesque.

Selon la vraie DGSE, l'aigrefin, réfugié en Israël, aurait déjà raflé aux banques de cette manière plus de 7 millions d'euros !

IL Y A 40 ANS, EN 1969 : Coup de théâtre à la conférence de Paris : M. Cabot Lodge et son adjoint donnent leur démission. Des commissions d'enquête officielles sont formées à Washington et à Saigon pour faire toute la lumière sur le massacre de My Lai. L'étage supérieur du LEM *Intrepid* quitte le sol lunai-

Présence de Marie

Scorpion 3e décan

La tête perdue, ne périt que la personne ;
les couilles perdues, périrait toute l'humanité (Rabelais).

☆ SALADE DE CHOUCROUTE. Pour quatre ou cinq personnes. Préparez une salade avec 500 grammes de choucroute nouvelle crue, 200 grammes de champignons émincés, une cuisse de canard confite dont vous effilochez la chair, une demi-botte de radis émincés. Assaisonnez de baies de genièvre concassées, vinaigre de cidre, huile de sésame.

CHAMBARAND, UN FROMAGE DE MONIALES

L'abbaye de Chambarand, dans l'Isère, fait partie de ces établissements religieux qui commercialisent leurs produits sous la marque Monastic. Cette association créée en 1989 par les communautés de moines et de moniales contemplatives propose des produits de qualité et garantit une longue tradition de fabrication. L'abbaye est à une altitude de 600 mètres, entourée de bois et de pâturages où une vie simple et austère s'organise autour des travaux des champs. Lorsque, en 1868, les moines s'y installent, pour assurer la subsistance de leur communauté, ils fabriquent une bière renommée en respectant les exigences monastiques. L'abbaye ferme ses portes en 1903 lors de la suppression des congrégations religieuses. En 1931, les trappistines cisterciennes s'y installent et la font revivre en choisissant une activité proche du travail de la terre. Dans leur vie rythmée par la prière et le silence, la communauté des quarante moniales produit un délicieux fromage au lait de vache, à pâte pressée non cuite.

Les abbayes productrices de fromages ont toujours été nombreuses. Les moines sont à l'origine de l'époisses, du maroilles, du munster, de l'abondance, du saint-nectaire et de bien d'autres. Dès 529, la règle de saint Benoît préconisait une alimentation sans viande, à base de laitages et de fromages. Le surplus, destiné à la vente, assurait aux moines un revenu. Leurs produits sont de véritables spécialités du terroir, patrimoine gastronomique dont nous héritons.

IL Y A 40 ANS, EN 1969 : Le Pentagone ouvre une information contre 26 soldats impliqués dans le massacre de My Lai. Plusieurs personnalités dont Jean Rostand, Théodore Monod, André Frossard demandent au garde des Sceaux M. Pleven l'ouverture d'une enquête sur la mort de Gabrielle Russier.

L'ennemi le plus dangereux d'un souverain, c'est sa femme, si elle sait faire autre chose que des enfants (Denis Diderot).

Présence de Marie — SAMEDI 21 NOVEMBRE — Scorpion 3e décan

Si la vanité est le moteur de l'humanité, la flatterie en est le lubrifiant (J.K. Jerome).

Sainte Cécile — DIMANCHE 22 NOVEMBRE — Scorpion 3e décan

La France mystérieuse

CHANGEMENT DE NOM

Guignes-Rabutin (Seine-et-Marne)

La deuxième partie du nom de Guignes-Rabutin n'a rien à voir avec Roger de Bussy-Rabutin, grand seigneur libertin du siècle de Louis XIV et écrivain qui fit scandale en son temps. Il n'y a jamais possédé de résidence et aucun membre de cette famille bourguignonne n'y a séjourné non plus. La raison de ce « Rabutin » est tout autre et le moins qu'on puisse dire, c'est qu'elle sort de l'ordinaire.

Tout commence dans les temps troublés de la guerre de Cent Ans. À l'époque, le village s'appelait Guignes tout court et, lorsque les Anglais arrivèrent, les Guignois les reçurent avec un tel empressement, une telle bassesse, qu'ils suscitèrent l'indignation des localités voisines. Les mêmes Guignois se montrèrent d'ailleurs tout aussi chaleureux avec les Français, lorsqu'ils furent vainqueurs à leur tour.

La situation se répéta pendant les guerres de Religion. Incapables de choisir leur camp, les habitants de Guignes firent aussi bon visage aux catholiques qu'aux protestants, aux troupes de la Ligue qu'à celles d'Henri IV. Tant et si bien qu'on prit l'habitude d'appeler le village Guignes-la-Putain et que cette appellation devint son nom officiel.

On s'en doute, les Guignois appréciaient très peu la chose et ils profitèrent de la Révolution, durant laquelle un grand nombre de communes furent débaptisées, pour se faire appeler Guignes-Rabutin, dont la consonance était à peu près la même, mais la signification beaucoup moins désagréable. Tout récemment, le village a repris son nom de Guignes pour mettre un terme à cette invraisemblable histoire.

IL Y A 40 ANS, EN 1969 : Sept tableaux dont un Monet sont volés dans une galerie new-yorkaise. Perdu depuis seize jours au pôle Nord, un pilote canadien est retrouvé vivant par un trappeur esquimau. À Berlin, deux Allemands de l'Est qui tentaient de passer à l'Ouest ont été abattus.

LUNDI 23 NOVEMBRE

Saint Clément

Sagittaire 1er décan

Il y a plus de vieux ivrognes que de vieux médecins (Rabelais).

☆ CHICORÉE PAYSANNE. Pour quatre personnes. Lavez bien deux grosses scaroles. Ficelez chacune afin qu'elles ne se défassent pas. Mettez à blanchir 6 à 8 minutes dans l'eau bouillante puis égouttez, passez à l'eau froide, pressez, exprimez toute l'eau. Dans une cocotte, faites revenir une vingtaine de petits oignons blancs épluchés au beurre, et rissoler 150 grammes de lardons fumés. Placez dessus les chicorées bien allongées côte à côte, laissez mijoter, ajoutez une cuillerée de fond pour rôtis et deux cuillerées à soupe de madère. Disposez les scaroles avec oignons et lardons sur le plat, et versez dessus le jus de cuisson.

LE LIN, PETITE FLEUR BLEUE PLEINE DE RESSOURCES. La floraison ne dure qu'une semaine, au mois de juin, mais elle est d'un bleu subtil, intense, lumineux… Cette plante est une des plus anciennes domestiquées pour ses fibres, ses graines, son huile. Sous l'Égypte des pharaons, le tissu de lin habillait les prêtres et les momies… En Grèce, Hippocrate décrit les vertus médicinales de la graine. À Rome, les boulangers proposaient un pain de blé aux graines de lin et Pline l'Ancien mentionnait une trentaine de remèdes. Charlemagne en a rendu la culture et la consommation obligatoires en France, et a donné une formidable impulsion à l'artisanat de la fibre. En témoignent la tapisserie de Bayeux au XIe siècle, et plus tard, les toiles fines de Cambrai, les dentelles, les mouchoirs de Cholet. Jusqu'au XVIIIe siècle la culture de ce textile n'a cessé de se développer. Mais à l'ère de l'industrialisation au XIXe siècle, les fermiers ne purent fournir de grosses quantités de fibres aux filatures et tissages : ce fut le déclin, accentué par l'utilisation intensive du coton. Aujourd'hui, le lin intéresse de nouveau les industries les plus diverses. Son huile est devenue un aliment santé, source d'omega 3… bientôt utilisée aussi comme un biocarburant ? Pourquoi pas ?…

IL Y A 40 ANS, EN 1969 : Les États-Unis et l'URSS ratifient le traité de non-prolifération nucléaire. Apollo XII apparaît exactement au-dessus de la zone prévue pour l'amerrissage près des îles Samoa. Remise du prix Médicis à Hélène Cixous, et du prix Femina à Jorge Semprun.

Être adulte, c'est avoir pardonné à ses parents (Goethe).

Sainte Flora

Sagittaire 1er décan

MARDI 24 NOVEMBRE

Les drôles d'histoires de Pierre Bellemare

Une énergie débordante

Si vous pensez que les sportifs de haut niveau sont surpayés, que frapper pendant une quinzaine d'années dans une balle de golf ou piloter une Formule 1 ne mérite pas des émoluments équivalents à quatre siècles du labeur d'un ouvrier métallurgiste ou d'un marin pêcheur, détrompez-vous. Nos amis sportifs déploient dans la pratique de leur discipline une énergie surhumaine, capable de ruiner prématurément leur santé. Telle est la conclusion rendue par David James, chercheur à l'Institut des sciences du sport, à l'université de Sheffield, en Angleterre. Au terme d'une étude rigoureuse, James a calculé qu'au cours d'un match, Wayne Rooney, l'attaquant vedette de Manchester United, dépensait 6700 kilojoules d'électricité. Soit de quoi faire fonctionner un téléviseur pendant sept heures. Qui dira encore après cela que les sportifs ne sont pas des lumières ?

Autre exemple, fourni cette fois par les coureurs du Tour de France. Intrigué par les sept succès consécutifs de Lance Amstrong, un chercheur américain a estimé que chaque coureur avait besoin de 119000 calories pour rester dans la course, sans perdre trop de poids. Calculée sur l'ensemble des concurrents et sur la durée de la course, la dépense énergétique du peloton serait donc de 20 millions de calories. Soit l'équivalent de 72000 cheeseburgers !

Face à cette gabegie énergétique, on s'étonne que les coureurs kenyans, originaires pourtant d'un pays en proie à une famine chronique, parviennent à dominer les épreuves du marathon !

IL Y A 40 ANS, EN 1969 : Le lieutenant Calley sera traduit devant la cour martiale à Washington pour l'affaire du massacre de My Lai. Une pierre de la Lune est exposée au Palais de la Découverte. Inauguration de la rétrospective du peintre suisse Paul Klee au Musée d'art moderne de Paris.

MERCREDI 25 NOVEMBRE — **Sainte Catherine** — **Sagittaire** 1er décan

Le chauffeur est de loin la partie la plus dangereuse de l'automobile (Léo Campion).

Commencez le nettoyage des troncs d'arbres fruitiers. La mousse qui y croît est une petite plante dont les rameaux se faufilent dans toutes les ramifications de l'écorce, et, en atteignant le bois, le séparent de son écorce. L'humidité s'installe et provoque la putréfaction jusqu'au cœur. Éliminez-la à l'aide d'une brosse métallique, ainsi que les lichens et les écorces mortes. Fixez des bandes adhésives « fixe-insectes » vendues en jardinerie qui arrêteront la montée vers les branches de toute une vermine qui y restera engluée. Elles sont de couleur jaune pour les mouches blanches et les pucerons, de couleur bleue pour les thrips.

Le 25 novembre est la fête des Catherinettes

Sainte Catherine, née à Alexandrie sous l'empereur Maximin, prêcha le christianisme à la suite d'une vision où la Vierge et l'Enfant lui étaient apparus : Jésus lui avait remis un anneau en signe d'alliance. Convaincue d'être la fiancée du Christ, elle refusa toute proposition de mariage. Vers 307, elle fut martyrisée et portée par les anges sur le mont Sinaï. Elle a donné son nom au mont Sainte-Catherine et au célèbre monastère byzantin fortifié abritant ses reliques. C'est de là que sa légende s'est répandue en Occident, grâce aux récits des croisés.

La tradition de ses fiançailles mystiques a fait s'attacher à elle les jeunes femmes de vingt-cinq ans encore célibataires. Au XVIIe siècle, dans certaines églises où se trouvait une statue de la sainte, invoquée pour donner des maris, à chaque 25 novembre, on chargeait les jeunes filles célibataires de vingt-cinq à trente-cinq ans d'entretenir sa coiffure : à vingt-cinq ans, elles y plaçaient une première épingle, à trente une deuxième, à trente-cinq la coiffure était achevée.

IL Y A 40 ANS, EN 1969 : La direction des armées américaines impose une consigne de silence aux 26 soldats inculpés dans le massacre de My Lai. D'après les experts suisses, il y a plus de fausses pièces d'or que de vraies dans le monde. Sortie du premier film de Philippe Labro, *Tout peut arriver.*

La seule chose qu'on ne peut embellir sans qu'elle en périsse, c'est la vérité (Jean Rostand).

Sainte Delphine

Sagittaire 1er décan

JEUDI 26 NOVEMBRE

Les drôles d'histoires de Pierre Bellemare

Le secret d'une photo culte

Nous avons tous en mémoire le magnifique portrait d'Arthur Rimbaud, réalisé en 1871 par Étienne Carjat. Le cheveu ébouriffé, le sourire discrètement narquois, l'auteur d' *Une saison en enfer* apparaît sous les traits d'un ange déchu et débraillé. Publiée à l'envi dans les manuels scolaires, sous forme d'affiche et de carte postale, ou peinte au pochoir sur les murs de Paris en mai 68, la reproduction de cette photo a largement contribué à la popularité du génie adolescent. Mais sait-on pourquoi il n'existe pas à ce jour plus de deux ou trois tirages originaux de cette image célébrissime ?

Amis de longue date, Carjat et Verlaine fréquentaient les mêmes milieux intellectuels et se rafraîchissaient sans modération dans les mêmes cafés de la capitale. C'est pourquoi le poète saturnien emmena un jour son jeune amant dans l'atelier du photographe pour qu'il lui tire le portrait. Quelques mois plus tard, un dîner réunit dans un restaurant de Saint-Germain-des-Prés une pléiade d'artistes et d'écrivains, parmi lesquels Carjat, Verlaine et Rimbaud. Comme à l'accoutumée, chacun se lève à la fin du repas et déclame un poème de son cru. Quand vient son tour, Rimbaud, probablement éméché, ponctue chaque mot de son texte d'un « Merde ! » tonitruant. Carjat, horrifié, met à la porte ce gamin insolent. Rancunier, ce dernier l'attend devant le restaurant, armé d'une canne-épée, et se rue sur lui dès qu'il sort, le blessant à l'aine et à la main. Rentré chez lui, Carjat détruit rageusement les plaques de verre sur lesquelles il avait immortalisé son agresseur. Seules subsistent les deux ou trois épreuves déjà tirées, depuis reproduites à des milliers d'exemplaires !

IL Y A 40 ANS, EN 1969 : En plein centre d'Athènes, deux Palestiniens jettent une bombe dans l'agence de la compagnie El Al. Gérard Nicoud, arrêté après deux mois de maquis, est condamné à six mois de prison avec sursis. Inquiétante progression de la délinquance juvénile dans la région parisienne.

VENDREDI 27 NOVEMBRE Saint Séverin

Sagittaire 1er décan

Nous pouvons vivre seuls, pourvu que ce soit dans l'attente de quelqu'un (Gilbert Cesbron).

Charles IX (1550-1574)

Roi de France depuis 1560, il se révèle tantôt violent et cruel, tantôt aimable et tendre, mais il est surtout dominé par sa mère Catherine de Médicis. À vingt ans, il tente de s'émanciper et appuie à l'insu de sa mère une politique de soutien au protestantisme qui échoue. Catherine de Médicis reconquiert vite son ascendant. C'est par leur volonté commune que Marguerite de France est unie à Henri de Navarre le 18 août 1572. La reine mère pense alors que le moment est venu pour éliminer les protestants. Le roi tente de lui résister, mais elle le harcèle jusqu'à ce qu'il cède, épuisé et furieux :

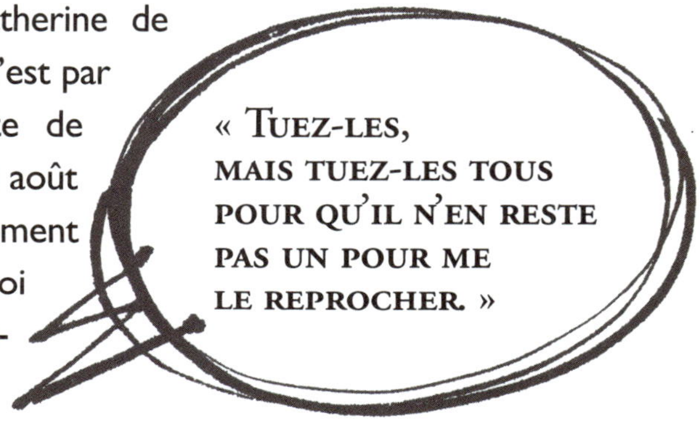

Dans la nuit du 23 au 24 août, le signal de la Saint-Barthélemy est donné. Charles IX mourra moins de deux ans après d'une maladie de poitrine où le remords joint à l'inquiétude de sa succession accélérera la fin.

★ CROSNES AU PAPRIKA. Pour quatre personnes. Faites cuire 600 grammes de crosnes surgelés comme indiqué. Faites fondre 75 grammes de beurre dans une poêle à feu modéré, ajouter 100 grammes de mie de pain sèche broyée, ou de chapelure blanche, deux gousses d'ail hachées, mélangez, laissez blondir, mouillez avec deux cuillerées à soupe de jus de citron, sel, poivre, relevez avec une cuillerée à café de paprika, versez sur les crosnes égouttés.

En Angleterre, à Liverpool, une femme peut travailler les seins nus si elle est employée dans un magasin de poissons tropicaux.

IL Y A 40 ANS, EN 1969 : Le gouvernement socialiste-libéral de Bonn signe le traité de non-prolifération nucléaire. Le cardinal Marty concélèbre la messe selon la liturgie du nouveau rituel. Sortie des films *Mon oncle Benjamin* d'Édouard Molinaro et *Ah Dieu ! que la guerre est jolie* de Richard Attenborough.

La différence entre un bon joueur
et un très bon joueur, c'est la personnalité
(Raphaël Ibanez).

Saint Jacques de la Marche

Sagittaire 1er décan

SAMEDI 28 NOVEMBRE

La mort d'une bonne action, c'est d'en parler
(proverbe arabe).

Saint Saturnin

Sagittaire 1er décan

DIMANCHE 29 NOVEMBRE

La France mystérieuse

LE VALET DE CARREAU

Davron (Yvelines)

C'est dans le village de Davron, à une quinzaine de kilomètres de Saint-Germain-en-Laye, que s'élève le château de Widewille, construit pour Claude de Bullion, qui fut garde des Sceaux puis surintendant des finances de Louis XIII, et qui, lors de ces dernières fonctions, inventa le louis d'or. Par la suite, la demeure changea plusieurs fois de propriétaires pour échoir à la famille de Gallard.

Construit en briques, avec encadrement des fenêtres en pierre, il est entouré d'un parc magnifique. Pour les amateurs de bandes dessinées, il n'est pas sans rappeler le château de Moulinsart où Hergé a situé plusieurs aventures de Tintin.

Si on regarde sur le toit, on verra tout en haut deux petits chevaliers de pierre, portant chacun un fanion où apparaît un carreau semblable à celui des cartes à jouer. Il s'agit d'un hommage au plus illustre des Gallard, Hector de Gallard-Bressac, qui a exercé les fonctions de chambellan de Louis XI, jusqu'à sa mort, en 1475.

Bien des années auparavant, Hector de Gallard avait joué devant le roi Charles VII un ballet où il représentait le valet de carreau, en compagnie d'Étienne de Vignoles, dit La Hire, qui figurait le valet de cœur, les deux autres étant des acteurs qui jouaient des héros de l'ancienne chevalerie : Hogier le Danois pour le pique et Lancelot du Lac pour le trèfle. C'était l'époque où les jeux de cartes faisaient leur apparition en France et les quatre noms : Hector, La Hire, Hogier et Lancelot, sont restés pour désigner les valets.

IL Y A 40 ANS, EN 1969 : Indignation au Vatican après l'adoption par la chambre italienne du projet du « petit divorce ». Il y a dans le monde 2 500 000 réfugiés pour lesquels le Haut-Commissariat des Nations-Unies lance un appel à l'aide. On vient d'arrêter deux suspects dans le crime de Sharon Tate.

LUNDI 30 NOVEMBRE

Saint André

Sagittaire 1er décan

Si l'on veut gagner sa vie, il suffit de travailler. Si l'on veut devenir riche, il faut trouver autre chose (Alphonse Karr).

Plantez à la fin du mois de novembre les arbres et arbustes à feuillage caduc commercialisés à racines nues. Avant l'achat, n'oubliez pas de vous informer sur la taille adulte de vos végétaux et sur leur ampleur. Respectez la bonne distance de plantation de votre maison, à cause des racines qui peuvent abîmer les fondations, et de l'ombre portée, en particulier par un arbre à cime étalée. Pour simplifier le tuteurage et si vous ne disposez pas de beaucoup d'espace, enfoncez un solide tuteur en biais dans le sol, l'extrémité étant fixée à l'arbre. Le tronc doit être protégé d'une attache en fil de fer par un collier en caoutchouc pour ne pas blesser l'écorce. Ce tuteur est à planter à l'opposé du vent dominant.

★ COINGS AU FOUR. Pour quatre personnes. Enlevez le duvet de quatre coings, coupez la partie supérieure, et videz-les sans abîmer le fond en élargissant la cavité. Emplissez les fruits de 250 grammes de hachis de veau revenu à la poêle, mélangé à 50 de pain ramolli au lait, sel, poivre, et origan. Mettez à cuire à four moyen 35 minutes dans un plat huilé.

Une loi anglaise déclare « illégal de ne pas dire à son percepteur ce qu'on ne veut pas qu'il sache, mais légal de lui dire ce qui ne nous dérange pas qu'il sache ».

Les drôles d'histoires de Pierre Bellemare

Icare congelé

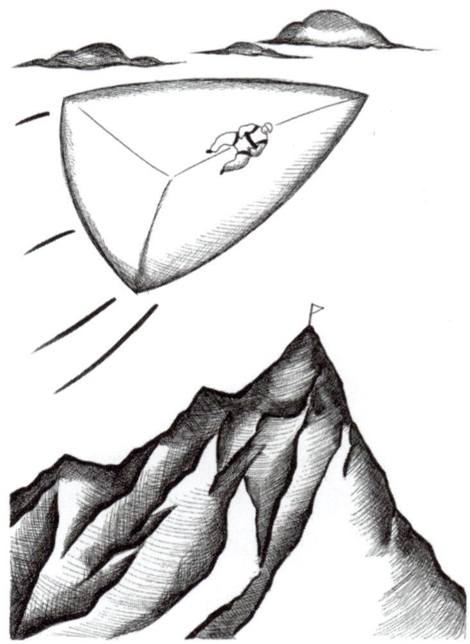

Bien que les innombrables récits de guerres et de catastrophes nous aient habitués à revoir à la hausse les limites de la résistance humaine, l'exploit involontaire réalisé par Ewa Wisniak, une parapentiste d'Alice Springs, laisse pantois.

Faisant fi des bulletins météorologiques qui annoncent une tempête sur le centre de l'Australie, l'intrépide Mlle Wisniak prend place à bord de son engin. À peine a-t-elle décollé qu'un violent courant ascendant la propulse à une altitude vertigineuse. S'arc-boutant sur les commandes, usant de toute sa science de pilote expérimentée, la malheureuse est pourtant incapable de contrer la force irrésistible qui l'attire vers le ciel. Quelques minutes plus tard, son altimètre indique 9000 mètres, et la température ambiante a chuté à moins 30°. Privée de 70 % d'oxygène, le corps et le visage couverts de glace, la parapentiste sombre dans le coma quelques minutes.

Recouvrant enfin ses esprits, elle tente une ultime manœuvre et parvient miraculeusement à regagner la terre ferme. « Je pouvais entendre les éclairs éclater tout autour de moi, a raconté plus tard la jeune femme sur un lit d'hôpital. Il faisait sombre. Tout était gelé et je savais que je ne pouvais rien faire d'autre qu'espérer. Ensuite, quand j'ai compris que j'étais sauvée, ne sachant qui remercier, j'ai dit merci aux anges. »

Interrogée pour savoir si elle désirait figurer dans le livre Guinness des records comme la parapentiste la plus haute du monde, Ewa Wisniak a modestement décliné l'offre : « Je n'ai accompli aucun exploit, j'ai plutôt commis une imprudence impardonnable. »

IL Y A 40 ANS, EN 1969: Au sommet de La Haye, il est convenu que les négociations avec l'Angleterre pour son entrée devront être achevées avant juillet 1970. Première du film de Claude Lelouch *Un homme qui me plaît*, avec Jean-Paul Belmondo et Annie Girardot.

MERCREDI 2 DÉCEMBRE Sainte Viviane

Sagittaire 1er décan

Le bien-être ne sert qu'à désirer plus ;
et dans cette idée, il n'y a pas de limite (Jean Giono).

Refaites les bordures des massifs à fleurs ou créez-en de nouvelles pour mieux dissocier chaque partie du jardin. Vous pouvez planter la variété naine des buis qui aiment le sol calcaire mais pas trop sec et peuvent supporter l'ombre. L'espèce de chèvrefeuille Lonicera nitida ressemble au buis par ses petites feuilles arrondies persistantes, a l'avantage d'être de croissance rapide et se taille bien. Au soleil, plantez des arbrisseaux aromatiques : santoline d'un gris argenté, aux fleurs jaunes en juin, ou bien encore la lavande à tailler très court après la floraison pour garder un feuillage dense.

BOUCHON ET TIRE-BOUCHON

Le liège, déjà utilisé par les Romains pour boucher les amphores et les tonneaux, fut ensuite oublié pendant des siècles. Les premières bouteilles en verre, très fragiles, étaient imparfaitement obturées à l'aide de bois, de cuir, de matière cireuse. Comme elles manquaient d'étanchéité, elles ne pouvaient être couchées et le vin tournait au vinaigre au contact de l'air. L'idée revient à dom Pérignon, lorsque les Anglais eurent inventé des bouteilles plus solides et qu'elles furent introduites en France, à la fin du XVIIe siècle, d'utiliser de nouveau le liège pour sceller ses bouteilles de champagne. On découvrit vite que le vin se bonifiait avec l'âge dans des bouteilles ainsi fermées.

À la fois robuste et léger, le liège est neutre et imputrescible. Grâce à son élasticité, il peut pénétrer dans le goulot, et assurer une parfaite étanchéité. Mais, compressé à l'intérieur du goulot, le bouchon ne peut être retiré facilement. Ce sont les Anglais qui inventèrent, à la fin du XVIIIe siècle, cet outil en métal vrillé ayant une bonne prise sur le bouchon qui permet de le libérer de la forte adhérence au goulot : le tire-bouchon – le premier brevet fut accordé en 1795.

IL Y A 40 ANS, EN 1969 : Après plus de cinq semaines, fin de la grève des étudiants en médecine dans la région parisienne. Un Boeing 707 Santiago-Paris d'Air France s'abîme peu après son départ, au large de Caracas avec 70 personnes à bord. Sortie du film de Nelly Kaplan, *La Fiancée du pirate*.

Tous les hommes naissent comédiens, sauf quelques acteurs (Sacha Guitry).

Saint Xavier

Sagittaire 2e décan

JEUDI 3 DÉCEMBRE

Les drôles d'histoires de Pierre Bellemare

Un alcoolique obligeant

Cela se passe à Berlin, lors de l'hiver 2007. Konrad Bauer, un employé de bureau de trente-cinq ans, rentre chez lui fort tard et complètement ivre. Ce n'est pas la première fois : il a souvent l'habitude de faire la tournée des bistrots avec des camarades après son travail. Bien entendu, sa femme lui fait les pires reproches : elle n'en peut plus ! Comment peut-il donner un tel exemple à ses enfants ? Konrad Bauer nie obstinément. Il n'a pas bu une goutte d'alcool et, comme sa femme, évidemment, n'en croit pas un mot, il s'écrie :

« Eh bien, je vais le prouver. Suivez-moi tous au commissariat. Je vais passer l'alcootest ! »

Il fait ni une ni deux et il embarque toute sa famille en voiture, direction le commissariat. Là, à sa demande, les agents lui pratiquent l'alcootest, qui révèle un taux de 2,2 grammes, soit plus du double de ce qui est autorisé en Allemagne. Jusque-là, ce n'est pas trop grave pour lui, mais quand les policiers lui demandent comment il est venu, Konrad Bauer a la candeur de répondre :

« J'ai pris ma voiture… »

Du coup, il se retrouve en cellule de dégrisement, avec une amende et un retrait de points sur son permis de conduire. Commentant la chose le lendemain, l'un des policiers a conclu :

« C'est la première fois qu'un conducteur ivre vient de lui-même nous voir au poste ! »

IL Y A 40 ANS, EN 1969 : À Rome, la Cour constitutionnelle a déclaré que l'infidélité conjugale n'était plus un délit. En Europe, pour la durée du travail, le Français est en tête. Deux savants américains ont réussi à isoler un virus du cancer.

VENDREDI 4 DÉCEMBRE **Sainte Barbara**

Sagittaire 2e décan

Si ma tante en avait ce serait mon oncle, et si mon oncle en était ce serait ma tante (Pierre Dac).

La culture de l'oseille est facile, car cette plante a peu d'ennemis. Il lui faut une terre assez lourde, et la mi-ombre lui convient. Il faut la changer de place et diviser les touffes tous les deux ou trois ans, car celles qui sont trop fortes ont besoin d'être éclaircies. Replantez-les, après avoir rafraîchi l'extrémité des racines en les coupant, dans une terre qui ne portait pas auparavant de culture d'oseille.

Louis XIV (1638-1715)

Profondément marqué par les événements de la Fronde, le jeune souverain, âgé de dix-sept ans, se méfie des décisions et débats du Parlement de Paris. Le 13 avril 1655, il quitte une chasse qui se déroulait dans le bois de Vincennes pour se rendre au Parlement de Paris réuni en audience solennelle. Ayant gardé ses bottes de cavalier, il fait irruption dans la salle, sa cravache sous le bras. On y délibère du bien-fondé de certains édits royaux face aux intérêts supérieurs de l'État. Agacé, Louis XIV aurait répliqué au président de l'assemblée :

« L'ÉTAT, C'EST MOI ! »

Cette phrase ne figure dans aucun procès-verbal, elle est probablement apocryphe, mais elle symbolise sa prise de pouvoir absolu qui réduira progressivement le Parlement à un quasi-silence.

En Floride, les femmes célibataires, veuves ou divorcées, ne peuvent pas sauter en parachute le dimanche.

IL Y A 40 ANS, EN 1969 : Treize prisonniers syriens sont échangés contre les deux derniers passagers israéliens du Boeing détourné sur Damas le 29 août. Le port du Havre est choisi par l'Aménagement du territoire pour accueillir les pétroliers géants. Sortie du film d'Henri Verneuil *Le Clan des Siciliens*.

Saint Gérald **SAMEDI 5 DÉCEMBRE**
Sagittaire 2e décan

Saint Nicolas **DIMANCHE 6 DÉCEMBRE**
Sagittaire 2e décan

L'homme a créé dieu ; l'inverse reste à prouver (Serge Gainsbourg).

L'épouse est une maîtresse pour l'homme jeune, une compagne pour l'âge mûr, une infirmière pour la vieillesse. L'homme a donc à tout âge un prétexte pour se marier (F. Bacon).

La France mystérieuse

« IL » OU « ELLE » ?
Tonnerre (Yonne)

Le 5 octobre 1728, à Tonnerre, en Bourgogne, naît un enfant de sexe masculin, fils de Louis d'Éon de Beaumont, avocat au Parlement et de Françoise de Charanton, fille d'un commissaire général aux armées. Enfin, « de sexe masculin », ce n'est pas absolument certain, car il est baptisé quelques jours plus tard, en l'église Notre-Dame de Tonnerre, sous les prénoms de Charles, Geneviève et, durant ses huit premières années, sa mère l'habille en fille. Certes, une tradition bourguignonne faisait parfois donner aux garçons le prénom de leur marraine et il arrivait dans les familles nobles d'habiller ceux-ci en filles, mais le fait est troublant, d'autant que Charles Geneviève d'Éon, une fois arrivé à l'âge adulte, présente des allures à la fois féminines et masculines. Extrêmement brillant, le roi Louis XV le remarque et le prend à son service. Peu après, en raison de son physique particulier, il se voit confier une mission confidentielle habillé en femme. C'est un plein succès et, dès lors, tantôt homme, tantôt femme, il devient l'énigme de son siècle. En homme, c'est un capitaine intrépide décoré des plus hautes distinctions ; en femme, il est à ce point attirant que Casanova et Beaumarchais lui font en vain la cour.

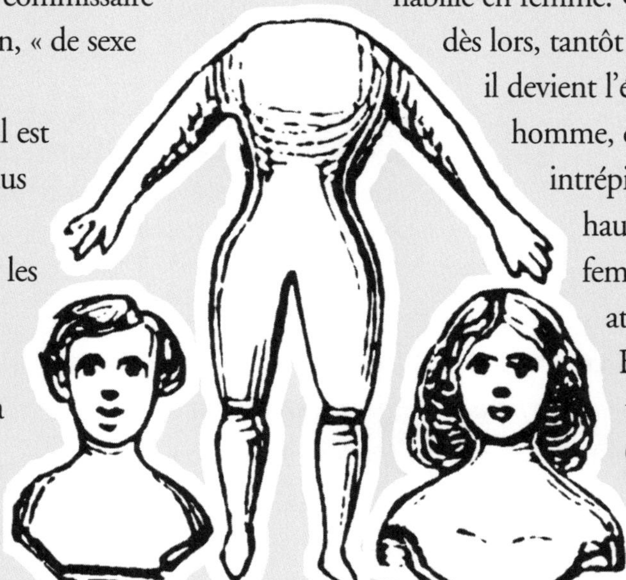

Charles Geneviève, chevalier d'Éon, s'éteindra à Londres le 21 mai 1810, à l'âge de quatre-vingt-deux ans, après avoir passé trente-trois ans de son existence habillé en homme et quarante-neuf habillé en femme. Son autopsie révélera qu'il s'agissait bien d'un homme.

IL Y A 40 ANS, EN 1969 : En vue d'un traité sur le non-recours à la force, l'URSS accepte d'ouvrir à Moscou des négociations avec l'Allemagne fédérale. Des chercheurs japonais détectent le virus d'un cancer du pharynx. Première au Théâtre des Mathurins de la pièce de Marguerite Duras *Suzanna Andler.*

LUNDI 7 DÉCEMBRE

Saint Ambroise

Sagittaire 2e décan

Mieux vaut finir sa vie dans les bras d'une femme que dans les deux bras d'un fauteuil (G.B. Shaw).

Toutes les fenêtres n'offrent pas le même éclairement pour les plantes d'appartement. La situation nord et nord-est est idéale pour les plantes d'ombre, car il n'y a pas de risque de brûlure ou de dessèchement mais attention au manque de luminosité pour toutes les autres. Le sud, et même le sud-ouest, sont très dangereux pour les plantes, sauf lorsqu'on a la possibilité d'ombrer ; même les cactées ne supportent pas la surchauffe des vitres par le plein soleil. L'est offre une situation idéale car le soleil matinal favorise la croissance.

Pour le Breton, un *paraviré* est :

a. Une personne sur qui l'on détourne les soupçons.
b. Une drague destinée au repêchage des mines.
c. Une gifle donnée sur les deux joues.

PORC À LA RHUBARBE. Pour six personnes. Faites cuire le temps indiqué sur le paquet 1 kilogramme de rhubarbe surgelée avec 50 grammes de beurre à feu vif, puis à feu moyen avec trois cuillerées de sucre, 10 centilitres de cidre, et deux pommes reinettes pelées et coupées en morceau. Servez avec un rôti de porc cuit en cocotte.

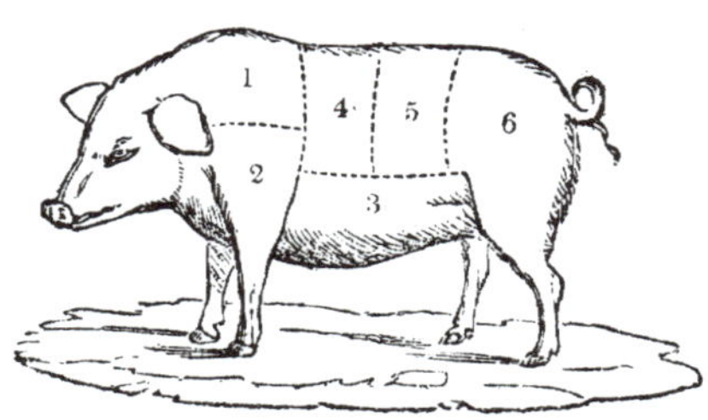

Bonne réponse : c.

IL Y A 40 ANS, EN 1969 : Pris dans la tempête, un DC 6 grec s'écrase près d'Athènes avec 91 personnes à bord. À Los Angeles, Charles Manson et cinq de ses adeptes sont inculpés officiellement du meurtre de Sharon Tate et de ses amis.

Le moyen d'aimer une chose est de se dire qu'on pourrait la perdre (Chesterton).

Les drôles d'histoires de Pierre Bellemare

Au pied de la lettre

Quand il déclame son discours d'investiture, le 6 décembre 2006, Joseph Kabila, le président de la République du Congo, a-t-il oublié le vieux proverbe qui affirme que « tant que les mots restent dans la bouche, ils sont à toi ; prononcés, ils sont à tout le monde » ? Toujours est-il qu'en promettant dans son allocution « que les prisons du pays seraient ouvertes aux fauteurs de troubles », le chef de l'État a bien malgré lui provoqué l'évasion de trente-quatre détenus.

« Nous venons d'écouter Kabila à la radio nationale. Il vient de dire que les portes des prisons devaient être ouvertes. Nous exigeons de bénéficier sur-le-champ de la "grâce présidentielle" qu'il nous accorde », revendiquent les pensionnaires de la prison de Kikwit, dans l'ouest du pays. Après concertation, les gardes, d'abord perplexes, obtempèrent et les prisonniers s'évanouissent dans la nature sans demander leur reste. Un caporal alerté par le raffut tente de s'interposer et tire des coups de feu en l'air, dans le vain espoir de retenir les fuyards.

« Bande d'imbéciles, hurle-t-il à ses hommes. Vous venez de libérer des voleurs et des assassins, alors même que le président vient de dire à la radio qu'il faut tous les mettre en prison ! »

Les heureux « graciés » demeurent introuvables, mais les six gardiens fautifs ont été condamnés à dix ans d'emprisonnement par le tribunal militaire de Kikwit, le caporal écopant d'une année de prison supplémentaire pour avoir « gâché des munitions de l'État en tirant en l'air, et facilité ainsi la fuite des détenus ».

IL Y A 40 ANS, EN 1969 : Au Ghana comme au Congo-Kinshasa, une véritable épidémie de xénophobie se déclenche. D'après le Centre national d'étude et d'initiative en faveur du logement, une bonne isolation coûte moins de 4,5 % du prix de la construction.

MERCREDI 9 DÉCEMBRE — **Saint Pierre Fourier**

Sagittaire 2e décan

Le chien a plus d'amis que les gens car il remue plus la queue que la langue (proverbe argentin).

Vous avez tout l'hiver pour faire la grande toilette du jardin à votre rythme. Ramassez les feuilles sèches, mettez-les à composter, sauf celles des arbres fruitiers et des rosiers qui risquent d'avoir des maladies : coupez les branches sèches ou malades, rabattez les touffes de plantes vivaces, désherbez et taillez les haies. Lorsque le sol sera gelé, ne marchez pas sur le gazon, car l'empreinte des pas s'imprimerait. Paillez le sol autour des camélias, rhododendrons et autres plantes sensibles au froid.

La pénitence des lavandières de la nuit

George Sand, dans ses *Légendes rustiques*, évoque une croyance très répandue dans nos provinces : des lavandières surnaturelles accomplissent, de préférence la nuit, une pénitence pour une faute commise de leur vivant. Dans le Berry et en Bretagne, c'est une mère infanticide condamnée à laver le cadavre de son enfant jusqu'au Jugement dernier. Dans les Côtes-d'Armor, c'est une femme punie pour avoir fait ses lessives le dimanche. En Haute-Bretagne, c'est une malheureuse enterrée dans un linceul sale et qui doit le laver chaque nuit. En Basse-Bretagne, est châtiée celle qui a trop économisé le savon. Elles apparaissent dans les lavoirs, aux bords des cours d'eau, près des ponts, mais, ne devant pas être dérangées dans leur besogne, elles sont malfaisantes et cruelles. Selon une croyance vendéenne, celui qui, le soir du Vendredi saint, s'arrête pour les écouter est jeté et noyé dans l'étang. Les rencontrer est de funeste présage, jusqu'en Provence, où l'on redoute leur pouvoir de déchaîner le mistral. Partout en France, des paysans disent avoir entendu au cœur de la nuit le bruit de leurs battoirs diaboliques. Il ne s'agirait en fait que du chant d'une espèce de grenouille…

Les drôles d'histoires de Pierre Bellemare

Un mariage chic

C'est un mariage on ne peut plus chic qui a lieu dans ce quartier huppé de Londres. Les hommes sont en habit, les femmes en robes de grands couturiers et, comble de raffinement, les mariés seront conduits à l'église dans une authentique calèche du XIXe siècle. Malheureusement, en plein milieu du trajet, le cheval fait un faux pas et se blesse. Pour ne pas arriver en retard, la noce n'a d'autre ressource que de prendre sa place. La tête des passants découvrant ces messieurs distingués tirant le véhicule, tandis qu'un cheval marchait à leurs côtés, valait le déplacement.

Le plus long incendie du monde

Le 7 novembre 1997, une information est passée totalement inaperçue, alors qu'elle constituait un record absolu. C'est ce jour-là, en effet, qu'a été éteint l'incendie d'une houillère du Sichuan, la province la plus peuplée du pays. Le feu consumait, de manière lente mais continue, les veines de charbon depuis l'année 1560. Il a donc duré 437 ans, ce qui en fait – et de très loin ! – le plus long incendie du monde. Durant tout ce temps, on a calculé qu'il a consommé 127 millions de tonnes de houille, un chiffre proprement astronomique, et la chaleur dégagée a désertifié à la surface des étendues considérables.

IL Y A 40 ANS, EN 1969 : Le président Georges Pompidou annonce la prochaine édification aux Halles d'un grand Musée d'art contemporain « qui marquera notre époque ». Le Vietcong libère deux prisonniers américains et les Américains annoncent le retrait de trente B 52.

VENDREDI 11 DÉCEMBRE — Saint Daniel — Sagittaire 2e décan

Étant donné que les jupes raccourcissent et que les décolletés deviennent de plus en plus bas, il n'y a qu'à attendre que les deux se rejoignent (P.-J. Vaillard).

Martin Nadaud (1815-1898)

D'abord ouvrier maçon, Martin Nadaud, né à Soubrebost, est élu député de la Creuse en 1849 et vote avec la Montagne quand Louis Napoléon Bonaparte vient de se faire élire président de la République. Le 5 mai 1850, il prononce un discours à la tribune et explique : « Nous le savons, à Paris lorsque le bâtiment va, tout profite de son activité. » Ce propos sera transformé par la postérité en une formule plus incisive :

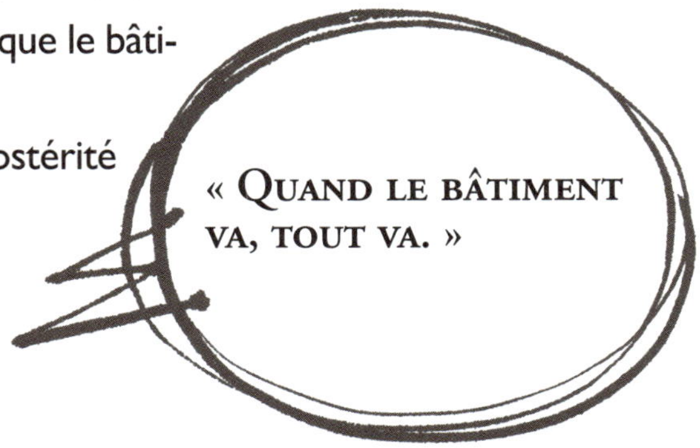

★★ BROINHAS DE JOSÉ. Pour douze personnes. Faites cuire 700 grammes de potiron pelé à l'eau salée. Mélangez avec 1 kilogramme de farine, le zeste d'un citron râpé, quatre jaunes d'œufs, 1 paquet de levure, 150 grammes de sucre en poudre, 100 grammes de pignons de pin, des raisins secs et des cerneaux de noix à volonté. Laissez reposer 2 heures. Formez des petites boules pour obtenir vingt-quatre petits pains, et faites cuire 20 minutes au four (th. 6) sur une plaque farinée.

Les femmes jurés de Mexico, dans le Missouri, ne sont pas autorisées à tricoter pendant les audiences.

IL Y A 40 ANS, EN 1969 : De sanglants attentats à la bombe ont lieu à Milan. La Grèce, ne pouvant plus échapper à une mesure de suspension réclamée par onze des pays membres, se retire du Conseil de l'Europe. Lancement à Cherbourg du sous-marin nucléaire le *Terrible* en présence de Michel Debré.

Une lettre écrite en français, sans fautes, surprend aujourd'hui comme une chose d'autrefois (Julien Green).

Le mariage est comme une place assiégée ; ceux qui sont dehors veulent y entrer et ceux qui sont dedans veulent en sortir (proverbe chinois).

Sainte Jeanne de Chantal — SAMEDI 12 DÉCEMBRE — Sagittaire 2e décan

Sainte Lucie — DIMANCHE 13 DÉCEMBRE — Sagittaire 3e décan

La France mystérieuse

LE RENDEZ-VOUS DES POÈTES

Talcy (Loir-et-Cher)

C'est en 1517 que le marchand florentin Bernard Salviati achète une maison forte à Talcy, dans la Beauce. Issu d'une importante famille toscane alliée aux Médicis, l'homme est venu s'établir en France pour réaliser diverses opérations financières pour le compte de François Ier. Fort riche, il transforme ce qui n'était qu'une grande bâtisse fortifiée en l'élégant château Renaissance qu'on peut admirer aujourd'hui.

Décidé à rester en France, il se marie et a plusieurs enfants, dont une fille, Cassandre. Lors d'une fête donnée au château de Talcy en avril 1545, celle-ci rencontre Pierre de Ronsard, qui s'éprend pour elle d'un amour platonique. Bien qu'il ne se soit rien passé entre eux et qu'elle se marie l'année suivante, il la chante dans quelques-uns de ses plus beaux poèmes, dont celui qui commence par le vers célèbre entre tous : « Mignonne, allons voir si la rose... »

Mais Talcy et la famille Salviati n'en ont pas fini avec la littérature. Une nièce de Cassandre, Diane Salviati, inspire vingt ans plus tard à Agrippa d'Aubigné un amour impossible (elle est catholique, il est protestant, et les guerres de Religion se déchaînent), qui détermine la vocation du poète.

D'Aubigné lui écrira des milliers de vers, réunis dans le recueil *Le Printemps*.

Et ce n'est pas tout ! Une des filles de Cassandre épousera un seigneur Guillaume de Musset, et ils seront les ancêtres en ligne directe d'un troisième poète : Alfred de Musset.

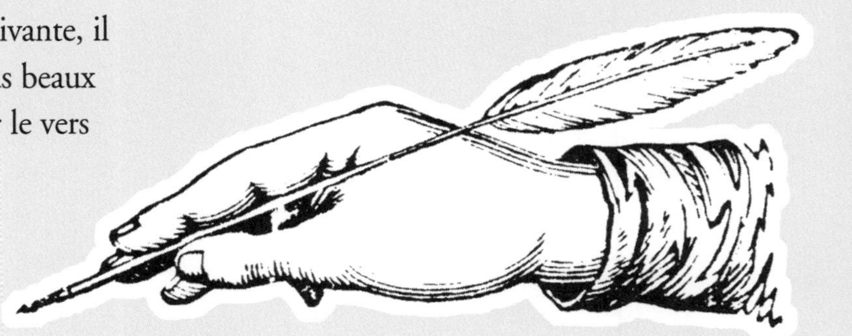

IL Y A 40 ANS, EN 1969 : À Varsovie, Pékin et Washington ont renoué le dialogue. Le Sénat américain vote le maintien de l'aide militaire à Athènes. Mise en service du premier métro express régional, entre Nation et Boissy-Saint-Léger. Concorde atteint pour la première fois la vitesse de 1 600 km/h.

LUNDI 14 DÉCEMBRE

Sainte Odile

Sagittaire 3e décan

Il ne sert à rien à l'homme de gagner la lune s'il vient à perdre la Terre (Fr. Mauriac).

LE HOUX, L'AUTRE ARBRE DE NOËL. Son feuillage vert sombre brillant et ses baies d'un rouge vif décorent les cartes et les tables de Noël dont il est le symbole avec le sapin. Le houx est en effet associé à la naissance de Jésus. Lors de leur fuite en Égypte, Marie et Joseph se cachèrent avec leur enfant sous un houx à l'approche des soldats d'Hérode : il étendit miraculeusement ses branches et les protégea sous son feuillage dense et piquant. Pour le remercier, Marie le bénit, souhaitant qu'il reste toujours vert. Présence familière de nos forêts et de nos jardins, ce végétal qui résiste au froid et à la pollution a rendu de tout temps de nombreux services. Depuis l'Antiquité, il était vénéré pour ses qualités thérapeutiques, mais dans les campagnes il a toujours eu des applications variées. Les paysans débitaient le tronc pour construire des brouettes. La seconde écorce fournissait de la glu pour attraper les oiseaux. Les fagots de houx servaient au ramonage des cheminées et les jeunes rameaux à fabriquer des houssines pour battre les tapis. Les feuilles piquantes protégeaient des rats les jambons et saucissons suspendus au plafond. Les ébénistes déplorent qu'à l'occasion des remembrements, tant de haies aient été brûlées. Car le houx est un bois précieux pour la marqueterie. Seuls les plants femelles produisent des baies rouges, dangereuses pour l'homme. En fermentant, toutefois, leur suc perd sa toxicité. Les Alsaciens le distillent et élaborent un alcool blanc aussi coûteux que rare.

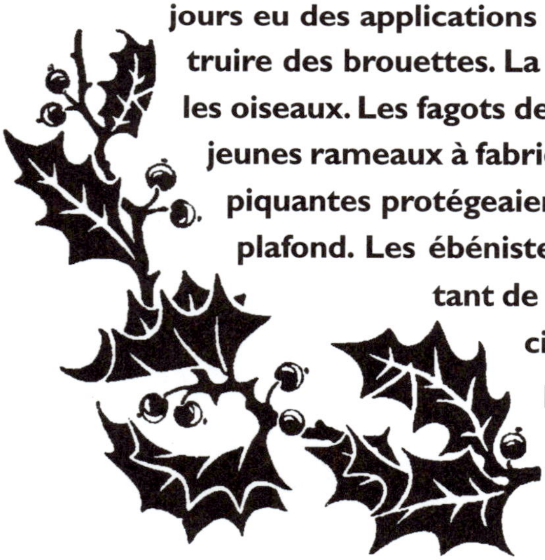

ARRANCIATA. Pour quatre personnes. Faites cuire à l'eau salée 200 grammes de riz rond, égouttez bien. Mélangez avec trois œufs, 100 grammes de fromage râpé, sel, poivre. Formez des boules grosses comme des mandarines. Introduisez à l'intérieur de chacune une boule de mozzarella. Roulez-les dans la chapelure et plongez-les 5 minutes dans l'huile de friture.

IL Y A 40 ANS, EN 1969 : Impressionnante et déchirante cérémonie à Milan pour les obsèques des victimes des terroristes. Pour cette année, les recettes fiscales, contre toute attente, ont dépassé les prévisions. Retour à la télévision de Denise Glaser avec « Comme il vous plaira, Discorama 1969 ».

Aujourd'hui, toutes les femmes font de l'œil avec leurs jambes (Jean Richepin).

Sainte Ninon

Sagittaire 3e décan

MARDI 15 DÉCEMBRE

Les drôles d'histoires de Pierre Bellemare

Saoul comme un Écossais

Les Polonais en ont assez! Depuis l'ouverture des frontières européennes, ils sont envahis par les Écossais. Ces derniers ne sont pas là pour faire du tourisme, pour admirer les beautés architecturales des villes ou les paysages qu'on peut admirer dans les campagnes ou bien encore pour chercher le souvenir de Frédéric Chopin.

Non, ils n'ont fait le voyage que pour une seule raison: acheter de l'alcool. Les taxes sont particulièrement élevées chez eux, particulièrement faibles en Pologne et, profitant de ces conditions avantageuses, ils font provision de bière et de vodka.

Avant de partir, ils ne manquent pas de goûter à leur marchandise et il en résulte que les rues de Varsovie et de Cracovie sont remplies d'Écossais saouls comme des Polonais. Comme ils sont presque tous en kilt, leur grand jeu est de soulever celui-ci pour montrer aux passants que ce qu'on dit est bien vrai et qu'ils ne portent rien en dessous.

Agnieska Gaspar, conseillère municipale de Cracovie, a déclaré récemment à la télévision: « On ne peut plus faire un pas sans rencontrer un Écossais qui relève son kilt. On n'ose plus sortir avec ses enfants. C'est une honte! On devrait leur interdire de venir chez nous. » Malheureusement pour elle, aucune restriction ne peut être apportée à la libre circulation des Européens. Seule peut être infligée aux porteurs de jupe à carreau une amende pour attentat à la pudeur, lorsque le délit est constaté.

IL Y A 40 ANS, EN 1969 : Arrestation à Rome d'un des coupables de l'attentat de Milan. Rétablissement des relations diplomatiques avec le Maroc, après la rupture due à l'affaire Ben Barka. L'Assemblée nationale adopte le projet de loi sur l'actionnariat ouvrier à la Régie Renault.

MERCREDI 16 DÉCEMBRE

Sainte Alice

Sagittaire 3e décan

Tu me dis, j'oublie. Tu m'enseignes, je me souviens. Tu m'impliques, j'apprends (Benjamin Franklin).

Mettez en place des protections contre le froid pour vos arbustes sur la terrasse ou le balcon. Enveloppez les pots entièrement de plastique à bulles, et glissez sous le pot des plaques de polystyrène pour l'isoler d'un sol dallé ou bétonné. Dans le jardin, plantez quatre piquets autour d'arbustes mal adaptés au froid, et entourez-les d'un voile d'hivernage. Buttez le pied de vos rosiers.

★ BRIOCHES SURPRISE. Pour quatre personnes. Enlevez les têtes de quatre brioches, prélevez une partie de la mie avec un couteau à pamplemousse. Mélangez une tranche de mousse de foie de canard de 150 grammes avec un petit verre à liqueur de porto blanc, deux cuillerées à soupe de crème épaisse, du poivre d'Espélette. Répartissez la préparation dans les brioches, remettez le chapeau, et faites juste tiédir au four avant de servir.

Pour le Savoyard, un *cacaniolet* est :

a. Un échec ridicule.

b. Une petite pâtisserie dure et croquante.

c. Une personne tatillonne, qui agit avec lenteur.

Bonne réponse : **c.**

Les drôles d'histoires de Pierre Bellemare

Hommes en cage

À Paris, à partir de 1877, Albert Geoffroy Saint-Hilaire, directeur du Jardin d'Acclimatation, expose des Nubiens pour pallier la baisse de fréquentation du parc zoologique. Enfermés comme des bêtes sauvages et souvent accompagnés d'autruches, de chameaux ou de singes, ils sont offerts à la curiosité des visiteurs qui leur jettent de la nourriture. Plus tard, des lieux de spectacle prennent le relais. Les Folies-Bergère présentent des Zoulous et des aborigènes d'Australie, tandis qu'en 1892 le Casino de Paris met en scène des « Guerrières amazones ». Ces spectacles « ethnographiques » insistent naturellement sur « la cruauté de ces races sauvages et inférieures ».

En 2007, ces pratiques nauséeuses n'avaient toujours pas tout à fait disparu. En effet, invité au Festival panafricain de musique de Brazzaville, un groupe de vingt Pygmées d'Afrique centrale a été logé dans… le zoo de la capitale, où ils ont dormi sur des matelas à même le sol, sous le regard des curieux, alors que les autres délégations prenaient leurs quartiers à l'hôtel.

Signalons par ailleurs qu'afin d'attirer l'attention du public sur les mauvaises conditions de détention des primates, une poignée d'Australiens a récemment décidé de passer ses journées dans une cage à orangs-outans désaffectée du zoo d'Adélaïde. Les règles imposées aux volontaires sont strictes : pas de nudité ni de baignade, pas de comportements insultants envers les spectateurs. L'homme serait-il un singe pour l'homme ?

IL Y A 40 ANS, EN 1969 : En Angleterre, l'abolition définitive de la peine de mort est approuvée par la Chambre des Lords. Le cercueil du roi de Rome est enfin placé dans une chapelle ouverte, près du catafalque de son père Napoléon Ier.

VENDREDI 18 DÉCEMBRE **Saint Gatien**

Sagittaire 3e décan

Plus je vieillis, plus je vois que ce qui ne s'évanouit pas, ce sont les rêves (Jean Cocteau).

★ MACÉDOINE EN RAGOÛT. Pour quatre personnes. Faites revenir à l'huile 500 grammes d'épaule d'agneau coupée en dés avec deux oignons émincés. Parsemez de deux cuillerées à soupe de farine, laissez blondir, versez un verre de vin blanc et 500 grammes de macédoine de légumes surgelée. Couvrez et laissez cuire 20 minutes sur feu moyen. Mélangez 20 centilitres de crème fraîche, faites bouillir 5 minutes et servez.

SABLER OU SABRER LE CHAMPAGNE ?

Au XVIIe siècle, on *sablait* n'importe quel vin et cela voulait dire : faire cul sec. Comme le fondeur qui jetait précipitamment son métal en fusion dans un moule à base de sable, le buveur se jetait du vin dans le gosier et l'avalait d'un trait. Aujourd'hui, l'expression est réservée au champagne. On *sable* – c'est-à-dire on boit en abondance – le champagne pour célébrer un événement joyeux.

Lorsque les régiments de dragons et de hussards sont créés sous Louis XIV, l'épée est remplacée par le sabre. Au retour des batailles, les officiers glorieux, pour fêter la victoire ou pour impressionner les dames, ouvraient la bouteille de champagne d'un revers de lame en faisant sauter le bouchon, d'où l'expression « sabrer ». Ce geste viril et spectaculaire devint une tradition. À l'heure actuelle, il est quelquefois encore pratiqué. On dépouille délicatement le bouchon de son papier doré et de son muselet. D'une main, on tient fermement la bouteille légèrement inclinée, le bouchon dirigé vers le haut. On repère sous le doigt une sorte de couture, marque d'assemblage des deux parties du corps de la bouteille, sur laquelle on fait glisser d'un coup sec la lame du sabre à plat, le dos de la lame vers le bouchon. Le col est tranché net, le bouchon saute et le champagne jaillit. On peut cependant préférer la méthode douce à cette pratique expéditive !

IL Y A 40 ANS, EN 1969 : L'état d'urgence est proclamé en Ouganda et tous les partis d'opposition sont interdits après l'attentat perpétré contre le président Milton Obote. Sortie des films *Le Lion en hiver* d'Antony Harvey, et *Satyricon* de Federico Fellini.

Il n'y a point de vieille femme. Toute, à tout âge, si elle aime et si elle est bonne, donne à l'homme le moment de l'infini (proverbe).

Le goût est le sourire de l'âme ; il y a des âmes qui ont un vilain rictus, c'est ce qui fait le mauvais goût (Léo Ferré).

Saint Urbain — **SAMEDI 19 DÉCEMBRE** — **Sagittaire 3e décan**

Saint Théophile — **DIMANCHE 20 DÉCEMBRE** — **Sagittaire 3e décan**

La France mystérieuse

L'EXÉCUTION DU PÈRE NOËL

Dijon (Côte-d'Or)

Un peu avant Noël 1952, des catholiques rigoristes de Dijon (nous dirions aujourd'hui « intégristes ») prirent l'initiative d'une étrange manifestation. Considérant le Père Noël comme une idole païenne qui détournait la fête de la Nativité de son véritable sens religieux, ils brûlèrent son effigie sur les marches de la cathédrale.

Ils n'avaient pas mesuré les conséquences de leur acte. L'émotion fut considérable à Dijon. Des enfants témoins du spectacle furent vivement choqués, de même que leurs parents. Fait plus inattendu, la réprobation fut tout aussi grande dans la base américaine qui se trouvait alors dans la banlieue de la ville. Les GIs, très attachés à celui qu'ils appellent dans leur pays Santa Claus, étaient révoltés contre ce sacrilège. Heureusement, Dijon avait à sa tête un ecclésiastique bien éloigné de ces manifestations d'intolérance. Le chanoine Kir, esprit libéral, qui a donné son nom au célèbre apéritif à base de crème de cassis et de vin blanc, décida de remettre les choses à leur place, aussi bien en tant que maire qu'en tant que religieux.

C'est ainsi que le jour de Noël, la population fut conviée sur la place de la mairie. Le chanoine Kir apparut alors au balcon, en compagnie d'un magnifique Père Noël, auquel il donna solennellement l'accolade, sous les acclamations des Dijonnais petits et grands et de quelques Américains en uniforme, qui s'étaient déplacés pour la circonstance.

Hiver

L'HIVER

L'air paraît tout obscur ; la clarté diminue ;
Les arbres sont tous nus ; les ruisseaux tous glacés ;
Et les rochers affreux, sur leurs fronts hérissés,
Reçoivent cet amas, qui tombe de la Nue.

Tout le Ciel fond en eau ; la grêle continue ;
Des vents impétueux, les toits sont renversés ;
Et Neptune en fureur, aux Vaisseaux dispersés,
Fait sentir du Trident, la force trop connue ;

Un froid âpre et cuisant a saisi tous les corps ;
Le Soleil contre lui fait de faibles efforts ;
Et cet Astre blafard n'a chaleur, ni lumière ;

L'Univers désolé n'a plus herbes ni fleurs ;
Mais on le doit revoir, dans sa beauté première,
Et l'orage éternel ne se voit qu'en mes pleurs.

Georges de SCUDÉRY

IL Y A 40 ANS, EN 1969 : À l'occasion du Ve sommet arabe de Rabat, Yasser Arafat est reçu en chef d'État en débarquant du même avion que le président Nasser. À Bruxelles, accord des « Six » sur le règlement financier agricole, après de longues heures de négociations. Mort du général Catroux.

LUNDI 21 DÉCEMBRE

Saint Pierre Canisius

sagittaire 3e décan

Il ne suffit pas d'avoir de l'appétit, il faut aussi avoir de l'estomac (Philippe Séguin).

Lorsque votre jardin se couvre de neige, évitez de balayer celle-ci autour des plantes, elle joue un rôle protecteur et maintient la température légèrement au-dessus de 0°C. Évitez également de marcher sur la pelouse, encore moins dans les massifs. Lorsque la neige est tassée, elle est souvent transformée en glace, ce qui peut être fatal aux végétaux. De plus, vous risquez d'écraser les plantes que vous ne distinguez pas sous ce manteau blanc. Il ne faut ni traiter, ni tailler, ni labourer.

Un homme doit porter un pantalon quand il entre à Phoenix, en Arizona.

☆ GRATIN DE MAQUEREAUX FUMÉS. Pour quatre personnes. Faites tremper 400 grammes de filets de maquereaux fumés (rayon frais) dans l'eau pendant une heure. Mettez-les dans une casserole, couvrez-les d'eau froide, faites cuire jusqu'à ébullition que vous maintenez 5 minutes. Écrasez à la fourchette 1,500 kilogramme de pommes de terre épluchées cuites à l'eau avec un peu de leur eau de cuisson et du lait pour obtenir une purée rustique, ajoutez ciboule, cerfeuil et persil haché à volonté, du poivre et un peu de sel. Disposez dans un plat à four beurré des couches successives de purée et de maquereaux en morceaux en terminant par la purée ; Parsemez de petits morceaux de beurre et mettez au four 20 minutes pour faire gratiner au gruyère râpé.

Pour l'Angevin, un *aclopin* est :

a. Un boiteux.

b. Un petit terrain.

c. Un voyou.

Bonne réponse : c.

IL Y A 40 ANS, EN 1969 : La députée Bernadette Devlin est condamnée à six mois de prison pour son action en Irlande du Nord. Jérusalem rejette les propositions américaines de règlement israélo-jordanienne. Mort du cinéaste autrichien, naturalisé américain, Josef von Sternberg, découvreur de Marlene Dietrich.

La fidélité, une vive démangeaison avec défense de se gratter (Philippe Bouvard).

Sainte Françoise — **MARDI 22 DÉCEMBRE**

Capricorne 1er décan

Les drôles d'histoires de Pierre Bellemare

Il y a de l'abus !

En ce triste jour de juin 2008, Carol Jones, habitant le centre de l'Angleterre, enterre son mari. Comme elle n'habite pas loin du cimetière, le cortège s'y rend à pied derrière le corbillard. C'est alors qu'elle a la surprise de voir, derrière ses voiles de deuil, un agent faire s'arrêter le chauffeur et lui dire : « Vous encombrez la route et votre vitesse n'est pas suffisante. Je vous dresse contravention. » Il a beau protester, ainsi que toutes les personnes présentes, rien n'y fait…

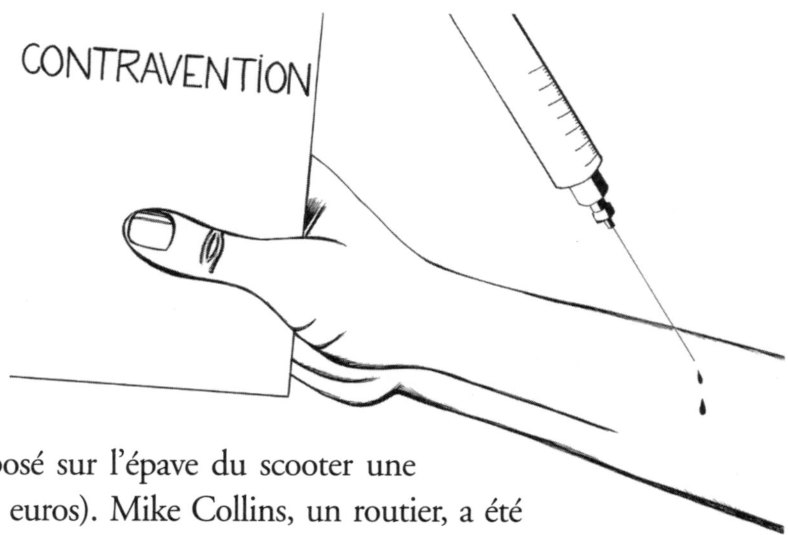

Ce n'est pas le seul abus de ce genre. Le *Daily Mail* a eu la curiosité de recenser les PV les plus injustifiés de l'année 2008.

Nadim Zahawi, qui circulait en scooter, a été renversé par une voiture : tandis qu'on l'emmenait sur un brancard, un préposé a déposé sur l'épave du scooter une amende de 100 livres (environ 150 euros). Mike Collins, un routier, a été verbalisé quand son camion est tombé dans un cratère causé par un glissement de terrain. Vicky Clegg, gravement blessée par un arbre tombé sur sa voiture alors qu'elle roulait, a reçu, à sa sortie de l'hôpital, une contravention pour stationnement interdit sous l'arbre. Un moniteur d'auto-école a été sanctionné parce que son élève avait calé et ne redémarrait pas assez vite.

Mais le plus beau est sans doute le cas du camion de don de sang verbalisé pour dépassement du stationnement autorisé, alors qu'il effectuait une collecte !

IL Y A 40 ANS, EN 1969 : Fin du sommet arabe de Rabat, sans communiqué final, la Syrie, l'Irak et le Yémen ayant boycotté la dernière séance. La France a gagné 470 millions de dollars depuis la dévaluation. Cinq mille mineurs suédois paralysent l'exploitation des mines de fer de Laponie.

MERCREDI 23 DÉCEMBRE — Saint Armand — Capricorne Ier décan

À quoi bon soulever des montagnes
quand il est si simple de passer par-dessus
(Boris Vian).

☆ BETTERAVES FARCIES. Pour deux personnes. Pelez deux belles betteraves rouges cuites. Évidez-les en veillant de ne pas les fendre. Garnissez de semoule de couscous cuite, assaisonnée de jus de citron, échalote hachée, huile de sésame, deux abricots secs coupés en petits morceaux, feuilles de coriandre ciselées, et garnissez le dessus de graines de sésame grillées à sec.

LA VODKA, INCOLORE MAIS COSTAUD

Apparue en Pologne dans les monastères près de Dansk au XVIe siècle, la vodka (« petite eau ») est destinée à soigner toutes sortes de douleurs… mais on y prend également plaisir. Elle a pour ingrédients de base l'alcool distillé et l'eau, et est élaborée à partir de pommes de terre et de betteraves – aujourd'hui, la vodka russe l'est à partir de céréales (blé, seigle, orge). Elle gagne la Russie où le célèbre tsar Ivan le Terrible instaure le principe des distilleries d'État, qui ont le monopole sur la production et la vente de vodka, et favorise sa commercialisation sous le nom de Moskaya, ce qui lui permet d'engranger de substantiels profits. Mais qui dit monopole dit contrebande. Alors on distille clandestinement le meilleur et le pire… Au XVIIIe siècle, Catherine II, pour lui redonner ses titres de noblesse, autorise les distillations de qualité, avant l'abolition du monopole d'État par Nicolas Ier, et, à la fin du XIXe siècle, s'appuyant sur les travaux du chimiste Dimitri Mendeleïev, Alexandre II décrète que le titre d'alcool de la vodka russe sera de 40°. Fabriquée un peu partout dans le monde, elle reste la boisson emblématique de la Russie et de la Pologne. Les Polonais ont pour ambition de faire la meilleure vodka du monde. Pour cela, ils ont inventé le métier de *kiper,* c'est-à-dire goûteur de vodka professionnel : dès 6 heures du matin, celui-ci observe le breuvage précieux, hume son parfum, en fait circuler sur sa langue une petite quantité… On imagine son état à la fin de la journée… Pourtant, la majorité des goûteurs de vodka sont du sexe féminin !

Les drôles d'histoires de Pierre Bellemare

Une soirée agitée

Après une dernière recommandation, M. et Mme Delaney quittent la belle villa qu'ils habitent dans un quartier résidentiel de Melbourne. Ils vont assister à un concert, laissant à la maison leur fils Corey, quinze ans. Ils n'ont pas d'inquiétude particulière, Corey est le type même du garçon sage, il serait même un peu trop timide et renfermé, ce qui les contrarie parfois un peu.

Mais, est-ce un brusque besoin de se défouler, toujours est-il que dès que ses parents ont le dos tourné, Corey saute sur son ordinateur et se met à inviter tous les inconnus qu'il rencontre sur Internet. Le résultat ne tarde pas. Une centaine de jeunes gens convergent vers la jolie villa et commencent à danser en mettant la musique à fond, tandis qu'ils se désaltèrent dans la cave des Delaney.

Les voisins, qui viennent protester, sont accueillis par des jets de bouteilles. Du coup, c'est la police qui intervient, tandis que les jeunes gens se mettent à attaquer les villas environnantes. Il en résulte un affrontement dans tout le quartier, qui nécessite l'envoi d'une centaine d'hommes anti-émeute et même l'intervention d'un hélicoptère.

Lorsque M. et Mme Delaney rentrent de leur concert, ils découvrent un champ de bataille. Il y a pour plus de 15 000 euros de dégâts dans le voisinage, sans parler de leur propre villa presque entièrement saccagée. Seule consolation, ils n'ont plus de souci à se faire sur le côté renfermé de leur fils. Il sait se défouler lui aussi.

IL Y A 40 ANS, EN 1969: Tragique nuit de Noël au Biafra, attaqué par l'armée nigérienne. Une première greffe d'un ensemble cœur-poumons est réussie techniquement à New York par le Dr Walton Lillehei. Diffusion sur la deuxième chaîne du *Songe d'une nuit d'été* de Shakespeare, réalisé par J.-C. Averty.

VENDREDI 25 DÉCEMBRE — **Noël** — **Capricorne 1er décan**

N'est-il pas honteux que les fanatiques aient du zèle et que les sages n'en aient pas? (Voltaire).

LE MANCHOT, EMPEREUR DE LA LUTTE CONTRE LE FROID

C'est le champion toutes catégories de la survie polaire: pour affronter l'hiver, le manchot s'est confectionné une couche de graisse en pêchant beaucoup de petits crustacés, poissons et calmars, et il a renouvelé une partie de ses trois couches de plumes imperméables – sous le premier manteau, un fin duvet permet la formation d'une couche d'air qui reste chaud et renforce l'isolation. Il fait basculer ses pattes pour ne reposer que sur ses talons et sa queue et minimiser le contact avec le sol gelé. Le manchot possède aussi une circulation sanguine très originale assurant, quelle que soit l'intensité du froid, le maintien de la température de ses pieds à un ou deux degrés au-dessus de 0°C et de sa température corporelle entre 37,8°C et 38,9°C. Sa dernière stratégie sera de se serrer contre ses congénères: des milliers d'individus se regroupent à raison de huit ou dix au mètre carré. Par solidarité, ils changent régulièrement de place: les manchots de l'intérieur, mieux protégés, viennent relever ceux qui sont situés à la périphérie. Enfin, les manchots installés au centre peuvent baisser légèrement leur température pour économiser de l'énergie.

★★ TOURTE DU VALAIS. Pour six personnes. Recouvrez une tourtière à tarte de 30 centimètres de diamètre avec 400 grammes de pâte feuilletée étalée sur une épaisseur d'un bon centimètre, en la faisant remonter sur les bords. Disposez une couche de confiture de myrtilles. Recouvrez ensuite avec le mélange suivant. Réduisez avec une cuiller 100 grammes de beurre mou en crème dans une terrine. Incorporez cinq jaunes d'œufs l'un après l'autre, 100 grammes d'amandes hachées grossièrement, 80 grammes de chapelure et une cuillerée de cannelle. Ajoutez ensuite 70 grammes de farine incorporée aux blancs d'œufs battus en neige ferme. Étalez ce mélange sur la tarte et faites cuire au four (th. 7) pendant 40 minutes.

IL Y A 40 ANS, EN 1969 : Immobilisées par l'embargo, cinq vedettes lance-missiles israéliennes quittent mystérieusement Cherbourg. Au Vietnam, dès la fin de la trêve, les bombardiers stratégiques reprennent leurs raids sur l'ensemble du territoire sud-vietnamien. Mort de l'écrivain Louise de Vilmorin.

Il y a deux ans que je n'ai pas parlé à ma femme, c'était pour ne pas l'interrompre (Jules Renard).

Saint Étienne — Capricorne 1er décan — **SAMEDI 26 DÉCEMBRE**

La meilleure façon de ne pas avancer est de suivre une idée fixe (Jacques Prévert).

Saint Jean — Capricorne 1er décan — **DIMANCHE 27 DÉCEMBRE**

La France mystérieuse

LES MALHEURS DE COSETTE

Montfermeil (Seine-Saint-Denis)

Aujourd'hui, Montfermeil, ville de vingt-cinq mille habitants abritant de nombreux HLM, est l'exemple même de la cité populaire. Mais il n'en a pas toujours été ainsi, notamment au début du XIXe siècle. C'était un village perdu, qui ne dépassait pas huit cents âmes, en lisière de la forêt de Bondy, alors redoutable repaire de bandits, et Paris, bien que tout proche, semblait appartenir à un autre monde.

C'est là que Victor Hugo, dans *Les Misérables*, a situé la rencontre entre Jean Valjean et la petite Cosette. L'enfant, maltraitée par le couple Thénardier, a été obligée d'aller chercher, en pleine nuit de Noël, de l'eau à la fontaine, pour les clients de l'auberge. Mais Jean Valjean va la croiser en chemin et l'emmener avec lui.

Le grand écrivain avait choisi d'y situer cet épisode du roman, parce qu'on s'y trouvait à la campagne, tout de suite après être sorti de la capitale. Voici comment il décrit les lieux, au moment où il entreprend la rédaction des *Misérables*:

« Montfermeil se trouve entre Livry et Chelles, sur la lisière méridionale du haut plateau, qui sépare l'Ourcq de la Marne. En 1823, ce n'était qu'un village dans les bois. On y rencontrait bien çà et là quelques maisons de plaisance, reconnaissables à leur grand air, à leurs balcons de fer tordu et à leurs longues fenêtres. Mais Montfermeil n'en était pas moins un village. C'était un endroit paisible et charmant, qui n'était sur la route de rien. On y vivait à bon marché, de cette vie paysanne abondante et si facile. »

IL Y A 40 ANS, EN 1969 : Officiellement, les vedettes de Cherbourg en route pour Israël ont été achetées par une société panaméenne. Le président du conseil italien M. Rumor lance un nouvel appel pour la reconstitution du centre-gauche. Décès de José Forès, opéré du cœur le 24 novembre 1968.

LUNDI 28 DÉCEMBRE

Saints Innocents

Capricorne 1er décan

C'est l'eau qui fait le cygne.
Qui veut faire le cygne sans l'eau fait l'oie
(Gilbert Cesbron).

✯ GRATIN MOÏRA. Pour quatre ou cinq personnes. Faites revenir dans 50 grammes de beurre 250 grammes d'oignons coupés en rondelles jusqu'à ce qu'ils deviennent translucides. Ajoutez 250 grammes de viande hachée cuite, 3 décilitres de bouillon, une pincée de poudre de clou de girofle, ajoutez 500 grammes de pommes de terre cuites réduites en purée ainsi que deux pommes pelées coupées en morceaux, sel et poivre. Laissez cuire 20 minutes puis disposez cette préparation dans un plat allant au four. Saupoudrez de chapelure et de quelques noisettes de beurre. Mettez à cuire au four (th. 9) pendant 10 minutes.

Toutes les plantes d'appartement demandent un éclairement abondant en hiver. Surtout celles à feuillage tacheté. Prévoyez au-dessus d'elles un éclairage placé à 50 centimètres si la lampe est de 100 watts, et que vous tiendrez allumée quatre à cinq heures par jour. Lavez régulièrement les feuilles pour enlever la poussière avec une éponge imbibée de bière diluée dans l'eau. Nettoyez le dessus des feuilles. Évitez l'excès d'arrosage qui amène le jaunissement des plantes.

Pour le Normand, l'habitant de la Meuse et de l'Aisne, une *reginglette* est :

a. Une moulure du bas d'une fenêtre pour empêcher les eaux pluviales de pénétrer.

b. Un piège pour les petits oiseaux.

c. Une gorgée d'un petit vinaigre.

Bonne réponse : b.

IL Y A 40 ANS, EN 1969 : Les cinq vedettes de Cherbourg sont arrivées cette nuit en Israël. À l'université d'Addis-Abeba cernée par la police, une fusillade fait trois étudiants tués et cinq autres blessés. À Manille, attentat manqué contre le vice-président Spiro Agnew.

La peau de l'être humain a besoin d'un grand nombre de baisers par jour (Frédéric Beigbeder).

Les drôles d'histoires de Pierre Bellemare

Besoin d'un plus petit que soi

Une femme affolée entre en trombe dans un commissariat de police, à Brême, en Allemagne. « Je viens d'assister à un enlèvement, hurle-t-elle à l'officier de permanence. Vite, faites quelque chose !
– Qu'avez-vous vu exactement ?
– J'ai vu un homme pousser un jeune enfant dans le coffre d'une Mercedes et l'enfermer à l'intérieur. Le kidnappeur a pris la fuite vers le nord. »
La femme ayant eu le temps de mémoriser le modèle, la couleur, et le numéro de la plaque minéralogique de la voiture, le dispositif anti-rapt est déclenché. Un hélicoptère décolle aussitôt, et des barrages sont mis en place aux abords de la ville. Le quadrillage policier porte ses fruits. Le véhicule suspect est rapidement intercepté.
« Ouvrez lentement votre coffre », ordonne un officier au conducteur.
Stupeur générale ! Un nain s'extrait péniblement de l'habitacle.
« Qu'est-ce que vous faites ? lance-t-il aux policiers interloqués. Pourquoi arrêtez-vous les honnêtes travailleurs ? »
Renseignement pris, l'homme s'appelle Klaus Muller. Surnommé « Rase bitume » par ses collègues, il est mécanicien automobile dans un garage du centre.
« Que faisiez-vous dans le coffre ? demande un inspecteur.
– M. Wolff, que je connais depuis des années, entendait un bruit suspect à l'arrière de sa Mercedes. Sachant que j'avais la taille requise, il m'a demandé de m'installer dans le coffre pour que je puisse l'identifier et effectuer la réparation. »

IL Y A 40 ANS, EN 1969 : L'incendiaire de la mosquée d'Al Aksa sera interné dans un hôpital psychiatrique. Israël donne l'assurance à la France que les vedettes de Cherbourg ont fait l'objet d'une transaction privée. Mort de Guy Bourguignon, l'un des Compagnons de la Chanson.

MERCREDI 30 DÉCEMBRE **Saint Roger**

Capricorne 1er décan

Que deviennent toutes les larmes qu'on ne verse pas ? (Jules Renard).

✯ CHOU VIGNERON. Pour trois ou quatre personnes. Faites revenir dans une cuillerée de saindoux un gros oignon émincé. Dès qu'il devient translucide, ajoutez 100 grammes de ventrèche fumée en lamelles, et un demi-chou rouge finement émincé. Remuez bien quelques minutes avec une cuillère en bois. Versez un verre de vin rouge, ajoutez une poignée de raisins secs, un bâton de cannelle, trois feuilles de laurier, deux pincées de muscade en poudre, sel, poivre. Couvrez et laissez cuire 30 minutes. Cinq minutes avant la fin, ajoutez une trentaine de grains de raisin muscat frais.

DATURA, MORTELLE BEAUTÉ

Tous deux de la famille des solanacées, ils s'ornent de fleurs en forme d'entonnoir à rides saillantes, sont aussi toxiques l'un que l'autre, mais le datura des terrains vagues est à port érigé, et celui des jardineries à grandes cloches retombantes. Le vrai nom du genre cultivé, arbustif, majestueux, est *brugmensia*. Le sauvage aux fleurs blanches n'est pas près de disparaître de nos paysages : après la floraison, il produit un fruit épineux renfermant des graines dont la faculté germinative peut durer mille ans ! Considéré comme envahissant, il voit sa vigueur renforcée là où toutes les autres plantes succombent, que ce soit sur les terrains cultivés ou les décombres. Il est devenu une plante indicatrice de sols durablement pollués. Partout dans le monde, il a la réputation d'être l'herbe du diable, dangereuse en raison de ses capacités à faire sombrer dans un sommeil profond dont on ne se réveille plus, et ses pouvoirs hallucinatoires ont fait naître beaucoup de légendes… De nombreuses tribus indiennes d'Amérique l'utilisaient au cours des rites d'initiation afin de susciter rêves et visions.

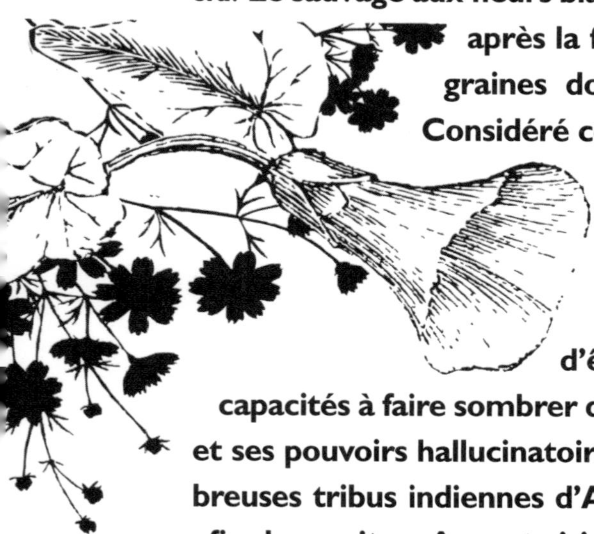

IL Y A 40 ANS, EN 1969 : Le Congo-Brazzaville devient une république populaire. Sur décision du Conseil des ministres, le département de la Corse est érigé en région. Ce soir sur la chaîne 1, c'est « La Joie de vivre » d'Elvire Popesco, entourée de nombreuses vedettes.

C'est parfois une épine cachée et insupportable que nous avons dans la chair qui nous rend difficiles et durs avec tout le monde (Paul Valéry).

Saint Sylvestre
Capricorne 1er décan

JEUDI 31 DÉCEMBRE

Les drôles d'histoires de Pierre Bellemare

Le fantôme de Kinshasa

Dans l'espoir d'apaiser les esprits et de mettre un terme aux rivalités tribales qui agitent son pays, Antoine Gizenga, le Premier ministre du Congo, décide de faire entrer des hommes nouveaux au gouvernement et, entre autres, demande à Honorius Kisimba, le leader de l'Unafec, un parti politique proche de la coalition au pouvoir, de lui soumettre les noms de deux candidats pour occuper le poste de ministre du Commerce. Kisimba s'exécute et Gizenga choisit un certain André Kasongo Ilunga, diplômé en droit, dont personne n'a entendu parler. Élément encore plus mystérieux : depuis sa nomination, André Kasongo Ilunga ne se montre pas pressé de venir prendre ses fonctions.

Or un mois plus tard, un porte-parole de l'Unafec annonce que « le ministre du Commerce a démissionné pour des raisons confidentielles ». La presse alors se déchaîne et se lance avec ardeur sur la piste du ministre fantôme. Honorius Kisimba est bientôt contraint de s'expliquer :

« Pour être sûr que le Premier ministre choisisse mon favori, j'ai inventé de toutes pièces un second postulant, dénué de crédibilité. J'espérais qu'il serait écarté d'office. Mon stratagème a échoué, je présente donc ma démission à la tête de mon parti. »

En politicien aguerri, Antoine Gizenga avait pressenti le piège. Et l'avait aussitôt déjoué, en nommant délibérément ministre le candidat factice !

IL Y A 40 ANS, EN 1970 : En Grande-Bretagne, la majorité politique et civile est dorénavant fixée à 18 ans. Toutes les voitures mises pour la première fois en circulation sur le territoire français doivent être munies de ceintures de sécurité aux places avant. L'allocation pour les personnes âgées est majorée.

VENDREDI 1 JANVIER — **Jour de l'An** — **Capricorne 2e décan**

Je parle espagnol à Dieu, italien aux femmes, français aux hommes et allemand à mon cheval (Charles Quint).

☆☆ TOASTINES AUX GRIOTTES. Pour quatre à six personnes. Faites chauffer le jus d'un bocal de griottes en ajoutant 2 décilitres d'eau, 80 grammes de sucre, un bâton de cannelle et quatre étoiles de badiane. Portez doucement à ébullition et laissez cuire 5 minutes. Retirez cannelle et badiane du sirop, versez-y une cuillerée à café de fécule délayée dans un peu d'eau. Faites épaissir 2 minutes à feu doux. Ajoutez une cuillerée à soupe de kirsch. Disposez huit biscottes sur un plat et nappez-les de la préparation chaude qui peut ainsi les imprégner. Roulez les griottes dans le sucre et répartissez-les sur les toastines, ou gardez-les pour un clafoutis.

ÉCOSSAIS OU IRLANDAIS, LE WHISKY ?

Élaboré à partir d'un mélange de céréales, orge maltée ou non, avoine, blé, seigle..., le whisky est obtenu par distillation à l'aide d'alambics, technique très ancienne qui aurait été d'abord introduite en Irlande par saint Patrick au Ve siècle, puis dont les moines auraient répandu l'usage en Écosse. Cette eau-de-vie – en gaélique *Uiske Beatha* (qui donnera *whisky*) –, élaborée autant comme boisson qu'à des fins thérapeutiques, présente l'avantage de bien se conserver et d'être facilement transportable. Aussi la distillation devint vite florissante, mais elle créa une pénurie de céréales et les gouvernements furent amenés à la réglementer. Lorsque l'Écosse fut rattachée à l'Angleterre, au XVIIIe siècle, les taxes devinrent telles que, jusqu'en 1823, date de l'entrée en vigueur d'une nouvelle législation, elles incitèrent à la distillation clandestine. Le goût du whisky diffère beaucoup d'une distillerie à l'autre, et les Anglais préféraient encore le cognac français. La tendance s'inversa lorsque le fléau du phylloxéra décima la presque totalité des vignes françaises, le cognac étant élaboré à partir du raisin. Désormais, les véritables amateurs exigent de boire du « pur malt ».

IL Y A 40 ANS, EN 1970 : La tension est toujours aussi vive à la frontière israélo-libanaise, et l'aviation israélienne mitraille des routes proche de Beyrouth. Antoine Mondoloni, membre du clan Guérini, est assassiné à l'hôpital de Cavaillon.

Un homme d'affaires est un croisement entre un danseur et une machine à calculer (Georges Simenon).

Saint Basile — Capricorne 2e décan — **SAMEDI 2 JANVIER**

Quand les bougies sont éteintes, toutes les femmes sont jolies (Plutarque).

Sainte Geneviève — Capricorne 2e décan — **DIMANCHE 3 JANVIER**

La France mystérieuse

LES SOIRÉES DE MÉDAN

Médan (Yvelines)

C'est dans la petite localité de Médan, à flanc de coteau, sur la rive gauche de la Seine, que Zola fait l'acquisition d'une maison, en 1878. Il le raconte en ces termes à Flaubert, dans une lettre datée du 9 août la même année : « J'ai acheté une cabane à lapins entre Poissy et Triel, pour neuf mille francs. Je vous dis le prix pour que vous n'ayez pas trop de respect. La littérature a payé ce modeste asile champêtre, qui a le mérite d'être loin de toute station et de ne pas compter un seul bourgeois dans son entourage. »

La « cabane à lapins » était toutefois suffisamment vaste pour accueillir les membres du groupe naturaliste, proche de Zola : Guy de Maupassant, Léon Hennique, Paul Alexis, Henry Céard et J. K Huysmans.

À Médan, l'atmosphère était studieuse, on écrivait et on discutait littérature. On prenait du bon temps aussi, comme en témoigne cette confidence de Maupassant :

« Pendant les longues digestions des longs repas (car nous sommes tous gourmands et gourmets et Zola mange à lui tout seul comme trois écrivains ordinaires), nous causions. Il nous racontait ses futurs romans, ses idées littéraires, ses opinions sur toutes choses. Quelquefois, il prenait son fusil, qu'il manœuvrait en myope et, tout en parlant, il tirait sur des touffes d'herbes que nous lui affirmions être des oiseaux, s'étonnant considérablement quand il ne retrouvait aucun volatile mort. »

De ces rencontres est né l'ouvrage collectif *Les Soirées de Médan,* qui contient notamment la célèbre nouvelle de Maupassant « Boule de suif ».

IL Y A 40 ANS, EN 1970 : Confirmation de l'enlèvement d'un radar soviétique sur une base égyptienne du canal de Suez par un commando israélien. Aux États-Unis, mise en service de la plus puissante locomotive Diesel du monde. À Oberstaufen, la Française Michèle Jacot remporte le slalom géant.

LUNDI 4 JANVIER

Saint Odilon

Capricorne 2e décan

L'être humain est la proie de trois maladies chroniques et inguérissables : le besoin de nourriture, le besoin de sommeil et le besoin d'égards (Montherlant).

Le compostage allège vos poubelles et fournit un précieux terreau pour vos plantes. Mélangez à vos déchets de cuisine tels que les épluchures de légumes, coquilles d'œufs, marc de café, ceux du jardin en équilibrant les matières vertes et humides et les matières brunes et sèches telles que les branches broyées. Évitez les feuilles de rosiers et d'arbres fruitiers ayant souvent des maladies. Vérifiez l'humidité qui doit rester constante. Pour l'aération, les retournements sont importants.

Jean-Baptiste Alphonse Baudin (1811-1851)

Au lendemain du coup d'État du 2 Décembre de Louis-Napoléon Bonaparte, le député fait partie du Comité de résistance organisé par les républicains pour tenter de soulever le peuple de Paris. Il se rend faubourg Saint-Antoine dès les premières heures du jour. Une modeste barricade, au coin de la rue Trousseau et de la rue Cotte, est tenue par une centaine d'hommes. Baudin ne parvient pas à les convaincre. Un ouvrier l'apostrophe : « Croyez-vous que nous allons nous faire tuer pour vous conserver vos 25 francs par jour ? » Indigné, il rétorque :

« RESTEZ ENCORE UN MOMENT ET VOUS VERREZ COMMENT ON MEURT POUR 25 FRANCS PAR JOUR ! »

Puis, il grimpe sur la barricade. Le ton monte entre manifestants enfin convaincus et encore sceptiques. Dans la pagaille, un homme tire dans la direction des soldats placés en face qui ripostent immédiatement : Baudin s'écroule, touché mortellement.

IL Y A 40 ANS, EN 1970 : En Argentine, Mendoza est dévasté par la rupture d'un barrage qui provoque la disparition de plus de cent personnes et des centaines de sans-abri. À Adelboden, l'Autrichien Karl Schranz remporte le slalom géant. Mort, à Göttingen, du prix Nobel de physique Max Born.

Passer à la télévision est le rêve de tous les m'as-tu-vu qui, à tort ou à raison, s'imaginent avoir quelque chose à communiquer aux autres (Jean d'Ormesson).

Saint Édouard

Capricorne 2e décan

Les drôles d'histoires de Pierre Bellemare

Quand le football rend fou

Comment expliquer l'engouement mondial que suscite le football, cette discipline pratiquée par « vingt-deux manchots hystériques se disputant la possession d'un ballon » ? Quelques initiatives individuelles, rendant ce sport plus sympathique, fournissent peut-être des éléments de réponse.

Très fier de son équipe nationale et souhaitant la voir briller lors de la Coupe d'Asie, l'émir du Qatar se rend à Hanoi où doivent se dérouler les épreuves. Sachant qu'il ne peut compter sur le soutien de ses compatriotes qui renâclent à se déplacer, il recrute deux mille étudiants vietnamiens, leur fournit des maillots aux couleurs de son pays, et les prie, contre monnaie sonnante et trébuchante, d'exprimer un « enthousiasme spontané » chaque fois que les attaquants qataris menaceront le but adverse. La formation de l'émir ayant été éliminée dès le premier tour de la compétition, il semblerait que cette idée brillante n'ait pas donné ample satisfaction.

Un autre exemple non moins piquant nous vient du Brésil. Regina de Oliveira arbitre un match qui oppose la Santacruzense, la formation locale, à celle de Sorocaba. Quand la marque atteint 1 à 0 en faveur de l'équipe invitée, le public manifeste bruyamment son inquiétude. Alors qu'il ne reste plus qu'une minute à jouer avant la fin du match, un ballon frôle enfin le but de Sorocaba, mais sort des limites du terrain. Un ramasseur, placé derrière les filets, se précipite, ramène le ballon sur le terrain, dribble le gardien, et marque le but de l'égalisation. But aussitôt accordé par l'arbitre en dépit des protestations indignées de l'équipe flouée. « En voyant les images, filmées par un spectateur, je me suis rendu compte que je m'étais laissée influencer par le juge de touche ! » a simplement déclaré Regina.

IL Y A 40 ANS, EN 1970 : Le nouvel ambassadeur de France est reçu par le roi Hassan II du Maroc, pour marquer officiellement le rapprochement entre Rabat et Paris. Ouverture, aux Assises de la Seine, du procès des Guérini. Dorénavant les grands magasins parisiens sont ouverts le lundi.

MERCREDI 6 JANVIER — **Sainte Mélaine** — **Capricorne 2e décan**

Gagne en laboureur pour dépenser en prince (proverbe turc).

CHOU-FLEUR À LA TURQUE. Pour quatre ou cinq personnes. Séparez un chou-fleur en petits bouquets. Dans une grande casserole, préparez un bouillon de cuisson avec un demi-litre d'eau, un quart de litre de vin blanc, le jus de deux citrons et le troisième coupé en quartiers, une petite boîte de concentré de tomates, un verre d'huile d'olive, deux cuillerées de quatre-épices. Portez à ébullition et faites cuire les légumes une dizaine de minutes. Égouttez, faites réduire le jus de cuisson de moitié. Arrosez le chou-fleur. Servez froid.

LE CITRON, FRAÎCHEUR PIQUANTE ET AROMATIQUE : Originaire du sud de l'Himalaya, le citronnier gagne le Moyen-Orient par la route des caravanes, puis les Arabes le diffusent autour de la Méditerranée à partir du xe siècle avec l'orange, et les Croisés le rapportent de Palestine. En Catalogne au Moyen Âge, il passe aux yeux de certains religieux pour une création du diable qui, voulant imiter Dieu, n'aurait pas réussi à le faire aussi rond et parfait que l'orange…, mais il est déjà tenu en grande estime par les thérapeutes, dans le traitement des troubles cardiaques, des états fébriles et de la jaunisse. Casanova, le séducteur de Venise, prône aussi bientôt ses pouvoirs aphrodisiaques… La « limonade » a fait son apparition à Paris vers 1630, grâce aux Italiens qui, à la suite de Catherine de Médicis, ont importé cette boisson rafraîchissante préparée avec du jus de citron étendu d'eau sucrée et parfumée de zeste râpé. Son succès sera à l'origine de la corporation des cafetiers-limonadiers. Puis, en 1747, James Lind, chirurgien écossais de la Marine royale, réalise une expérience qui montre l'efficacité du citron pour le traitement et la prévention du scorbut : grâce à lui, la Royal Navy prendra un avantage considérable sur ses rivaux.

IL Y A 40 ANS, EN 1970 : Un raid israélien a lieu à 28 kilomètres du Caire. En France, la récolte de vin 1969 est de 30 % inférieure à celle de 1968. Décès de l'actrice française Louise Sylvain, dite Sylvie, qui reçut plusieurs prix d'interprétation pour son rôle dans *La Vieille Dame indigne*.

Le véritable lieu de naissance est celui où l'on a porté pour la première fois un coup d'œil intelligent sur soi (M. Yourcenar).

Saint Raymond

Capricorne 2e décan

JEUDI 7 JANVIER

Les drôles d'histoires de Pierre Bellemare

Compte à rebours

Pour les hindouistes fervents, conclure son passage sur terre sur un bûcher funéraire, puis avoir ses cendres dispersées par un membre de sa famille dans les eaux du Gange permet à l'âme d'échapper au cycle des renaissances et d'atteindre le salut. C'est en partie pour satisfaire ce vœu que Bénarès accueille chaque année, parmi des dizaines de milliers de pèlerins, malades incurables et personnes en fin de vie. Mais ceux qui entreprennent cet ultime voyage ne peuvent pas tous s'offrir une chambre d'hôtel. Pour venir en aide aux plus démunis, Bhairav Shukla, un brahmane généreux, met à la disposition des indigents les douze chambres de sa modeste pension, « la Maison du salut ». Une seule condition est exigée pour bénéficier gracieusement du gîte : mourir dans les quinze jours pour laisser la place à quelqu'un d'autre !

Prédire la date d'un décès n'est pas, on le sait, une science exacte et certaines familles se retrouvent bientôt dans des situations insupportables. Ainsi la famille de Ram Pandey, 85 ans, commence à être nerveuse. Voilà treize jours que cet ancien instituteur agonise dans « la Maison du salut ». « J'ai amené mon père ici quand les médecins m'ont dit qu'il n'y avait plus d'espoir de le sauver, raconte son fils aîné, chargé d'allumer le bûcher le moment venu. S'il ne meurt pas dans les quarante-huit heures, je vais devoir le ramener au village en train. Dans l'état de faiblesse où il se trouve, je crains qu'il ne supporte pas les dix heures de voyage. »

Compte tenu de l'enjeu spirituel, on suppose que certaines familles donnent parfois un coup de pouce au destin, en satisfaisant la volonté de leurs vieux parents de mourir et d'être incinérés à Bénarès. Dans la cité sacrée, personne ne s'en offusque.

IL Y A 40 ANS, EN 1970 : Selon Beyrouth, les Palestiniens se seraient engagés à ne plus tirer du territoire libanais sur Israël. La Pan American passe commande de 40 Mystère 10 et prend option sur 120 autres. La vedette française de music-hall. Georgius disparaît à l'âge de quatre-vingts ans.

VENDREDI 8 JANVIER — **Saint Lucien** — **Capricorne** 2e décan

Une commission d'enquête pour être efficace ne doit compter que trois membres, dont deux sont absents (Clemenceau).

LE VIGNERON DE PARNAY

Sur les bords de Loire, à l'est de Saumur, le cépage cabernet produit un vin couleur rubis au goût délicat de framboises, sur une aire de neuf communes groupées autour du village de Champigny. C'est le saumur-champigny. Un homme singulier a marqué le développement original de ce cru local.

Né en 1837, Antoine Cristal devient d'abord marchand ambulant dans les textiles. Devenu riche, il achète le château de Parnay et se fait vigneron, avec l'ambition d'expérimenter une nouvelle technique de culture pour ses vignes, plantées sur des terrains calcaires, le tuffeau. Il aménage le « Clos des murs » près de sa résidence, et le « Clos Cristal » à Champigny en y construisant des murs parallèles exposés nord-sud. Les ceps sont plantés au nord afin que les racines restent au frais, mais ils traversent les murs percés de trous pour que le feuillage profite au maximum de l'ensoleillement et de la chaleur emmagasinée par la pierre du côté sud ; ainsi, le raisin mûrit au midi. Écologiste avant l'heure, Antoine Cristal s'oppose avec détermination à la chaptalisation et à toute mixture chimique. On le voit sillonner sans cesse ses rangées de vignes, toujours en sabots de bois, s'activer dans les caves troglodytes creusées dans le tuffeau, dont la température constante de 12° conserve le fruité que l'on trouve encore aujourd'hui dans le saumur-champigny.

☆ LA MAROCAINE. Pour trois ou quatre personnes. Mélangez une boîte de pois chiches bien égouttés avec six à huit tomates séchées coupées en morceaux, un demi-citron confit haché, une cuillerée à café de cumin. Faites cuire dans une poêle quatre gousses d'ail émincées dans cinq cuillerées à soupe du jus des pois chiches avec une cuillerée à soupe d'huile d'olive. Versez l'ensemble dans cette sauce et faites chauffer doucement. Assaisonnez à votre goût.

IL Y A 40 ANS, EN 1970: La Libye commande à Dassault 50 Mirage V. Des manifestants protestent contre la situation des immigrés, après la mort de cinq Africains asphyxiés dans un foyer. Après la descente de Grindelwald, trois Françaises sont sur le podium: Isabelle Mir, Annie Famose et Florence Steurer.

SAMEDI 9 JANVIER — Saint Alix — Capricorne 2e décan

La vie possède un secret, celui du constant étonnement (Chesterton).

DIMANCHE 10 JANVIER — Saint Guillaume — Capricorne 2e décan

Le voisin est un animal nuisible assez proche de l'homme (P. Desproges).

La France mystérieuse

LILLE EN PLEURS

Lille (Nord)

On oublie souvent que, durant la guerre 1914-1918, une partie de la France, indépendamment de l'Alsace et de la Lorraine, a été occupée par les Allemands. C'est en particulier le cas de Lille, qui a été plus de quatre ans entre leurs mains et c'est durant cette période que s'est produite une catastrophe sans précédent.

Durant la nuit du 10 au 11 janvier 1916, vers 2 heures du matin, une explosion terrible a secoué la ville. Un dépôt de munitions allemand venait de sauter. Situé dans la partie est des remparts, entre les portes de Valenciennes et de Douai, il était surnommé les Dix-huit Ponts, en raison des dix-huit arches qui donnaient accès à ce vaste souterrain.

On ne saura jamais combien de dizaines de milliers d'obus y étaient entreposés. En tout cas, la déflagration fut d'une violence fantastique. Le bruit en a été entendu jusqu'à Breda, en Hollande, à près de deux cents kilomètres de là. Dans la ville, les dégâts ont été considérables. Toutes les maisons ont été endommagées, voire détruites dans les environs immédiats de l'arsenal. On a relevé cent huit morts et des centaines de blessés. Des blocs de pierre ont été projetés à plusieurs kilomètres à la ronde et une pierre d'une tonne est tombée rue de Douai, à six cents mètres à vol d'oiseau du lieu de l'explosion, sur l'atelier du sculpteur Deplechin, heureusement vide. L'artiste l'a utilisée pour sculpter une statue, *Lille en pleurs,* émouvant témoignage de ce tragique événement.

IL Y A 40 ANS, EN 1970 : Le Biafra a pratiquement cessé d'exister : dans la nuit du 10 au 11, le général Chukwuemeka Odumegwu Ojukwu, qui avait proclamé la république indépendante du Biafra, quitte le pays. M. Papadopoulos lance à Athènes un appel pour la liberté de la presse.

LUNDI 11 JANVIER — **Sainte Pauline** — Capricorne 3e décan

Une belle femme plaît aux yeux, une bonne femme plaît au cœur. L'une est un bijou, l'autre est un trésor (Napoléon Ier).

☆ ESCALOPES À LA FONDUE VERTE. Pour quatre personnes. Après les avoir soigneusement lavées, épongez et hachez grossièrement une poignée de feuilles de bettes, une de feuilles d'oseille et une d'épinards. Faites fondre les légumes dans le beurre pour les réduire. Mélangez avec un beurre manié – une cuillerée de farine et une cuillerée de beurre. Salez, poivre, ajoutez 15 centilitres de crème, remuez et servez avec 4 escalopes de dinde poêlées et des pommes vapeur.

L'ALLUMEUR DE RÉVERBÈRES

L'éclairage au gaz fait son apparition à Paris, passage des Panoramas en 1817. Son arrivée dans les villes se déroule progressivement : à Paris, place du Carrousel, rue de Rivoli, de 1819 à 1821 – le préfet Rambuteau fait installer 8 600 becs de gaz dans la capitale –, à Lille en 1825, à Bordeaux en 1832. Les réverbères sont fixés sur des consoles murales ou des mâts en fonte. Il faut alors créer un nouveau métier pour assurer, à des heures déterminées selon les saisons, l'allumage, l'extinction et l'entretien de ces réverbères. L'allumeur de réverbères travaille plus de douze heures par jour, sept jours sur sept, sans congés, il est debout toute la nuit et se repose le jour. Mais la profession a pour avantages la fixité de la rétribution et l'absence de tout chômage.

L'allumeur devient bientôt un personnage typique de la capitale. Au crépuscule, vêtu d'une blouse bleue, arborant une casquette, il longe les trottoirs, en portant sur l'épaule une longue perche au bout de laquelle rougeoie une petite flamme. Cette perche est pourvue d'une poire en caoutchouc et d'un crochet. Il se sert de son crochet pour ouvrir le robinet du gaz. Puis, pressant la poire munie d'un long tuyau, il projette la petite flamme sur l'ouverture du robinet. À l'aube, il refait la même tournée et le travail inverse. Mais à l'aube du XXe siècle, un certain Thomas Edison met au point la lampe à incandescence qui sonnera bientôt le glas de l'éclairage au gaz. La fin des années 1930 verra la disparition du dernier allumeur de réverbères.

IL Y A 40 ANS, EN 1970 : L'offre d'une capitulation sans conditions faite par le général en chef de l'armée du Biafra, Philip Effiong, semble annoncer la fin de la guerre civile qui ensanglante le Nigeria. À Pékin, *Le Quotidien du peuple* fait état de la reprise des conversations sino-américaines à Varsovie.

L'embêtant avec la résurrection, c'est qu'il faut mourir avant (Frédéric Beigbeder).

Sainte Tatiana
Capricorne 3e décan

MARDI 12 JANVIER

Les drôles d'histoires de Pierre Bellemare

Piégés par l'odeur

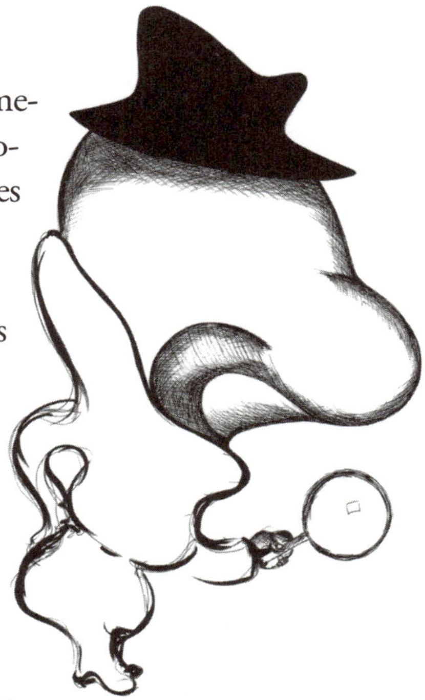

Les services de renseignements électroniques du Royaume-Uni testent depuis quelques années des techniques biométriques en vue d'une éventuelle utilisation dans les domaines civils et militaires. Car, si nos empreintes digitales et notre signature ADN sont uniques, nombre d'autres critères anatomiques et biologiques nous individualisent également sans risque d'erreur. La reconnaissance faciale et vocale, l'iridologie, la géométrie plantaire et digitale, l'analyse de la démarche, l'examen de la forme des oreilles, la « résonance crânienne », seront demain capables d'identifier terroristes et criminels.
Parmi ces nouvelles techniques, l'étude des odeurs corporelles semble l'une des plus prometteuses. En effet, nous dégageons tous un fumet spécifique ayant sa propre formule chimique. Ces effluves proviennent des bactéries de la peau et des phéromones, ces substances que nous émettons pour signaler notre présence à nos congénères. Selon les experts, il existe plusieurs méthodes de capture olfactive. La plus pratique consiste à placer la paume de la main du sujet sur un capteur qui enregistre son odeur et la décompose en un algorithme complexe qui peut être porté ensuite sur un passeport ou sur une carte de crédit. Et les déodorants les plus agressifs s'avèrent incapables de masquer cette empreinte puisqu'elle nous est consubstantielle.
Ainsi peut-on imaginer que, bien que gantés et cagoulés, les malfrats du futur n'échapperont plus aux limiers des services de la police scientifique. D'autant qu'en proie à la peur, à l'excitation ou à l'avidité, ils auront laissé derrière eux un abondant fumet compromettant !

IL Y A 40 ANS, EN 1970 : L'aviation israélienne bombarde l'aéroport militaire d'El-Khanta et mitraille la base de Tell-el-Kébir dans la région du Caire. Le déficit du commerce extérieur français s'élève à 12, 5 milliards de francs. Le lycée Michelet de Vanves est fermé sur ordre du recteur.

MERCREDI 13 JANVIER — **Sainte Yvette** — **Capricorne** 3e décan

L'homme a imaginé le cercle avant de savoir que la Terre était ronde. Ça prouve quand même une certaine faculté d'invention (Jacques Sternberg).

Le laurier-tin est un arbuste persistant se couvrant, pendant tout l'hiver, de charmants bouquets de petites fleurs blanches et roses. Ce végétal ne demande aucun entretien, accepte tous les sols, même calcaires, et résiste aux parasites et à la pollution atmosphérique. Il s'accommode d'une situation mi-ombre mais préfère les endroits ensoleillés. Il a aussi sa place dans les jardins du bord de mer. Paillez-le pour augmenter sa résistance au gel à partir de -5°. Après la floraison, pratiquez une taille pour garder sa forme.

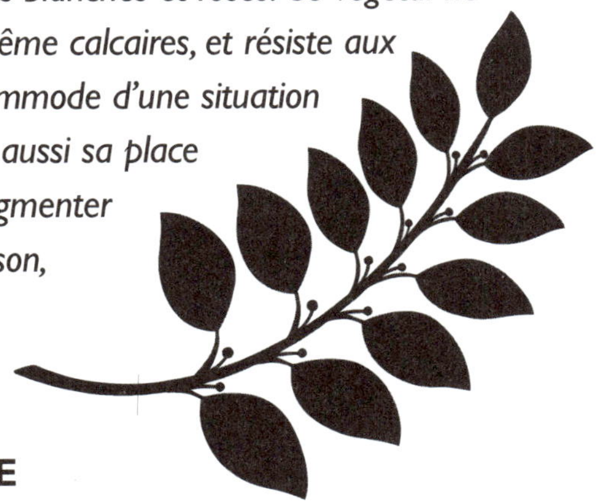

CANTAL, SALERS, LAGUIOLE

Même fabrication pour ces trois AOC ? Oui, mais avec des nuances… Le *cantal*, ce faux dur de 35 kilos au cœur tendre est une pâte pressée non cuite dont la recette consiste à broyer le caillé qui lui donne sa texture unique et irrégulière. Jeune, au bout d'un mois d'affinage, il offre une saveur lactée ; l'entre-deux a un goût marqué ; le vieux un goût intense. Depuis 1910 des laiteries industrielles transforment le lait de plusieurs troupeaux et le cantal peut être préparé avec du lait pasteurisé. Le *laguiole* à la tête de taureau imprimée en rouge sur la croûte porte le nom d'un petit village au nord de l'Aveyron. Fabriqué exclusivement avec du lait cru bénéficiant de l'arôme d'une flore particulière des hautes prairies, ce fromage est conçu en coopérative laitière toute l'année. L'histoire du *salers* est liée à celle de la race bovine du même nom : une vache hors du commun à la robe unique rouge acajou à poils longs et frisés, qui porte de longues cornes en forme de lyre. Ce fromage est exclusivement fermier, élaboré seulement pendant la période de mise à l'herbe des vaches. Les hauts pâturages du massif volcanique offrent une flore spontanée d'une grande richesse : gentiane, anémone, arnica, réglisse, qui donne au lait son parfum. Les tomes sont obligatoirement marquées « Salers-Salers ». Seules celles issues de lait de vaches de race Salers portent la mention « tradition Salers ».

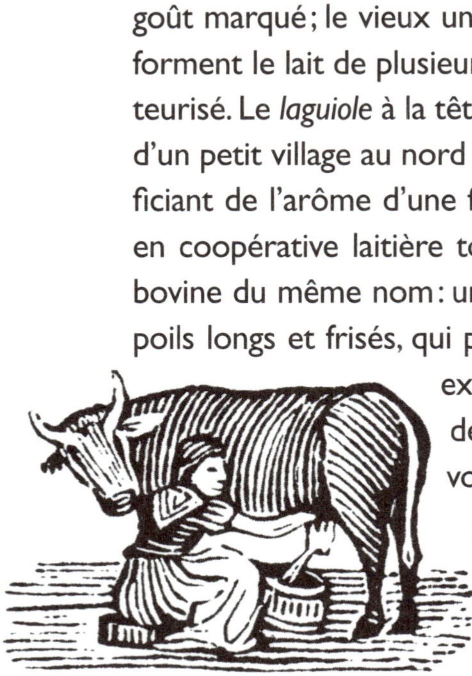

IL Y A 40 ANS, EN 1970 : Alourdissant le drame du Biafra, Lagos refuse l'assistance de plusieurs pays considérés comme hostiles. Deux mille personnes sont évacuées au pays de Galles, en raison d'une fissure sur le barrage de Maerdy. Sortie des films *Pookie* d'Alan J. Pakula et *Cran d'arrêt* d'Yves Boisset.

L'histoire est une galerie de tableaux où il y a peu d'originaux et beaucoup de copies (A. de Tocqueville).

Sainte Nina — Capricorne 3e décan

JEUDI 14 JANVIER

Les drôles d'histoires de Pierre Bellemare

Passage à tabac

« La fumée de tabac dans l'environnement ne modifie pas le risque de maladie. Par contre, on a trouvé une causalité entre certains symptômes et l'humidité dans l'habitat. » Lorsque Pascal Diethelm, médecin suisse à la retraite, ex-cadre de l'OMS, lit cette phrase sur Internet, son sang ne fait qu'un tour. Et encore plus quand, poursuivant sa lecture, il apprend que « le tabagisme passif est bon pour la santé, car, inhalée à petites doses, la fumée immunise les poumons contre le cancer ». Et le texte est signé d'un certain Ragnar Rylander, professeur associé de la faculté de médecine de Genève !

Scandalisé à l'idée qu'un confrère puisse nier la nocivité du tabagisme passif, Diethelm se lance dans une recherche frénétique sur la Toile. Le pot aux roses lui saute vite aux yeux : le professeur iconoclaste est également consultant pour le compte d'un important cigarettier américain ! Pascal Diethelm l'attaque en justice pour « falsification scientifique et collusion d'intérêts ». Au cours de l'instruction, le juge établit que le prévenu a effectivement perçu de son bienfaiteur 100 000 dollars d'émolument par an pendant trente ans.

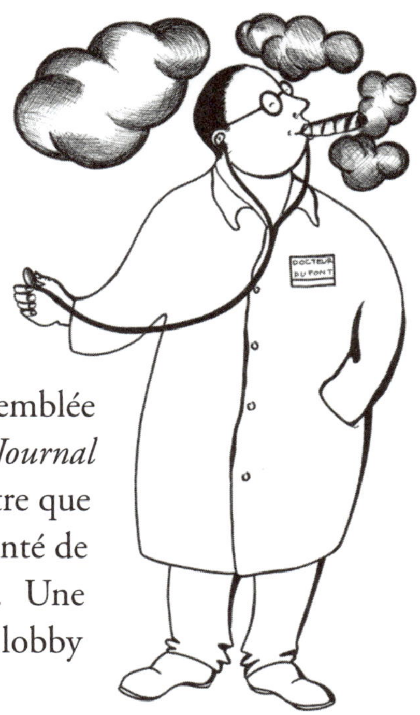

Peu avant la fin du procès et à la veille de l'ouverture de l'Assemblée mondiale de la santé, la prestigieuse revue *British Medical Journal* publie une enquête, réalisée entre 1959 et 1998. Elle démontre que le tabagisme passif n'a pas eu de conséquence néfaste sur la santé de cent mille Californiennes, épouses de fumeurs invétérés. Une « enquête » – la revue n'en fait pas mystère – financée par le lobby du tabac !

IL Y A 40 ANS, EN 1970 : L'acte de capitulation est ratifié à Lagos entre le général Gowon et une délégation du Biafra conduite par Effiong. Première au TNP du Ballet du XXe siècle de Maurice Béjart. « Mémé » Guérini est condamné à vingt ans de réclusion.

VENDREDI 15 JANVIER **Saint Remi**

Capricorne 3e décan

J'éprouve toujours du plaisir à jouer dans un pré : là, il n'y a aucune obligation de victoire (Michel Platini).

⋆ PALETTE AU CÉLERI. Pour cinq personnes. Faites cuire une palette salée de 1,300 kilogramme environ dans 1 litre et demi d'eau. Au bout de 30 minutes, ajoutez 1 kilogramme de pommes de terre épluchées et 500 grammes de céleri épluché coupé en morceaux. Continuez la cuisson 30 à 40 minutes. Retirez la palette et l'excès de liquide, écrasez à la fourchette dans la casserole pommes de terre et céleri. Ajoutez une noix de beurre. Vérifiez l'assaisonnement. Servez avec la palette coupée en tranches.

Les bienfaits d'avoir toujours une clef près de soi

Depuis très longtemps, les clefs sont devenues des porte-bonheur incontestables. Les plus efficaces sont les plus anciennes, particulièrement celles qui sont en fer forgé et légèrement rouillées. Il faut les conserver dans sa poche droite ou dans son sac. Pour se protéger du mauvais œil, il suffit de s'en saisir avec la main droite.

Porter sur soi une petite clef signifie que l'on a accès symboliquement au cœur de l'autre. Cela attire aussi la chance au jeu et permet de gagner un procès. Les clefs de coffrets à bijoux, qu'elles soient en or, en argent, en cuivre et même en laiton, sont efficaces : il faut les porter suspendues à une chaîne et, pour écarter tout danger, les toucher avec le majeur, de la main droite bien sûr.

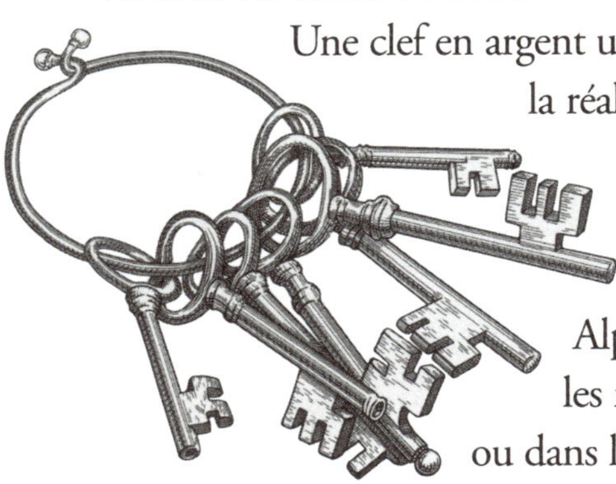

Une clef en argent utilisée comme porte-clefs ou portée en pendentif assure la réalisation de ses projets, éloigne la calomnie et les personnes envieuses. Un trousseau de clefs qui rouille annonce une rentrée d'argent ou un héritage. En Angleterre, faire tomber une clef est signe de déménagement. Dans les Alpes-Maritimes, poser une clef sur le ventre fait disparaître les maux d'estomac. Enfin, en poser une sur la base du cou ou dans le dos arrête les saignements de nez et fait passer le hoquet !

IL Y A 40 ANS, EN 1970 : En Libye, le colonel Kadhafi prend la direction du gouvernement. À Lille, un lycéen s'immole par le feu pour montrer la gravité de la crise scolaire. Sortie du film *Le Passager de la pluie* de René Clément avec Marlène Jobert et Charles Bronson.

Trop souvent nous nous contentons du confort de l'opinion sans faire l'effort de penser (J.F. Kennedy).

Saint Marcel — **SAMEDI 16 JANVIER**
Capricorne 3e décan

Il vaut mieux être le dindon de la farce que la farce du dindon (Y. Audouard).

Sainte Roseline — **DIMANCHE 17 JANVIER**
Capricorne 3e décan

La France mystérieuse

UN HOMME DE POIDS

Sens (Yonne)

Le 27 février 1704, les registres paroissiaux de Sens mentionnent le décès d'André de Couste, âgé de trente-neuf ans. Ce dernier n'avait succombé à aucune maladie particulière, il avait été sans nul doute victime de son obésité. Fils d'une femme particulièrement corpulente, il n'avait pourtant pas présenté dans sa jeunesse de tendance particulière à l'embonpoint. Il était constitué de manière athlétique et se distinguait dans plusieurs sports, comme la paume et la course. Il était, en outre, excellent cavalier.

Mais à partir de vingt-neuf ans, il se mit à grossir de manière monstrueuse, tandis que son appétit prenait lui aussi des proportions gigantesques. Peu avant sa mort, il se faisait servir des repas pour douze personnes et buvait également comme douze, sans jamais être ivre. Il était toujours de bonne humeur et très courtois. Mais son obésité l'empêchait pratiquement de bouger, il ne pouvait se mouvoir que de son lit à son fauteuil et à sa table.

Un an avant sa mort, il fut frappé d'une attaque d'apoplexie. Il fallut huit hommes pour le porter dans son lit, tandis qu'il était inconscient. On estima alors son poids à huit cents livres, quatre cents kilos. À sa mort, il en pesait sans doute encore davantage.

On ouvrit son corps et on trouva quatorze pouces de graisse sur les muscles du ventre, soit trente-huit centimètres.

Pour éviter que son cercueil se disloque, il fallut le cercler de fer. Il fut porté en terre par seize garçons bouchers, qui reçurent chacun un écu pour prix de leur effort.

IL Y A 40 ANS, EN 1970: La Croix-Rouge internationale est autorisée par le Nigeria à livrer 21 tonnes de médicaments à Lagos, tandis que la France est accusée par Radio-Lagos d'avoir soutenu le Biafra. Robert Bourassa est élu chef du parti libéral québécois. Manifestation au lycée Louis-le-Grand.

LUNDI 18 JANVIER

Saint Gwendal

Capricorne 3e décan

Le dard du mépris perce l'écaille de la tortue (proverbe indien).

La chouette diversement aimée

Au Moyen Âge, dans les monastères, la chouette était regardée comme l'illustration de la sagesse. Les lettrés savaient qu'en Grèce cet oiseau avait été consacré à la déesse Athéna, symbole de la supériorité de la raison sur le courage. Malheureusement, avec le temps, les habitants des campagnes ont commencé à la regarder comme un rapace nocturne et inquiétant qui porte malheur: elle rendait triste celui qui regardait dans son nid, elle hypnotisait les promeneurs ou jetait des maléfices aux chasseurs. Ils se sont mis à clouer les chouettes sur les portes des granges ou à les enterrer sous le seuil des étables pour conjurer le mauvais sort. Certaines régions lui réservent cependant un meilleur sort: à Dijon, par exemple, sur le contrefort ouest de la vieille église Notre-Dame, il existe une petite chouette, sculptée à 1,80 mètre du sol, connue de tous les Dijonnais, appelée la Chouette magique. Au fil des siècles, ses traits se sont presque effacés en raison d'une tradition, qui a cours encore de nos jours: ceux qui passent devant elle la caressent de la main gauche en faisant un vœu. Ils sont persuadés qu'il sera exaucé.

Les vents les plus froids viennent du nord et de l'est. Ils présentent un danger pour les cultures. Les conifères constituent d'excellents brise-vent. Ils protégeront vos plantes les moins rustiques et les arbres fruitiers. Un mur bien placé offre un microclimat pour vos espèces les plus fragiles. Gardez-le d'une couleur naturelle de pierre; en le peignant d'une couleur claire, il réfléchirait davantage le froid. Installez également des brise-vent sur votre balcon pour vos plantes en pot.

Il est interdit de boire de l'eau dans les bars de Caroline du Sud.

IL Y A 40 ANS, EN 1970 : De violents incidents ont lieu aux facultés de Nanterre et de Censier entre pro-Israéliens et pro-Arabes. Les évêques hollandais sont favorables à l'abolition du célibat des prêtres. Le palais Itamaraty à Brasilia, dernière œuvre d'Oscar Niemeyer, vient d'être achevé.

Le secret d'une bonne santé :
la pratique raisonnée de tous les excès
et l'abstention nonchalante de tous les sports (Curnonsky).

Les drôles d'histoires de Pierre Bellemare

Séries policières

En 2002, par une froide nuit d'hiver, la gendarmerie d'un village de Champagne reçoit un appel téléphonique. « Je m'appelle Chantal Carrière, je suis professeur de mathématiques à la retraite, annonce une femme au bout du fil. J'ai le devoir citoyen de dénoncer mes voisins, les Morand : ils viennent d'assassiner deux jeunes enfants dans leur jardin. » Aussitôt mise en alerte, la brigade au grand complet réveille les Morand, qui dorment paisiblement dans leur pavillon Bien qu'aucun indice n'accrédite l'accusation de leur voisine, le couple est conduit sous bonne garde à la gendarmerie pour y être interrogé. Et relâché au petit matin faute de preuve. Tandis que Chantal Carrière persiste dans ses accusations, les Morand portent plainte contre elle pour dénonciation calomnieuse. Quelques mois plus tard, l'affaire est jugée devant le tribunal de Reims.

« Qu'est-ce qui a bien pu vous laissez croire que vos voisins étaient des bourreaux d'enfants ? demande le magistrat à la prévenue.

– Je jure de dire la vérité, déclare la femme. Quand les Morand ont tué les enfants, n'ai-je pas alerté le commissaire Moulin, qui s'est rendu sur les lieux, en compagnie des commissaires Maigret et Navarro ? »

Dans la salle d'audience, public et avocats se mordent les lèvres pour ne pas rire.

On ignore si, dans l'hôpital psychiatrique où elle séjourne dorénavant, Mme Carrière est restée fidèle aux séries policières !

IL Y A 40 ANS, EN 1970 : Un second lycéen, à Lille, s'immole par le feu. À Vanves, la police pénètre dans le lycée Michelet en grève. Première au Théâtre de la Renaissance de *Madame* de Remo Forlani avec Barbara.

MERCREDI 20 JANVIER — **Saint Sébastien** — **Capricorne** 3e décan

Écrire, c'est une façon de parler sans être interrompu (Jules Renard).

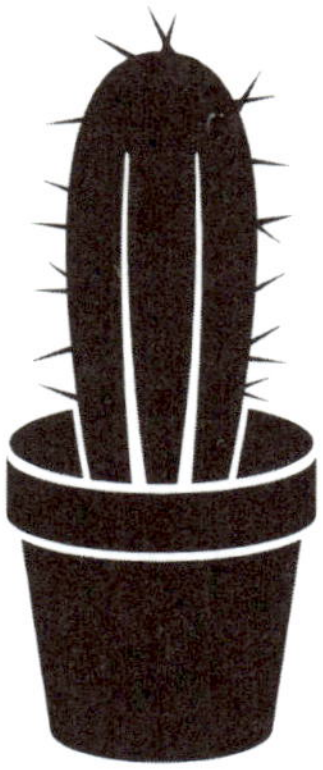

Les cactus et autres plantes grasses ne réclament que très peu de soins et de temps ; un arrosage par mois suffit. Un cactus cierge (Cereus peruvianus) de 30 centimètres, dans votre bureau ou votre living, placé près de l'écran d'ordinateur ou de télévision, supprime les ondes électromagnétiques néfastes. Par ailleurs, à l'inverse des autres plantes, le cactus produit de l'oxygène la nuit et rejette du gaz carbonique le jour, ne vous en privez pas dans votre chambre à coucher.

Philippe II le Hardi (1342-1404)

La Guyenne et la Gascogne sont ravagées impunément par le prince de Galles. Courageusement, le roi Jean II prend l'ennemi en chasse. Le 19 septembre 1356, une bataille décisive se déroule à Maupertuis, près de Poitiers. Le Prince Noir prend position sur un plateau qui domine les troupes du roi. Avec témérité, le Français lance plusieurs vagues de sa cavalerie à l'assaut de cette position inaccessible. Hélas, les archers britanniques font merveille. Jean II se bat avec acharnement, ne voulant pas s'avouer vaincu. Au milieu de la mêlée, Philippe, son quatrième fils, âgé d'à peine quatorze ans, hurle pour le protéger :

« PÈRE, GARDEZ-VOUS À DROITE ! PÈRE, GARDEZ-VOUS À GAUCHE ! »

Hélas, la bataille tourne mal : le roi et Philippe sont capturés. Mais même le Prince noir manifestera un réel respect face à l'intrépide roi de France. Il sera surnommé Jean le Bon, c'est-à-dire le Brave. Et Philippe, futur duc de Bourgogne, sera le Hardi.

Au Wyoming, il n'est pas permis de prendre un lapin en photo pendant les mois de janvier à avril.

IL Y A 40 ANS, EN 1970 : Michel Debré annonce que la France livrera 100 Mirage à la Libye dans les quatre années à venir. Générale au théâtre de l'Œuvre de la nouvelle pièce de Jean Anouilh *Les Poissons rouges*. Sortie du film *Le Temps des loups* de Sergio Gobbi.

L'âge ne compte pas, à moins d'être un fromage (Billie Burke).

Sainte Agnès

Verseau 1er décan

JEUDI 21 JANVIER

Les drôles d'histoires de Pierre Bellemare

Une tasse de thé corsée

Brillant agent démissionnaire du KGB, devenu FSB à la fin des années 90, Alexandre Litvinenko décide de dénoncer publiquement, à travers une série de livres à succès, corruption et manipulations qui gangrènent les services secrets russes, mettant ainsi directement en cause son ancien directeur, le colonel Vladimir Poutine. Selon lui, cherchant un prétexte pour déclencher une seconde guerre en Tchétchénie, le FSB n'aurait pas hésité à commanditer un attentat à la bombe, provoquant, à Moscou, en 1999, la mort de plus de trois cents personnes. Menacé de mort, Litvinenko se réfugie en Grande-Bretagne mais n'en poursuit pas moins ses diatribes frénétiques.

Un soir dans un club de Londres, Litvinenko prend le thé avec Andreï Lougovoï, un ancien du FSB reconverti dans le business. Le lendemain il est terrassé par des douleurs intestinales, hospitalisé d'urgence, et rend l'âme trois semaines plus tard, après avoir enduré d'atroces souffrances. Des examens toxicologiques révèlent qu'il a absorbé une dose de polonium 210 équivalente à celle qu'il aurait reçue s'il s'était trouvé dans l'épicentre de la centrale de Tchernobyl au moment de la catastrophe.

Vladimir Poutine nie toute participation de ses services au meurtre, mais refuse de livrer à la justice britannique Lougovoï, qui a prudemment regagné Moscou. Pour se disculper, l'ambassadeur russe à Londres invite dans sa résidence privée Marina Litvinenko, la veuve de la victime. « Il m'a offert une tasse de thé que j'ai prudemment refusée, a raconté Marina dans un livre de souvenirs. Mais l'ambassadeur a insisté. Sans même se rendre compte de l'ironie de la situation. »

IL Y A 40 ANS, EN 1970 : Attaque héliportée israélienne contre l'île fortifiée de Chadouan, position clef de l'Égypte, au sud du golfe de Suez. En Irak, 40 personnes « à la solde de l'étranger » ont été exécutées en 24 heures. Eugène Ionesco est élu à l'Académie française, au fauteuil de Jean Paulhan.

VENDREDI 22 JANVIER — **Saint Vincent** — **Verseau** 1er décan

Et j'ai souvent souhaité partir avant les miens,
Pour ne pas hériter de leur flamme qui s'éteint
(Balavoine).

ROULÉS À LA FETA. Pour quatre personnes. Coupez dans un bloc de feta quatre bâtons de 10 centimètres de long et 2 centimètres d'épaisseur. Roulez chacun dans une tranche de jambon blanc. Badigeonnez quatre bricks de beurre à l'aide d'un pinceau, pliez-les en trois pour en faire des bandes de 12 centimètres de largeur, et roulez dans chacune le jambon et la feta. Passez au four (th. 7) pendant 8 à 10 minutes.

LE FONDATEUR DE BUENA VISTA

Si la première exploitation viticole de Californie a été fondée en 1769 par les missionnaires franciscains espagnols venus du Mexique, c'est à un personnage haut en couleur que la culture de la vigne y doit son développement au XIXe siècle. Membre de la garde impériale à l'âge de dix-huit ans, colonel puis secrétaire privé du vice-roi de Hongrie et viticulteur, Agoston Haraszthy fuit son pays pour des raisons politiques vers le Nouveau Monde. Après avoir fondé dans le Wisconsin une ville qui portera son nom, il s'installe en Californie où il tente l'aventure des chercheurs d'or et est nommé à la tête de la mine de San Francisco par le gouvernement. L'immense domaine qu'il achète voit sortir de terre Buena Vista, un monumental palais à colonnades, et naître un extraordinaire vignoble où il multiplie les expérimentations. Il rédige un volumineux mémoire sur les cépages de la région. Chargé de mission par le gouvernement, il part en Europe à la quête de plants de vigne et en ramène cent mille, qui sont plantés malgré les réticences de ses commanditaires à les payer… Cent soixante-cinq cépages différents sont cultivés sur ses terres, mais Haraszthy fait faillite et décide de quitter ce pays qui l'a déçu. Il part pour le Nicaragua où il compte faire fortune dans la canne à sucre et le commerce du rhum. En 1868, il tombe dans une rivière et est dévoré par les alligators. Mais sur les terres de son domaine de Buena Vista est né le zinfandel qui est devenu le cépage emblématique de la Californie.

IL Y A 40 ANS, EN 1970 : Depuis quatre semaines, 23 000 mineurs belges en colère et désespérés sont en grève dans le Limbourg et en Campine. Au Casino de Paris, Zizi Jeanmaire triomphe dans *La Revue* de Roland Petit. Le jeune espoir du ski français Michel Bozon se tue dans la descente de Megève.

La plus coûteuse des dépenses, c'est la perte de temps (Théophraste).

Saint Barnard — **SAMEDI 23 JANVIER** — Verseau Ier décan

Les hommes naissent nus et vivent habillés, comme ils naissent indépendants et vivent sous les lois (Rivarol).

Saint François de Sales — **DIMANCHE 24 JANVIER** — Verseau Ier décan

La France mystérieuse

UN NOM ÉTRANGE

Le Kremlin-Bicêtre (Val-de-Marne)

La première commune qu'on rencontre en sortant de Paris par la porte d'Italie frappe par son nom sortant du commun. D'où vient cette référence insolite au palais des tsars et à la capitale de la Russie ?

Le nom de « Kremlin » apparaît pour la première fois en 1829, figurant comme un lieu-dit sur une carte d'état-major. Il est repris dans la carte des environs de Paris de Bonhomme, datant de 1839 et devient, dès lors, une dénomination officielle.

Son origine vient des guerres napoléoniennes. Après l'abdication de l'empereur, un de ses soldats ayant fait la campagne de Russie y ouvrit un cabaret nommé « Au retour du Kremlin » et le groupe de maisons qui se construisit autour devint le quartier du Kremlin. L'endroit se situait alors sur la commune de Gentilly, mais en fut détaché pour être incorporé, en 1896, à celle de Bicêtre. Elle ajouta ce nom au sien pour devenir Le Kremlin-Bicêtre.

Mais si « Kremlin » a de visibles consonances étrangères, « Bicêtre », contrairement aux apparences, n'est pas non plus d'origine française. Au milieu du XIIe siècle, saint Louis acheta sur ces lieux un domaine qu'il offrit aux frères chartreux. Ceux-ci choisirent peu après de s'installer à Vauvert, dans l'actuel XIVe arrondissement et revendirent leur propriété à l'ambassadeur d'Angleterre, Jean de Pontoise, évêque de Winchester. Ce dernier y fit construire un hôtel qu'il nomma tout naturellement « hôtel de Winchester ». Peu à peu, le nom devint par altération Bichêtre, puis Bicêtre. Le Kremlin-Bicêtre porte donc un nom anglo-russe et c'est certainement la seule commune française dans ce cas.

IL Y A 40 ANS, EN 1970 : Deux organisations palestiniennes revendiquent la responsabilité de l'explosion qui a fait 19 morts et 41 blessés dans le port d'Elath. Bagdad annonce une amnistie générale pour les Kurdes d'Irak. Au Nigeria, la police militaire prend de sévères mesures contre les pillards dans l'ex-Biafra.

LUNDI 25 JANVIER

Conversion saint Paul

Verseau 1er décan

Le fromage fait tout digérer, sauf lui-même (James Joyce).

CATTLEYA, l'ORCHIDÉE DE PROUST. Les orchidées constituent la famille de plantes la plus répandue et la plus diversifiée sur terre depuis des millénaires. Qu'elles soient indigènes ou exotiques, ces fleurs magnifiques, souvent perchées en haut des arbres, ressemblent à des papillons dansant dans le vent. Elles font partie des plantes épiphytes enracinées dans les amas de débris végétaux décomposés sur les branches ou au creux des rochers, et se nourrissent d'humidité. Malheureusement, comme à l'époque de l'*orchidomania* qui gagna l'Europe au XIXe siècle, les orchidées sauvages restent menacées par les collectionneurs – ou les touristes insouciants. En 1824, William Cattley, horticulteur anglais, reçut des végétaux d'Amérique du Sud enveloppés dans un paquet de feuilles coriaces et sèches, qu'il eut la curiosité de mettre en culture. Elles donnèrent naissance à une fleur magnifique qui lui fut dédiée. Cattleya a été longtemps considérée comme la reine des orchidées. On lui a donné le nom d'« orchidée de Proust », car dans son ouvrage *À la recherche du temps perdu*, l'écrivain lui réserve une place toute particulière : l'expression « faire cattleya », utilisée par les deux amants pour évoquer leur étreinte, devient la métaphore signifiant « faire l'amour »…

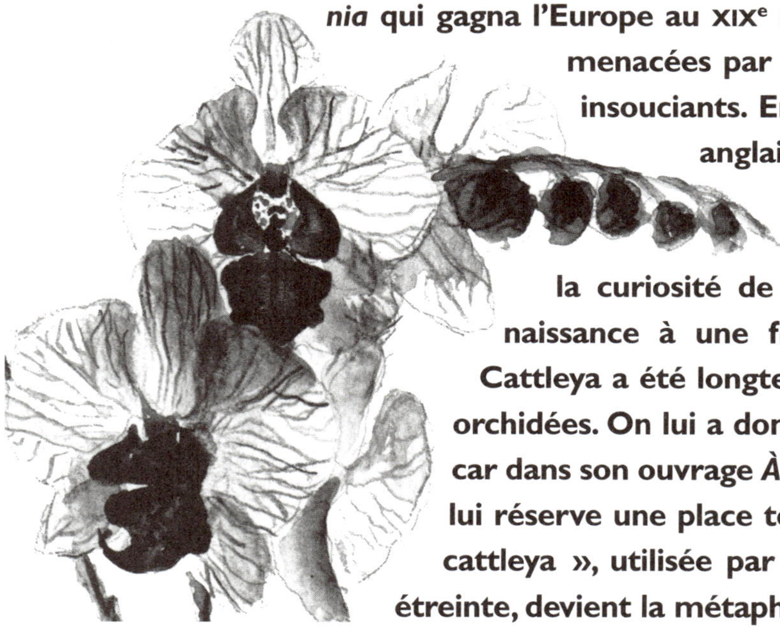

★ BANANACAKE. Pour cinq personnes. Malaxez 125 grammes de beurre ramolli avec 200 grammes de sucre en poudre, incorporez deux œufs battus et mélangez bien. Écrasez finement 5 bananes épluchées et travaillez-les avec 220 grammes de farine, une cuillerée à café de levure, 3 grammes de bicarbonate de soude et une pincée de sel. Mélangez le tout avec 80 grammes d'amandes hachées. Faites cuire le gâteau dans un moule à cake anti-adhésif beurré long de 22 centimètres une heure à four moyen.

IL Y A 40 ANS, EN 1970 : Une inquiétante pénurie de riz est observée dans les provinces côtières septentrionales du Sud-Vietnam. Le président Nixon offre au président Pompidou des fragments de pierres lunaires ainsi que le drapeau français qui a effectué le voyage Terre-Lune avec Apollo XI.

Un courtisan est semblable à ces plantes faites pour ramper qui s'attachent à tout ce qu'elles trouvent (Montesquieu).

Sainte Paule

Verseau 1er décan

MARDI 26 JANVIER

Les drôles d'histoires de Pierre Bellemare

Un étudiant branché

Étudiant en médecine, Georghe Dimitrov, un Bulgare de vingt et un ans, craint d'échouer à une épreuve de physiologie, décisive pour son passage en quatrième année. Que faire ? Difficile de se confectionner des « antisèches » et de les dissimuler dans ses manches de veste, quand l'examen porte sur le contenu de deux gros manuels bourrés de formules et de termes compliqués ! En désespoir de cause, Georghe subtilise le talkie-walkie miniature de son père, agent des services secrets bulgares, et demande à un ami étudiant de lui communiquer à distance les bonnes réponses. Or, tandis que le subterfuge fonctionne à merveille et, que sous la dictée de son complice Georghe noircit de la copie, le président Bush effectue une visite officielle à Sofia. Les services secrets chargés de sa sécurité sont brusquement mis en alerte lorsqu'ils captent, sur la fréquence de leurs radios, une voix mystérieuse qui débite des séries de chiffres incompréhensibles et des bribes de phrases qui semblent être codées. Persuadés qu'un attentat terroriste est en cours, ils parviennent à localiser la source des appels et, accompagnés de policiers armés et d'agents du FBI, font irruption dans la salle d'examens de la faculté de médecine. Dimitrov est arrêté sous les yeux ébahis de son père, conduit en prison, et interrogé sans ménagement. Quand il apparaît que le tricheur n'a aucun lien avec un groupe d'extrémistes, il est relâché. Mais condamné à payer une lourde amende pour l'utilisation de matériel militaire ultrasensible sans autorisation, et aussitôt radié de l'Université.

IL Y A 40 ANS, EN 1970 : M. Ota Sik, « père » de la réforme économique tchécoslovaque, demande le droit d'asile à Berne. Les douanes suisses saisissent du matériel militaire américain à destination d'Israël. Paris-Poitiers et Paris-Le Mans sont les premières autoroutes officiellement concédées au secteur privé.

MERCREDI 27 JANVIER — **Sainte Angèle** — **Verseau** 1er décan

Sur la terre deux choses sont simples : raconter le passé et prédire l'avenir. Y voir clair au jour le jour est une autre entreprise (A. Salacrou).

TILSIT… ET TILSIT

En 1890, un fermier de Thurgovie, canton du nord-est de la Suisse au bord du lac de Constance, se rend pour affaires en Prusse. Il y découvre dans la laiterie d'un hameau près de la petite ville de Tilsit un fromage au lait de vache dont la recette a été élaborée par ses compatriotes – comme un peu partout dans le monde, des émigrants suisses avaient diffusé dans cette région leur savoir-faire du fromage –, et il la ramène chez lui dans son village de Bissegg. C'est ainsi que, de retour dans son pays d'origine, le tilsit est fabriqué quasi à l'identique dans la petite entreprise familiale du « Holzhof », où sa recette est peaufinée avec une grande exigence de qualité et où se poursuit aujourd'hui l'élaboration de ces petites meules de quatre kilos au nom quelque peu exotique. Mais l'ancienne Prusse appartient désormais à la Russie et la ville de Tilsit a été rebaptisée Sovietsk. Dans les quelques centres où sa production continue, le fameux fromage a pris le nom de sovietski. Les fabricants helvètes se sont émus de cette situation : leur fromage porte le nom d'une ville qui n'existe plus. Alors ils ont imaginé de pérenniser son existence en implantant chez eux, à Bissegg, une commune du nom de Tilsit. Sa fondation symbolique a eu lieu le 1er août 2007, en présence de l'ancien maire de la ville prussienne et de ses compatriotes exilés fort émus de cette renaissance…

Le Ficus benjamina est un bambou d'intérieur à petites feuilles un peu coriaces d'un vert brillant. Il peut devenir un bel arbuste aux branches gracieuses arquées, et a la faculté d'aspirer, fixer, et dégrader des composés organiques volatils produits par les meubles en panneaux de particule, les mousses d'isolation, et autres agents pollueurs. Vérifiez régulièrement s'il ne souffre pas d'une attaque de cochenilles, il faut les éliminer sans attendre à l'aide d'un coton imbibé d'alcool dénaturé.

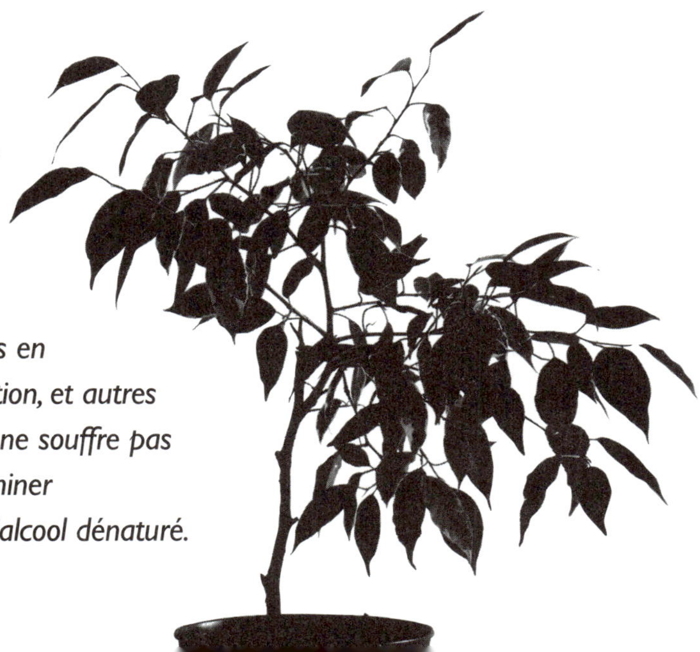

IL Y A 40 ANS, EN 1970 : Nouvelle épuration en Tchécoslovaquie : M. Strougal succède à M. Cernik au poste de Premier ministre. Jean-Jacques Servan-Scheiber, secrétaire général du Parti radical, propose dans un manifeste un programme révolutionnaire intitulé « Ciel et Terre ».

Une grosse femme est un édredon pour l'hiver (proverbe indien).

Les drôles d'histoires de Pierre Bellemare

Patrimoine génétique

Il y a quelques années, le séquençage de l'ADN révélait que l'*Homo sapiens* ne possédait dans son patrimoine génétique que 13 000 gènes de plus que la mouche à vinaigre. Outre que cette information réjouissante replace la condition humaine dans une perspective moins narcissique, elle stimule du même coup notre questionnement sur le monde animal. Une découverte scientifique et un fait divers peuvent, dans ce domaine, donner à réfléchir.

En décembre 2006, une équipe de chercheurs américains a reconstitué en images de synthèse le *Dunkleostus*, un poisson qui peuplait les océans voici quatre cents millions d'années. Aussi long qu'un wagon de chemin de fer, il possédait une double rangée de dents acérées, capables de se refermer en un cinquantième de seconde et d'exercer une pression de six tonnes par centimètre carré. Si nous avions été les contemporains de ce monstre marin, il y a fort à parier que la profession de maître nageur n'aurait pas attiré grand monde.

De prédatrices, nos amies les bêtes peuvent se transformer à l'occasion en médecins urgentistes. Ainsi, en 2007, une Américaine de 47 ans croque une pomme dans son jardin en compagnie de Tobby, son golden retriever. Elle avale de travers et s'étrangle. Tandis que la peau de son visage cyanose à vue d'œil, son chien se jette sur elle, la renverse dans l'herbe, et lui saute frénétiquement sur la poitrine, pratiquant ainsi sans la moindre fausse note la « manœuvre d'Heimlich », une technique bien connue des sauveteurs du SAMU.

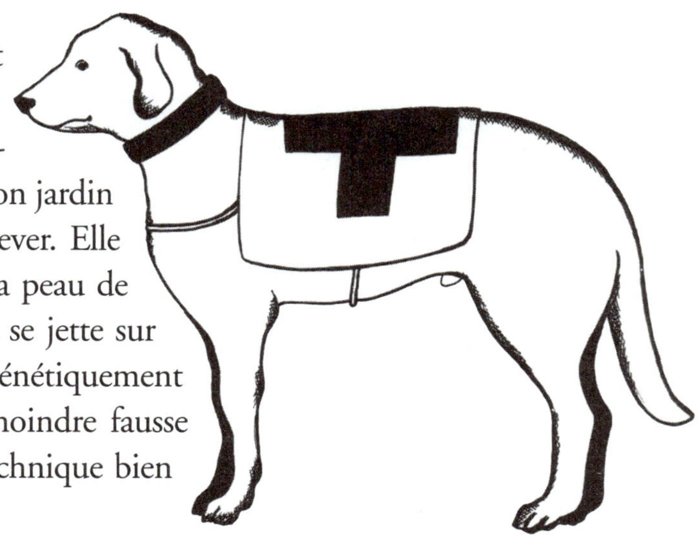

IL Y A 40 ANS, EN 1970 : En raison de divers incidents, la faculté de droit de Nanterre sera fermée jusqu'au 3 février et Censier a été évacué par la police. Sur la Chaîne 1, avec son émission « Le Temps de lire », Pierre Dumayet retrouve le monde des livres à la télévision.

VENDREDI 29 JANVIER — **Saint Gildas**

Verseau 1er décan

Pour réaliser une chose vraiment extraordinaire, commencez par la rêver (Walt Disney).

☆☆ GRENADINS AUX AROMATES. Pour quatre personnes. Il faut 600 grammes de veau pour faire deux grenadins par personne, que vous frottez d'un mélange de citron et de sel. Laissez reposer 30 minutes, rincez, essuyez, enduisez d'un mélange d'huile d'olive, une cuillerée à café de cumin, un bouquet de coriandre ciselée. Laissez mariner une heure. Faites fondre un oignon haché dans une cocotte avec de l'huile d'olive, mouillez d'un fond d'eau, posez les grenadins, ajoutez un citron confit émincé, sel, poivre. Couvrez, faites cuire 10 minutes sur feu doux.

LES MARCHANDS DE BRIQUETS ET D'ALLUMETTES

Au XIVe siècle, la cuisinière, pour faire du feu, devait avoir un « foesil » ou fusil, l'ancêtre du briquet, sorte d'ustensile en fer ou en acier qui, en frappant un silex, faisait jaillir des étincelles. Il lui fallait aussi de l'amadou ou toute autre matière inflammable et une allumette qui transmettait juste la flamme puisque ce n'était qu'une simple bûchette de bois, ou chènevotte, trempée par le bout dans du soufre fondu.

À l'époque de Rabelais, au XVIe siècle, on trouvait dans les rues de Paris des marchands de fusils et d'allumettes. Vers 1630, ce petit commerce faisait vivre beaucoup de pauvres gens.

À ce vieux fusil succéda, vers 1806, le briquet sulfurique et, un peu plus tard, le briquet phosphorique, auquel resta attaché le nom de l'industriel Fumade. Trois ans plus tard, apparut l'allumette chimique au maniement délicat puisque du chlorate de potasse s'ajoutait au soufre. Ces substances prenaient feu quand on plongeait l'allumette dans de l'acide sulfurique !

Avec un panier en bandoulière, pour quelques pièces et un maigre profit, les petits marchands proposaient un paquet d'allumettes allemandes – la fabrication des allumettes resta pendant longtemps concentrée en Allemagne – ou une pierre à fusil du Berry. Pendant de longues années, marchands de briquets et marchands d'allumettes continuèrent parallèlement leur petit commerce, jusqu'en 1831 qui fut l'année de la réalisation des allumettes à friction à base de phosphore inflammable, par un tout jeune homme, Charles Sauria, élève au collège de l'Arc à Dôle.

IL Y A 40 ANS, EN 1970 : Visite à Paris du chancelier Willy Brandt qui reçoit le meilleur accueil pour sa politique d'ouverture à l'Est. On déplore un sixième suicide de lycéen. Yves Saint Laurent diffuse ses premières créations de chaussures. Première de la pièce de Françoise Dorin *Un sale égoïste*.

Croyez tout le monde honnête, et vivez avec tous comme avec des fripons (cardinal Mazarin).

Si une femme veut une tiare de diamants, elle vous expliquera que ça lui fera économiser un chapeau (J.K. Jerome).

La France mystérieuse

LA CHÂTELAINE SANGLANTE

Yport (Seine-Maritime)

Station balnéaire à 30 kilomètres du Havre, qui attire les touristes tant par son site que par son casino, Yport est un lieu de villégiature calme et familial et il est bien difficile d'imaginer qu'un drame sanglant s'y est déroulé.

Il est vrai que les faits ne datent pas d'hier. C'était durant les années 1100…

À quelque distance de là, se dressait à l'époque le château des Hogues. Ayant perdu très jeune son mari, à moins qu'elle s'en soit débarrassée d'une manière ou d'une autre, la dame des Hogues ne s'est pas remariée. Bien au contraire, elle en a profité pour assouvir les instincts qui étaient les siens.

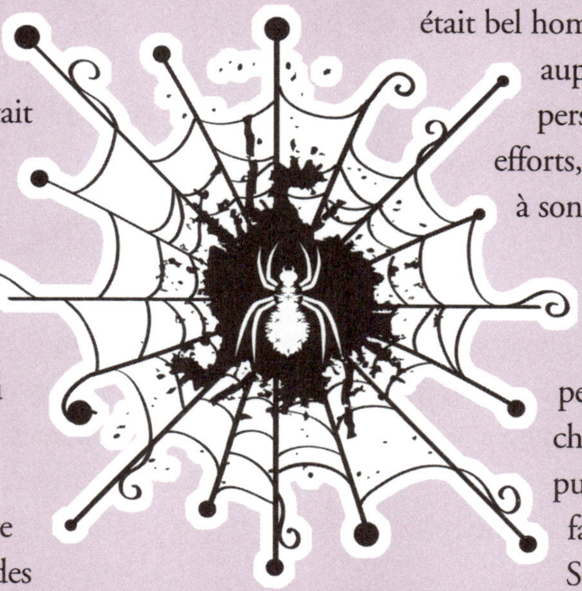

Aussi belle que cruelle, elle attirait les jeunes gens de sa seigneurie, passait plusieurs nuits avec eux dans un réduit du donjon, puis, quand elle était lassée d'eux, les faisait mettre à mort par ses gardes et jeter du haut des falaises d'Yport.

Ayant entendu dire que l'abbé de Fécamp était bel homme, elle le fit appeler auprès d'elle et le saint personnage, malgré tous ses efforts, ne parvint pas à résister à son charme. Elle n'osa tout de même pas le faire exécuter, mais le malheureux mourut peu après de honte et de chagrin, non sans avoir publiquement confessé sa faute.

Ses moines demandèrent justice à Henri II d'Angleterre, duc de Normandie. Une enquête révéla les crimes de la dame des Hogues, qui finit sur le bûcher. Ses biens furent confisqués et attribués aux moines de Fécamp.

IL Y A 40 ANS, EN 1970 : Le pape Paul VI exclut toute discussion de la règle du célibat ecclésiastique. La Norvège et le Canada passent un accord pour interdire la chasse aux bébés phoques dans tout l'Atlantique Nord. Décès du ferronnier d'art Raymond Subes.

LUNDI 1 FÉVRIER

Sainte Ella

Verseau 2e décan

Aller droit devant soi tout autour de la Terre est le plus court chemin pour atteindre le lieu où l'on se trouve déjà (Chesterton).

★★★ NAGE DE FOIE GRAS. Pour huit personnes. Escalopez en huit tranches fines un foie gras de canard d'environ 450 grammes que vous répartissez dans huit assiettes à soupe. Faites cuire une douzaine de topinambours à l'eau bouillante 8 à 10 minutes. Pelez, émincez, réservez au chaud. Préparez 2 litres de bouillon de volaille corsé (en augmentant la dose d'un cube) dans un grand faitout. Gardez-le en ébullition lors du service à la cuisine. Versez deux louches dans chaque assiette, ajoutez trois ou quatre tranches de topinambour, poivrez.

Edmond Lebœuf (1809-1888)

Il est remarqué par Napoléon III à la bataille de Solferino. En 1869, il succède au maréchal Niel au ministère de la Guerre, et reçoit son bâton de maréchal en mars 1870. Hélas, le 18 juillet 1870, devant le Corps législatif, à la veille de la déclaration de guerre à la Prusse, avec un incroyable manque de clairvoyance et par excès de zèle, il n'hésite pas à déclarer :

« … QUE LA GUERRE PEUT DURER UN AN, IL NE MANQUERA JAMAIS UN BOUTON DE GUÊTRE ».

Puis, il termine son intervention en niant la valeur de l'armée prussienne…

Les combats de Rezonville et de Saint-Privat où il déploie pourtant toute son énergie lui montrent l'étendue de ses illusions. Enfermé dans Metz, le maréchal suivra le sort de l'armée de Bazaine. Après le désastre de Sedan et la capitulation du 2 septembre, il se retirera dans l'Orne pour une retraite totale.

Pour le Bourguignon, et l'habitant du Centre, une *barboulotte* est :

a. Une coccinelle.

b. Une chauve-souris.

c. Une poule.

Bonne réponse : **a.**

IL Y A 40 ANS, EN 1970: Le roi Hassan II du Maroc est reçu à l'Élysée par M. Georges Pompidou. En Argentine, un train en pleine vitesse pulvérise un omnibus de banlieue tombé en panne : un premier bilan fait état de 300 morts. Décès du philosophe et mathématicien britannique Bertrand Russell.

J'aime le travail : il me fascine. Je peux rester des heures à le regarder (Jerome K. Jerome).

Saint Théophane

Verseau 2e décan

MARDI 2 FÉVRIER

Les drôles d'histoires de Pierre Bellemare

Le revenant libère un innocent

Aucun témoin n'a assisté au meurtre qui vient d'être commis dans un quartier populaire de Tucuman, une bourgade argentine. La victime, sauvagement lardée de coups de couteau, est un homme d'âge moyen au visage devenu méconnaissable. Bientôt un gamin de douze ans, auquel les policiers montrent une photo du décédé, l'identifie comme Pedro Roldan, un vagabond alcoolique qui squatte une masure. L'enquête dévoile que Roldan était en conflit avec bon nombre de ses voisins, dont Ruben Ovejo, un chômeur toxicomane. Incapable de fournir un alibi, Ovejo est interpellé et rapidement déféré devant une cour d'assises. Bien qu'il clame son innocence, il est condamné à une peine de douze ans d'emprisonnement pour homicide involontaire.

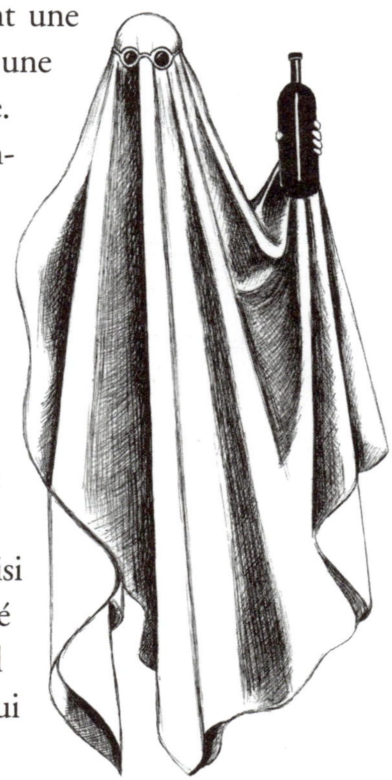

Deux ans après les faits, la famille Roldan est réunie au grand complet pour fêter Noël. Alors qu'on s'échange des cadeaux, un cri strident glace le sang de l'assemblée.

« Regarde maman, c'est le fantôme de Pedro ! » hurle une fillette, en désignant du doigt un homme qui vient d'entrer dans la pièce en chancelant.

Chacun se précipite vers l'apparition. On la dévisage, on la tâte. Nul doute : Pedro Roldan, officiellement mort et enterré, est bien vivant, de retour d'une errance chaotique dans le sud du pays.

Jorge Montero, le médiateur provincial, assure n'avoir jamais été saisi d'un cas pareil. « À peine la nouvelle connue, Ruben Ovejo a été libéré. Mais personne, bien sûr, ne pourra lui restituer le temps qu'il a injustement passé derrière les barreaux. Quant au cadavre qui repose au cimetière, nous ignorons toujours son identité ! »

IL Y A 40 ANS, EN 1970 : Le Japon devient le 95e signataire du traité de non-prolifération des armes nucléaires et invite la Chine et la France à l'imiter. Aux États-Unis, les États sudistes se sont ingéniés à retarder l'application de la loi sur l'abolition de la ségrégation scolaire, pourtant en vigueur depuis la veille.

MERCREDI 3 FÉVRIER

Saint Blaise

Verseau 2e décan

La vie ne cesse pas d'être drôle lorsque les gens meurent, pas plus qu'elle ne cesse d'être sérieuse lorsque les gens rient (G.B. Shaw).

★ POMMES DE TERRE MARINA. Pour quatre personnes. Faites cuire 40 minutes au four quatre grosses pommes de terre lavées, placées sur un lit de gros sel. Coupez un chapeau à chacune. Évidez sans les fendre. Écrasez la chair récupérée à la fourchette en incorporant une petite boîte de thon à l'huile avec l'huile, de

l'aneth ciselé, une cuillerée à café de baies roses écrasées. Remplissez les pommes de terre de cette farce, répartissez dessus des œufs de lumps et arrosez d'un filet de citron. Servez aussitôt.

Offrez-vous un hiver parfumé. Les fleurs de l'hamamélis mollis de couleur jaune d'or à base de brun rouge au parfum de miel s'épanouissent de janvier à mars sur le bois nu. À l'automne vous l'aimerez pour ses feuilles. La viorne odorante (Viburnum fragans) est un arbuste de deux mètres à feuillage caduc qui fleurit avant l'apparition des feuilles en mars. Les fleurs d'une odeur suave sont réunies en nombreux petits bouquets d'un blanc rosé. Les fleurs très odorantes du Bois Gentil (Daphné mezereum) d'une vive couleur pourpre rosé sont suivies au début de l'été par des baies rouge vif.

Pour le Provençal, un *pénéquet* est :

a. Une serrure.

b. Une sieste.

c. Un moine.

Bonne réponse : b.

IL Y A 40 ANS, EN 1970 : Au puits n°6 de Fouquières, un coup de grisou fait 16 morts et 12 blessés. Ouverture du 19e Congrès du Parti communiste, au Palais des Sports de Nanterre. Jean-Jacques Servan-Scheiber abandonne la direction de *L'Express*.

Voici comment je définis le talent : un don que Dieu nous a fait en secret, et que nous révélons sans le savoir (Montesquieu).

Sainte Véronique

Verseau 2e décan

JEUDI 4 FÉVRIER

Les drôles d'histoires de Pierre Bellemare

Vagabondage orthographique

Au nombre des prodiges modernes qui embellissent la vie, Internet permet, on le sait, d'acheter à domicile des titres de transport pour n'importe quelle destination. Ainsi, Tobias Gutt, un Berlinois de 21 ans, désireux de rejoindre sa fiancée à Sydney, en Australie, se procure-t-il un billet sur la Toile. Le jeune homme prend place à bord d'un avion qui, via Francfort, le dépose à Portland, dans le nord-ouest des États-Unis. Bien qu'intrigué de devoir boucler le tour du monde pour atteindre son but, alors qu'il lui semble qu'il existe un vol Francfort-Singapour-Sydney, Gutt embarque ensuite dans un bimoteur à hélices qui survole des forêts désolées couvertes de neige. Au terme d'une multitude d'escales réfrigérantes, il parvient, épuisé, à destination. Stupeur ! L'aérogare ressemble davantage à une cabane de bûcheron qu'à un complexe aéroportuaire digne d'une cité mondialement connue.

« Où sommes-nous ? demande, hébété, le jeune Allemand à une femme de ménage.

– À Sidney, lui répond distraitement cette dernière.

– Sydney, Australie ?

– Non, S.I.D.N.E.Y, Montana, 4 800 habitants. »

Gutt se rue dans une cabine téléphonique et informe sa fiancée de sa bévue. Une faute d'orthographe, commise en rédigeant sur Internet le nom de sa ville de destination, l'a expédié à 14 000 kilomètres de l'Australie. La famille de l'étourdi se mobilise pour l'achat d'un nouveau billet électronique. Après trois jours d'errance supplémentaires, Tobias rejoint enfin sa bien-aimée. Vous avez dit S.Y.D.N.E.Y ?

IL Y A 40 ANS, EN 1970 : Ouverture à Varsovie des négociations germano-polonaises. Bombardement américain au Nord-Vietnam contre des positions de DCA. Des écarts de 25 à 50 % des salaires entre Paris et la province constituent un handicap à la décentralisation.

VENDREDI 5 FÉVRIER

Sainte Agathe

Verseau 2e décan

Si le plus grand plaisir des hommes, c'est de se payer le corps des femmes, je comprends que le plus grand plaisir des femmes soit de se payer la tête des hommes (Sacha Guitry).

★★ CROUSTILLANTS A L'AVOCAT. Pour quatre personnes. Récoltez à la cuiller la chair de deux avocats coupés en deux après avoir retiré le noyau. Passez-la au mixer avec le jus d'un citron, 3 tranches de saumon fumé, 3 cuillerées de crème épaisse, poivre. Dans deux feuilles de pâte filo, faites 4 carrés de trois épaisseurs, en badigeonnant chaque feuille de beurre à l'aide d'un pinceau. Placez-les sur une feuille de papier sulfurisé au four, et faites cuire 5 à 7 minutes (th. 6). Répartissez votre préparation sur les quatre carrés. Garnissez de lamelles de saumon fumé et d'aneth ciselé.

L'ÂNE, SI TENDRE, A BEAUCOUP DE CARACTÈRE

Depuis que l'âne a été domestiqué, l'homme lui a confié les plus lourds fardeaux à porter, les tâches les plus ingrates. Pourtant, il est victime des plus sottes accusations : on s'est moqué de sa rusticité, de son endurance, de ses grandes oreilles, de sa stupidité, de son caractère entêté… La réalité est bien différente.

C'est un animal doux et tendre qui a besoin de beaucoup d'affection. L'âne ne supporte pas la solitude : il lui faut au moins un compagnon de pâture comme un autre âne, un cheval, des moutons, des vaches, des chèvres… sans quoi il dépérit. Mais il n'aime pas beaucoup les chiens. Il tolérera tout juste celui de la maison.

Dans un groupe d'ânes, il n'y a pas de chef dominant. Le groupe fonctionne comme une famille unie, où chacun est attentif aux autres et responsable du groupe, où l'entente est de règle.

L'âne semble têtu parce qu'il n'avance plus, ou lent parce qu'il est hésitant. En fait, avant de se lancer en terrain inconnu, il réfléchit, flaire, tâte du sabot… Insoumis, il n'obéit jamais : il fait ce qu'on lui demande parce qu'il le veut bien, pour le plaisir de partager, parce que vous êtes un membre de sa « famille », et qu'il s'intéresse à ce qu'il fait. Il faut vraiment avoir provoqué sa rancune pour recevoir un coup de pied. Mais dans ce cas, il ne préviendra pas et visera juste !

IL Y A 40 ANS, EN 1970 : Des hommes grenouilles égyptiens font sauter deux navires israéliens dans le port d'Eilat. L'aviation israélienne bombarde pendant six heures des positions militaires dans le delta et le golfe de Suez. Le Comité international de la Croix-Rouge cesse son activité au Nigeria.

Les vieillards aiment à donner de bons conseils, pour se consoler de n'être plus en âge de donner de mauvais exemples (La Rochefoucauld).

Saint Gaston — Verseau 2e décan — **SAMEDI 6 FÉVRIER**

Le peuple est le même partout. Quand on dore ses fers, il ne hait pas la servitude (Napoléon Bonaparte).

Sainte Eugénie — Verseau 2e décan — **DIMANCHE 7 FÉVRIER**

La France mystérieuse

LA PATRIE DE TARTARIN

Tarascon (Bouches-du-Rhône)

C'est en 1872 que parurent *Les Aventures prodigieuses de Tartarin de Tarascon,* dans lesquelles Alphonse Daudet fait une critique humoristique du tempérament vantard des Méridionaux.

Le héros de l'ouvrage, qui passe pour un grand chasseur aux yeux de ses concitoyens, décide un jour d'aller affronter un gibier vraiment digne de lui, le lion. Il se rend en Afrique et, à son retour, raconte ses exploits imaginaires, avec tant de faconde et d'enthousiasme que tout le monde y croit et qu'il devient un héros local.

Sur le moment, l'ouvrage a été mal accueilli à Tarascon, mais devant la célébrité qui en a résulté pour la ville, celle-ci s'est décidée à honorer ce héros de fiction. Tartarin a une place dans le défilé de la Tarasque et sa maison étant décrite dans le livre comme « la troisième à main gauche sur le chemin d'Avignon », celle qui y correspond a été transformée en un musée à sa gloire. On peut y voir le célèbre personnage, avec son fusil et ses trophées.

Les Tarasconnais ne sont pas rancuniers, car il s'agissait de la part de Daudet d'une sorte de vengeance. Dans sa jeunesse, il avait été très amoureux d'une demoiselle Barbarin, qui habitait Tarascon, à l'angle des rues Monge et Lucopin et dont le père, grand chasseur, était réputé pour son caractère vantard. L'élue de son cœur ayant repoussé ses avances, il a pris sa revanche en caricaturant son père.

IL Y A 40 ANS, EN 1970 : À Nanterre, à l'issue du 19e congrès du Parti communiste français, Georges Marchais est nommé nouveau secrétaire général adjoint, et Roger Garaudy en est exclu. Démission du président du Conseil italien, M. Rumor.

LUNDI 8 FÉVRIER

Sainte Jacqueline

Verseau 2e décan

L'humour, une plaisanterie avec un air triste (Shakespeare).

INGRANDES, VINS DE MER ET DE TERRE

Lorsque le duché de Bretagne est rattaché à la France, en 1532, il obtient de François Ier le maintien d'une douane à Ingrandes, sur la Loire, entre Nantes et Angers. Jusqu'en 1789, la Bretagne pourra donc continuer à commercer en franchise avec l'étranger. À partir du XVIe siècle, le négoce des vins y connaît une expansion spectaculaire. La douane d'Ingrandes contribue à stimuler en amont la production de vins blancs sucrés de grande qualité et de bonne conservation, adaptés aux goûts d'une clientèle capable de supporter la taxe sur l'exportation, principalement les Hollandais. Ce sont les vins blancs d'Anjou, de la vallée du Layon, de Vouvray, réputés « vins pour la mer », et pour lesquels les Hollandais font remonter leurs navires de haute mer jusqu'à Saumur. Tandis que les rouges et les clairets faciles à produire et plus médiocres, qualifiés de « vins pour la terre », gagnent Orléans et Paris. De l'autre côté d'Ingrandes, dans la région nantaise, les mêmes Hollandais encouragent une viticulture de quantité pour leurs gros besoins en *vins de chaudière* : le vin non filtré est introduit dans la chaudière et porté à ébullition, les vapeurs alcooliques se dégagent, destinées à la fabrication des eaux-de-vie. Il faut des cépages à fort rendement : la *folle-blanche* baptisée « gros-plant » à cause de l'allure épaisse de son cep, et le *melon*, auquel son arôme vaudra le nom de « muscadet ».

Si vous disposez d'une serre ou d'une pièce bien claire, ne vous privez pas de cette somptueuse plante d'intérieur : la Medinilla magnifica. *Originaire des Philippines, elle étend sa période normale de floraison de février à août, mais aussi, grâce aux méthodes modernes de culture, à d'autres saisons ; les panicules florales sont composées de nombreux fleurons entourés de larges bractées vieux rose. Afin d'éviter qu'elles se cassent, tuteurez les tiges au moment de la floraison. Maintenez une température de 20° avec une bonne humidité en été, et de 15 à 17° de novembre à février pour favoriser le développement des boutons floraux.*

Les drôles d'histoires de Pierre Bellemare

Voitures antialcooliques

Passé 23 heures, les rues de Tokyo semblent bien étroites aux centaines d'employés de bureau qui, sortant des bars, tentent de regagner leur domicile tant bien que mal. Bien que les Japonais soient généralement bienveillants à l'égard des buveurs, la mort de trois enfants, fauchés par un chauffard en état d'ivresse, a révolté l'opinion publique. Flairant un nouveau marché, les firmes automobiles lancent aujourd'hui toute une gamme de gadgets. Ainsi Toyota prévoit d'équiper ses modèles d'un système qui coupera automatiquement le moteur si le taux d'alcool contenu dans la sueur du conducteur est supérieur à la norme légale. Et pas question de tricher en portant des gants, une caméra examinera la dilatation de ses pupilles. Si l'intempérant dissimule son regard derrière des lunettes de soleil, l'ordinateur de bord aura tôt fait de détecter ses écarts de conduite et d'immobiliser son véhicule. Optant pour une technologie plus rustique, Nissan se contente d'équiper ses voitures d'un éthylotest dans lequel le pilote devra souffler pour pouvoir démarrer.

Autre secteur en pleine expansion, les services d'escorte à domicile. Sur la demande d'un patron de bar, deux personnes viennent chercher le sybarite, la première pour le ramener chez lui, l'autre se chargeant de convoyer sa voiture. Dernière innovation : la compagnie Fujitaxi transporte les vélos des cyclistes éthyliques. Pour s'assurer que le chauffeur du taxi est apte à remplir sa mission, il devra souffler dans l'éthylotest incorporé dans son téléphone portable pour transmettre au siège de son entreprise son taux d'alcoolémie. *Kampai!*

IL Y A 40 ANS, EN 1970 : Une énorme coulée de neige s'engouffre dans le chalet de l'UCPA, à Val-d'Isère, tuant 39 jeunes vacanciers, et faisant une soixantaine de blessés. Attentat sur l'aéroport de Munich, où trois Palestiniens jettent des grenades sur les passagers d'un appareil d'El Al.

MERCREDI 10 FÉVRIER

Saint Arnaud

Verseau 2e décan

Une erreur peut devenir exacte, selon que celui qui l'a commise s'est trompé ou non (Pierre Dac).

Les colporteurs ou porte-balles

Les porte-balles couraient la campagne avec leur assortiment sur le dos, ou, plus fréquemment, dans des boîtes qu'ils portaient devant eux. On les appelait aussi des « mercelots » parce qu'ils proposaient de la mercerie, des peignes, des couteaux, des épingles, des ciseaux, des lacets et autres petits bijoux… Leur importance se mesurait à la dimension de la boîte qui contenait les marchandises, d'où le proverbe : « À petit mercier, petit panier. »
De Louis XIII à Napoléon III, ils distribuèrent aussi à bas prix des images populaires, des gazettes, des almanachs, des centaines de petits volumes à couverture de gros papier bleu. Pour ceux qui savaient lire, c'était de la « lecture » justement, avec des histoires vraies ou fabuleuses, des conseils pour la ménagère, pour les filles à marier, des faits divers, de l'astrologie… La religion y était aussi évoquée largement. Les colporteurs auront un rôle social et politique important dans nos provinces, en propageant les écrits défendus, les pamphlets, les images prohibées, en particulier sous l'Ancien Régime. Une bonne partie de l'œuvre de Voltaire n'eut pas d'autres agents de diffusion. Alors que la plupart ne savaient pas lire, ils devinrent les spécialistes de la littérature séditieuse vendue en cachette. La police les a longtemps suspectés à tort de semer le désordre et de fomenter des complots.

★★ TARTE À L'ANANAS.

Pour cinq ou six personnes.
Battez deux œufs, ajoutez 80 grammes de noix de coco râpée et 120 grammes de sucre. Ajoutez peu à peu 1 centilitre de lait bouilli en remuant. Portez à ébullition pour faire épaissir. Hors du feu, ajoutez un verre de rhum. Garnissez un moule à tarte de 300 grammes de pâte brisée. Badigeonnez-la de blanc d'œuf. Versez la préparation presque froide sur le fond de tarte, garnissez de morceaux d'ananas en boîte bien égouttés, et faites cuire au four à feu moyen une demi-heure. Arrosez d'un verre de rhum et flambez.

IL Y A 40 ANS, EN 1970 : Deuxième jour de fermeture de la faculté de droit d'Assas de Paris. Hans Voelkner, l'espion de l'Orchestre rouge, passe devant la Cour de sûreté de l'État, et sera condamné à douze ans de rétention criminelle. À Val-Gardena, la Suissesse Annerosli Zryd remporte la descente.

Qu'est-ce que l'Angleterre ? Une colonie française qui a mal tourné (Clemenceau).

Notre-Dame de Lourdes

Verseau 3e décan

JEUDI 11 FÉVRIER

Les drôles d'histoires de Pierre Bellemare

Jack l'éventreur enfin démasqué ?

Auteur d'une quinzaine de best-sellers, Patricia Cornwell s'est attachée, en 2002, à démasquer Jack l'éventreur, qui terrorisa les bas-fonds de Londres vers la fin du XIXe siècle, y dépeçant cinq prostituées. Pour ce faire, elle s'est entourée d'un staff de douze enquêteurs. Au terme d'une longue enquête et à la stupéfaction des historiens d'art, elle a désigné coupable Walter Sickert, un célèbre peintre impressionniste anglais. Plusieurs tableaux peints à l'époque par Sickert représentaient en effet des scènes macabres, dont l'un, *Meurtre de Camden Town*, évoquait le meurtre d'une prostituée.

Première hypothèse pour expliquer le mobile de Sickert : affecté d'une fistule, il aurait subi une série d'opérations le laissant avec un pénis nanifié, cette difformité suscitant chez lui une haine des femmes inextinguible. Sachant que le monstre avait adressé des centaines de lettres moqueuses à la police, l'écrivaine a fait analyser des traces d'ADN prélevées au dos des timbres. Pour obtenir l'empreinte génétique du peintre, elle n'a pas hésité à faire l'acquisition, pour 6 millions de dollars, d'un paquet de lettres et de 31 de ses toiles.

Les tests ADN n'ayant pas été concluants, les détracteurs de la romancière ont réfuté point par point sa théorie, arguant notamment qu'à la période des meurtres attribués à Jack l'éventreur, le peintre séjournait à Dieppe.

« Sickert effectuait de rapides allers-retours en bateau entre les deux pays, après chaque assassinat », a rétorqué Cornwell, avec l'aplomb de son héroïne Kay Scarpetta.

IL Y A 40 ANS, EN 1970 : Les Israéliens détruisent par erreur une usine métallurgique à 20 kilomètres du Caire, où l'on déplorera 70 morts. M. J. Chaban-Delmas annonce la destruction accélérée des bidonvilles. M. Rumor est chargé par le président italien Saragat de former un nouveau gouvernement.

VENDREDI 12 FÉVRIER — **Saint Félix** — **Verseau 3e décan**

L'homme est le seul animal qui rougisse, c'est d'ailleurs le seul animal qui ait à rougir de quelque chose (G. B. Shaw).

★ DÉLICE DE FOIES DE VOLAILLES. Pour six personnes. Nettoyez quatre gros foies de volailles, hachez-les finement avec 200 grammes de moelle. Ajoutez quatre jaunes d'œufs et les blancs battus, salez, poivrez. Mettez la préparation dans un moule beurré et saupoudrez de chapelure. Faites cuire 1 heure au bain-marie.

Le 14 février, jour de la Saint-Valentin, est la fête des amoureux

À la mi-février commence le réveil de la nature, les Grecs fêtaient la déesse Héra, protectrice du mariage et des femmes. Les Romains participaient à des rites de fécondité, festivités très populaires dédiées au dieu Faunus Lupercus – le Loup – bienfaiteur des troupeaux et des bergers.

Le pape Gelasius, en 496, décida d'interdire ces réjouissances par trop païennes. Il choisit de remplacer le dieu romain par Valentin, saint martyr fêté le 14 février, et d'en faire, pour rester dans les mœurs du temps, le protecteur des amoureux. Ce prêtre de l'Église du Christ, vivant sous le règne de Claude II, arrêté comme chrétien, continua devant ses juges de proclamer sa foi au « fils de Dieu et Lumière du monde ». Le président du tribunal avait une fille aveugle. Il mit au défi Valentin de lui rendre la vue. Valentin imposa les mains sur ses yeux de la jeune fille, en priant très fort, et, à la surprise de tous, elle recouvra effectivement la vue, ce qui entraîna de nombreuses conversions. Voyant quoi, l'empereur fit décapiter Valentin, le 14 février 270.

Depuis, à chaque Saint-Valentin, chaque Valentin cherche à plaire à sa Valentine, en lui offrant des fleurs ou de petits présents, accompagnés de jolies cartes décorées de Cupidon blessant les cœurs avec ses flèches.

IL Y A 40 ANS, EN 1970 : Le congrès du Parti radical accepte le programme « Ciel et Terre » de J.-J. Servan-Schreiber. Manifestation monstre au Caire pour protester contre le bombardement de l'usine d'Abou Zaabal. La Française Ingrid Lafforgue est championne du monde du slalom spécial à Val-Gardena.

Trop de morceaux de musique finissent trop longtemps après la fin (Igor Stravinsky).

Sainte Béatrice — **SAMEDI 13 FÉVRIER** — Verseau 3e décan

Pour entrer dans le secret des choses, il faut d'abord se donner à elles (Simone de Beauvoir).

Saint Valentin — **DIMANCHE 14 FÉVRIER** — Verseau 3e décan

La France mystérieuse

LES LEVEURS DE SORT

Rezay (Cher)

Depuis les temps les plus reculés, le village de Rezay passe pour être celui des magiciens, mais des bons magiciens, ceux qui ne mettent leurs pouvoirs que pour soulager leurs contemporains et défendre la bonne cause.

Ainsi, dit-on, durant la guerre de Cent Ans, les Anglais furent arrêtés par une bergère de Rezay, qui leur jeta un sort rendant leurs armes inutilisables. Ils furent massacrés par les habitants en un lieu nommé depuis *Chaume-aux-Chiens*, car les chiens allèrent ensuite dévorer leurs corps.

Par la suite et jusqu'au milieu du XXe siècle, Rezay est resté réputé pour ses leveurs de sorts. Ils pratiquaient parfois l'exorcisme contre les manifestations diaboliques de toutes sortes, mais le plus souvent, ils se contentaient d'être guérisseurs, soulageant les maladies grâce à leurs formules magiques. On ne sait pas si celles-ci étaient efficaces, mais on a conservé la plus utilisée d'entre elles :

Mal, mal, maudit mal,
Si tu es dans la moelle, saute dans l'os,
Si tu es dans l'os, saute dans la viande,
Si tu es dans la viande, saute dans la peau,
Si tu es dans la peau, saute dans le poil,
Si tu es dans le poil, saute à terre !

Et le leveur de sort faisait le geste d'écraser quelque chose avec le bout de sa chaussure.

IL Y A 40 ANS, EN 1970 : À Munich, sept personnes sont mortes dans l'incendie criminel d'une maison de retraite appartenant à la communauté juive. Le poète Alexandre Tvardovski, rédacteur en chef de *Novy Mir* est contraint de démissionner parce qu'il avait fait connaître Soljenitsyne aux Soviétiques.

LUNDI 15 FÉVRIER

Saint Claude

Verseau 3e décan

Si derrière toute barbe il y avait de la sagesse,
les chèvres seraient toutes prophètes (proverbe arménien).

★ MARMITE FERMIÈRE. Pour quatre personnes. Faites cuire 6 minutes à l'eau bouillante 1 livre de carottes grattées et une livre de navets épluchés, coupés en fines rondelles. Dans une sauteuse laissez-les colorer légèrement dans 75 grammes de beurre chaud, ajoutez 1 décilitre d'eau et laissez cuire à feu moyen jusqu'à ce que les légumes soient tendres et que l'eau soit évaporée de moitié. Retirez les légumes, ajoutez au jus de la sauteuse deux cuillerées à café de fond pour rôti, une cuillerée de beurre manié avec de la farine, et une cuillerée de moutarde à l'ancienne. Mélangez bien à la cuiller en bois et ajoutez les légumes.

Jeanne-Marie, appelée Manon, Roland de la Platière (1754-1793)

Manon épouse en 1780 le vertueux et sévère Jean-Marie Roland de la Platière. À la Révolution, elle se jette avec passion dans la politique, jouant un rôle considérable au sein du parti girondin. Elle rencontre Buzot auquel la lie bientôt une passion partagée, mais reste fidèle à son époux. Le 31 mai 1793, les Girondins sont proscrits. Roland et Buzot prennent la fuite, mais Manon se laisse arrêter. Le 8 novembre, vêtue de blanc, elle se présente devant le Tribunal révolutionnaire où elle est condamnée à mort. Au pied de l'échafaud, elle murmure :

> « Ô LIBERTÉ, QUE DE CRIMES ON COMMET EN TON NOM ! »

Roland, apprenant deux jours plus tard la mort de Manon, se suicide près de Rouen. Buzot, qui ne l'apprendra qu'en juin 1794, se donne la mort près de Saint-Émilion.

IL Y A 40 ANS, EN 1970 : Le billet de métro et de bus est augmenté de 10 centimes, passant de 0,60 à 0,70 franc. La police fait évacuer une soixantaine d'occupants de la faculté de Dauphine. Le gouvernement s'engage à limiter la hausse des prix pour l'année 1970 à 3,9 %.

Il ne faut jamais tout dire, même à une pierre (Montherlant).

Sainte Julienne

Verseau 3e décan

MARDI 16 FÉVRIER

Les drôles d'histoires de Pierre Bellemare

Cachez ce sein...

À Paris, au palais du Luxembourg, les anciens sénateurs se souviennent avec tendresse de « La Muse de la source » ou de « La Baigneuse », une sensuelle naïade en bronze installée sous les lambris du salon Berthelot. Avant d'intervenir à la tribune, nos représentants avaient coutume, dit-on, pour se donner du cœur au ventre, de flatter au passage la juvénile poitrine de la statue. Répété pendant presque un siècle, ce rituel de la main baladeuse avait fini par lustrer le sein droit de la jouvencelle, au point de lui conférer une irrésistible patine mordorée.

Selon une rumeur persistante, c'est Meg Steinheil, l'égérie du président Félix Faure, qui avait prêté sa plastique irréprochable au sculpteur Jean-Baptiste Hugues, prix de Rome, en lui servant de modèle. Quand, le 16 février 1899, le chef de l'État succombe définitivement au charme de son infatigable maîtresse, l'œuvre entre dans la légende et décuple l'ardeur fétichiste des sénateurs. En 1969, le prude Alain Poher, président de la République par intérim, fait expulser la tentatrice hors des murs du Sénat. « La Muse de la source » est reléguée dans le fond d'un garage où elle croupit, privée d'amour jusqu'en 1984. Réhabilitée par les marbriers du Louvre, la sculpture livre un à un ses secrets. Il s'avère que, commencée en 1881, elle ne peut avoir été inspirée par Mme Steinheil, alors âgée de 12 ans. Si cette révélation ôte du piment à l'histoire mouvementée de la Belle Époque, elle n'altère en rien le pouvoir de séduction de la jolie baigneuse.

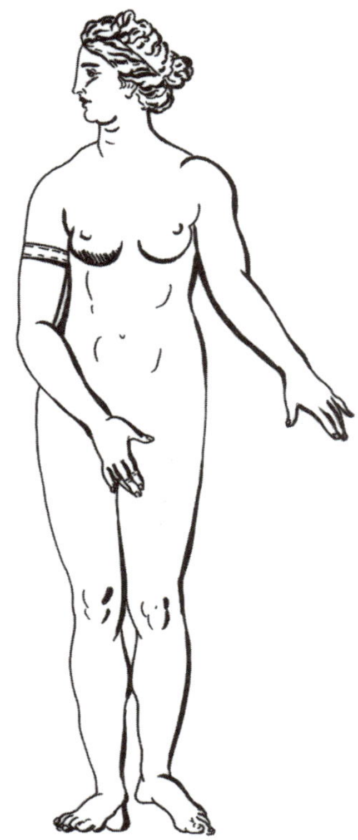

Exposée aujourd'hui dans la prestigieuse salle des Fêtes du musée d'Orsay, elle continue d'attiser la concupiscence tactile des visiteurs, qui ignorent pourtant tout de son passé, et continuent à lui caresser le sein !

IL Y A 40 ANS, EN 1970 : Le cardinal Marty est reçu à Londres par la reine Élisabeth d'Angleterre et rencontre le Dr Ramsey, primat de l'Église anglicane. Après sa victoire au Madison Square Garden de New York, Joe Frazier est champion du monde de boxe des poids lourds.

MERCREDI 17 FÉVRIER — **Saint Alexis** — **Verseau** 3e décan

Quand on a du caractère, il est toujours mauvais (Clemenceau).

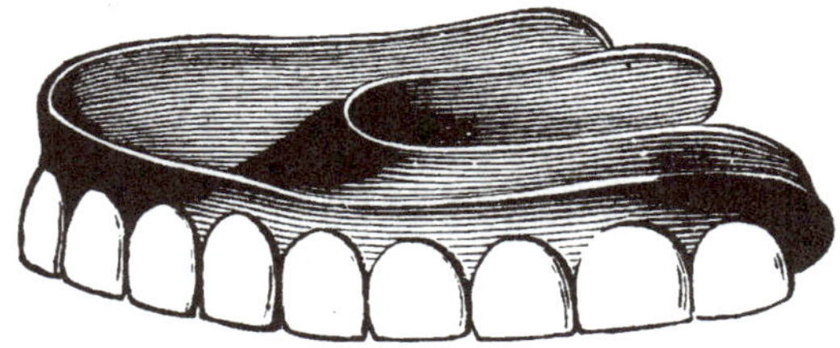

L'ARRACHEUR DE DENTS

Jusqu'en 1892, date de la création du premier diplôme de dentiste, il suffisait de disposer de bras de déménageur et d'un bagou de camelot pour s'établir arracheur de dents. Les instruments étaient rudimentaires : limes et burins pour les caries, tenailles incisives, scies, poussoirs pour briser les dents. Ces instruments barbares n'effrayaient pas les bonnes gens qui admiraient dans les foires les exploits des extracteurs. C'étaient souvent d'anciens comédiens, peut-être parce qu'ils savaient bonimenter sur les tréteaux. Le plus célèbre, vers 1715, était une sorte de géant, « le Grand Thomas », le « plus bel ornement du Pont Neuf après le cheval de bronze et la Samaritaine ». Toujours vêtu d'écarlate et d'un justaucorps à grandes basques avec une cravate blanche, coiffé d'un tricorne à plumes de paon, l'épée au côté, il était flanqué d'un singe et installé sur un chariot. Lorsque la dent résistait, il faisait agenouiller le patient et le soulevait par trois fois avec la vigueur d'un taureau. La dent une fois arrachée circulait dans les rangs du public admiratif. Puis il envoyait le client se rincer la bouche pour se remettre et stériliser la plaie, chez la Mère Rogomme qui débitait de l'eau-de-vie au bas du Pont Neuf et qui devait lui réserver une petite commission.

★★★ CARBONADE DE BŒUF. Pour six à huit personnes. Faites chauffer trois cuillerées de saindoux dans une cocotte, et faites dorer 1,500 kilogramme de gîte ou de macreuse coupée par le boucher en tranches de 1 centimètre d'épaisseur. Retirez-les et réservez au chaud. Faites blondir 500 grammes d'oignons émincés dans le même saindoux en remuant à la spatule en bois. Lorsqu'ils sont dorés, retirez-les et mettez-les de côté. Saupoudrez d'une cuillerée à soupe de farine la graisse contenue dans la cocotte, faites un roux brun, délayez avec un bol de bouillon et une bouteille de bière blonde, assaisonnez de sel, de clous de girofle, de poivre en grains et d'une pincée de cannelle. Laissez frémir 10 minutes, puis ajoutez une cuillerée à soupe de moutarde. Garnissez une terrine de couches alternées de tranches de bœuf et d'oignons rissolés, versez sur le tout la sauce à la bière, couvrez la terrine, et laissez cuire dans le four 1 heure 30.

IL Y A 40 ANS, EN 1970 : Grève à la SNCF qui perturbe le trafic des grandes lignes et du réseau de la banlieue ouest. Pour Le Caire, l'arrêt des combats doit être précédé du retrait d'Israël des territoires occupés. Sortie du film de Luchino Visconti, *Les Damnés.*

Quand un arbre tombe, on l'entend ; quand la forêt pousse, pas un bruit (proverbe d'Afrique du Sud).

Sainte Bernadette

Verseau 3ᵉ décan

JEUDI 18 FÉVRIER

Les drôles d'histoires de Pierre Bellemare

Esprit chevaleresque

Le sport est, on le sait, une école de la vie. Sa pratique demande courage, persévérance et loyauté. À l'heure où de multiples scandales ternissent nombre de disciplines, saluons le fair-play des footballeurs allemands.

En 1894, la première finale du championnat national oppose l'équipe du Viktoria de Berlin à celle de Hanau, une ville de la région de la Hesse. La rencontre doit se dérouler à Berlin. Les joueurs de Hanau n'ayant pas les moyens de se déplacer doivent déclarer forfait. Cette défaite ayant laissé un goût amer dans les mémoires footballistiques, le Viktoria Berlin a très chevaleresquement remis son titre en jeu en 2007, cent treize ans après les faits. Bien que les deux équipes aient depuis longtemps quitté les sphères de la *Bundesliga*, la rencontre a passionné le public. Faute, naturellement, de pouvoir ressusciter les joueurs de l'époque, les organisateurs ont dû se contenter, pour marquer l'événement, d'utiliser les lourds ballons en cuir, en vigueur sur les pelouses des stades à la fin du XIXᵉ siècle. Malheureusement pour l'équipe de Hanau, après avoir été battue 3-0 à domicile, elle a concédé le match nul, 1-1, quelques semaines plus tard, à Berlin.

« Nous savons maintenant que le Viktoria méritait bien sa victoire, en 1894, a déclaré sportivement le capitaine de l'équipe perdante.

– Si mes joueurs ne s'étaient pas entraînés d'arrache-pied à frapper dans de vieux ballons, nous aurions perdu », a répliqué avec élégance le président du club berlinois.

Loin de la violence des hooligans racistes, on constatera avec plaisir que cette noblesse de sentiments renoue avec l'esprit sportif des footballeurs amateurs du XIXᵉ siècle !

IL Y A 40 ANS, EN 1970 : Tandis que le roi Hussein s'est retiré à Akaba, des blindés jordaniens encerclent Amman. Les B-52 américains interviennent massivement au Laos. Inauguration à la galerie Pacitti de l'exposition des œuvres du sculpteur Paul Belmondo en présence de son fils Jean-Paul.

VENDREDI 19 FÉVRIER — **Saint Gabin** — **Verseau** 3ᵉ décan

La société est divisée en deux classes : ceux qui ont plus de dîners que d'appétit et ceux qui ont plus d'appétit que de dîners (Chamfort).

☆ REBLOCHON SURPRISE. Pour quatre personnes. Coupez un reblochon en deux dans le sens de l'épaisseur. Concassez 80 grammes de marrons en bocal, étalez-les sur la moitié du reblochon, ainsi que 20 grammes de pignons de pins, une vingtaine de cerneaux de noix, arrosez d'une ou deux cuillerées à soupe d'eau-de-vie, recouvrez de l'autre moitié du fromage. Passez au four (th. 5) pendant 20 minutes.

« LA COURONNE DES CHANTS »

Drôle de nom pour un fromage… une des rares créations gastronomiques américaines réussies en la matière… Étonnantes aussi, les circonstances de son élaboration… Au XIXᵉ siècle des immigrants allemands installés dans un quartier de New York devenu aujourd'hui East Village perpétuent les habitudes alimentaires de leur pays d'origine. Ils ne peuvent se passer du Bismarch Schlosskäse, fromage doux moulé d'une odeur dérangeante pour ceux qui ne l'apprécient pas… Hélas, M. Tod, qui tient l'épicerie du quartier, doit renoncer à l'importer, cette pâte molle supportant mal la traversée de l'Atlantique. Il demande au responsable de l'usine fromagère dont il est propriétaire d'en réaliser la reproduction exacte. Emile Frey, immigré suisse, relève le défi. Le hasard l'amène à créer un tout nouveau fromage, à la même texture crémeuse, aussi intensément malodorant… Les compatriotes de M. Tod le goûtent, et l'apprécient particulièrement ; ils décident de lui donner le nom de la chorale allemande dont ils sont membres : Liederkranz, en français « Couronne des chants ». Le succès de ce fromage prend de l'ampleur. Mais en 1951, une contamination bactérienne fortuite dans un lot arrête définitivement sa production et personne ne s'étant soucié de garder trace de sa formule, elle est jugée perdue à jamais. Toutefois, la concession du Liederkranz ayant été rachetée par l'office du lait de Nouvelle-Zélande, la culture bactérienne y aurait peut-être été conservée…

IL Y A 40 ANS, EN 1970 : Une organisation terroriste palestinienne revendique l'explosion, peu après son décollage de Zurich, d'un appareil de la Swissair à destination de Tel-Aviv. Inauguration de la section Étoile-Défense du métro express régional. La publicité est autorisée sur les portières des taxis parisiens.

Le bonheur est une récompense qui vient à ceux qui ne l'ont pas cherché (Alain).

Sainte Aimée — **SAMEDI 20 FÉVRIER** — Poissons 1er décan

Ce n'est pas parce que les choses sont difficiles que nous n'osons pas, c'est parce que nous n'osons pas qu'elles sont difficiles (Sénèque).

Saint Pierre Damien — **DIMANCHE 21 FÉVRIER** — Poissons 1er décan

La France mystérieuse

LES DÉBUTS DU CHEMIN DE FER

Saint-Étienne (Loire)

Saint-Étienne a été la première ville de France à disposer d'une voie ferrée. C'est le 26 février 1823 que, par ordonnance du roi Louis XVIII, fut décidée la création d'une ligne de chemin de fer, destinée au transport du charbon du bassin minier, alors très actif. Les wagons de minerai seraient tirés par des chevaux.

L'entreprise prit du retard, car la compagnie se heurta à l'hostilité des habitants, qui auraient préféré un canal où ils auraient pu pêcher. D'autre part, la résistance des cent vingt-deux propriétaires expropriés par le tracé fut acharnée. Ce n'est qu'en 1827 que l'exploitation commença. La ligne était à voie unique, avec des emplacements de garage à endroits réguliers pour le croisement des trains. Elle mesurait 21 kilomètres de long et elle employait une quarantaine de chevaux, qui tiraient cent quarante chariots. La même année, Marc Séguin déposa un brevet de chaudière tubulaire et des locomotives entrèrent à leur tour en service.

En 1831, les premiers transports de voyageurs commencèrent, mais les wagons étaient tirés uniquement par les chevaux, les locomotives étant réservées au transport du minerai. Ce n'est qu'en 1844 que la traction animale disparut définitivement au profit de la vapeur.

Cette année-là, le trajet Lyon-Saint-Étienne s'effectuait en 2 heures 35 et 578 285 voyageurs ont été véhiculés entre les deux villes.

IL Y A 40 ANS, EN 1970 : Après une enquête de quatre mois, les ravisseurs de la petite Sophie Duguet, enlevée le 24 octobre dernier et retrouvée quatre jours plus tard, sont écroués. Cri d'alarme de scientifiques français sur les effets désastreux de la guerre chimique au Vietnam.

LUNDI 22 FÉVRIER

Sainte Isabelle

Poissons 1er décan

Un cheveu de femme est assez fort pour tenir en laisse un éléphant (proverbe japonais).

Si vous désirez entreprendre quelques semis avant le printemps, achetez des petits pots de tourbe que vous remplissez de terreau, et placez dans chacun deux ou trois graines de fleurs ou de légumes. Rangez les petits pots dans un grand bac recouvert d'un couvercle en plastique transparent. Placez cette miniserre à la lumière d'une fenêtre en évitant le soleil direct. Lorsque les plants seront suffisamment forts, vous les repiquerez directement en pleine terre ou dans des pots sur le balcon, tels quels, le pot de tourbe se décomposera progressivement dans le sol.

Georges Jacques Danton (1759-1794)

Il est une des figures les plus marquantes de la Révolution française. Il prépare la journée du 10 août 1792, au cours de laquelle le château des Tuileries est pris, et proclamée la déchéance de Louis XVI. Siégeant à la fois au Conseil exécutif et à la commune insurrectionnelle, il sait garder son sang-froid face à l'invasion des Prussiens en Lorraine et des Autrichiens dans le Nord. Le 2 septembre, devant l'Assemblée législative, il trouve les ressources oratoires pour galvaniser les patriotes : « Tout s'émeut, tout s'ébranle, tout brûle de combattre… Le tocsin qu'on va sonner n'est point un signal d'alarme, c'est la charge sur les ennemis de la patrie. » Et il termine par :

« IL NOUS FAUT DE L'AUDACE, ENCORE DE L'AUDACE, TOUJOURS DE L'AUDACE, ET LA FRANCE EST SAUVÉE ! »

Le 20 septembre, ce sera la victoire de Valmy.

Quand une baleine est retrouvée morte sur une côte britannique, sa tête est légalement propriété du Roi, et sa queue propriété de la Reine.

Les drôles d'histoires de Pierre Bellemare

Potion magique

La vie quotidienne est pénible dans le village de Coltauco, à 120 kilomètres au sud de Santiago du Chili, la fruiticulture étant l'unique source de revenus des habitants. Un jour de 2004, une Française se faisant appeler Mme Fred s'y présente au titre de présidente de la société Flamex Chile S.A. Le but de sa visite : transformer radicalement le sort misérable des paysans andins. Son secret : des ferments lactiques qui ont la forme de petites rondelles jaunes et grasses, non comestibles, et qui constituent la matière première d'une nouvelle gamme de produits cosmétiques. Au bout de quatre mois, quand les « fromages » sont parvenus à maturation, ils sont rachetés par son entreprise au double de leur prix. Le kit, comprenant un sachet de ferments avec filtres et flacons, est vendu 360 euros, soit environ deux fois le salaire minimum chilien. Mais la fruiticulture est une activité épuisante et saisonnière : pourquoi ne pas travailler chez soi et gagner gros ? En quelques mois, près de six mille paysans de la région se mettent à affiner les « fromages » magiques. Naturellement, les ferments lactiques sont incapables de produire les effets escomptés. À part celui de ruiner rapidement des milliers de naïfs ! Quand le montant de l'escroquerie se chiffre à 5 millions d'euros, l'État chilien dissout la société et lance un mandat d'arrêt international contre Mme Fred qui a prudemment regagné la France.

Dans cette histoire, on ne sait s'il faut davantage s'apitoyer sur la crédulité des paysans chiliens ou sur le laxisme de la justice française qui a « pris l'affaire très au sérieux ». Sans entreprendre la moindre action pénale à l'encontre de la prédatrice.

IL Y A 40 ANS, EN 1970 : Premier tête-à-tête à la Maison Blanche, entre le président Nixon et le président Pompidou. Après six semaines de grève, reprise des cours à la faculté de Dauphine à Paris. La Suisse décide la limitation de l'entrée de ressortissants arabes après l'attentat contre un appareil de la Swissair.

MERCREDI 24 FÉVRIER

Saint Modeste

Poissons 1er décan

Le voyage est court.
Essayons de le faire en première classe (Ph. Noiret).

☆ DOUCEUR D'OIGNONS. Pour quatre personnes. Faites cuire 1 kilo d'oignons épluchés, émincés, dans un quart de litre de lait. Laissez refroidir. Mélangez trois œufs, un pot de crème de 20 centilitres, sel, poivre, muscade et ajoutez les oignons. Étalez une pâte brisée sur la tourtière, et versez la préparation. Cuisez au four (th. 7) pendant 30 minutes.

Marie Edme comte de Mac-Mahon (1808-1893)

Commencée en 1854, la guerre de Crimée oppose les Russes à une coalition franco-anglaise. La victoire de l'Alma débouche sur le siège de Sébastopol qui va durer 322 jours ! Il s'achève le 8 septembre 1855 par l'assaut victorieux de la tour Malakoff, clé de la défense russe, menée avec bravoure par les zouaves de la division du général Mac-Mahon. À midi, les zouaves plantent leur drapeau sur une éminence, symbolisant une conquête chèrement payée. Un peu plus tard, l'aide de camp du général Pélissier vient avertir Mac-Mahon que le fort est probablement miné, que les Russes vont sûrement faire sauter l'ouvrage, et qu'une évacuation s'impose.
Refusant d'obéir, le général entrera dans la légende en répondant avec fermeté :

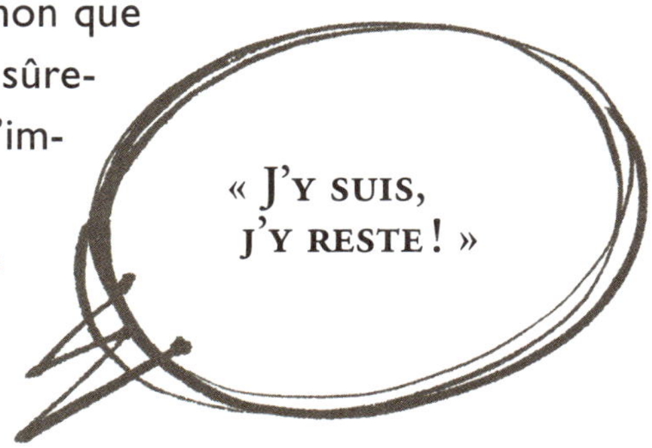

Pour le Charentais, une *cagouille* est :
a. Une cage pour écureuil.
b. Un escargot petit-gris.
c. Un manteau de moine.

Bonne réponse : **b.**

Les drôles d'histoires de Pierre Bellemare

Réactions en chaîne

En mai 1996, Paul Masson, quarante-quatre ans, superviseur d'un chantier en Bourgogne, est un homme heureux et en parfaite santé. Vers 20 heures, il se lave soigneusement les cheveux avec le shampooing qu'il a acheté quelques heures plus tôt dans un supermarché et se met au lit. « Toute la nuit, j'ai eu des démangeaisons du cuir chevelu. J'ai cru que j'avais des poux, racontera-t-il plus tard. Je suis allé travailler à 6 h 30. À 13 heures, j'ai eu des bouffées de chaleur intenses, puis des douleurs atroces. J'ai bien cru que j'allais mourir. » Son état empirant, Masson est admis à l'hôpital où il fait plusieurs arrêts cardiaques. Les médecins parviennent à le ranimer et diagnostiquent un œdème de Quincke.

Après enquête, il s'avère que cette réaction allergique extrêmement grave a été provoquée par le shampooing acheté la veille.

« Mon calvaire ne faisait que commencer, poursuit le malheureux. Le traitement à base de cortisone m'a détruit les hanches. On m'a alors posé deux prothèses en titane. Puis, je suis devenu diabétique et ma pension a chuté à 700 euros par mois, sans avoir perçu la moindre indemnité. »

Tandis que Masson perd le peu de santé qu'il lui reste et qu'il ne se déplace plus qu'en fauteuil roulant, la justice se hâte avec une lenteur désespérante. L'affaire ne vient devant un tribunal que dix ans après l'empoisonnement. N'obtenant que 1 500 euros de remboursement de frais d'hôpitaux, le plaignant interjette appel.

En attendant un second procès qui, espérons-le, lui rendra enfin justice, Masson continue de se battre.

IL Y A 40 ANS, EN 1970 : À la demande du doyen de la faculté des lettres Paul Ricœur, la police intervient sur le campus de Nanterre, provoquant incidents et bagarres. Le SMIC est augmenté de 2,75 %, soit 582 francs pour 40 heures de travail par semaine. Première, à Paris, de *L'Enfant sauvage*, de François Truffaut.

VENDREDI 26 FÉVRIER — **Saint Nestor** — **Poissons 1er décan**

Ce n'est pas tant d'être riche qui fait le bonheur, c'est de le devenir (Stendhal).

⋆ MOUSSE À L'ORANGE. Pour quatre personnes. Mélangez 80 grammes de sucre, le jus de cinq oranges et le zeste râpé de trois oranges avec trois cuillerées d'eau et 6 jaunes d'œufs. Faites épaissir au bain-marie. Battez les blancs d'œufs en neige et incorporez-les au mélange refroidi.

Le pour et le contre des années bissextiles

Dans les pays anglo-saxons, les années bissextiles sont bénéfiques pour tout changement de vie ou de métier. Une naissance le 29 février est placée sous les meilleurs auspices. Pendant une année bissextile, une jeune fille peut, sans craindre d'être repoussée, déclarer ses sentiments à celui qu'elle aime et qui était jusque-là indifférent.

En France au contraire, l'année bissextile n'a pas eu pendant longtemps une très bonne réputation. En Bourgogne, on n'échappera pas au mauvais sort. Dans le Dauphiné, un dicton affirme : « Année bissextile, mauvaise année. » Dans les Vosges, le 29 février d'une année bissextile est une journée où tout va mal. Dans l'Indre, le Grand Bissexte, créature démoniaque, se montre pendant les inondations, et porte malheur. En Bretagne, on recommande de semer du chanvre au lieu du lin, tant l'année sera humide. En Poitou, on assure qu'il ne faut pas greffer avec les greffons d'une année bissextile, sous peine de voir l'arbre ne produire aucun fruit. En fait, au cours d'une année bissextile « tout peut arriver, depuis les plus grandes surprises, jusqu'à de longues périodes de malchance ». Mais il y a toujours la solution de franchir la Manche pour trouver un peu de réconfort !

IL Y A 40 ANS, EN 1970 : 30 000 viticulteurs français manifestent contre l'importation des vins algériens. Le président Georges Pompidou est hué à Chicago par 10 000 manifestants pro-Israéliens. Sortie des films de Claude Chabrol *Le Boucher*, et de Pierre Granier-Deferre *La Horse* avec Jean Gabin.

On est plus le fils de son époque
que le fils de son père
(proverbe d'Afrique du Sud).

Le mariage multiplie par deux les obligations
familiales et toutes les corvées sociales
(Simone de Beauvoir).

Sainte Honorine — **SAMEDI 27 FÉVRIER**
Poissons 1er décan

Saint Romain — **DIMANCHE 28 FÉVRIER**
Poissons 1er décan

La France mystérieuse
LES VERTUS D'UN FROMAGE
Roquefort-sur-Soulzon (Aveyron)

Le site de Roquefort (« roc fortifié ») provient d'un affaissement brutal du sol, qui a donné naissance à tout un ensemble de caves, composant un labyrinthe de plusieurs kilomètres et ventilées en air frais par des cheminées naturelles appelées *fleurines*. Ce sont ces conditions exceptionnelles qui sont à l'origine du fromage connu dans le monde entier. D'après la légende, la naissance du roquefort serait le fait du hasard. Il y a longtemps, un pâtre amoureux d'une bergère est allé conter fleurette à celle-ci, oubliant dans une des grottes son déjeuner fait de pain et de fromage. Retrouvant celui-ci beaucoup plus tard, il le découvrit couvert de moisissure. Il eut quand même la curiosité d'y goûter et le trouva meilleur qu'avant.

L'histoire est jolie, mais il est difficile d'y croire, car, au Ier siècle de notre ère, Pline vantait déjà l'excellence de ce fromage gaulois. Ce qui est certain, en tout cas, c'est que pendant des siècles, les habitants de la région avaient pris l'habitude de s'appliquer du roquefort sur leurs plaies, pour lutter contre la gangrène et autres infections. Pendant longtemps, les médecins et les autorités luttèrent contre ce qu'ils considéraient comme une superstition dangereuse, jusqu'au jour où Flemming découvrit la pénicilline. Or, la moisissure qui donne sa coloration verte au roquefort est due au champignon *Penicillium roqueforti*, qui possède les mêmes vertus antibiotiques que le médicament.

IL Y A 40 ANS, EN 1970 : À l'aéroport de Chicago, Georges Pompidou estime publiquement que « les manifestants de Chicago ont mis une tache sur le front de l'Amérique, mais ils ne nuiront pas à l'amitié franco-américaine ». La SNCF réduit ses tarifs de 30 % pour les personnes âgées.

LUNDI 1 MARS

Saint Aubin

Poissons 2e décan

Ne dis pas tes peines à autrui ; l'épervier et le vautour s'abattent sur le blessé qui gémit (proverbe arabe).

★★ AIRELLES AUX DEUX BOUDINS. Pour quatre ou cinq personnes. Faites cuire en compote dans une poêle avec du beurre cinq pommes boskoop épluchées coupées en morceaux. Ajoutez en fin de cuisson une petite boîte d'airelles égouttées. Morcelez 300 grammes de boudin blanc épluché avec une fourchette et faites-le cuire au beurre dans une poêle 6 minutes. Faites de même avec 300 grammes de boudin noir. Dressez sur un plat la compote aux airelles sur laquelle vous disposez les boudins.

LE SAULE BLANC, L'ARBRE CONTRE LA DOULEUR

Vu du haut d'une montagne ou d'un hélicoptère, cet arbre se repère facilement par les reflets de la lumière sur ses feuilles longues et étroites, argentées sur la face intérieure. Où il y a des saules, il y a un cours d'eau. Ses racines en consolident les rives et en ralentissent l'érosion. Le saule blanc peut atteindre 25 mètres de haut et déploie des rameaux longs et souples qui s'agitent avec beaucoup de grâce sous l'effet de la brise. L'écorce blanche et grise contient de la salicine, principe additionné d'alcool utilisé dans la préparation de l'aspirine, l'un des médicaments les plus consommés pour ses propriétés analgésiques, fébrifuges, antirhumatismales. Elle était employée depuis des siècles pour ses vertus curatives par les Chinois, les Amérindiens et les Grecs, bien avant que son mécanisme soit compris. Les feuilles s'emploient en infusion ou en compresses ou emplâtres pour soigner contusions et plaies. À la Renaissance, on l'administre pour calmer les ardeurs amoureuses !… Mais le saule blanc est également utilisé un peu partout dans le monde pour ses propriétés nutritives. Son écorce interne est comestible, bien que très amère ; dans les pays nordiques on en faisait jadis du pain. Les jeunes pousses, les inflorescences sont utilisées en cuisine, les bourgeons consommés crus par les Inuits. Le saule blanc n'est pas que l'arbre contre la douleur… il a bien d'autres générosités.

IL Y A 40 ANS, EN 1970 : Richard Nixon assiste au Waldorf-Astoria, à New York, au dernier dîner américain du président français. La Rhodésie, ancienne colonie du Royaume-Uni, se proclame République indépendante. Cri d'alarme des vétérinaires sur l'emploi des pesticides et des antibiotiques.

Au fond, personne ne croit à sa propre mort, et dans son inconscient, chacun est persuadé de son immortalité (Freud).

Les drôles d'histoires de Pierre Bellemare

Mauvais coucheur

Si vous avez le sentiment qu'autour de vous l'atmosphère est tendue au point qu'une étincelle pourrait embraser la planète, cette histoire confortera votre pessimisme. À Toronto, au Canada, Walburga Schaller, soixante-seize ans, aveugle d'un œil, souffrant d'arthrite aiguë et équipée d'une hanche artificielle, quitte son domicile en s'aidant d'une canne anglaise. Marchant en sens contraire sur le même trottoir, Robert Smith, cinquante-deux ans, blessé au pied, claudique en s'appuyant lui aussi sur une canne. Les deux personnages se retrouvent face à face. Les minutes passent alors, aucun ne voulant céder le passage à l'autre. L'homme finit par grincer entre ses dents : « J'ai toute la journée devant moi. – Moi aussi », réplique la femme. Les nerfs de Smith flanchent les premiers. Il menace : « Dégage, vieille peau ! » Walburga réplique sur le même ton : « Dégage toi-même, vieux chnoque ! » Sans procéder aux sommations d'usage, Smith assène à sa rivale un violent coup de canne. La vieille dame contre-attaque. Un passant finit par alerter la police.

Quelques jours plus tard, les protagonistes se retrouvent devant un juge.

« Vous avez brisé votre canne sur le dos de Mme Schaller, lui infligeant de nombreuses ecchymoses, accuse le magistrat.

– Ma canne était pleine de termites, plaide Smith.

– Certes, votre adversaire n'est pas une mauviette, mais vous l'avez agressée le premier. Je vous condamne donc à deux ans de prison avec sursis.

– J'espère que si je croise de nouveau ce grossier personnage, il me cédera le passage sans rechigner », a commenté la plaignante.

IL Y A 40 ANS, EN 1970 : La violence domine toujours à Nanterre faisant plus d'une centaine de blessés de part et d'autre. M. Aldo Moro, ministre des Affaires étrangères sortant, est chargé de former le nouveau gouvernement italien. Au Palais de la Défense, ouverture du Salon des Arts ménagers.

MERCREDI 3 MARS — **Saint Guénolé** — **Poissons** 2e décan

Autant le mot est léger pour celui qui le jette,
autant il est lourd pour celui qui le reçoit
(proverbe espagnol).

★ OMELETTE AUX ŒUFS DE SAUMON. Pour trois ou quatre personnes. Battez six ou sept œufs avec deux cuillerées à soupe de crème liquide, sel, poivre. Faites cuire l'omelette doucement au beurre dans une poêle. Lorsqu'elle est encore légèrement baveuse, étalez 100 grammes d'œufs de saumon sur une moitié, et rabattez la deuxième moitié dessus. Glissez-la sur un plat chauffé, saupoudrez d'aneth.

GENTIANE, L'AMÈRE REINE D'OR DES PÂTURES. Si vous apercevez dans les pâturages de montagne de majestueuses fleurs jaunes sur une longue tige qui s'élève parfois à 2 mètres, vous êtes en présence de la grande gentiane. L'origine de son nom remonte à l'Antiquité grecque : Gentius, roi d'Illyrie, eut recours à ses bienfaits contre l'empoisonnement. Entre croyances et vertus curatives, cette plante mythique a traversé les siècles. Les principes amers contenus dans sa racine stimulent l'appétit, facilitent la digestion, et permettraient une purification quasi complète de tout l'organisme humain. Entre août et novembre, en Auvergne, dans le Cantal, le Jura, l'Aubrac, les *gentianaires* procèdent à l'extraction des racines longues de 1,50 mètre, qui atteignent la grosseur d'un bras, et pèsent de 5 à 7 kilos. Jadis l'arrachage se faisait à la pioche employée comme levier. Cet outil est aujourd'hui remplacé par une fourche métallique d'origine jurassienne : la *fourche du diable*, munie d'un marchepied sur lequel il faut sauter de tout son poids pour enfoncer les dents. Dans une distillerie du Massif central a été élaboré, à la fin du XIXe siècle, un apéritif à la gentiane dont le fabricant a su développer une grande créativité en matière de lancement : en 1933, pour la première fois, une marque d'apéritif sponsorisait le Tour de France !

IL Y A 40 ANS, EN 1970 : Naufrage du sous-marin français *Eurydice*, près de Toulon, au large du cap Camarat, par 1 500 mètres de fond, avec cinquante-sept hommes à bord. Premier lancement réussi de la fusée britannique Black Arrow, depuis Woomera en Australie.

L'épouse, c'est pour le bon conseil, la belle-mère, c'est pour le bon accueil, mais rien ne vaut une douce maman (Léon Tolstoï).

Les drôles d'histoires de Pierre Bellemare

La dernière sorcière

Contrairement à ce qu'on pense souvent, les procès de sorcières ne se sont pas arrêtés au Moyen Âge, ils ont continué longtemps après et l'Inquisition catholique n'en a pas été la seule responsable : les protestants ont fait preuve du même acharnement.

Ce sont eux, en tout cas, qui ont exécuté la dernière sorcière d'Europe, à Glaris, chef-lieu du canton suisse de Glarus, dans le centre du pays, en 1782, quelques années seulement avant la Révolution française. La malheureuse s'appelait Anna Goedli. Par chance pour elle, si l'on peut dire, elle n'a pas été brûlée vive, elle a été décapitée sur la grand-place de Glaris. Les circonstances de l'affaire ne font que renforcer son côté révoltant. Selon toute vraisemblance Anna Goedli, domestique d'un notable du canton, Jakob Tschudi, avait été mise enceinte par lui. Elle a menacé de le dénoncer, mais ce dernier, pour se débarrasser d'elle, l'a accusée de sorcellerie. Mise à la torture, elle a avoué que le diable lui était apparu sous la forme d'un chien noir, ce qui l'a conduite au bourreau.

Récemment, le parlement du canton de Glarus s'est saisi de « ce meurtre judiciaire jetant une tache sur son histoire » et a réhabilité la mémoire de la condamnée. Les autorités fédérales suisses ont été invitées à voter dans le même sens. Celles-ci sont aussi favorables à un travail historique expliquant comment une pareille chose a été possible…

IL Y A 40 ANS, EN 1970 : Violences à la faculté des sciences de Paris, où le bureau du doyen Zamansky est saccagé et les fiches d'examen détruites. Le gouvernement libanais demande à la résistance palestinienne de ne plus mener d'activités terroristes à partir de son territoire.

VENDREDI 5 MARS — **Sainte Olivia** — **Poissons** 2e décan

Croyez ceux qui cherchent la vérité, doutez de ceux qui la trouvent (André Gide).

Le millepertuis existe en forme arbustive ou en petites variétés d'un bel effet dans une rocaille, une potée, un balcon. Peu exigeant, d'une croissance très rapide, résistant au froid très vigoureux, il offre de jolies fleurs jaunes pendant toute la belle saison. Il se plaît à l'ombre et pousse dans les endroits ingrats qu'il envahit en étouffant les mauvaises herbes. Calcaire, humidité, canicule, rien ne le décourage.
Ce végétal est idéal pour stabiliser les sols en pente, et en assurer une protection esthétique. En mars, rabattez les tiges à ras du sol. Cette taille sévère favorise une floraison spectaculaire. Attention aux variétés qui donnent des fruits rouges à l'automne, ceux-ci sont toxiques.

FOURME D'AMBERT ET DE MONTBRISON

Elles sont sœurs mais il ne fallait pas confondre celle du soleil levant et celle du soleil couchant des monts du Forez, cette chaîne granitique du Massif central. La fourme de Montbrison et celle d'Ambert, après deux siècles d'histoire commune, ont acquis chacune leur AOC propre. Fromage au lait de vache à pâte persillée non cuite et non pressée, en cylindre haut de 30 centimètres dans un écrin de croûte grise sèche et fleurie pour la fourme d'Ambert, d'une couleur plutôt orangée pour celle de Montbrison, à l'intérieur moins veinée de bleu. Ce fromage était connu des Arvernes au temps de Gergovie. Le nom *fourme* vient du latin *forma* qui veut dire récipient servant à contenir le caillé. Jusqu'au début du XXe siècle, chaque fromage portait le nom de son village. La production était exclusivement fermière et réalisée pendant les quatre mois de l'estive, dans les *loges* ou *cabanes,* constructions basses au toit de paille, regroupées dans les hauteurs en hameaux ou *jasseries*. Vers la fin du XIXe siècle, les groupements en jasseries sont abandonnés ; chaque famille installe sa ferme avec sa fromagerie d'été. Au début du XXe siècle, apparaissent les fromageries où sont fabriquées une grande partie des fourmes, qui se vendent à la fin de l'été sur les marchés d'Ambert et de Montbrison, d'où leurs appellations.

IL Y A 40 ANS, EN 1970 : Trois mille étudiants ont participé à l'assemblée organisée par l'UNEF à Nanterre, sans incidents. Trois millions de dollars sont versés par les États-Unis à la Turquie pour que cesse la production de pavot. L'éclipse de soleil au Mexique et en Floride a duré 212 secondes.

Le meilleur médecin est celui après lequel on court sans le trouver (Denis Diderot).

Sainte Colette — **SAMEDI 6 MARS** — Poissons 2e décan

On peut être intelligent toute sa vie et stupide un instant (proverbe chinois).

Sainte Félicité — **DIMANCHE 7 MARS** — Poissons 2e décan

La France mystérieuse

MADAME D'ARTAGNAN

Sainte-Croix-sur-Solnan (Saône-et-Loire)

C'est le 5 mars 1659 que Charles de Batz d'Artagnan, capitaine-lieutenant des mousquetaires du roi, épousa Anne-Henriette de Champlécy, baronne de Sainte-Croix. La cérémonie eut lieu à Paris, au palais du Louvre. Signe de l'importance du mousquetaire et de l'estime dans laquelle il était tenu, le contrat de mariage a été signé en tant que témoins par le roi Louis XIII et le cardinal de Richelieu. La baronne de Sainte-Croix était fort riche et il ne s'agissait sans doute pas pour d'Artagnan, alors âgé de quarante ans, d'un mariage d'amour, mais plutôt de fonder une famille et de se ranger de manière honorable. D'après un chroniqueur de l'époque, il aurait déclaré à l'issue de la cérémonie : « Le mariage est une folie, mais du moins, on ne peut la faire qu'une fois. »

Et, de fait, malgré la naissance de deux enfants, l'union ne fut pas heureuse. En dépit de son âge, le fougueux mousquetaire ne se rangea pas et continua d'avoir des liaisons. Anne-Henriette, à la fois dévote et jalouse, multiplia d'abord les scènes. Puis, elle finit par prendre son parti de la situation et se réfugia dans la religion. Elle quitta Paris et la Cour pour partager son temps entre son château de Sainte-Croix-sur-Solnan, dans le Charolais, et un couvent de Chalon-sur-Saône.

C'est là qu'elle mourut, le 31 décembre 1683. Elle a été enterrée à Sainte-Croix et sa tombe est toujours visible dans l'église du village. Alexandre Dumas n'a pas cru bon de mentionner son existence dans ses romans.

IL Y A 40 ANS, EN 1970 : À Nicosie, le président de la République Mgr Makarios sort indemne de son hélicoptère abattu par des terroristes. Au Guatemala, le diplomate américain Sean Holly est libéré par les forces rebelles. Aristote Onassis va financer la construction d'une troisième raffinerie de pétrole en Grèce.

LUNDI 8 MARS

Saint Jean de Dieu

Poissons 2e décan

Saint-Marcellin… Comme je comprends qu'on l'ait canonisé ! (Sacha Guitry).

★★ LOTTE EN COCOTTE. Pour quatre personnes. Faites revenir 250 grammes de pleurotes au beurre. Réservez. Faites revenir de tous côtés 800 grammes de lotte en morceaux dans l'huile d'olive. Ajoutez-y huit blancs de poireaux que vous faites suer 5 minutes. Salez, poivrez, assaisonnez de feuilles de laurier et de deux clous de girofle. Arrosez avec 20 centilitres de vin blanc sec. Laissez mijoter à couvert 15 minutes. Ajoutez les pleurotes et mélangez délicatement avec 20 centilitres de crème. Laissez sur feu doux encore 5 minutes.

L'IMPOSSIBLE ROSE BLEUE. Presque tous les tons de l'arc-en-ciel se retrouvent dans les milliers de variétés de roses naturelles ou hybridées, dont aucune n'a un coloris identique à celui de sa voisine. Le rouge, le blanc, le jaune… se déclinent en cent quatre-vingts tons et demi-tons différents, mais le bleu semble impossible ! C'est pourquoi « la rose bleue » est une expression qui désigne quelque chose d'inaccessible. Au XIIe siècle, certains marchands arabes incisaient les racines de roses blanches et injectaient de l'indigo dans l'entaille aussitôt refermée pour leur donner une éphémère teinte bleue et entretenir ce mythe… Depuis plusieurs décennies, des variétés d'un mauve lilas aux reflets bleutés sont sur le marché, mais la couleur tant convoitée manque toujours à la palette des coloris. Les chercheurs ne cessent de s'interroger sur la formation des couleurs dans cette fleur. En étudiant le code génétique des cellules de pétales de roses, ils se sont rendu compte qu'elles ne comportent pas le gène d'une enzyme nécessaire à la fabrication d'un pigment bleu, et travaillent sur la modification génétique du rosier afin d'obtenir cette teinte tant désirée. Mais beaucoup de questions se posent sur ces recherches… Faut-il à n'importe quel prix défier la nature pour percer le mystère de la rose bleue ?

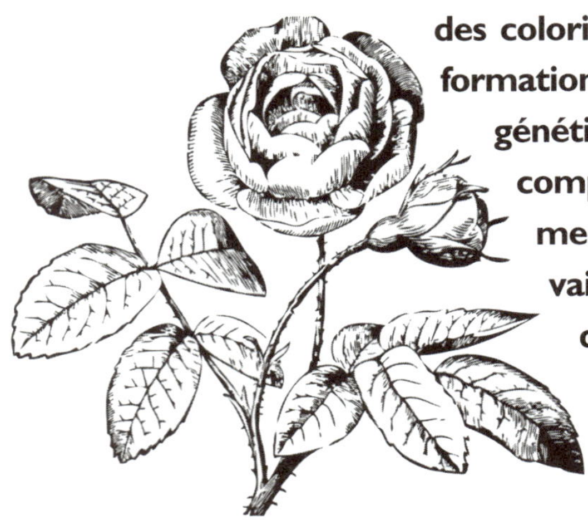

IL Y A 40 ANS, EN 1970 : Le rassemblement revendicatif mené par Gérard Nicoud réunit 30000 commerçants et artisans. Le guide Sylvain Saudan descend à skis la face nord-ouest du massif de l'Eiger. Une importante enquête de l'IFOP révèle l'inquiétude des Français sur les problèmes liés à l'environnement.

Ce qui est simple est toujours faux. Ce qui ne l'est pas est inutilisable (Paul Valéry).

Sainte Françoise Romaine — **MARDI 9 MARS**

Poissons 2e décan

Les drôles d'histoires de Pierre Bellemare

Rencontres du troisième type

Selon un récent sondage, 40 % des Américains sont convaincus de l'existence des extraterrestres. Et des milliers d'entre eux affirment avoir été personnellement victimes d'un rapt. Le dernier livre du Dr Clancy, consacré à ce sujet, révèle que la plupart des prétendus kidnappés sont des citoyens respectables, pourvus d'un emploi et bien intégrés à la société. Enseignants, artistes, cuisiniers, pompiers… aucune catégorie socioprofessionnelle n'échappe, semble-t-il, à la convoitise des petits hommes verts.

Ainsi James Trevor, pourtant médecin anesthésiste, raconte avoir séjourné à bord d'une soucoupe volante puis avoir été relâché en Californie, en 1973. Will McGill, kinésithérapeute, affirme pour sa part qu'une belle venue d'ailleurs l'a contraint de lui faire l'amour dans un recoin de son vaisseau, et que des jumeaux sont nés de cette union. Bien qu'il soit sans nouvelle de sa progéniture, Will se dit satisfait de cette expérience : « J'ai été choisi, et je sais maintenant qu'il existe quelque chose de bien plus grand que nous. »

La plupart des enlevés ne souffrent pas de maladie mentale, constate encore le Dr Clancy, qui a passé en revue les motivations que pouvaient avoir les *aliens* de s'en prendre ainsi à l'espèce humaine. Aucune réponse ne lui ayant donné satisfaction, le médecin a interrogé sous hypnose plusieurs soi-disant victimes. Quand Sam, un boucher à la retraite de soixante-douze ans, lui a dit que son impuissance était due à son récent kidnapping, et non à l'opération de la prostate qu'il venait de subir, le Dr Clancy s'est gratté la tête et a relu ses notes !

IL Y A 40 ANS, EN 1970: Mise en orbite du satellite allemand Dial, lancé depuis la Guyane par la fusée française Diamant-B. Le capitaine Ernest Medina, qui commandait la compagnie impliquée dans le massacre de My Lai, est officiellement inculpé de meurtre et de violences.

MERCREDI 10 MARS — **Saint Vivien** — **Poissons** 2e décan

Si la chance est avec toi, pourquoi te hâter ?
Si la chance n'est pas avec toi, pourquoi te hâter ?
(proverbe afghani).

☆ FIVE O'CLOCK CLUB. Pour quatre personnes. Ajoutez à 150 grammes de fromage frais crémeux 50 grammes d'amandes concassées, une dizaine de dattes hachées, une cuillerée à soupe de sucre. Faites griller huit tranches de pain de mie. Nappez quatre tranches de marmelade d'orange, puis d'une couche de fromage. Recouvrez des toasts restants prédécoupés en quatre.

LE PAPILLON SE SOUVIENT DE SA VIE DE CHENILLE

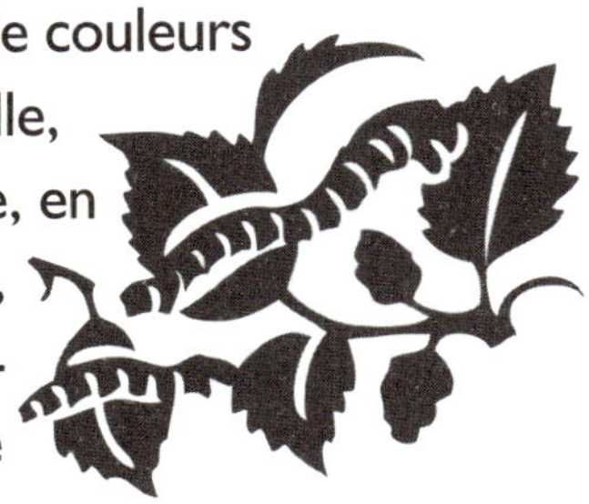

Pour devenir un délicat papillon aux ailes étonnantes de couleurs et de dessins, il faut subir quatre étapes : l'œuf, la chenille, la chrysalide et l'adulte. Un œuf d'un millimètre se transforme, en trois semaines, en une chenille longue de plusieurs centimètres, dévorant des quantités énormes de végétaux et effectuant plusieurs mues. Puis cette chenille produit des fils de soie dont elle s'entoure pour former un cocon. À l'intérieur, en sept ou huit jours, une totale transformation a lieu : des pattes, des ailes, un abdomen, un thorax, une tête se forment… Et, en quelques minutes, le papillon devenu adulte perce sa chrysalide, déploie ses ailes pour les sécher et s'envole à la recherche de nourriture et d'une ou d'un partenaire.

Des chercheurs de l'université de Georgetown, à Washington, ont démontré que les chenilles du sphinx du tabac pouvaient être entraînées à reconnaître et à fuir certaines odeurs, en associant ces fragrances à de petits chocs électriques. Ce comportement persiste après la métamorphose : la chenille a donc transmis ces souvenirs au papillon adulte.

Cette découverte surprenante laisse supposer que le cerveau et le système nerveux central de la chenille, qui seront pourtant complètement remaniés, conservent malgré tout l'information acquise. Voici peut-être pourquoi la femelle papillon ira déposer ses œufs de préférence sur les feuilles d'une plante dont elle s'était délectée au stade chenille.

IL Y A 40 ANS, EN 1970 : Mise à sac des ambassades du Nord-Vietnam et du Vietcong à Phnom-Penh pour protester contre les infiltrations communistes au Cambodge. L'armistice entre en vigueur au Kurdistan irakien après dix ans de combats. Sortie du film de Raoul Coutard *Hoa Binh*.

Rendre l'âme ? D'accord, mais à qui ?
(Serge Gainsbourg).

Sainte Rosine

Poissons 3e décan

JEUDI 11 MARS

Les drôles d'histoires de Pierre Bellemare

Des noms sur des tombes

En sombrant, le 15 avril 1912 à 1 h 30 du matin, le *RMS Titanic* bat le triste record du naufrage le plus meurtrier de l'histoire de la navigation civile. Les recherches, menées dans l'Atlantique nord dès le 17 avril permettent de repêcher 328 cadavres sur les 1 513 victimes. Cent dix-neuf sont remis à la mer, les autres étant transportés à Halifax pour y être enterrés. Parmi eux se trouvent deux nourrissons, Sydney Leslie Goodwin et un petit Finlandais. Dans l'incapacité de pouvoir les différencier avec certitude, on les porte en terre séparément sous des stèles qui portent l'inscription « Bébé inconnu ».

Soixante-quinze ans plus tard, un frère de l'enfant finlandais, âgé alors de quatre-vingt-dix ans, demande que des examens ADN soient réalisés sur les dépouilles des deux enfants. Il fournit un échantillon qui servira de référence génétique. Mais le doute subsiste, les résidus biologiques étant insuffisants pour identifier avec certitude ce qui reste des petits corps.

Lisant un compte rendu de cette affaire, le directeur du musée Bata de la Chaussure de Toronto se met en contact avec le magistrat qui a autorisé les exhumations. Il apprend par ce dernier que l'un des noyés portait des chaussures au moment du naufrage. Il demande que des photos détaillées lui soient envoyées, consulte ses archives, et en déduit que le modèle des sandales appartenait à un enfant âgé d'au moins dix-huit mois – Sydney Leslie – et en aucun cas à un bambin de quatre mois son cadet. Les « bébés inconnus » ont maintenant des noms !

IL Y A 40 ANS, EN 1970 : Le président Nixon refuse de livrer de nouveaux avions Phantom à Israël. À Rome, M. Fanfani est appelé par le président Saragat après l'échec pour former un gouvernement de M. Moro. Le premier Turbotrain est inauguré sur la ligne Paris-Caen.

VENDREDI 12 MARS

Sainte Justine

Poissons 3e décan

Le progrès technique c'est comme une hache entre les mains d'un criminel pathologique (Einstein).

Avant que les plants ne se remettent à pousser avec vigueur, vérifiez attentivement l'état des armatures des espaliers. Profitez de cette occasion pour remplacer les attaches déficientes et pour palisser les rameaux encore libres. Travaillez avec de l'osier qui est assez souple pour ne pas blesser les plantes ; vous pouvez également utiliser des attaches en plastique pour les petits rameaux.

Il est formellement interdit de dormir dans un réfrigérateur à Pittsburgh, en Pennsylvanie.

☆ SALADE DENT DE LION. Pour quatre personnes. Ajoutez à 400 grammes de pissenlits bien nettoyés une boîte de filets de maquereaux marinés au vin blancs avec le jus. Ajoutez deux cuillerées à soupe d'huile d'olive, six œufs de caille coupés en deux et quelques tomates cerises.

Pour l'habitant du Nord-Pas-de-Calais, un *tirlibibi* est :

a. Un jeu de hasard de fête foraine.

b. Une pince à épiler.

c. Un chant d'alouette.

Bonne réponse : **a.**

IL Y A 40 ANS, EN 1970 : Le gouvernement tchécoslovaque coupe les fonds aux unions artistiques non conformistes. Jean Yanne est interpellé pour avoir fait une collection de sabots de Denver. Sortie du film *Les Choses de la vie*, de Claude Sautet avec Romy Schneider et Michel Piccoli.

Si haut qu'on monte, on finit toujours par des cendres (Henri Rochefort).

Saint Rodrigue — **SAMEDI 13 MARS**

Poissons 3e décan

Un paresseux est un homme qui ne fait pas semblant de travailler (Alphonse Allais).

Sainte Mathilde — **DIMANCHE 14 MARS**

Poissons 3e décan

La France mystérieuse

LA VILLA DE MONSIEUR DUPONT

Gambais (Yvelines)

Il y a des lieux qui sont marqués à jamais par un fait divers. Ainsi, Gambais, charmante localité de deux mille habitants en bordure de la forêt de Rambouillet, n'est célèbre ni pour son château du XVIe siècle de style Henri III, faisant alterner la brique et la pierre, ni pour avoir abrité le couple de peintres Sonia et Robert Delaunay, qui sont enterrés dans son cimetière, mais pour avoir servi de cadre aux crimes de Landru.

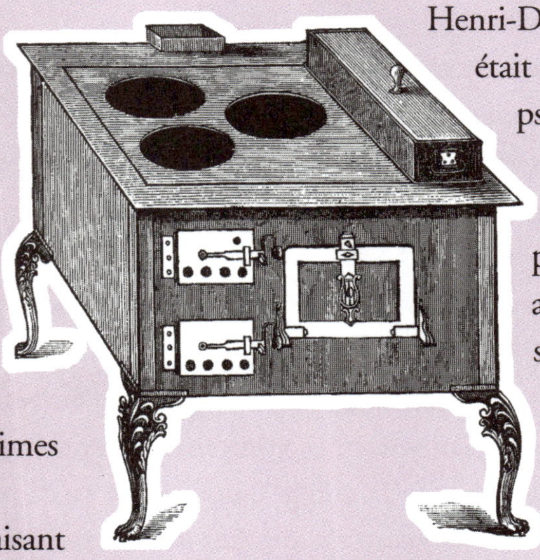

En 1915, un Parisien se faisant appeler M. Dupont commence à louer la villa Tric, une charmante demeure entourée d'un jardin rempli de lilas à la belle saison. Ce M. Dupont, un homme bien élevé à la longue barbe noire, vient faire à Gambais de fréquents et courts séjours, en provenance de la capitale. Personne ne remarque qu'il arrive en compagnie d'une dame et qu'il repart toujours seul. Personne ne fait attention non plus à la fumée qui s'élève de sa villa, même lorsque le soleil est magnifique.

Henri-Désiré Landru, dont Dupont était un des nombreux pseudonymes, après avoir commencé ses sinistres exploits dans la localité proche de Vernouillet, a assassiné à Gambais six de ses onze victimes, mais c'est bien ce dernier village qui reste associé à son nom. Condamné à mort, il a été guillotiné le 26 février 1922. Un an plus tard, a eu lieu à Versailles la vente aux enchères des meubles de la villa Tric. La cuisinière dans laquelle il avait brûlé ses victimes a été acquise 4 200 francs par le musée Grévin où elle fut quelque temps exposée. On a perdu aujourd'hui sa trace.

IL Y A 40 ANS, EN 1970 : Ouverture de l'Exposition universelle d'Osaka qui accueillera 79 nations et 50 millions de visiteurs. À la suite des incidents de Phnom Penh du 11 mars, ouverture de négociations entre le gouvernement cambodgien, le Vietcong et le Nord-Vietnam.

LUNDI 15 MARS

Sainte Louise

Poissons 3e décan

La plaisanterie expliquée cesse d'être plaisante (Voltaire).

☆ CHAUDRONNÉE PARFUMÉE. Pour quatre à cinq personnes. Faites revenir dans l'huile d'olive 1 livre de tomates épluchées épépinées et deux oignons en morceaux. Ajoutez un demi-céleri rave coupé en lamelles, quatre poireaux en tronçons, dix gousses d'ail, deux clous de girofle, trois feuilles de laurier. Versez 1,5 litre d'eau et faites cuire 30 minutes à couvert. Ajoutez 100 grammes de haricots verts et 100 grammes de fèves fines (surgelées). Laissez cuire encore une dizaine de minutes. Ajoutez deux bouillons cubes de légumes aux aromates et une vingtaine d'olives noires dénoyautées.

LES BOUGNATS

Les marchands de charbon auvergnats sont connus sous le nom de « bougnats » qui vient de *charbougnat*, charbonnier, mot pseudo-auvergnat forgé par les Parisiens par collision de *charbon* et *Auvergnat*.

Les bougnats stockaient leur charbon dans des sacs de gros jute de 50 kilogrammes, qu'ils transportaient sur des charrettes à cheval, plus tard sur des camions ouverts, et montaient à pied à tous les étages. Ils formaient une communauté à part, très solidaire, avec leurs propres lois. Le dimanche, ils se réunissaient chez l'un ou chez l'autre, pour danser la bourrée, chanter et manger l'aligot. Leur unique ambition était de gagner assez d'argent par leur travail pour retourner vivre en Auvergne et y ouvrir un café.

À leur petite boutique de dépôt de charbon et de bois, ils associaient souvent la vente de vin. Ces débits de boissons attiraient les lève-tôt, ouvriers et débardeurs de la capitale qui venaient s'accouder sur le comptoir en zinc pour s'offrir une tournée.

Au XXe siècle, il y eut de moins en moins d'immeubles chauffés au charbon. Petit à petit, les chaudières seront alimentées par le gaz ou le fioul, ce qui mettra fin à cette activité si particulière. Le dernier vrai bougnat de Paris a disparu en 2004.

IL Y A 40 ANS, EN 1970 : Assassinat de l'ancien ministre de l'Intérieur et de la Défense chypriote, M. Polycarpos Georgadjis. Livraison à Seattle du premier Boeing 747 d'Air France. Fin de la grève de 24 heures des journalistes parisiens. Mort du dramaturge français d'origine russe Arthur Adamov.

La mort, ce serait le rêve si, de temps en temps, on pouvait ouvrir l'œil (Jules Renard).

Sainte Bénédicte

Poissons 3e décan

MARDI 16 MARS

Les drôles d'histoires de Pierre Bellemare

Non-assistance

L'histoire est tellement affreuse qu'elle finit par avoir des allures d'humour noir… Trois jeunes chômeurs italiens des environs de Florence se promènent désœuvrés sur les bords de l'Arno, un jour de mai 2007. L'un d'eux, Gianni Baldo, décide d'aller se tremper pour se rafraîchir, tandis que les deux autres, les frères Amedeo et Antonio Rizzi, trouvent qu'il fait trop froid. Gianni se retrouve en caleçon et commence à barboter sur la rive, lorsqu'il glisse et perd pied. Il se met à appeler.

« Aidez-moi ! Je ne sais pas nager ! »

Mais bien loin de lui porter secours, les frères Rizzi fouillent les poches de son pantalon, trouvent les clés de son appartement et, le laissant se noyer, courent chez lui, où ils lui dérobent son ordinateur, des CD et des vêtements.

Malheureusement pour eux, la scène a eu un témoin, un promeneur. Il se trouvait trop loin pour sauver la victime, qui avait déjà coulé à pic lorsqu'il est arrivé, mais il raconte aux policiers avoir vu deux jeunes gens s'enfuir au lieu de lui porter assistance.

Ceux-ci n'ont aucun mal à identifier les deux chômeurs avec lesquels Baldo avait l'habitude de passer son temps. Ils sont rapidement arrêtés et inculpés de non-assistance à personne en danger, vol et recel. Selon la loi italienne, étant donné qu'il n'y a pas eu effraction, ils pourraient ne se voir infliger qu'un an avec sursis. Ce ne serait pas cher payé.

IL Y A 40 ANS, EN 1970 : Inauguration par le président de la République du cinquième bâtiment de l'UNESCO à Paris. Le doyen de la faculté de Nanterre, Paul Ricœur, remet sa démission au ministre de l'Éducation nationale. Inquiétudes au Liban devant l'ampleur des représailles israéliennes.

MERCREDI 17 MARS

Saint Patrice

Poissons 3ᵉ décan

Ne discutez jamais, vous ne convaincrez personne. Les opinions sont comme des clous, plus on tape dessus, plus on les enfonce (A. Dumas fils).

★★ GRATIN DE FRAISES ET KIWIS. Pour quatre personnes. Travaillez dans une jatte 50 grammes de sucre en poudre avec trois jaunes d'œufs, une pincée de vanille et deux cuillerées à soupe d'eau. Mettez le mélange au bain-marie, faites épaissir en fouettant sans arrêt. Puis incorporez 60 grammes de beurre par petits morceaux. Disposez 300 grammes de fraises coupées en deux et dix kiwis pelés coupés en rondelles dans un plat allant au four. Versez la crème sur les fruits. Mettez au four (th. 7/8) jusqu'à ce que le dessus du gratin soit bien doré. Servez chaud.

Prévoyez de planter des espèces végétales servant de repoussoir pour certains indésirables. Les œillets d'Inde et les capucines éloignent par leur odeur les parasites de vos légumes, les géraniums déplaisent aux moustiques, plus particulièrement encore les géraniums rosats. La lavande protège les rosiers des pucerons et fait fuir escargots et limaces, qui détestent également la moutarde, le persil et la capucine. Un puceron né le dimanche peut être grand-père le mercredi !

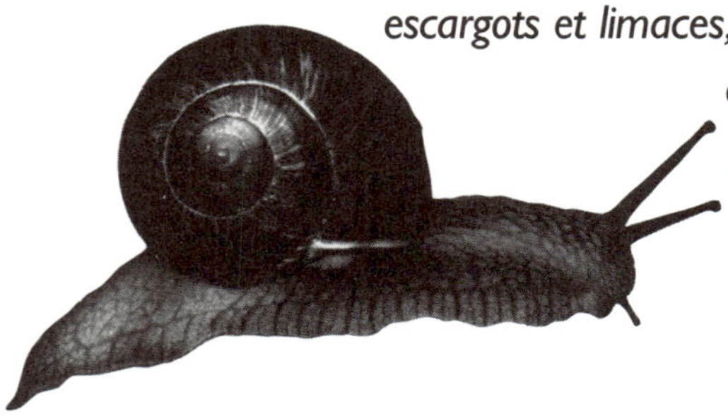

Les Gallois n'ont pas le droit d'entrer dans la ville de Chester, en Grande-Bretagne, avant le lever du soleil et d'y rester après son coucher.

IL Y A 40 ANS, EN 1970 : Le prince Sihanouk est déposé par le Parlement cambodgien, alors qu'il était en visite à Moscou. La vitesse sera limitée à 110 kilomètres/heure sur les grands axes routiers français. Sortie du film de Marco Ferreri *Dillinger est mort*. Mort du dramaturge belge Crommelynck.

C'est une grande misère que de n'avoir pas assez d'esprit pour bien parler, ni assez de jugement pour se taire (La Bruyère).

Saint Cyrille

Poissons 3e décan

JEUDI 18 MARS

Les drôles d'histoires de Pierre Bellemare

La maison envolée

C'est une tempête particulièrement violente qui frappe la ville de Bytom, en Pologne, en ce début de printemps 2008. Il y a quelques dégâts dans les environs, mais c'est une HLM de la périphérie qui a le plus souffert : une bonne partie de ses tuiles se sont envolées sous l'effet du vent. Les éléments se sont déchaînés au point qu'on ne retrouve rien de celles-ci, elles se sont littéralement volatilisées.

Les tuiles sont remplacées et on finit par oublier l'incident. Jusqu'à ce que, deux mois plus tard, une terrible averse frappe la région. Et quand on va voir les résultats, c'est pire encore : une partie de la gouttière a disparu.

Mais cette fois, on se pose des questions. Le vent n'était pas assez fort pour avoir emporté cette lourde gouttière métallique et, d'autre part, il n'y a aucun autre dégât à Bytom.

Tant et si bien qu'une enquête est décidée. Elle ne donne rien dans un premier temps, mais lorsqu'un orage éclate un peu plus tard, les policiers ont la curiosité d'aller voir ce qui se passe sur le toit. Et là, ils arrêtent en flagrant délit deux hommes en train de s'attaquer à ce qui reste de la gouttière… Vérification faite, il s'agit de locataires du rez-de-chaussée, qui avaient entrepris de voler le toit de leur immeuble, en profitant des intempéries. Ils ont déclaré au moment où on les a arrêtés :

« Sans toit, au rez-de-chaussée on ne risquait rien. »

En attendant, ils ont retrouvé un nouveau toit en prison.

IL Y A 40 ANS, EN 1970 : À Erfurt, rencontre des deux chefs de gouvernement Willy Brandt et Willy Stoph, pour une tentative de dialogue entre les deux Allemagnes. M. Fanfani renonce à son tour à former le gouvernement italien. À Phnom Penh, le gouvernement du général Lon Nol a reçu les pleins pouvoirs.

VENDREDI 19 MARS — **Saint Fabrice**

Poissons 3e décan

Le caractère naturel du Français est composé des qualités du singe et du chien couchant (Montesquieu).

★ ARTICHAUTS MARTIN. Pour quatre personnes. Disposez dans un plat à four huilé une dizaine de fonds d'artichauts (deux bocaux). Faites revenir rapidement dans une poêle antiadhésive 300 grammes de steak haché. Mélangez avec une gousse d'ail haché, et du persil, sel, poivre. Répartissez la viande sur les fonds d'artichauts. Parsemez de parmesan râpé et versez dessus 20 centilitres de crème liquide. Passez au four à feu vif une dizaine de minutes.

LE VIN, FLÉAU SOCIAL OU MÉDICAMENT ?

Lors d'une émission télévisée en 1991, les Américains ont appris que les Français, grâce à leur consommation de vin rouge, réduisaient leur risque d'infarctus. C'est devenu le « French Paradox ». Pourtant déjà dans l'Antiquité, les pouvoirs médicamenteux du vin étaient vantés en Inde, en Égypte ou en Grèce et, à Rome, l'échoppe du marchand de vin était ornée du caducée des médecins – Pline l'Ancien prévenait néanmoins que l'alcool ôte à l'homme la raison. La croyance que le vin est source de force et de vie, capable de régénérer le corps en cas de faiblesse ou de maladie, parce qu'il est transformé directement en sang, ne s'estompera qu'en 1750. Au Moyen Âge, les moines mélangent au vin différentes compositions pharmaceutiques à base de végétaux, comme l'hippocras qui sert à revigorer l'énergie des combattants de la foi. Pendant longtemps les préparations médicales à base de vin sont utilisées pour combattre typhus, typhoïde, choléra. C'est au milieu du XIXe siècle que des travaux scientifiques montrent que l'abus régulier d'alcool constitue une véritable maladie… appelée alcoolisme. Alors, malsain ou bénéfique ? Selon le célèbre physiologiste Claude Bernard : « Tout est poison, rien n'est poison ; c'est affaire de dose »…

Pour compléter votre collection,
vous pouvez commander
les précédents numéros
chez votre libraire.

L'Almanach 2005-2006
n'est disponible
qu'aux éditions Albin Michel,
22, rue Huyghens,
75014 Paris.

Maquette : Michel Gourtay et Catherine Saulais
Correction : Katia Robel

Achevé d'imprimer en France par Pollina, Luçon
N° d'impression : L21698
N° d'édition : 25808
Dépôt légal : octobre 2008